鎮館之寶

國寶

COLLECTION HIGHLIGHTS

鲁鑫◎主编

北京联合出版公司
Beijing United Publishing Co.,Ltd.

《镇馆之宝》编委会

主编

鲁　鑫　天津师范大学历史文化学院考古与博物馆系

编委

樊文龙　阮海峰　贾思明　刘　玮　郑已昀　王妍舒
孙玉蓉　齐天源　于琪琪　朱　恬　侯梦晴　孙洪楚
赵　桐　刘　慧　杜　特

图片提供

郝勤建　湖北省博物馆副研究馆员
邱子渝　陕西历史博物馆副研究馆员

图片来源

汇图网　视觉中国

前言

近年来，“文博游”成为人们假期休闲的重要方式。各大博物馆一票难求的新闻屡见报端，“朋友圈”里也经常看到博物馆门前队如长龙，馆内摩肩接踵的画面。有没有这样一种可能：把各大博物馆的“镇馆之宝”从人头攒动的场馆“搬”到清清静静的书斋案头，参观者无须考虑交通成本，也不再受开馆时间的限制，便可随心所欲“调阅”自己喜欢的藏品？本书可以帮助您实现这个愿望。

近代博物馆诞生之初，为科学研究服务是其主要功能之一，学者经馆方同意可以近距离地观察、触摸、测量甚至借用那些珍贵的藏品。不过，随着文物保护意识的增强，博物馆里的藏品已经越来越难被接触。相较于在昏暗的光线下隔着展柜玻璃，吃力地辨识藏品上的铭文与纹饰，研究者更愿意借助高清大图与黑白分明的拓片。本书在编辑过程中，尽量选取那些能够清晰展示文物细节的照片，可供读者朋友研究与审美之需。

博物馆学有一个专有名词，叫“博物馆疲劳”，它指的是观众在参观博物馆期间出现的体力耗竭、注意力涣散、认知机能衰退等疲劳现象。当代博物馆的场馆越来越恢宏、藏品越来越丰富，与之相应的，观众参观一座博物馆所需的时间也越来越长，产生“博物馆疲劳”在所难免。如何解决这个问题？博物馆专家的建议是有目的、有重点地去参观一家博物馆，参观前做好攻略，参观时直奔主题，重要内容看完后还饶有余力，再从从容容参观其他部分。本书将全国66家国家一级博物馆（院）的237件（套）“镇馆之宝”悉数收录，希望能够为读者朋友们在制订参观攻略时提供一些建议。

说到“镇馆之宝”这个词，我们想就中国文物的定级标准介绍几句。相信很多读者朋友都听过“国宝级文物”这个说法，其实无论是“镇馆之宝”还是“国宝级文物”，都是民间一种通俗的说法，并无严格的界定标准。中国文物学届对于文物的级别规定，首先是将文物区分为“珍贵文物”与“一般文物”，其中的“珍贵文物”又按照其历史价值、艺术价值、科学价值的高低分为一级文物、二级文物和三级文物。入选本书的文物，绝大多数都属于一级文物的范畴。

文物的价值主要通过蕴含其中的故事反映出来，讲好文物故事是当前博物馆宣教工作的重点。“文物故事”其实包含两个层面的内容：一是文物本身的故事，比如它是如何设计、怎样制作，其上承载着古代先民哪些文化习俗、宗教信仰和审美观念等；二是文物发现和流传的故事，比如它是考古发掘所得还是被盗出土，在其流传过程中又有哪些曲折的经历。本书在讲述文物故事时，对这两个层面均有关注，既描绘文物的前世风华，也介绍文物的今生境遇，尽量为读者朋友提供一份完整的文物档案。

中国幅员辽阔，多样的自然环境孕育出丰富多彩的地域文化。读者朋友不难发现，各个省、市、县的博物馆藏品往往自成体系与特色，有的能为我国百万年的人类史提供坚实证据，有的能折射中华文明初曙时的瑰丽光彩，有的以商周青铜器为大宗，有的以宋元瓷器独占鳌头，有的能充分体现中华文明的独特魅力，有的则反映中外文化交流的影响与意义。不同地区博物馆的“镇馆之宝”共同交织出一幅中华文明多元一体的壮美画卷！

如今文博类普及读物的社会需求量日渐增加，但坊间流行的相关出版物质量参差不齐。本书的质量保障主要源自三个方面：其一，本书的编写者来自天津师范大学、首都师范大学、宝鸡青铜器博物院等单位，他们均为受过严格考古学与博物馆学训练的年轻学者；其二，编写过程中使用的参考文献主要是相关文物的考古发掘报告、简报，收藏单位官网公布的信息以及发表在各类专业刊物上的研究文章，不过因体例限制，我们无法将参考文献一一列出，难辞掠美之嫌，还望学界同人见谅；其三，尽量将枯燥艰涩的术语转化为生动有趣的文字，真正做到雅俗共赏。

在本书的编写过程中，我们也曾遇到很多困难：例如有些文物的时代、作者、功能等问题在学界并无定论，编写组在认真讨论后，或折中处理，或择善而从；又如有些文物的信息，发掘报告与收藏单位给出的不完全相同，编写组也要进行细致的调查与咨询。往往为了一篇几百字的书稿，要查阅数万字的文献材料，尽管如此，书中还是难免有各种疏漏与错误，希望读者朋友批评指正，不吝赐教！

华东地区博物馆镇馆之宝

目录

华北地区博物馆镇馆之宝

东北地区博物馆镇馆之宝

华中华南地区博物馆镇馆之宝

西南地区博物馆 镇馆之宝

西北地区博物馆 镇馆之宝

◆中国国家博物馆

◆故宫博物院

◆首都博物馆

◆中国考古博物馆

◆天津博物馆

◆河北博物院

◆山西博物院

◆内蒙古博物院

◆赤峰博物馆

华北地区包括北京、天津两个直辖市，河北、山西两省和内蒙古自治区，华北地区共有850家博物馆，其中一级博物馆58家。在这些博物馆中最具代表性的有中国国家博物馆、故宫博物院、首都博物馆、中国考古博物馆、河北博物院、山西博物院和内蒙古博物院等，收藏了大量的一级文物，人们耳熟能详的后母戊鼎、四羊方尊、千里江山图、清明上河图等文物均收藏在这些博物馆中，展现了中国一万年中华文化史和五千年中华文明史。

华北地区博物馆

镇馆之宝

/ 中国国家博物馆 /

仰韶文化的艺术瑰宝

鹳鱼石斧图彩绘陶缸

年　　代：新石器时代・仰韶文化
规格尺寸：高 47 厘米，口径 32.7 厘米，底径 20.1 厘米
藏品来源：1978 年河南省临汝县（今汝州市）阎村出土

彩绘陶缸的身世传奇

1978 年春节期间，河南省临汝县（今汝州市）纸坊公社阎村一处苹果地清理出十几件陶器，其中一件陶缸上绘制有精美的图案。公社文化干事李建安得知这一情况后，上报给县文化馆，但未能引起重视，因此李建安将这些陶器存放在其办公室内，后转运到县文化馆。1980 年春节期间，当时的郑州市文联主席张绍文到临汝县文化馆访友，在文化馆院中的乒乓球桌面上看到了这件陶器，引人注目的是上面绘有鹳、鱼、石斧图案，随后他发表了关于“鹳鱼石斧图彩绘陶缸”的文章。同年 10 月，河南博物院专家汤文兴和临汝县文化馆馆长张久益等组成专项调查组，对阎村遗址进行了考古调查，调查之后发表了《临汝阎村新石器时代遗址调查报告》。随着前后两篇文章的发表，鹳鱼石斧图彩绘陶缸被紧急调至河南博物院，随即被征调到中国历史博物馆（今中国国家博物馆），从而成为中国国家博物馆的镇馆之宝。

仰韶文化的艺术珍品

彩绘陶缸是仰韶文化时期的瓮棺葬具，因为在河南伊川附近出土较多，因此被称为“伊川缸”。彩绘陶缸的外表呈红色，和大多数伊川缸类似。独特的地方是缸的外壁绘制了图案：画面可分为左右两个部分，左侧绘制的是一只呈立姿的白鹳叼着一条鱼；右侧绘制一柄石斧。在绘制手法上，整幅图案采用了勾线、涂色、填色等技法，已经具备了中国画的基本画法，这也是有些学者认为它是中国画雏形的原因。

相关专家对鹳鱼石斧图的解读，主要是从氏族图腾的角度进行的。目前看来，这种推测是有道理的。根据《临汝阎村新石器时代遗址调查》一文记载，同时发现的共有 10 件陶缸，其中 3 件彩绘陶缸，除鹳鱼石斧图彩绘陶缸之外，还有 2 件所绘制图案较为简单，作为葬具出现如此的差别，可以推断是与墓主人的身份相关的。总而言之，鹳鱼石斧图彩绘陶缸不仅是关于仰韶文化时期社会生活的记载，更是中国史前艺术的精华，闪耀着华夏文化的光辉，展示着中华民族创造的灿烂文明。

左侧白鹳通体洁白，圆眼长喙。鹳喙部绘制一条白色的大鱼，大鱼的轮廓用黑线条勾勒。

国宝简读

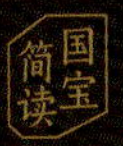

一般认为，鹳鱼石斧图彩绘陶缸应是氏族首领的葬具。白鹳是氏族首领所在氏族的图腾，而鱼则是敌对氏族的图腾。石斧是氏族首领权力的象征，是首领实用物的真实写照。三者组合出现在陶缸上，则表现了重大历史事件，以纪念氏族首领的英雄事迹。

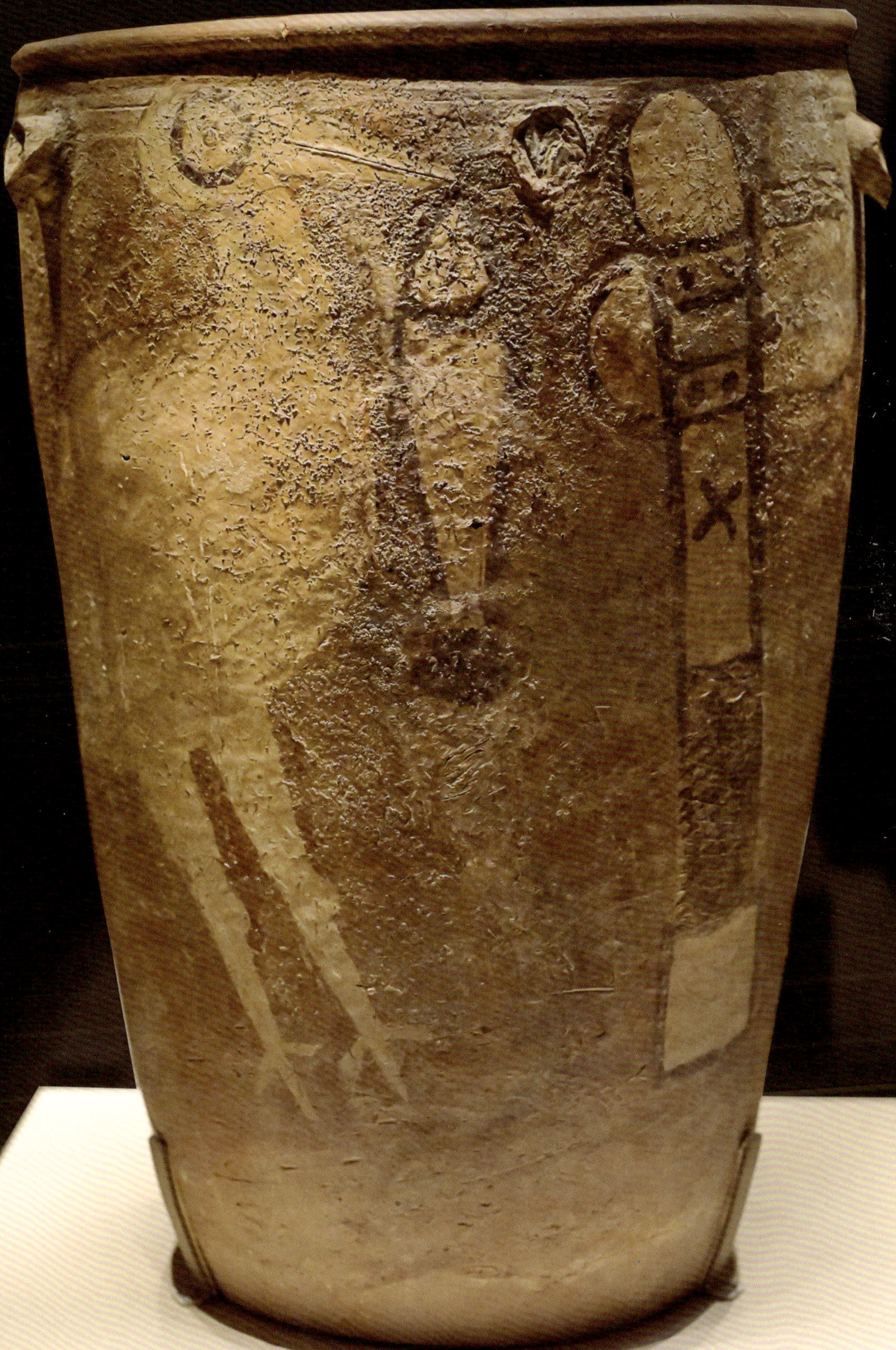

/ 中国国家博物馆 /

原始艺术和实用功能结合的典范

陶鹰鼎

年　　代：新石器时代·仰韶文化
规格尺寸：高 35.8 厘米，口径 23.3 厘米
藏品来源：1958 年陕西省华县（今渭南市华州区）太平庄出土

根据《华县泉护村》一书的记载，陶鹰鼎是在 1958 年由华县太平庄农民殷思义在耕地的时候发现的。考古工作队根据殷思义的介绍，发现了编号为 M701 的墓葬，根据对墓葬中遗骨的研究，认定墓主人是一名女性，年龄在 30 岁 ~ 40 岁之间。墓中还出土了骨笄、骨匕、石斧等随葬品。在《华县泉护村》一书中，此鼎的名称是"陶鸮鼎"。

鼎的造型为一只蹲踞状态的鹰，其体态丰肥，两翼微微撑起，双足壮实有力，尾部下垂至地，与双足形成三个稳定的支点。鹰眼圆睁，嘴部呈钩状而有力。造型简洁，威武雄壮，彰显出了强大的张力。鼎口位于背部和两翼之间，巧妙地将鼎与鹰的造型完美结合在一起。以陶鹰鼎为代表的史前动物造型陶器，无疑开创了商代鸟兽形象青铜器的先河，商代时具有鸮鸟造型的青铜器很好地继承了这一传统。

国宝简读

作为仰韶文化时期艺术性和实用功能结合的典范之作，陶鹰鼎的发现表明仰韶文化时期的人们不但擅长彩绘陶器的创造，更具有造型艺术方面的创作实力。

/ 中国国家博物馆 /

中华第一龙

玉龙

年　　代：新石器时代·红山文化
规格尺寸：高 26 厘米
藏品来源：1971 年内蒙古自治区翁牛特旗赛沁塔拉出土

以赛沁塔拉玉龙为代表的红山文化玉龙，是东北地区史前先民精湛治玉工艺的体现，是他们留给后世的一笔宝贵财富，也是东北先民文化精神的物化形式，是当时人们神话思维的精神载体，是其思想愿望的象征形式，也是其巫术思想的外在表现。

“中华第一龙”的发现

1971年，内蒙古翁牛特旗赛沁塔拉村北山岗上发现一件玉龙。赛沁塔拉村在赤峰市以北100余千米，翁牛特旗政府驻地乌丹镇西北约10千米处。村北群山环绕，山南是一片开阔平缓的丘陵地，山下有季节性的河沟。玉龙就发现在半山坡上。

这件玉龙呈墨绿色，完整无缺。体卷曲，整体呈“C”字形。吻部前伸，略向上弯曲，嘴紧闭。鼻端截平，上端边起锐利的棱线，端面近椭圆形，有对称双圆洞，为鼻孔。双眼凸起呈梭形，前角圆而起棱，眼尾细长上翘。额及颚底皆刻细密的方格网状纹，网格凸起作规整的小菱形。颈脊起长鬃，占龙体的三分之一以上。鬃呈扁薄片状，磨出不显著的浅凹槽，边缘收成锐角，弯曲上卷，末端尖锐。龙体横截面近椭圆形。龙尾内卷。龙背上有对钻的单孔，可能为悬挂而作。

龙文化的源头和发端

虽然在该遗址也采集到了一些红山文化的陶片，但这件玉龙的发现地和遗址原有的地层关系不是十分明确。因此，这件玉龙的年代是一个值得研究的问题。辽宁省文物考古研究所名誉所长孙守道从其形态、雕刻风格、表现手法、加工技术等方面与商文化、二里头文化、夏家店下层文化出土的玉器进行对比，这件玉龙均表现出明显的不同。把这件玉龙和阜新胡头沟红山文化墓地发现的玉器进行对比，发现其有很多相似之处。所以，玉龙的年代和胡头沟墓地的年代接近，为红山文化时期。

关于玉龙的原型，大家众说纷纭，莫衷一是。有的学者认为是猪龙，有的认为是熊龙，还有鹿龙说、蛇龙说等。还有学者提出复合型动物说，如内蒙古文物考古研究所副研究员陆思贤认为，“玉龙作半圆蜷曲状，昂首前视，长吻抿嘴，鼻端截平，躯干蜷曲、似蛇形，鼻子像猪，眼睛像牛，下腮似蛇，突出的是颈，背部像是马鬃，应该是复合动物形象，是人们创造的神话动物。”陆思贤先生认为，这种龙形象，非一般的动物，为了保持其神性，应该是红山文化时期先民根据对各种动物的观察，创造出来的一种复合的形象。

/ 中国国家博物馆 /

青铜之王、国之重器

后母戊鼎

年　　代：商后期
规格尺寸：高 133 厘米，口长 112 厘米，口宽 79.2 厘米，重 832.84 千克
藏品来源：1939 年河南省安阳市武官村出土

"后母戊"三字铭文

后母戊鼎的曲折经历

1939 年 3 月，河南安阳武官村村民吴希增等在农田中掘获后母戊鼎，出土时双耳断损。因日伪搜寻，出于民族利益与情感，村民又将其埋于地下。1946 年 7 月，安阳县古物保存委员会获悉后母戊鼎的埋藏地点后，在当地驻军的协助下将其从武官村再次掘出，陈放于萧曹庙供社会各界参观。不过，此次后母戊鼎重见天日，只保留下了一只耳，而另外一只耳至今下落不明。1946 年 10 月，后母戊鼎作为蒋介石六十寿辰的寿礼被运往南京。

1949 年 4 月，中国人民解放军解放南京，后母戊鼎未及运往台湾，留在"中央博物院"筹备处。1950 年 3 月，"中央博物院"筹备处更名为南京博物院，后母戊鼎成为南京博物院的藏品。之后，专业人员修复后母戊鼎，为其仿制并装配了缺失的一耳。因此，我们现在见到的后母戊鼎，有一个耳并不是"原配"，若有兴趣，可以辨别一下，考考自己的眼力和鉴别力。1959 年 3 月，后母戊鼎被调入正在筹建的中国历史博物馆，也就是现在中国国家博物馆的前身。

后母戊鼎的更名风云

围绕着这件青铜大鼎，有一个历来争论不休的问题，就是该鼎的名字是"司母戊"还是"后母戊"。2011 年，该青铜大鼎的收藏机构中国国家博物馆在图录和展览中将以往命名的"司母戊鼎"改称为"后母戊青铜方鼎""后母戊鼎"，激起了不小的波澜。

"司""后"之争，由来已久，至今尚无定论。一些著名的考古学家、古文字学家和历史学家，如夏鼐、董作宾、郭宝钧、容庚、曾昭燏、翦伯赞、陈梦家、胡厚宣等，都赞成"司"。他们认为，"后"这个字用于帝王配偶是在春秋才出现，《白虎通》中记载"商以前皆曰妃，周始立后"。殷墟卜辞当中并没有此用法，而是以"毓"字来描述王后。周礼的四时祭祀分别名叫祠、礿、尝、烝，"祠"字金文省作"司"。因此这件青铜大鼎，自 1959 年入藏中国历史博物馆并展出至 21 世纪初，"司母戊"之名沿用了约 60 余年，具有了相当广泛的社会认知度。

不过，另有一些专家和学者，根据新的学术研究与成果，主张应称作"后母戊"。不管怎样，这种探讨无疑会加深人们对这件青铜大鼎的了解、认识和喜爱。

后母戊鼎口沿方折，上面有两个立耳，鼎身为长方体，深腹平底，腹下有四个圆柱状足（其上半部中空）。鼎耳外廓饰双虎食人头纹，耳侧饰鱼纹。鼎身装饰以云雷纹为地纹的兽面纹和夔龙纹，四面相交处有扉棱。鼎足上部装饰兽面纹，下部则为三道弦纹。该鼎腹内铸有呈品字形排列的“后母戊”三字铭文。后母戊鼎硕大厚重、庄严沉稳、装饰华丽、繁简适宜，整体具有恢宏雄霸的气势。

国宝简读

后母戊鼎是目前中国青铜时代存世的体量最大、重量最重的青铜器，是当之无愧的青铜器家族中的“巨无霸”。通过对铜、锡、铅三种主要合金成分进行分析，后母戊鼎含铜 84.77%，锡 11.64%，铅 2.79%，与殷商一般青铜器的成分基本相同。后母戊鼎是中国殷商时期文明发达、科技先进的最好物证，它的出土，直观证实了殷商时期的科技发展水平。

/ 中国国家博物馆 /

海外文物回归史上的盛事

子龙鼎

年　　代：商后期
规格尺寸：通高 103 厘米，耳高 22 厘米，腹高 43 厘米，足高 36.5 厘米，口径 80 厘米
藏品来源：传 20 世纪 20 年代河南省辉县（今辉县市）出土

子龙鼎和后母戊鼎一圆一方，堪称中国国家博物馆中商代青铜器的双璧。子龙鼎为双竖耳，腹部微外侈，圜底，下承三蹄足，足上半部分饰兽面纹。颈部饰以云雷纹为地的六组兽面纹，主体纹饰上还有云纹。这种纹饰组合，就是商代中后期所谓的“三层花”。子龙鼎的内壁铸有“子龙”二字铭文，“子”字较小，在左上方，“龙”字较大，作双钩形，呈竖立而尾向右卷的龙形。子龙鼎无论从铸造技术还是造型艺术上来讲，都反映了商代晚期青铜铸造工艺的高度成就，是中国古代青铜铸造技术的典范之作。

据传子龙鼎系20世纪20年代在河南辉县出土，此后辗转流落日本以及中国香港。2006年，在中央财政设立的“国家重点珍贵文物征集专项经费”的支持下，国家文物局最终以4800万元将子龙鼎征集入藏中国国家博物馆。子龙鼎造型雄伟，在商代圆鼎中，不仅体积最大，而且铸造精细，是古代中国青铜铸造技术的典范之作。

/ 中国国家博物馆 /

臻于极致的青铜器典范

四羊方尊

年　　代：商
规格尺寸：高 58.6 厘米，上口最大径 44.4 厘米，重 34.6 千克
藏品来源：1938 年湖南省宁乡县（今宁乡市）黄材镇出土

国宝简读

四羊方尊采取圆雕和浮雕组合的装饰手法，将四羊和尊身巧妙结合，使得原本呆滞的器物变得灵动。将实用器物和动物造型有机结合，将平面纹饰和立体雕塑巧妙处理，达到了技术和艺术的完美结合。四羊方尊的出土地湖南宁乡是商代三苗活动的区域，四羊方尊的出土表明商文化的影响已经达到长江以南地区。

该器通体以云雷纹为地纹，四个边角和四面的中线上装饰扉棱。

颈部饰三角形夔龙纹和兽面纹，前者为纵向分布，后者则是横向展开。

肩部四面正中装饰立体龙纹，双角直立。

四角分别为一只高浮雕羊，其头部和颈部伸出器外，羊角内卷，粗壮有力，双目凸出，炯炯有神；羊的身躯向下延伸，尊的腹部即为羊的前胸，羊腿浮雕于尊的高圈足上。

圈足装饰夔龙纹，与颈部的纹饰相呼应。

饱经战火洗礼的国宝

1938 年 4 月的一天，湖南省宁乡县黄材镇的转耳仑山，姜景舒三兄弟正在半山腰挖土种红薯，无意间将这件已在地下沉睡了 3000 多年的四羊方尊挖了出来。只是方尊的口沿被敲掉了手掌大小的一块碎片。宝物出土的消息不胫而走，当地古董商张万利闻讯后就立即找上了门，用 400 大洋购买了这件宝物。后来，四羊方尊被转手卖到了长沙，幸亏当时长沙县政府派人查处，没收四羊方尊，交由湖南省政府保管，收藏于湖南省银行。日寇进逼长沙时，四羊方尊迁往沅陵。不幸的是，四羊方尊在日机轰炸下碎作 20 余块。此后，这些国宝碎片一直被丢弃在湖南省银行仓库的木箱内，无人问津。

中华人民共和国成立后，在周恩来总理的亲自过问下，1952 年，四羊方尊被湖南省文物管理委员会专家蔡季襄重新找出来，由文物修复大家张欣如进行了拼合、修复，这件宝物恢复了往昔的风貌。1959 年，四羊方尊被调到中国历史博物馆，从此一直“定居”于北京。

多种手法融合的工艺之美

四羊方尊是中国青铜铸造史上最伟大的器物和艺术品之一。它造型奇特，器身为方形，口沿外敞，长颈挺拔，腹部鼓出，下有方形高圈足。该器通体漆黑光亮，纹饰美丽，铸造精良，集浅雕、浮雕、圆雕于一身，充分展现出了商周时期青铜器装饰中“三层花”的效果，堪称是中国商代青铜器工艺品中的杰出代表。

四羊方尊是用复合陶范及分铸法制作而成的。巧妙的分铸法和高超的合范技术使得四羊方尊呈现出浑然一体的效果。

/ 中国国家博物馆 /

武王伐纣的历史见证

利簋

年　　代：西周武王时期
规格尺寸：高 28 厘米，口径 22 厘米，方座长宽 20.2 厘米
藏品来源：1976 年陕西省临潼县零口公社（今西安市临潼区零口街道）出土

窖藏中出土的青铜礼器

1976 年 3 月，陕西临潼县零口公社农民在进行水利建设时，发现了一处青铜器窖藏。临潼文化馆工作人员得知消息后，第一时间赶赴现场进行调查。这处青铜器窖藏的出土地是一个周代遗址，面积约 2 万平方米。窖藏地点为一深 2 米、宽 0.7 米的窖穴，共出土簋、盉、壶等青铜礼器 5 件，甬钟 13 件，斧、凿、铲、削、角刀、铲刀等青铜工具 23 件，戈、镞等兵器 7 件，车辖、带扣、扣饰、马络饰等车马器 105 件，铜柄、铜器座各 1 件。其中最著名的就是这件利簋。

利簋造型与西周早期的青铜方座簋造型类似，双耳为兽首垂珥，垂腹，圈足，下连铸方座。器身、方座饰饕餮纹，方座面四角装饰蝉纹。如果仅从造型上来看，利簋并无独特之处，但是利簋的重要性表现在它内底铸的铭文上。利簋内底铭文凡 4 行 32 字："珷征商，唯甲子朝，越（岁）鼎，克昏，夙有商。辛未，王在阑师，赐右事利金，用作旜（檀）公宝尊彝。"铭文很简洁，解读起来也比较困难。而利簋之所以成为中国国家博物馆的镇馆之宝，与这段铭文密不可分。

如果把利簋的铭文翻译出来，那它的大体意思就是：武王伐商，在甲子日的这一天凌晨，岁星当头，大吉。傍晚，攻下了商都。辛未日，武王驻扎在阑这个地方，赐给利铜，利将这些铜铸造成簋来纪念檀公。

铭文中的"珷征商"中的"珷"，按照郭沫若、唐兰等学者的观点，这是武王的自称，也就是研究西周青铜器铭文时所谓的"生称王号"的说法。由此引出了对利簋年代的判断，按照这种解读，那么利簋就是武王时期的青铜器。

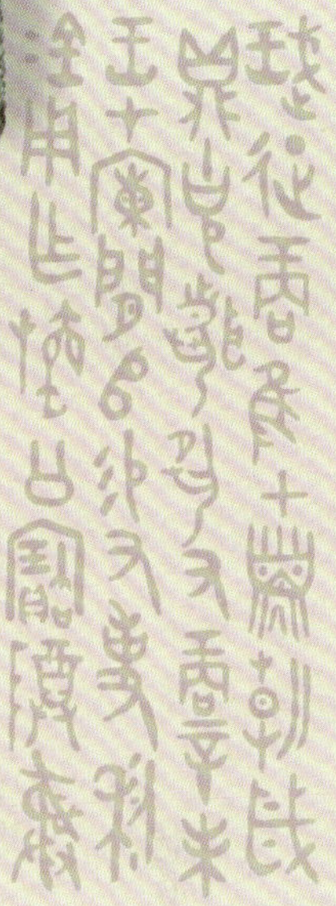

“夏商周断代工程”中的标准器

武王伐纣这一重大历史事件，到底发生在哪一年，长期以来一直是中国历史上的一桩谜案。在中国的史料中，武王伐纣的具体年代并没有明确记载，即使有文献涉及，史料之间也存在较大出入，甚至互相矛盾。由此引发的推测结果达40余种，前后跨度达百年之多。

1996年，中国启动了史无前例的大型文化工程“夏商周断代工程”。而利簋作为“夏商周断代工程”中的标准器，成为破解这一历史谜案的关键。由利簋所刻铭文可知，武王克商在“甲子日”，这也充分印证了《尚书》《逸周书》和《史记》等古代文献中关于武王克商在甲子日、又恰逢岁星当空的记载。

在“夏商周断代工程”进行中，历史学家、考古学家、天文学家和物理学家在翔实的史料研究基础上，对武王伐纣的相关遗物进行碳-14测定，同时利用天文现象进行推算，综合各种结果，得出武王伐纣的确切时间是公元前1046年1月20日，这一日恰好是甲子日，与利簋的记载完全吻合。这是利簋作为中国国家博物馆镇馆之宝的一个重要因素，更是武王伐纣这一历史事件的见证物。

利簋是目前确知年代最早的西周青铜器，也是记载关于武王伐纣这一重大历史事件的唯一文物遗存。利簋的出土，为研究西周历史、文化、军事等提供了第一手的资料，是中国夏商周年代准确断定的重要实物，被誉为中国文物宝库中的一颗璀璨明珠，是当之无愧的国之重器。

/ 中国国家博物馆 /

命运坎坷的国之重器

大盂鼎

年　　代：西周康王时期
规格尺寸：通高 101.9 厘米，口径 77.8 厘米，重 153.5 千克
藏品来源：清道光年间陕西省郿县（今眉县）礼村出土

大盂鼎的传奇身世

大盂鼎的出土时间，根据目前掌握的资料判断，应是清道光年间，出土地被确认为陕西眉县礼村。大盂鼎出土之后，它的第一个收藏者为岐山县的乡绅，后被岐山县令周赓盛据为己有，秘不示人，仅有其所制作的铭文拓片流传。周赓盛之后，大盂鼎落入宋金鉴之手。同治十一年（1872），大盂鼎为袁世凯堂叔袁保恒所得。同治十二年（1873），由左宗棠居中斡旋，袁保恒将大盂鼎转售给收藏家潘祖荫。从此之后，直至中华人民共和国成立，大盂鼎始终是潘家收藏的青铜重器。

潘祖荫及其弟潘祖年皆不寿，而子嗣均早夭，于是看护大盂鼎的重担便落在了其孙媳潘达于肩上。潘达于 18 岁嫁到潘家，婚后三个月丈夫便去世，没有子女。第二年潘祖年去世，潘达于便成了潘家国宝的守护人。

大盂鼎因为名声甚大，此后引起多方觊觎，抗日战争时期，潘家人将大盂鼎埋入地下，日本人曾到潘家多次搜寻，终未获得，后又传出大盂鼎已经散失，这才得以保存下来。

1951 年，移居上海的潘达于致函华东军政委员会文化部，打算将大克鼎和大盂鼎捐献国家。上海文物管理委员会接受捐献后，随即派人前往苏州将大克鼎和大盂鼎运抵上海，入藏上海博物馆。1959 年中国历史博物馆（现中国国家博物馆）开馆，大盂鼎作为支援文物，从此入藏中国国家博物馆。

大盂鼎铸刻的鸿篇巨制

大盂鼎造型凝重，纹饰简朴，是现存体形最大、铭文较多的青铜礼器之一。大盂鼎的铭文有 19 行，共计 291 字，前后分为两段，第 10 行和第 11 行之间空出一行。

结合铭文内容以及专家释文，学者认定大盂鼎为西周康王时期的青铜器。铭文具体内容可以分为四个部分：第一部分主要讲述周人受命建国的历程。从文王受命、武王励精图治讲起，总结商灭亡的原因是酗酒，因此周虽受命拥有天下，但要吸收商灭亡的教训，不敢沉溺于酒。第二部分是康王对盂的任命。追述盂的祖父南公为周的建立立下汗马功劳，希望盂秉承祖父之志继续辅佐周王室，并对盂的职责做了具体安排。第三部分是康王对盂的赏赐，授予其人民和土地。赏赐的物品种类丰富，级别很高，是周代分封制的真实记载。第四部分是盂为了答谢康王的任命赏赐，颂扬康王的美德，作祭祀南公的宝鼎，将这件事记录下来。

大盂鼎铭文是西周金文中第一次记载周天子对诸侯册命礼仪的铭文。分封制和宗法制是维系西周社会的两种基本制度，分封的目的就是“以藩屏周”。分封制在成王时期，建立了周人牢固的保护体系，到了康王时期，周康王依然秉持先人的治国理念，继续进行分封。大盂鼎的铭文就是周康王进行分封的真实记录，为我们认识西周的分封制提供了弥足珍贵的史料。

陈梦家先生评价大盂鼎时曾说："所见铜器中的重器，此鼎为第一瑰宝。铭文之长虽不及毛公鼎，但内容更为重要而形制厚重雄伟。此器重量不及殷代的后母戊鼎和大克鼎，而制作精于后者。制作、铭文和体量又都超过虢季子白盘。"

镌刻在青铜盘上的西周“史诗”

虢季子白盘

年　　代：西周宣王时期
规格尺寸：长 137.2 厘米，宽 86.5 厘米，高 39.5 厘米，重 215.3 千克
藏品来源：清道光年间陕西省宝鸡县虢川司（今宝鸡市陈仓区）出土

虢季子白盘体积硕大，造型端庄，纹饰精美，彰显出 2800 多年前的西周古韵。刻在铜盘上的铭文，更是西周时期的金文“史诗”，成为春秋后世效仿的典范，是研究西周文学的重要资料。而铭文中记载的“搏伐猃狁，于洛之阳”，则是研究西周历史尤其是与北方少数民族关系史的重要史料。

曾作为马槽的西周重器

据说虢季子白盘出土于陕西宝鸡虢川司，它的第一个收藏者是时任郿县县令的徐燮钧，徐燮钧离任之时，将此盘运回故乡常州，此盘到了常州之后，被徐氏收藏在鸣珂巷“天佑堂”。

1860 年，太平军占领常州，“天佑堂”毁于兵火，此盘落入护王陈坤书手中。1864 年，淮军攻占常州，陈坤书兵败被杀。常州被淮军占领之后，淮军将领刘铭传坐镇护王府。一日夜间，刘铭传忽然听到了悦耳的金属叩击声，刘铭传循声查找，发现是马笼头的铁环碰击马槽时发出的金属声。刘铭传这才发现作为马槽的是一件硕大的青铜器，清洗之后看到青铜器外壁布满纹饰，内底刻有长铭。刘铭传知道这是一件宝物，随即派亲信将此盘秘密押送回老家安徽肥西刘老圩。后经老儒黄从默考证，得知此盘就是大名鼎鼎的虢季子白盘。

此后，虢季子白盘一直收藏在刘家。1949 年 1 月，合肥解放，此盘终于获得新生。刘铭传的曾孙刘肃将虢季子白盘献给国家。1950 年 2 月，刘肃曾专程进京献宝，受到董必武、郭沫若、沈雁冰等人接见。此后，虢季子白盘先藏在故宫博物院，后藏在中国历史博物馆，成为镇馆之宝。

虢季子白盘记载的西周历史

虢季子白盘整体呈长方形，周身满饰蟠虺纹，四壁各有两个兽首衔环，口沿下装饰一圈窃曲纹，下为波带纹。下承四个矩形足。虢季子白盘是目前所见商周时期最大的水器。

盘内底有铭文 8 行 111 字。铭文记述了虢季子白率军在洛河以北与猃狁作战，此战斩首 500 人，俘虏 50 人，战后虢季子白向周宣王献馘。周宣王设宴款待虢季子白，并赏赐给他车马、弓矢、斧钺以资勉励。

铭文中的“搏伐猃狁，于洛之阳”，讲述了战争的对象是猃狁。猃狁是西周后期活跃在陕甘一带的犬戎诸族，是西周后期侵扰周地的主要北方少数民族。周宣王时期曾经多次征讨猃狁，并取得胜利。这篇铭文是目前学术界研究周人和猃狁部族关系的重要史料之一。

虢季子白盘铭文中的语句多以 4 字为主，且修饰用韵，文辞优美，是一篇隐藏在金文中的“史诗”。铭文在书法上别具特色，有着明显的向大篆演变的趋势，字体刚劲。可以说，虢季子白盘是一件兼具历史价值和艺术价值的青铜器，不仅仅为研究西周历史提供了证物，更是探讨西周艺术的重要资料。

/ 中国国家博物馆 /

晚明宫廷历史的再现

孝端皇后凤冠

年　　代：明万历
规格尺寸：通高 48.5 厘米，冠高 27 厘米，
　　　　　径 23.7 厘米，重 2320 克
藏品来源：1957 年北京市昌平区明定陵出土

1957年10月20日，随着明定陵地宫最后一道石门的开启，万历皇帝、孝端皇后和孝靖皇后的棺木呈现在考古人员的面前。经过清理，地宫内共出土了2648件文物，其中就有4件凤冠。凤冠出土时已经珠翠散乱，经考古工作者的修复，最终呈现了三龙二凤、十二龙九凤、九龙九凤和六龙四凤共计4件凤冠。中国国家博物馆收藏的就是九龙九凤冠。九龙九凤冠共镶嵌未经加工的天然红宝石百余颗，珍珠5000余颗，造型庄重，制作精美。在工艺上采取了花丝、点翠、镶嵌、穿系等多种手法，展现了明末匠人的高超技艺。凤冠的主人孝端皇后王喜姐，是万历皇帝的原配皇后，因为生前无子，结果引发了一场是立恭妃所生长子朱常洛、还是郑贵妃所生三子朱常洵为太子的“国本”之争，成为晚明政局的一桩悬案，而万历朝也成为明朝历史上由治转乱的转折期。

国宝简读

孝端皇后凤冠的出土，其意义已经超越了皇后首饰的范畴，它代表了一个时代工艺的辉煌成就，更是晚明时期宫廷斗争的具现，见证了孝端皇后王喜姐的悲喜人生。在复杂的制作工艺的背后，是明代制度、文化和工艺的体现。

/ 故宫博物院 /

神秘的商代部族

亚醜方尊

年　　代：商后期
规格尺寸：通高 45.5 厘米，宽 38 厘米，口径 33.6×33.4 厘米，重 21.5 千克
藏品来源：清宫旧藏

形象庄严的镇馆之宝

亚醜方尊，呈方形，大侈口，宽折肩，高圈足，肩部四角各饰一立体象首，象耳上有夔纹，四面中间各有一虬龙首。该器形象庄严，纹饰复杂。器四角及每壁中心线皆设有棱脊，棱脊上端伸出器口，主体纹饰为兽面纹和夔纹，并以雷纹作地，颈部装饰蕉叶纹，肩部与圈足装饰鸟纹。口部内侧铸有铭文 2 行 9 字："亚醜者姛以大子尊彝。"据学者考证，亚醜为商代的一个部族，"者姛"就是"诸后"，"以"字可解释为"与"。此铭文大意为：亚醜族祭祀诸位王后和太子的宝器。此尊采用分铸法浇铸而成，造型魁伟，形象庄严，颇具震慑力，为国内现存的最完好的方尊之一，也是故宫收藏青铜器的典型代表。

方尊的身世初探

青铜尊是流行于商周之际的盛酒器，具有敞口、鼓腹、圈足等形制特征。亚醜方尊为商代晚期的青铜酒器，是用于祭祀的礼器。亚醜族所铸的青铜器，方尊的传世量是最少的。据 1977 年的统计数据，发现的亚醜族青铜祭祀礼器共有 56 件，后来亚醜族铜器又屡有出土，实际数量应该远高于此。已知器形主要包括方簋、方尊、方罍、方爵和兕觥等。对器铭中的所谓"醜"，有种种不同释法，如释"酗"、释"召"、释"醜"、释"僕"等等。20 世纪 70 年代在山东青州苏埠屯出土了一批带有类似铭文的青铜器，所出墓葬均是大墓，说明"亚醜"在当时是一个实力雄厚的大族。殷之彝先生认为传世"亚醜器"的大部分都有可能是在苏埠屯出土的，换言之，苏埠屯应是"亚醜"家族的家族墓地。

亚醜族虽然不见于传世文献的记载，却是晚商时期非常重要的一个家族。亚醜方尊展示了该家族的强大实力，尊上的铭文则表明亚醜家族与商王朝的臣属关系。亚醜方尊蕴含着丰富的历史人文讯息，是研究商代政治史与家族形态的重要史料。

“亚醜”铭文

国宝简读

亚醜方尊，又称醜亚方尊、亚醜方尊，为清宫旧物，现存纹饰、形制相同的一对。其一藏故宫博物院，保存较完好；另一藏中国台北故宫博物院，圈足有残损。亚醜方尊为晚商青铜器的代表作品，反映了高超的青铜铸造工艺，具有重要的艺术价值和历史价值。

『作原』石

『马荐』石

『吴人』石

『而师』石

『吾水』石

『吾车』石

/ 故宫博物院 /

秦始皇统一文字背后的故事

石鼓

年　　代：战国·秦
规格尺寸：共 10 块，每块高约 90 厘米，直径约 60 厘米
藏品来源：唐初时发现于陕西天兴（今宝鸡市凤翔区）三畤原

国宝简读

石鼓并非真的鼓，而是因铭文篆刻在十块鼓形石上而得名。十块花岗岩材质的石鼓每个重约一吨，每个石鼓上面都刻有一首四言诗，又因其内容记录狩猎之事，故也被称为“猎碣”，“碣”的意思是石碑。石鼓文是中国现存较早的石刻文字佳作。自唐代韦应物、韩愈作《石鼓歌》以表彰之，而后大显于世。

千年沧桑，辗转南北

关于石鼓的制作年代曾有西周、春秋战国、秦代、汉代、晋代、北魏、西魏、北周等数种说法。后经金石学家从其内容、字体和书法风格等多方面的考证研究，认定此为东周时期秦国的遗物，但在主张秦国遗物的观点中，又有秦文公、秦穆公、秦襄公、秦献公等不同说法，至今仍未取得一致意见。

石鼓的内容描述了秦国贵族狩猎出行、修路搭桥、远山耕作、乐舞祭祀等场景，以景抒志，反映了秦国锐意进取、东进开拓的社会基调。后人根据石鼓上的文字，将十块石鼓分别命名为：作原、而师、马荐、吾水、吴人、吾车、汧殹、田车、銮车、霝雨。

石鼓虽造于秦，但在很长一段时间内都湮没无

『汧殹』石
『銮车』石
『田车』石
『霝雨』石

闻，直到唐代贞观年间才被发现，其后经历安史之乱辗转遗失，到了北宋时又被全部找回，并在徽宗年间用黄金将文字进行填涂。后来，石鼓又被金人掠走，金人将填涂的金剥离后弃之荒野，再度遗失。到元朝后，石鼓再度被收集齐全，此后一直藏在皇家。经历了这一系列颠沛流离之后，石鼓上的文字也由唐代的 718 个，缩减到了元代的 386 个。到了乾隆时期，字数更是只剩下了 310 字。清朝灭亡后，石鼓由故宫博物院收藏。陕西历史博物馆亦有其复刻品。

文字一统的先声

石鼓文补充了我们对秦国从大篆到小篆过渡期文字的认识。石鼓上的文字为籀文，传说是周宣王时太史籀所造。石鼓文篆书的典型用笔为“圆笔”式笔法，字体圆活奔放，气质雄浑，刚柔相济，古茂遒朴而有逸气。体态横平竖直，严谨而工整，善用中锋，笔画粗细基本一致，有的结体对称平正，有的字则参差错落，近于小篆而又没有小篆的拘谨。在章法布局上，虽字字独立，但又注意到了每个字之间的向背关系，其笔力之强劲在石刻中极为突出，在古文字书法中，堪称别具奇彩，独具风格。

石鼓文在文字构形上对秦始皇统一文字后的小篆字形产生了深远影响，具有承前启后的枢纽意义和示范价值。石鼓之上寥寥 310 字，不仅见证了历史的沧桑和文化的传承，也为我们研究秦国的历史与文化提供了宝贵资料。

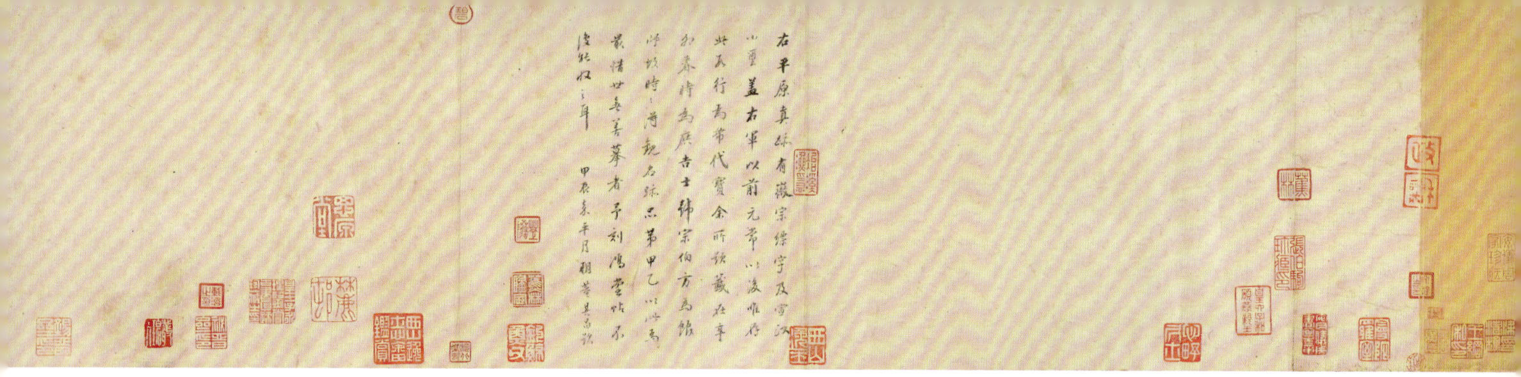

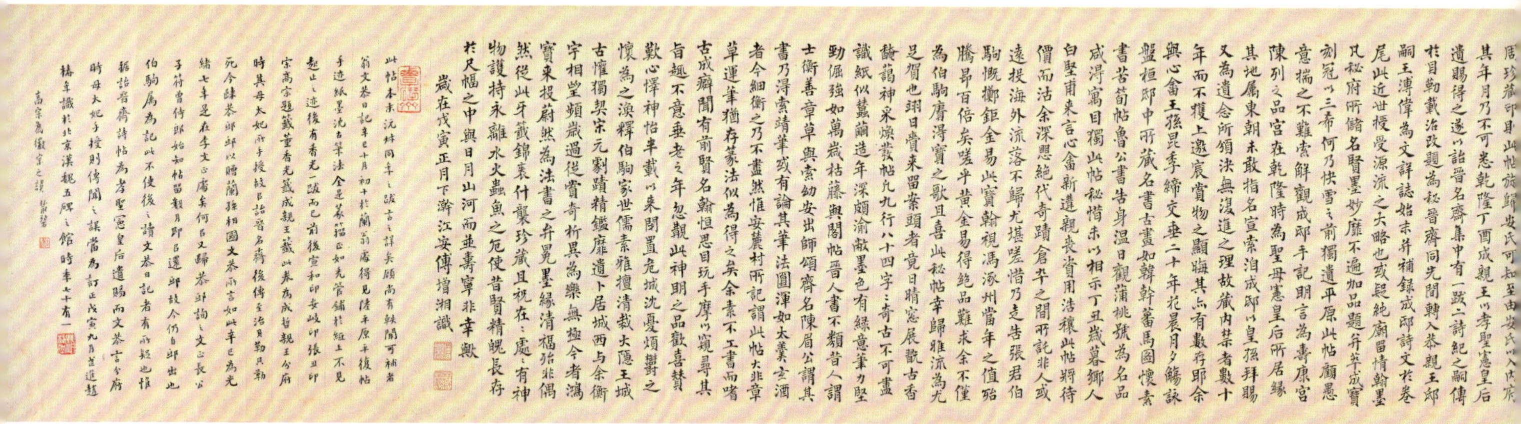

/ 故宫博物院 /

中华第一帖

草隶书《平复帖》卷

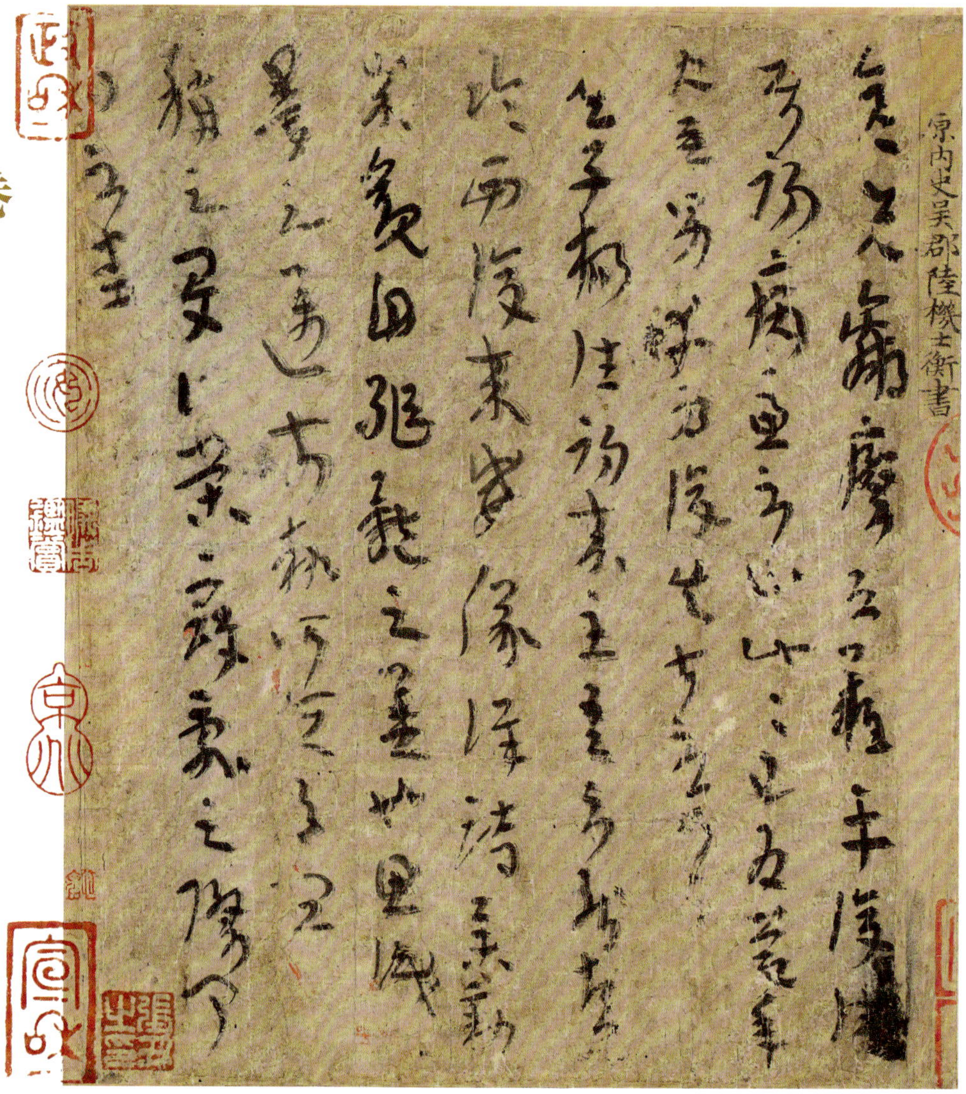

艺 术 家：陆机
年　　代：西晋
规格尺寸：本幅纵 23.7 厘米，横 20.6 厘米
藏品来源：清宫旧藏

国宝简读

《平复帖》为西晋陆机所书，书写年代距今已有 1700 余年，被誉为“中华第一帖”，在中国书法史上占有重要地位。因其中有“恐难平复”字样，故名《平复帖》。

法帖之祖，墨迹之皇

陆机（261—303），字士衡，吴郡吴县（今江苏苏州）人。西晋著名文学家、书法家。陆机诗文与书法兼善，《晋书·陆机传》称其“少有奇才，文章冠世”。陆机亦擅长书法，所书《平复帖》是中国古代存世最早的名人书法真迹。

《平复帖》共 9 行 86 字。启功先生释读为：“彦先羸瘵，恐难平复。往属初病，虑不止此，此已为庆。承使唯男，幸为复失前忧耳。吴子杨往初来主，吾不能尽。临西复来，威仪详跱，举动成观，自躯体之美也。思识☐量之迈前，执（势）所恒有，宜☐称之。夏伯荣寇乱之际，闻问不悉。”

此帖中涉及三个人物：贺循，字彦先，是陆机的朋友，身体多病，难以痊愈，陆机说他能够维持现状，已可庆幸，又有子侍奉，可以无忧了；吴子杨，以前曾到过陆家，但未受到重视，如今将西行，复来相见，其威仪举动，自有一种较前不同的气宇轩昂之美；最后说到夏伯荣，他因寇乱阻隔，没有消息。

再看《平复帖》的行书特点。《平复帖》是草书演变过程中的典型书作，最大的特点是仍存有隶书的笔意，但又不像隶书那样波磔分明（隶书最具代表性的笔法就是波磔，波磔即波笔，也称三折笔，即“一波三折”），大约是当时流行的一种实用书体。细观此帖，秃笔枯锋，刚劲质朴，整篇文字品格雅致，神采清新，字虽不连属，却上下有质，洋洋洒洒，令人赏心悦目，实属佳作。

千年流转的岁月痕迹

名帖之所以为名帖，不仅仅因其出自名家之手，也因为它在时光流转中经历的一段段与国家命运紧紧相连的故事。从《平复帖》中的众多鉴藏玺印中便可以看到它千余年来历经传承的痕迹。

《平复帖》自宋以来皆流传有序。此帖宋代时为宣和内府所藏，并著录于《宣和书谱》。《平复帖》帖前隔水上端有月白色绢签，上写“☐（晋）陆机《平复帖》”，是宋徽宗所题。题签下押双龙圆玺，此外本幅其他三个角上，各有“政和”“宣和”小玺。到元代，此帖曾被张斯立、杨青堂、郭天锡、马昫等鉴赏。明万历年间归韩世能、韩逢禧父子，后归张丑，著录于《清河书画舫》。清朝时归葛君常、梁清标等人，后入清内府，赐给成亲王永瑆，后入恭亲王奕䜣之手，传至其孙溥伟，又赠予其弟溥儒。后来溥儒为筹集亲丧费用，将此帖待价而沽，最终由张伯驹以巨金购得。1956 年，张氏夫妇将《平复帖》捐献给国家，现藏于故宫博物院。

/ 故宫博物院 /

北宋汴梁城的繁华

《清明上河图》卷

艺 术 家：张择端
年　　代：北宋
规格尺寸：本幅纵 24.8 厘米，横 528 厘米
藏品来源：清宫旧藏

国宝简读 《清明上河图》是中国十大传世名画之一。这幅作品展现了北宋都城汴京（今河南开封）的繁荣景象，生动地记录了当时的社会生活、市井百态和自然景观。

汴梁城的百年繁华

张择端（1085—1145），字正道，又字文友。琅琊东武（今山东诸城）人，他幼时好学，早年游学汴京，后习绘画。宋徽宗时，张择端供职翰林图画院，尤擅绘舟车、市肆、桥梁、街道、城郭，后因丢了差事，只好居家卖画为生。张择端是北宋末年杰出的现实题材画家，其作品大都失传，存世的《清明上河图》《金明池争标图》是中国古代的绘画艺术珍品。

《清明上河图》绘成于宋徽宗即位的第二年（1011），这时的北宋社会经过一个半世纪的发展，进入空前繁荣的时期，形成了新兴的市民阶层。在这种政治空气相对自由，经济生活繁荣富庶的社会背景下，画家们取材于商人、小手工业者、家庭妇女、市井儿童等下层民众生活，绘成一幅幅“风俗画”，生

动反映了城市经济的发展与城乡生活的丰富多彩。《清明上河图》是其中的典型代表。

所谓“清明”与“上河”

《清明上河图》展现了汴梁郊外到市区清明时节的风貌。那么什么是“清明”，什么是“上河”呢?《清明上河图》的专家学者通过对“清明”的考证得出三种观点：第一种为“清明节之意”；第二种为“清明坊之意”；第三种即“清明盛世之意”。所谓“上河”，长期以来，学者对其含义也有诸多解释，如有人认为是指“河的上游”，也有人认为是指“逆水行舟”之意，有学者认为“上河”即“上坟”之意，也有学者认为是“赶集上街”之意。

《清明上河图》中总计画有500多个不同的人物，个个形神兼备，并画有13种动物、9种植物，全部惟妙惟肖。《清明上河图》采取“散点透视法”组织画面，使得众多人物和景物井然有序。长卷构图中也充满了戏剧性情节和引人入胜的细节描写，使整幅画卷有铺垫、有起伏、有高潮，生动形象地描绘了市民群众生活、思想、情感与审美风尚。这件现实主义的杰作，是研究北宋东京城市经济与社会生活的宝贵历史资料，因此也被称为“宋代社会生活的百科全书”。

/ 故宫博物院 /

一幅壮丽山水的视觉盛宴

《千里江山图》卷

艺 术 家：王希孟
年　　代：北宋
规格尺寸：本幅纵 51.5 厘米，横 1191.5 厘米
藏品来源：清宫旧藏

8 岁的天才画家

宋代社会经济的发展影响到画家的创作旨趣，人们逐渐追求绘画色彩的浓艳富丽，青绿山水画就是在这种环境中达到顶峰，王希孟创作的《千里江山图》是其典型代表。

王希孟（1096—？），北宋宫廷画家。北宋政和年间（1111—1118）为画院学生，后召入禁中文书库。宋徽宗赵佶独具慧眼，认为王希孟“孺子可教”，于是亲授其法。经徽宗亲授指点笔墨技法后，王希孟的画技逐渐精进。徽宗政和三年（1113）四月，他用了整整半年时间，

绘成《千里江山图》卷，时年18岁。只可惜王希孟二十出头即病逝，《千里江山图》是其唯一存世画作。

王希孟创作的《千里江山图》是在徽宗的指导下完成的。受徽宗影响，加之他个人的文化素养，王希孟的画风秾丽鲜艳，他大胆使用青绿之色，符合当时北宋皇室富丽堂皇的审美取向，他也因此得到宋徽宗赏识。

只此青绿留人间

《千里江山图》在设色和笔法上继承了隋唐以来的“青绿山水”画法。《千里江山图》在设色上采用绿（孔雀石）、青（蓝铜矿、青金石）、红（朱砂）、黄（雌黄、赭石）、白（砗磲贝）等矿物质材料，诸色备焉，且历经日夜不歇之提炼，将颜料分层设色，历经线稿、铺墨、罩色、染色、复色、固色等步骤，方成此画卷，堪称千年难得之巨作。虽咫尺之间，仿佛天下山水尽收眼底，画家充分利用了传统中国画中的“三远”——高远、平远、深远多种构图方式，令画中山峦江河的景致跌宕起伏，富有强烈的韵律感。

《千里江山图》画卷构图周密，用笔精细，成功采用了散点透视法，将景物分成六段，各段均以绵延的山体为主要表现对象，自然而连贯。或以长桥相连，或以流水贯通，使各段山水既相对独立，又相互关联，巧妙地连成一体，灵活地体现了“景随步移”的艺术效果，将不同视点的印象统一起来，巧妙地组织了空间。经学者研究指出，《千里江山图》的主要取景地是庐山和鄱阳湖。

此画流传曲折辗转，历经磨难。王希孟把这幅画绘制成后献给宋徽宗，宋徽宗大为赞赏，将此画赐给宰相蔡京。宋钦宗赵桓即位后，此画又被北宋内府收藏，北宋灭亡后解送到金国，再流转到金国宰相高汝砺手中。到了元明时期，此画相继被李溥、梁清标收藏，清乾隆年间入宫廷内府，清末时被溥仪从皇宫带出，搁置在长春的小白楼里。1945年日本投降，伪满洲国灭亡，长春小白楼的文物被哄抢一通，《千里江山图》流落民间。中华人民共和国成立初期，此画被靳伯声收藏，随后捐给国家。1953年《千里江山图》藏入故宫博物院。

国宝简读

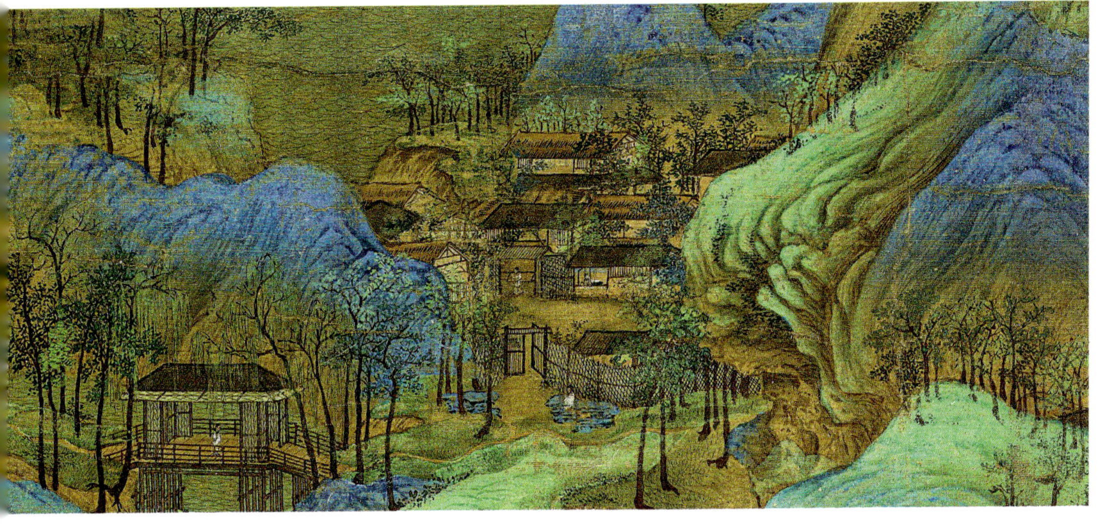

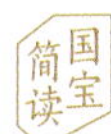

《千里江山图》卷为王希孟所作，以青绿为主色调，色彩浑厚又轻盈，间以赭色为衬，使画面层次分明，艳而不俗，典雅精致，具有极高的艺术价值。《千里江山图》卷是青绿山水发展的里程碑，集北宋以来山水画之大成，是中国十大传世名画之一。

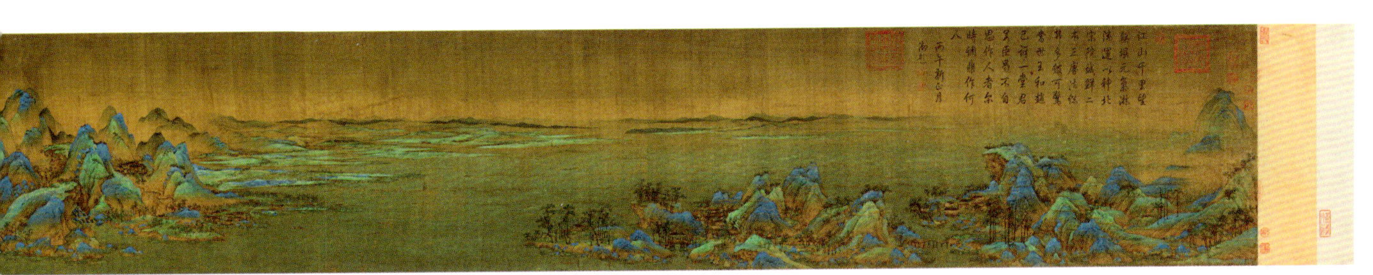

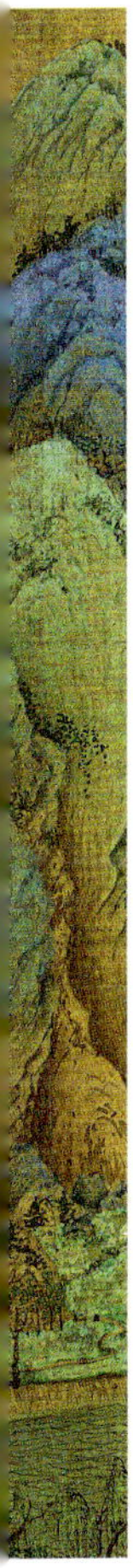

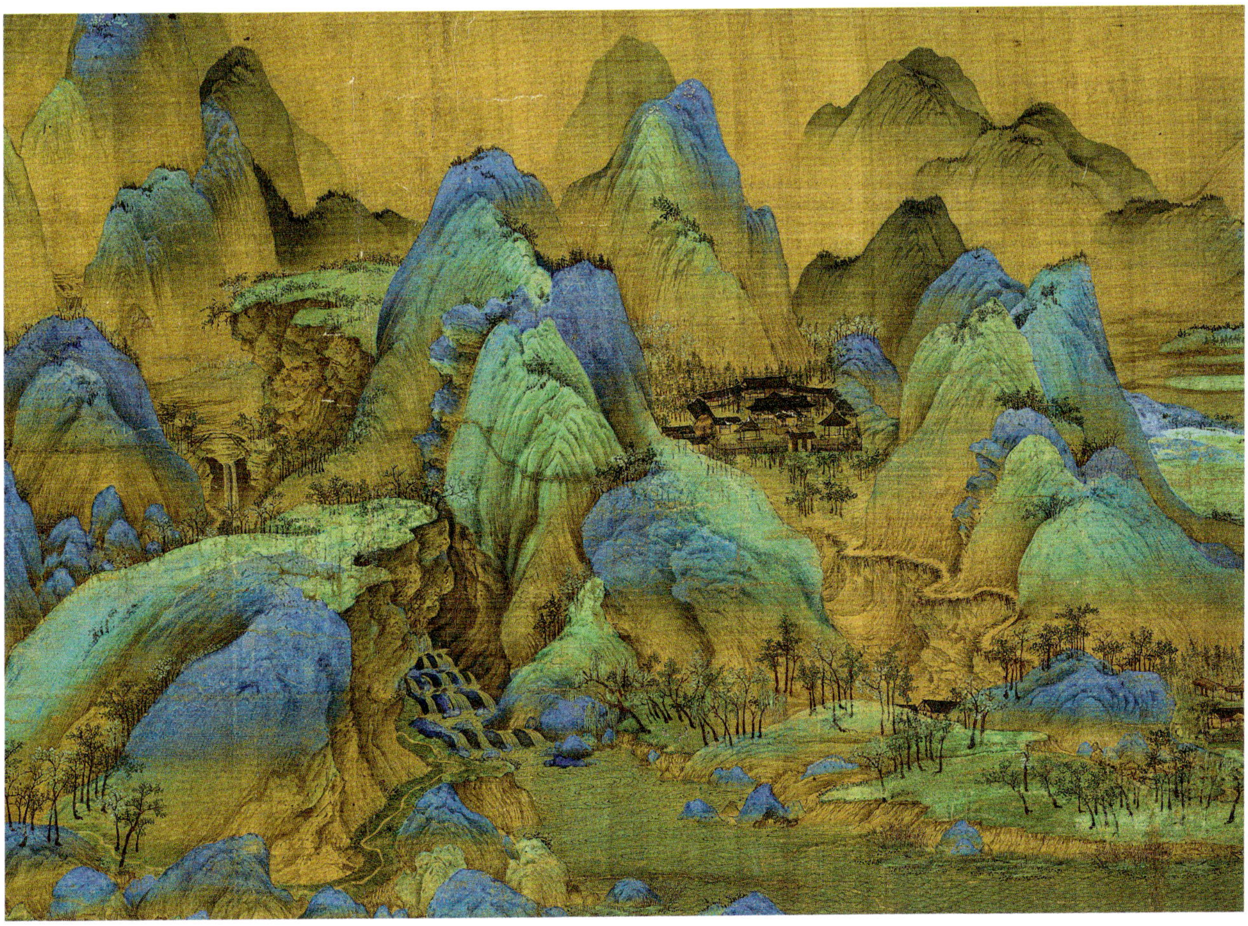

/ 故宫博物院 /

一寸缂丝一寸金
缂丝《梅鹊图》轴

艺 术 家：沈子蕃
年　　代：南宋
规格尺寸：纵 104 厘米，横 36 厘米
藏品来源：清宫旧藏

一寸缂丝一寸金

缂丝，又称“刻丝”“克丝”或“剋丝”，是中国传统丝绸工艺品中的精华，被誉为“织中之圣”。缂丝是一种以生蚕丝为经线，彩色熟丝为纬线，采用通经回纬（又称“通经断纬”）的方法织成的平纹织物：纬丝按照预先描绘的图案，不贯通全幅，用多把小梭子按图案色彩分别挖织，使织物上花纹与素地、色与色之间呈现一些断痕，类似刀刻的形象，这就是所谓“通经断纬”的织法。用彩纬显现花纹，形成花纹边界，有雕琢缕刻效果，因而古人形容缂丝“承空观之如雕镂之像”。

与其他的丝绸工艺品相比，缂丝具备艺术和工艺的双重价值。它不但可以被用来制作供鉴赏收藏之用的手卷，也可以被用来制作服饰。缂丝的强度远远高于其他类丝绸，所以历代存留至今的丝绸艺术品中，数缂丝保存得最为完好。缂丝作品图案精美，工艺极为复杂，得之不易，因而又有“一寸缂丝一寸金”之说。

缂丝起源于何时已很难考证，但从传世的实物来看，最晚在汉魏时期已经出现。缂丝技艺易学难精，尤其是摹缂书画，绝非简单地照葫芦画瓢，而需要纯熟的技巧和相当的书画修养。现存传世缂丝珍品主要集中在故宫博物院。

寒意料峭中的春意萌动

沈子蕃，缂丝名匠，南宋人，具体生卒年代不详。一说河北定州人，一说吴郡（今江苏苏州）人。他的缂丝作品以书画为粉本，设色高雅古朴，生动传神，令人叹为观止。沈子蕃在整体上擅于运用色彩的和谐性，从而使作品形成清远、优雅的风格特色，产生一种宁静致远的意境。其传世的 5 件缂丝作品，分别为缂丝《秋山诗意》立轴、缂丝《山水》轴、缂丝《青碧山水》轴、缂丝《梅鹊图》轴、缂丝《桃花双鸟》轴，均为传世佳作。

《梅鹊图》轴为丝质，依画稿摹缂，很好地体现了原画稿疏朗古朴的意趣，画面生动，清丽典雅。此作品以十五六种颜色丝装的小梭代笔，搭配精妙，画面色泽和谐，娴熟地运用了多种缂丝技法。作品中双鹊栖息于树干之上，一鹊缩脖收身，一副惧寒的姿态，另一鹊在张眼四望。树干苍劲，细枝挺秀，竹叶随风，朵朵梅花绽放在料峭的寒意中，预示着春天的盎然生机，冬去春来、万象更新的意境便栩栩如生地刻画出来。下方缂有“子蕃制”“沈氏”方印。从缂丝技法上看，最有特色的是在梅树干和缩脖收身鹊的背上运用了“包心戗”技法，从两边同时向中间戗色，使颜色呈现深浅过渡的变化，用来表现纹样的质感和光影效果。此缂丝图轴在清皇室藏品中占有重要位置，玉池（中国古代装裱书画时，卷首所贴的绫子称为“玉池”）中有“蕉林梁氏书画之印”“果亲王府图书记”、乾隆帝御笔“乐意生香”，并钤有“乾隆宸翰”“乾隆御览之宝”“三希堂精鉴玺”“石渠定鉴”“宝笈重编”“石渠宝笈”“乾隆鉴赏”“嘉庆御览之宝”“宜子孙”“重华宫鉴藏宝”等鉴藏印玺。

国宝简读

缂丝作为非物质文化遗产，承载着千年的岁月沉淀。其工艺自古代流传至今，历久弥新，其中汇聚了中国深厚的文化底蕴。《梅鹊图》轴为南宋缂丝名匠沈子蕃所制，图中两鹊立于梅树之上，左上与右下梅影绰约，左下竹叶晃动，画面生动和谐，清丽典雅，为难得的缂丝佳作，具有极佳的艺术鉴赏价值。

/ 故宫博物院 /

元代雕漆大师的杰作

“张成造”剔犀云纹盘

艺 术 家：张成
年　　代：元
规格尺寸：高 3.3 厘米，口径 19.2 厘米
藏品来源：清宫旧藏

什么是漆雕

漆器是用漆树树脂经过加工提炼制成色漆，髹（髹漆是指把漆涂在器物上）涂在器物的胎骨上制成。漆树树脂又称生漆或大漆，是从漆树割取的天然汁液，主要由漆酚、漆酶、树胶质及水分构成，用它作涂料，耐酸耐腐，千年不坏，又可以配制出不同颜色，光彩照人。历经商周直至明清，中国的漆器工艺不断发展，达到了相当高的水平。

雕漆工艺是把天然漆料在胎骨上涂抹出一定厚度，再用刀在堆起的漆面上雕刻花纹的技法。剔犀工艺是中国雕漆工艺的一个重要品类。剔犀，源于战国、两汉时期的锥刻和堆漆工艺，在宋元时期达到技艺顶峰。明代《髹饰录》中专有记述：“剔犀，有朱面，有黑面，有透明紫面。或乌间朱线，或红间黑带，或雕等复，或三色更叠。其文皆疏刻剑环、绦环、重圈、回文、云钩之类。”大意是说剔犀漆器要在胎骨上分别以黑、红两色，或黑、红、黄三色，有规律地交替厚涂，漆层积累至一定厚度后，不待完全干固，即用刀剔刻出相应的纹饰。由于所刻漆层断面形成回旋有序的色带或线条，多为回纹、云纹等装饰图案，因此剔犀也被称为“云雕”，日本称之为“屈轮”。这种独特的效果粲然成纹，流转自如，回旋生动，可以达到比纯色雕漆更富于变化的装饰效果。

云行雨施、品物流形

张成，元末雕漆工艺家。浙江嘉兴西塘镇杨汇（今嘉善县西塘镇北杨汇塘附近）人。擅雕漆，长于剔红、戗金银等工艺。张成的作品，通常髹漆较厚，多雕盛开的大朵花，旁衬含苞欲放的花葩，雕工浑厚圆润，不露刀痕。代表作有剔红栀子花纹圆盘、剔犀云纹盘、剔红曳杖观瀑图圆盒等。

剔犀云纹盘木胎黑漆，内外均雕云纹，堆漆甚厚，晶莹照人，刻工圆润，在黝黑峻深的刀口断面露出朱漆四道，正是《髹饰录》中“乌间朱线”的做法。盘底正中间署楷书填金“乾隆年制”四字款，为后髹底漆时所加刻。近足边缘处有针划“张成造”三字款，此为张成惯用的署款方法。此盘漆色和刀工与现藏于安徽博物院的“张成造”剔犀云纹漆盒如出一辙，原款应为后髹底漆时所覆盖。

国宝简读

元代的雕漆工艺品古朴大气，“张成造”剔犀云纹盘是元代雕漆艺术的代表作品。如意云纹是其剔刻的主要图形，表达称心、吉祥、如意的美好愿望。

东西方文化交流的产物

黑漆彩绘楼阁群仙祝寿钟

年　　代：清乾隆
规格尺寸：高 185 厘米，面宽 102 厘米，侧宽 70 厘米
藏品来源：清宫旧藏

黑漆彩绘楼阁群仙祝寿钟是乾隆年间的一件宫廷御用钟表。据记载，此钟是乾隆八年（1743）命造办处制造的。乾隆九年（1744）正月二十二日，造办处将西洋人设计的画样进呈乾隆，乾隆对其提出具体的修改意见，如楼阁用杉木彩漆、栏杆用木头扫金等，造办处据此重新打样，再进呈，获得批准。直到乾隆十四年（1749）正月初六完工，从设计到竣工用了五年时间。在故宫博物院收藏的大量自鸣钟里，这座钟是其中的佼佼者，具有相当高的技艺水准。

黑漆彩绘楼阁群仙祝寿钟以木胎黑漆彩绘二层楼阁为造型主体，楼阁下层正中为双针时钟，写有“乾隆年制”的钟盘上饰以造办处特有的黄色珐琅。钟盘的左右两侧为变动的布景箱，左边箱中的表演主题是“海屋添筹”，右边箱中的表演主题为“群仙祝寿”。楼阁上层为庑殿式建筑，有三个能开闭的门，三间房屋内各有一个报时人。

黑漆彩绘楼阁群仙祝寿钟共有七套机械系统，分别控制走时、报时、布景箱内的活动装置等。每逢三、六、九、十二四个时辰，乐声奏起，上层楼阁的三个门自动打开，随即有三个着装鲜艳的报时人走出来报时。与此同时，布景箱内的机械装置也开始运作：左边箱内重峦叠嶂间有仙鹤傲立，驾着祥云的仙人缓缓升腾，云海中一座琼楼陡然浮起，此为“海屋添筹”；右边箱内扶着手杖的老寿星正依次接受八仙敬献的宝物，此为“八仙祝寿”，寓意福寿双全。音乐结束，报时人退回门内，楼门关闭，布景箱内各项活动装置也随之复位。

黑漆彩绘楼阁群仙祝寿钟将欧洲钟表技术与中国传统建筑、风俗信仰相结合，充分体现了一种兼容并包、中西交融的审美旨趣。

楼阁上层为衣着华丽的报时人。三、六、九、十二整点报时时，房门开启之后，三人手执钟碗缓步出门，左边敲钟碗发出“叮”声，右边敲钟碗发出“当”声，“叮当”声响一次报一刻钟，响两次报两刻，依次类推，报完四刻后，中间的报时人再敲钟碗报时。

黑漆彩绘楼阁群仙祝寿钟楼阁下层正中为双针时钟，饰以黄地彩绘珐琅牡丹纹，上部写有“乾隆年制”款。

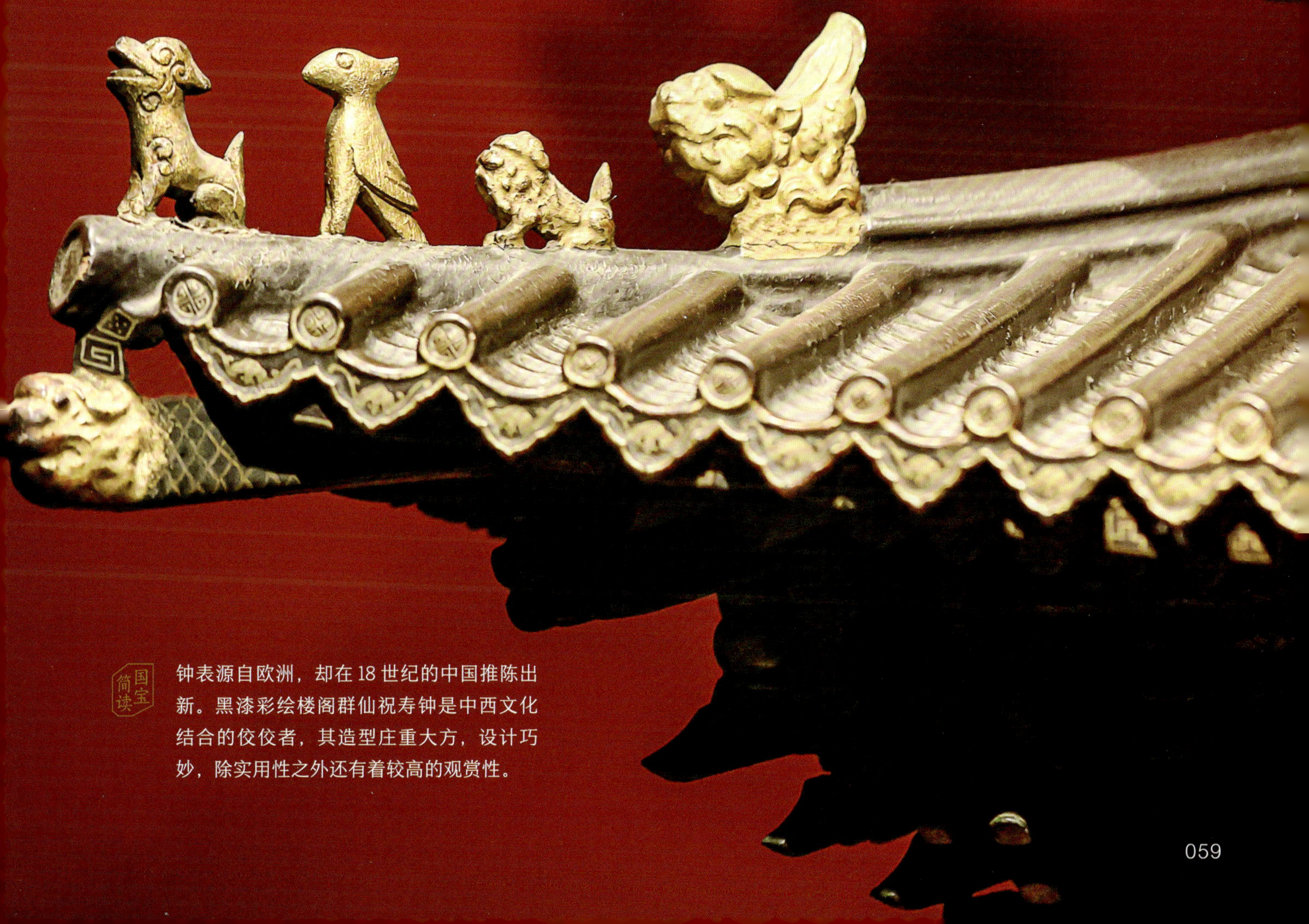

国宝简读

钟表源自欧洲，却在18世纪的中国推陈出新。黑漆彩绘楼阁群仙祝寿钟是中西文化结合的佼佼者，其造型庄重大方，设计巧妙，除实用性之外还有着较高的观赏性。

/ 故宫博物院 /

景德镇御窑厂的皇家瓷器

各种釉彩大瓶

年　　代：清乾隆
规格尺寸：高 86.4 厘米，口径 27.4 厘米，足径 33 厘米
藏品来源：清宫旧藏

国宝简读

各种釉彩大瓶，乾隆年间烧制，集多种釉彩于一身，自上而下装饰的釉彩达 15 层之多，素有“瓷母”的美称。此器集中体现了乾隆时期高超的制瓷技艺，标志着中国古代制瓷工艺的顶峰，传世仅有一件，弥足珍贵。

中国古代瓷器素有官窑、民窑之别，官窑即官方经营的窑厂，其中专为皇宫内院制造瓷器的窑厂又称御窑厂。依托景德镇悠久的制瓷历史和高超的制瓷工艺，在元代浮梁磁局的基础上，明清两代在景德镇珠山设立御窑场。五百多年间，御窑厂烧造了大量至精、至美的瓷器供宫廷使用，进而成为皇权象征的组成部分。

清代乾隆一朝历时六十年，属于封建社会发展史上的太平盛世。由于乾隆皇帝嗜古成癖，对瓷器情有所钟，再加之督陶官唐英对景德镇御窑厂的苦心经营，一大批身怀绝技的名工巧匠会集于景德镇，致使御窑厂的瓷器生产无论在数量还是质量上都达到前所未有的高度，其工艺技术之高可谓鬼斧神工。各种釉彩大瓶正“诞生”于这一背景之下。

各种釉彩大瓶为洗口，长颈，长圆腹，圈足外撇，颈部两侧对称螭耳。瓶内及圈足内均施松石绿釉，外底中心署青花篆体“大清乾隆年制”六字三行款。

这件各种釉彩大瓶的烧造工艺与众不同，彰显了制作者的匠心独具和高超的烧造技术。大瓶上的青花与仿官釉、仿汝釉、仿哥釉、窑变釉、粉青釉、霁蓝釉等均属高温釉、彩，需先焙烧。而粉彩、珐琅彩、金彩及松石绿釉等均属低温釉彩，需后焙烧。这件瓷瓶釉上、釉下同时采用了十多种高低温釉，需先高温后低温，反复焙烧。这样复杂的工艺使得烧制成功的概率非常低，而且在当时不能精准控温的条件下，恐怕要经历多次失败，只有在对各种釉、彩的性能了如指掌之后，才有可能烧成。

/ 故宫博物院 /

清朝皇帝的元旦开笔礼

金瓯永固杯

年　　代：清嘉庆
规格尺寸：高 12.5 厘米，口径 8 厘米
藏品来源：清宫旧藏

鼎耳为夔龙造型，龙头上镶以珍珠，寓意蒸蒸日上，当头有彩。

三鼎足皆为象首式，长牙卷鼻，额顶及双目间亦嵌珠宝，寓意“太平有象”。

盛世王朝下的金瓯永固

清代乾嘉时期共制作了四件“金瓯永固”杯，分别是乾隆四年（1739）的一件、乾隆五年（1740）的两件、嘉庆二年（1797）的一件。如今陈列在故宫博物院珍宝馆的金瓯永固杯，是现存四件金瓯永固杯中，问世最晚的一件。这件金瓯永固杯虽然造于嘉庆年间，却是由当时的太上皇乾隆下令制作，以取代此前受损的一件造于乾隆年间的金瓯永固杯的，所以杯身题款仍为“乾隆年制”。故宫博物院所藏金瓯永固杯，外壁满錾宝相花，花心镶嵌物以珍珠及红、蓝宝石为主。铸“金瓯永固”一面的嵌石包括红宝石三、蓝宝石五、珍珠三、碧玺二，铸“乾隆年制”的一面的嵌石包括红宝石二、蓝宝石六、珍珠三、碧玺二。

新年喜气满屠苏

金瓯永固杯是过年时皇帝在开笔仪式上使用的重要礼器。这里所说的开笔仪式始于清朝雍正时期，仪式中有三件必须用到的器物：一是玉烛长调（烛台），二是刻有“万年青”字样的毛笔，三就是金瓯永固杯。金瓯永固、玉烛长调、万年青都有期望江山永固、风调雨顺、国运长久之意。每当除夕的子时一到，皇帝就会来到养心殿的东暖阁，把金瓯永固杯放在紫檀长案上，倒上屠苏酒，点燃蜡烛，提起万年青笔写下如“风调雨顺”“永享太平”等祈求江山社稷平安永固的吉语，以迎接新的一年。开笔仪式过后，皇帝会命内务府收好金瓯永固杯，待来年开笔仪式再用。

打造第四件金瓯永固杯时，乾隆已经当起了太上皇。据相关资料记载，他命人领用内库的珍贵材料，并亲自过目工匠们绘制的图样，提出修改意见，在多次反复并最终确认后，才命人承制。这件金瓯永固杯从设计到完工的整个流程，乾隆都参与其中。金瓯永固杯铸成后，既辉煌夺目又浑然天成，既彰显皇家尊贵，又寓意吉祥太平，被清朝皇室视为珍贵的传家之宝。

国宝简读

金瓯永固杯是清代皇帝专用的酒杯。“瓯”是指杯、盆一类的容器，“金瓯永固”寓意国家领土完整，万世长存。现知存世的“金瓯永固”杯共有四件，两岸故宫博物院各藏金杯一件，伦敦华莱士藏金杯、鎏金铜杯各一件。

/ 首都博物馆 /

北京城最早的见证者

伯矩鬲

年　　代：西周
规格尺寸：通高 33 厘米，口径 22.9 厘米
藏品来源：1975 年北京市房山区琉璃河 251 号墓出土

国宝简读

伯矩鬲出土于北京房山琉璃河。琉璃河是西周时期燕国的所在地。伯矩鬲以及琉璃河遗址的考古发掘，填补了燕国历史的空白，更是北京 3000 年建城史的实物证据。

雄奇威武的祭器

伯矩鬲，全称“牛头纹带盖伯矩鬲”。此鬲口沿外折，方唇，立耳，束颈，袋足。其显著的特点是顶部的平盖，盖面饰以两个相背牛首形兽面纹，角端翘起，两两相对，与器耳齐平，器盖中部是由两个相背的圆雕小牛首组成的盖纽，整体造型主题鲜明，又富于变化。颈部纹饰带被六条短扉棱分隔成六段，扉棱间饰以夔纹，袋足均饰以牛头纹，牛角角端翘起，凸出于器表。

伯矩鬲各部均以牛头纹装饰，主体纹饰皆为高浮雕，给人雄奇威武之感。牛是商周祭祀中最高规格的祭品，贵族占卜也常用牛肩胛骨，所以牛首是青铜礼器纹饰的常见题材。但如伯矩鬲这般多达七个牛首的造型却极为罕见，足见此鬲等级之高。

伯矩鬲盖内及颈部内壁铸有相同的铭文：“才（在）戊辰，匽侯赐伯矩贝，用作父戊尊彝。”盖内 4 行 15 个字，颈内壁 5 行 15 字。铭文释义为在某年某月戊辰这一天，燕侯赏赐贵族伯矩贝币，伯矩因此铸造了这件青铜鬲，用来祭祀他已经死去的那位庙号为“戊”的父亲。

最早的“北京城”

伯矩鬲出土于北京市房山区琉璃河遗址，这里曾是《史记》中所载的燕国都城，是北京地区最重要的考古遗址之一。考古工作者通过在琉璃河镇董家林村一带的考古勘探发掘，陆续发现了城墙遗址和一些贵族墓葬，墓葬中出土了青铜器、玉器、漆器等高级随葬品，然而一直无法确定所发掘遗址的具体性质，直到两个重要墓葬的发现，这两个墓葬分别埋藏着伯矩鬲和堇鼎。而在这两件器物的铭文中均出现“匽侯”二字，也就是“燕侯”。此后，该遗址又出土了一批带有燕侯铭文的青铜器，进一步确定了这里就是西周早期燕国的都城所在。

《史记》记载“周武王之灭纣，封召公于北燕”，意为武王伐纣后，大封宗室和功臣，召公被分封到北燕之地做诸侯。但是，燕国最早的都城究竟在哪里？由于文献记载缺失，历史学家一直没有定论。伯矩鬲和堇鼎的铭文破解了这个困扰史学界多年的谜题。考古学家推测，琉璃河董家林村一带发现的都城遗址，应该就是当年燕国分封到这里后建的第一座城，这也成为历史上北京地区建城的起源。伯矩鬲堪称北京 3000 年建城史的重要见证。

/ 首都博物馆 /

元代青花瓷中的珍品

景德镇窑青花凤首扁壶

年　　代：元
规格尺寸：高 18.7 厘米，口径 4 厘米
藏品来源：20 世纪 70 年代北京市旧鼓楼大街豁口元代窖藏出土

凤首扁壶的“涅槃”

元青花凤首扁壶于 20 世纪 70 年代出土于北京市旧鼓楼大街豁口瓷器窖藏，该窖藏同时出土了 10 件元青花瓷器，轰动一时。此壶造型生动别致，动感突出，独具匠心。从制作技法上看，壶体扁圆，直颈小唇口，浅圈足，底足在沙胎上挂一层很薄的护胎釉。壶胎制作采取多种工艺：壶流采用模制成型，壶柄以手捏塑成型，壶体为雕镶成型，最后琢成整体。该壶以昂起的凤首作流，以卷起的凤尾作柄，凤身绘在圆形壶体上部，双翅垂至壶体两侧，壶体下部则装饰盛开的牡丹。这件青花扁壶从器物外观上来看，胎质致密，釉面光亮透明，匀润平滑；白釉微微泛出青色，积釉的地方呈现湖蓝色；青花的色泽浓淡分明，浓深处有结晶斑，并可见明显的笔触痕迹。经过检测，此壶为景德镇窑烧造。

青花凤首扁壶经历了“凤凰涅槃”的过程。此壶刚出土时碎为 48 片，古陶瓷修复专家蒋道银先生受首都博物馆之托，对青花凤首扁壶进行修复。在蒋先生的精心修复下，凤首扁壶不仅重获完整之身，甚至连残缺的青花纹饰、釉面苏麻泥青下的结晶斑点等细节都被一一重现，凤首扁壶得以重生，向世人展示着元青花的风姿与魅力。

鸾凤和鸣的佳话

巧合的是，新疆伊犁也曾出土一件元代青花凤首扁壶，现在收藏在伊犁哈萨克自治州博物馆。据《营造法式》图样确认，这两件青花凤首扁壶的凤纹分别为鸾、凤，北京出土这件扁壶上的纹饰为凤，而新疆出土的扁壶上的纹饰则是鸾。两件扁壶造型非常相似，纹饰主题相关，装饰手法也一样。将两壶进行比较，我们可以看出区别：首都博物馆壶的凤首毛发复杂、细腻，新疆壶的凤首毛发简洁、粗放；两件凤首壶的最大区别在于凤的尾部，首都博物馆壶的凤尾为卷草状，两条卷草状尾分别描绘在壶柄的两侧，新疆壶的凤尾为散锯齿状，四条凤尾分布于壶柄的两侧。2009 年，首都博物馆举办“青花的记忆——元代青花瓷文化展”，两件扁壶终于聚在一起，真正演绎了一段“鸾凤和鸣”的佳话。

国宝简读

旧鼓楼大街豁口元青花窖藏出土了包括凤首扁壶、花卉纹盏托等在内的一批元代青花瓷器，从其组合来看，应为茶具或酒器。六百年前同时烧造于江西景德镇的两件青花凤首扁壶，一件发现于北京，一件发现于新疆伊犁，它们曾在首都博物馆相聚，留下一段“鸾凤和鸣”的佳话。

/ 中国考古博物馆 /

象征王权族徽的王者之器

彩绘龙纹陶盘

年　　代：新石器时代·陶寺文化
规格尺寸：通高 8.8 厘米，口径 37 厘米，底径 15 厘米，沿宽 1.8 厘米
藏品来源：1980 年山西省襄汾县陶寺遗址第 3072 号墓出土

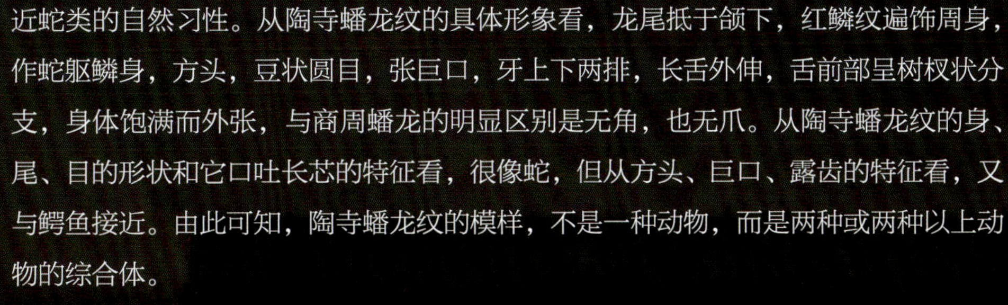

近蛇类的自然习性。从陶寺蟠龙纹的具体形象看，龙尾抵于颌下，红鳞纹遍饰周身，作蛇躯鳞身，方头，豆状圆目，张巨口，牙上下两排，长舌外伸，舌前部呈树杈状分支，身体饱满而外张，与商周蟠龙的明显区别是无角，也无爪。从陶寺蟠龙纹的身、尾、目的形状和它口吐长芯的特征看，很像蛇，但从方头、巨口、露齿的特征看，又与鳄鱼接近。由此可知，陶寺蟠龙纹的模样，不是一种动物，而是两种或两种以上动物的综合体。

蟠龙图案的特殊含义

已发掘的陶寺墓葬，呈现出“金字塔”式的等级结构。一处墓地已发掘的1300多座墓葬中，近90%是仅能容身、空无一物的小墓，10%左右的墓随葬几件至一二十件器物，而不足1%的大墓各有随葬品一二百件，其中包括各类重器。这种“金字塔”式的等级结构反映出在陶寺社会中，王者、高中低层贵族、平民、赤贫乃至非自由人的分化已相当严重。

陶盘可做盛食器，也可作水器，但从出土实物看，这类彩绘陶盘火候很低，烧成后涂饰的彩绘也极易剥落，所以应是用于祭祀或随葬的礼器而非实用器。源于实用器却不再具备使用功能的礼器也是中国早期礼制文明的特征之一。

陶寺彩绘蟠龙纹陶盘共出土4件，均位于部落显贵的大型墓中，每墓且只一件。按《襄汾陶寺：1978—1985年考古发掘报告》一书中的分期，这几件蟠龙纹陶盘均为陶寺遗址早期。稍大的中型墓虽有绘朱彩的陶盘，但其上绝无蟠龙图像，这表明蟠龙纹的规格很高，它很可能是氏族、部落的标志，如同后来商周铜器上的族徽一样，仅限于宗族长使用。

国宝简读

彩绘龙纹陶盘构思巧妙，造型质朴，图案精美，光泽细腻，将龙体的色彩变化与陶盘的彩绘融为一体。彩绘蟠龙陶盘中的蟠龙图案被赋予高度抽象意义，对阐明陶寺遗存的文化性质具有重要价值。

/ 中国考古博物馆 /

来自二里头的中国龙

绿松石龙形器

年　　代：夏 · 二里头文化
规格尺寸：长 64.5 厘米，中部最宽处 4 厘米，由 2000 余片各种形状的绿松石片组合而成，每片绿松石的大小仅有 0.2 ~ 0.9 厘米，厚度仅 0.1 厘米左右
藏品来源：2002 年河南省偃师市二里头遗址 VT15M3 区出土

国宝简读

二里头文化二期的绿松石龙形器展示了夏文化中“龙”文化遗存的全新面貌。它不仅是二里头文化的重要代表，也为研究中国古代政治、艺术等领域提供了重要资料。这件绿松石龙形器在中国早期龙形象文物中极为罕见，制作之精湛、体积之大，具有极高的历史、艺术和科学价值。绿松石龙形器的发现标志着华夏文明的龙图腾的形成，为中华民族的龙图腾找到了最直接、最正统的根源。

二里头中国龙的初探

绿松石龙形器被发现在二里头遗址二期 3 号宫殿建筑基址庭院内的一座墓葬中。这条绿松石龙是由 2000 余片各种形状的绿松石片拼凑而成的。绿松石龙的长度为 64.5 厘米，最宽处为 4 厘米。龙首部相对较大，呈梯形，长 11 厘米，宽 13.6 ~ 15.6 厘米，由绿松石片粘嵌成有层次的浅浮雕状。龙头略呈椭圆形，凸出在梯形的框架中，两侧还有鬓须展现出的卷曲弧线。龙的吻部略微凸出，两侧凸出了圆弧状的鼻孔，但由于绿松石片塌陷，不太清晰。额头上由 3 节半圆形的青、白玉柱组成中脊和鼻梁，鼻尖为整块的蒜头状绿松石，显得硕大醒目。眼睛呈梭形，眼眶内嵌有绿松石作为眼角，而眼睛则用弧凸面的圆饼状白玉制成，形象生动有神。龙的身体呈波状曲折，中脊微微凸起，两侧向下倾斜，龙身从颈部到尾部以中脊线为轴心，绿松石片被拼接成 12 组排列成菱形的纹路，象征着龙的鳞片。龙尾内部蜷曲

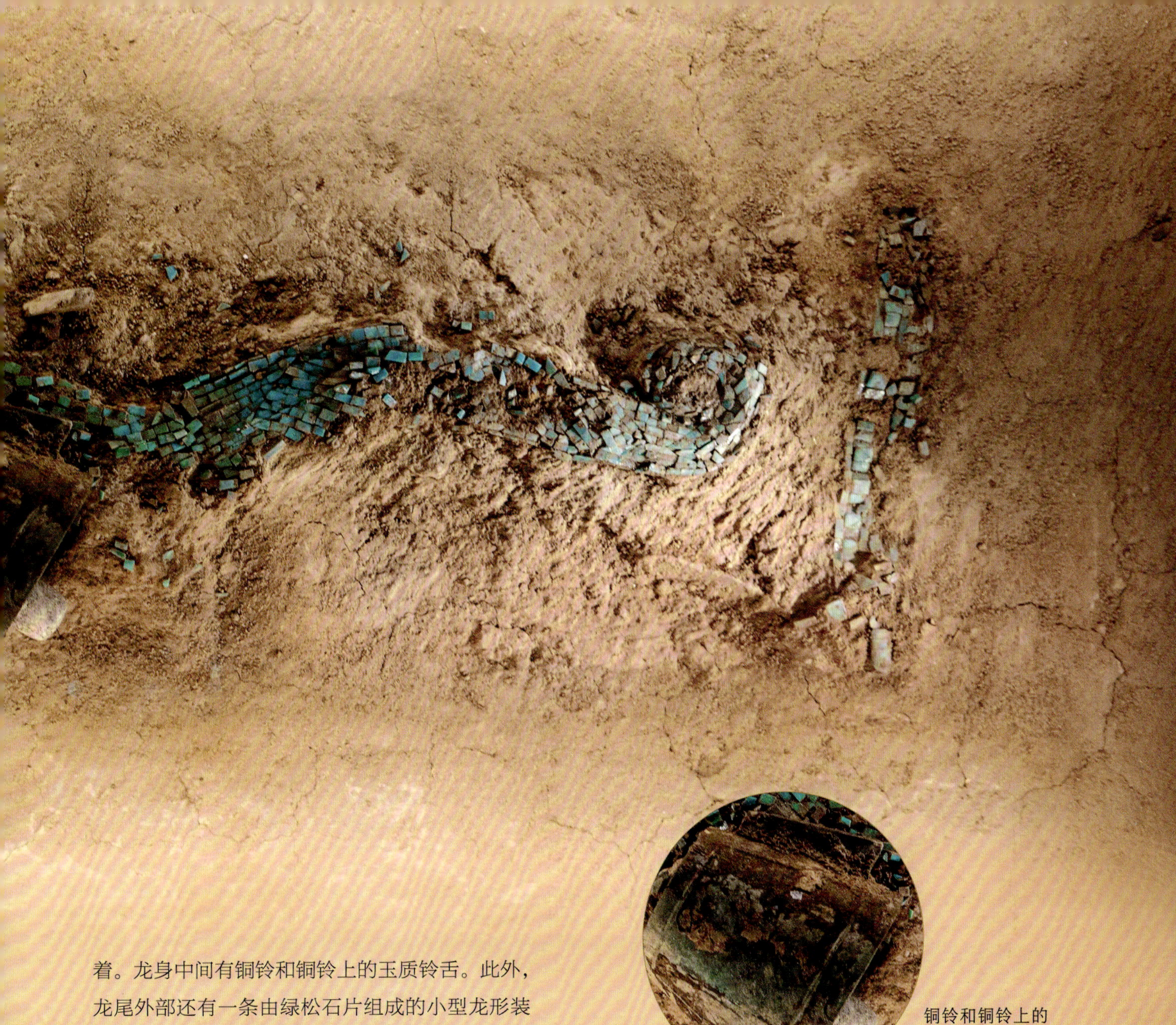

铜铃和铜铃上的玉质铃舌

着。龙身中间有铜铃和铜铃上的玉质铃舌。此外，龙尾外部还有一条由绿松石片组成的小型龙形装饰，长约 17 厘米，距离龙身底部 3.6 厘米。

该绿松石器放置于墓主人骨架之上，由肩部至胯骨处，与骨架相比略有倾斜，器首在胸前偏右，尾部于腿骨之左。绿松石片原本粘贴或镶嵌在某种有机物上，但其所依托的物体早已腐朽，仅在局部范围内发现有少量的白色灰痕。距绿松石器尾部下端近 4 厘米处清理出一件绿松石条形饰，与器体近于垂直，二者之间似有断续的红色漆痕相连。

龙形器的文化内涵

绿松石在中国历史上有着特殊的地位，被认为是一种质地细腻、色彩明亮的宝石。《诗经》中记载："载见辟王，曰求厥章。龙旂阳阳，和铃央央。"其中，龙旂与和铃同绿松石龙与铜铃共存的情形几乎吻合。在 VT15M3 出土的绿松石龙形器和铜铃的组合，开二里头文化铜铃与动物母题松石镶嵌器配套的固定礼器组合的先河，构成独具特质的华夏早期国家礼器群。

神话性动物的形象出现在二里头时代的绿松石镶嵌器的图案或纹样上，代表着高等级贵族和王室的威权。这些动物母题在早期中国文明中扮演着重要角色，并成为礼器中最重要的纹样。通过研究早期中国以龙等神化动物为代表的图案，可以更好地理解中国早期文化底蕴中的关键元素，揭示了华夏早期礼器所包含的文化内涵。

/ 中国考古博物馆 /

一位伟大女性的纪念物

司母辛方鼎

年　　代：商后期

规格尺寸：高 80.1 厘米，口长 64 厘米，宽 48 厘米，足高 31 厘米，重 128 千克

藏品来源：1976 年河南省安阳市殷墟小屯宫殿宗庙遗址西南侧妇好墓出土

国宝简读

司母辛方鼎是商朝晚期最具代表性的青铜器之一，其外形独特，设计精致，纹饰华丽，展现了古代青铜文化雄浑的美感。司母辛方鼎的图案和造型反映了当时社会的高度艺术水平和文化成就，同时也展现了当时社会的宗教信仰、神话传说和历史文化等方面的特色。

铭文“司母辛”

揭开妇好的神秘面纱

1976年，中国社会科学院考古研究所安阳工作队在小屯村北进行了一次重要的考古发掘。他们发现了一座特殊的墓葬，由于出土的随葬品上多有“妇好”的铭文，因此被命名为妇好墓。这座墓葬是目前已发掘的商代墓葬中唯一保存完整的王室成员墓葬，也是唯一一座能够与甲骨文记载相对应、从而确定墓主人身份和年代的墓葬。

妇好是商王武丁的配偶，也是中国历史上有据可查的第一位女性军事统帅和杰出的女政治家。她曾带领军队进行战斗，也积极参与政治，为商朝的发展做出重要的贡献。辛是妇好去世后在宗庙被供奉的庙号，妇好的子女为祭祀亡母辛而铸造此鼎，故鼎铭中有“母辛”二字。司母辛方鼎是商代晚期难得一见的大型青铜重器。

司母辛方鼎的千年绝韵

妇好墓中随葬了一对司母辛方鼎，其中一件现藏于河南安阳殷墟博物馆。司母辛方鼎直耳，长方形口，平底，四足呈柱状，中空。鼎身四边为齿状长扉棱纹，鼎沿之下装饰以短扉棱纹为中轴对称的双夔龙纹，两条夔龙纹共同拼接成“一首双身”的饕餮纹，饕餮纹分布的间隙以云雷纹填充。鼎腹中部无纹饰，鼎腹周边为排列整齐的乳钉纹，鼎足与鼎身的连接处为“有首无身”的饕餮纹，其下装饰凸弦纹三周。司母辛方鼎内铸有阴文“司母辛”三字，端严工整，记录了该鼎的祭祀对象。

在历史上，青铜鼎的制造一直由统治阶级独占。司母辛方鼎采取通体浑铸的方式铸造，首先用泥塑出泥模，并在其上雕刻纹饰，然后在泥模上翻出外范，再用外范翻出内范，将内、外范阴干后烧制定型，定型之后将铜锡铅溶液通过泥范上的小孔浇铸至内外范之间，待溶液凝固后将内外范打破，取出成器。司母辛方鼎的铭文是预先刻在模具上的，在青铜器铸造之前，工匠会先在模具上刻出铭文，然后将其翻印到内范上。为了确保文字清晰流畅，他们还会对翻印后的文字进行修整。由于内范上的铭文是凸起的阳文，待青铜器铸造完成后便会在鼎内形成内凹的阴文。

司母辛方鼎向世人展示了妇好的生平和丰功伟绩，对于研究武丁时期的社会经济具有重要意义。这件历史文物是了解商代历史和青铜文化不可或缺的重要资料。

/ 中国考古博物馆 /

商代牙雕艺术的杰作
夔鋬象牙杯

年　　代：商
规格尺寸：通高 30.5 厘米，口径 10.5 ~ 11.3 厘米，切地径 8.8 ~ 9 厘米
藏品来源：1976 年河南省安阳市殷墟小屯宫殿宗庙遗址西南侧妇好墓出土

粉身碎骨的王室专用杯

在安阳殷墟的大中型墓葬中，有时可以看到使用象牙制作的容器。然而这些容器通常保存状况不佳，大部分都被压成碎片，或是层层剥裂，加上盗扰的影响，几乎没有一件能够恢复原状。1976 年发掘的妇好墓中也发现了象牙器皿，出土时也被压成一堆碎块，但是经过精心的修复，最终被还原成三件完整的象牙杯。

其中，一对夔龙鋬象牙杯尤为引人注目，它们在外形上非常相似，只是器高和口径略有差别。杯身呈觚形，一侧有一个夔形的鋬，杯身通体雕刻有饕餮纹等纹饰，并镶嵌有绿松石。第三件杯则有所不同，其上端有一个流，一侧有一个虎形鋬，杯身周身雕刻有饕餮、夔纹和鸟纹，但没有镶嵌绿松石。

这些象牙杯的制作技艺十分精湛，不仅在形态上独具特色，而且雕刻的纹饰生动逼真，显示出殷商时期高超的牙雕水平。夔鋬象牙杯的杯身是由厚象牙管制成，上下沿为两条素地宽边，中间用绿松石镶嵌的条带分为四段。杯鋬几乎与杯身等高，这样高大的杯鋬弥补了象牙杯本身可能产生的不稳定感，使整体造型更加平衡。杯鋬上段是抬爪钩嘴的鹰形，下段是弯首曲尾的夔龙形，都展现出神奇的气势，彼此呼应。

夔鋬象牙杯是殷墟文物中仅有的可复原的象牙器皿之一，这件商代象牙雕刻作品是非常珍贵的艺术品，显示了古代高超的牙制艺术。因其把手上雕刻着夔形，而在文物学术语中，容器的把手又被称作“鋬”，因此这件象牙杯又被称为夔龙鋬象牙杯。

独特风华的古老工艺

牙雕是一项悠久的传统工艺，通常是用象牙制成实用器具或工艺品。中国的象牙雕刻历史可以追溯到 7000 多年前。新石器时代的先民已经掌握了阴刻、镂雕和圆雕等技术来进行创作，后来又出现了透雕和镶嵌技术。商代牙料丰富，象牙雕刻盛行，工匠们运用镂刻、彩绘、染色以及镶嵌等技法，使作品色彩绚丽，对比强烈，与青铜器的典雅相辉映。象牙被誉为“有机宝石”，象牙雕刻作品不仅外观光滑如玉、耐用，其珍贵程度也堪比宝石。妇好墓象牙杯形体巨大，展现了精巧而宏大的艺术设计，象牙沉稳的黄色与绿松石的光泽相互辉映，为其增添了雍容华贵的装饰效果。

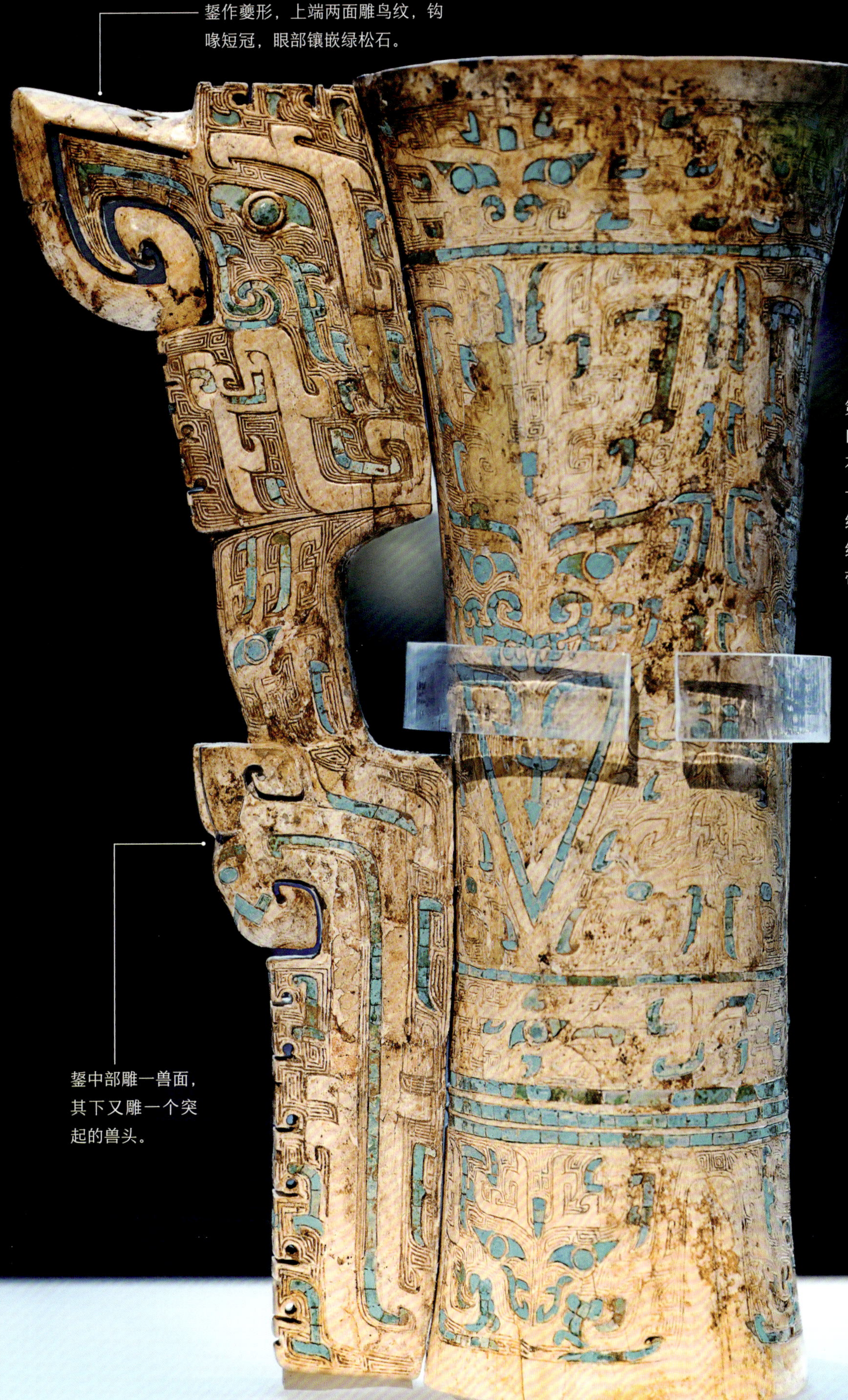

第一段雕刻饕餮纹三组，眼、耳、鼻镶嵌绿松石，其下用绿松石镶嵌出细带纹一周。

第二段雕饕餮纹三组，口、眼、鼻均镶嵌绿松石；在兽口之下，雕刻一个大三角纹，三角纹两侧刻有对称的倒夔纹，其下镶嵌绿松石细带纹一周。

第三段刻变形夔纹三个，眼部镶嵌绿松石，其下镶嵌绿松石细带纹三周。

第四段刻饕餮纹三组，口均向下，大鼻翘眉，镶嵌绿松石。

/ 中国考古博物馆 /

西周青铜工艺的巅峰

邓仲牺尊

年　　代：西周
规格尺寸：通长 40.5 厘米，通高 38.9 厘米
藏品来源：1984 年陕西省长安县（今西安市长安区）张家坡西周墓地出土

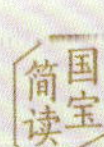

邓仲牺尊集中体现了西周时期的政治制度、礼乐文化、宗教信仰、科技水平和审美观念。这件器物造型奇特，装饰精美，制作工艺复杂，反映了西周时期先进的青铜器铸造技术。同时，它也是西周井、邓两大异姓宗族联姻的见证。

盖纽上站立的凤鸟

尾部的曲龙

井叔夫人的嫁妆

邓仲牺尊整体作兽形，头上立双角及两耳，曲颈，四蹄足，身有双翼。头顶上立一虎，颌下有一龙，尾部为一曲龙。兽背上有一个方孔，孔上有盖，盖纽是一只站立的凤鸟。器腹中空，腿部上空下实。器体装饰着繁缛的复式多层纹饰：最下层是遍布整个器身的云雷纹衬底，其上是半浮雕形式的饕餮纹、夔龙纹、虎纹；最上一层是圆雕卷尾龙、凤鸟和卷尾虎。

邓仲牺尊的器盖内部和器体底部各有 2 行 6 字铭文“邓仲作宝尊彝”，表示邓仲制作了这件宗庙之器。与这件牺尊同出的还有一件尊盖，其尺寸略小，但器形、花纹、盖内铭文与邓仲牺尊器盖全同，由此可知完整的组合应该有大小两件。

邓仲牺尊出土于井氏家族墓地，由此推测它应该是井叔夫人的嫁妆，即第 163 号墓的主人嫁给井叔采时从自己的娘家邓国带来的嫁妆。古代女性贵族出嫁时，娘家往往要为她铸造一整套用于陪嫁的青铜器，这种青铜器被称作“媵器”，邓仲牺尊应该就是一件“媵器”。媵器铭文往往能够反映西周社会的宗法制度、家族结构、政治联姻等一系列重要的历史信息。

多道工序产出的精品

邓仲牺尊采用块范法制作，器物上的圆雕装饰部件与器身分开铸造，然后组合到一起。工匠首先用泥土或木材制作器物模型，然后用泥土包裹模型表面，塑形并切割成数块，然后脱模、修整、烘干，形成铸件外廓的铸型，从而形成外范。再用泥土制作与牺尊内腔大小相当的实心范，称为内范。将外范与内范套合，中间形成空腔，空腔的宽度即为器壁厚度。然后将熔化的铜液注入空腔，待冷却后除去外范和内范，器腹就铸造完成了。龙、虎、凤等圆雕构件分别铸造，最后用熔化的金属焊料将各部件与器身连接在一起。

/ 天津博物馆 /

国内仅存的梁山七器

太保鼎

年　　代：西周
规格尺寸：通高 57.6 厘米，口长 35.8 厘米，宽 22.8 厘米
藏品来源：清道光、咸丰年间山东省寿张县（今梁山县）梁山出土

太保鼎的传奇经历

太保鼎自出土以来，就以其独特魅力吸引了无数收藏家，先后被山东济宁钟氏、南海李山农等人珍藏。1917 年，徐世昌将一些珍贵的青铜器纳入囊中，其中包括西周太保鼎、西周太师鼎、西周小克鼎以及西周克钟，并精心保管。此后，太保鼎一直为徐家所珍藏。直到 1958 年，徐世昌的孙媳张秉慧决定将这些青铜器捐献给国家，太保鼎才随之进入博物馆。它们不仅是一批珍贵的文物，也是历史的见证者，讲述着过去的辉煌和现在的繁荣。

太保鼎的出土，反映了中国青铜器在历史文化中的重要地位，其流传历程也见证了历史的变迁和发展。

太保鼎的历史渊源

太保鼎形制为方形，四柱足，雄伟壮丽，工艺精湛。鼎口两侧铸有双立耳，耳上浮雕垂角双兽，做攀附状。鼎腹部四面采用浮雕、圆雕之法，饰有蕉叶纹和饕餮纹，腹壁四隅起棱脊，最为显著的特点是柱足上装饰扉棱，柱足中间装饰圆盘，在商周青铜器中极为罕见。鼎腹内壁铸有“大保铸”三字，据金石学家考证，“大保”应为“太保”，因此这件鼎就被称作“太保鼎”。太保为周朝官职名，为监护与辅弼国君之官。根据《尚书·君奭》载：“召公为保，周公为师，相成王为左右。”据文献可知，这件太保鼎应是西周成王时的重臣召公奭所铸造的，太保的地位象征着召公的政治地位。

太保自铸器除太保鼎外，还有太保簋、太保卣和太保盉。太保簋现藏美国弗利尔美术馆，太保卣现藏日本白鹤美术馆，太保盉现藏北京文物研究所。太保鼎具有极高的历史价值、艺术价值，其所表现的历史意义极为丰富，弥足珍贵。太保鼎独特的造型彰显其高贵气质，反映了当时的社会背景及审美观念，是中华悠久历史、灿烂文化的见证，为研究周朝历史提供了宝贵的实物依据。

国宝简读

太保鼎出土于山东省寿张县梁山。它与小臣艅犀尊、大保簋、大史友甗等一起被称为“梁山七器”。梁山七器以其厚重庄严、纹饰精美、装饰繁缛和工艺精湛而闻名，是商周青铜器的典型代表。由于历史原因，太保鼎是目前国内博物馆中唯一收藏的一件梁山七器。

/ 天津博物馆 /

难得一见的范宽真迹

《雪景寒林图》轴

艺 术 家：范宽
年　　代：北宋
规格尺寸：纵 193.5 厘米，横 160.3 厘米
藏品来源：20 世纪 80 年代收藏家张叔诚捐献

国宝简读

《雪景寒林图》展现了雄浑壮丽的气势，呈现出丰富多样的层次，具有深远的境界，深深触动人的心灵。这幅画作为北宋山水画艺术的成熟之作，不仅是范宽一生中的杰作，也是中华绘画史上一件耀眼的珍宝。

千年漂泊的旅途

《雪景寒林图》是一幅三拼绢巨制画作，展示了北方雪山的壮美景色。清代知名藏家安岐在他的著作《墨缘汇观》中称赞这幅画为范宽一生的杰作，在宋代画作中堪称无上神品。此画曾经梁清标、安仪周等人收藏，安仪周离世后，他的后人将这幅画卖给了当时的直隶总督。为了讨乾隆皇帝欢心，直隶总督将这幅画转献给了皇帝，于是《雪景寒林图》流入了皇宫。

1860 年英法联军焚毁圆明园时，园中的宝贵文物遭到洗劫，《雪景寒林图》也在劫难逃。一天，著名藏家张叔诚的父亲张翼在天津旧书摊上偶然发现了一名英国士兵在与一位买家讨价还价，他被吸引过去，一看后便确认这是一件稀世珍品。于是，张翼果断地买下了这幅画。回家后，他仔细品味，确定了这幅画正是传说中藏于皇宫的名画。他在画脚盖上“潞河张翼藏书记”的朱文方印和“文孚嗣守”的白文方印，从此不再对外展示此画。

张翼去世后，张叔诚遵照父亲遗训，始终未曝光这幅画。直至 20 世纪 80 年代，张叔诚将他和父亲的所有收藏无私奉献给国家。如今，《雪景寒林图》成为中国大陆唯一一幅范宽存世的作品。

“雪景寒林”的意趣

据研究，《雪景寒林图》采用了品质极好的双丝绢，不仅质地细密且不易被灰尘沾污，因此以双丝绢作画，即使历经千年也能保存完好。整个画面气势磅礴，意境深远，山峦起伏叠嶂处云雾氤氲，萧寺掩映在深谷的密林间，生动地展现了秦陇山川雪后的磅礴气象。画中通过对“三远之景”的构图和布局将北方山川雪景的壮丽景象表现得淋漓尽致，并传达了其畅游山水的隐逸情怀。通过“雪景”和“寒林”的意象，从而昭示了画家对自然无为状态的追求和对宇宙永恒生命的向往，也树立了“雪景寒林”意象在中国传统山水画中的独特审美价值。《雪景寒林图》中所体现的“由虚而静”的审美意境所昭示的是画家对生命境界的追求，以追求超越时空的永恒境界，来表达对自然生命的体悟。

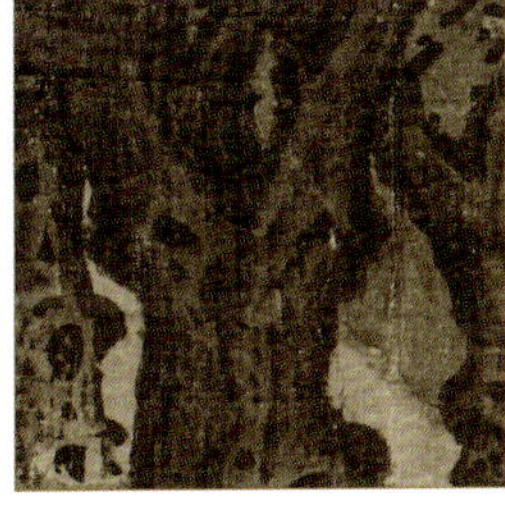

《雪景寒林图》有款“臣范宽制”藏于前景树干之中，字迹墨色与画的墨色极为相似。

/ 天津博物馆 /

诗、书、画合璧的彩瓷艺术珍品

珐琅彩芍药雉鸡图玉壶春瓶

年　　代：清乾隆
规格尺寸：高 16.3 厘米，口径 4 厘米，腹径 11 厘米，底径 5 厘米
藏品来源：20 世纪 60 年代天津博物馆购藏

举世无双的艺术珍宝

珐琅彩芍药雉鸡图玉壶春瓶，形状细颈鼓腹，小巧玲珑，造型高雅端庄，简洁而美丽。瓶颈部蓝料绘有蕉叶纹，腹部使用工笔花鸟技法绘制雉鸡、芍药等图案，色彩繁复艳丽，栩栩如生。图案灵感源于清代宫廷画家蒋廷锡的手稿。空白处墨书题诗“青扶承露蕊，红妥出阑枝”，融合诗、书、画于一体，展示了彩瓷艺术的珍贵之处。

这件珐琅彩芍药雉鸡图玉壶春瓶，原本是为乾隆皇帝私人收藏而制作。经过严格筛选，精美的作品才得以进入紫禁城。皇帝指定以蒋廷锡的画作为样板进行制作，并由宫廷画师运用珐琅彩料进行绘画，完成后再次筛选，最终呈现给皇帝自行挑选。

精美绝伦的珐琅彩瓷

珐琅彩瓷兴盛于清朝康、雍、乾三代。在清代，中国的瓷器业达到了顶峰，而珐琅彩瓷则代表了当时陶瓷工艺的巅峰。珐琅彩瓷器被誉为“彩瓷皇后”，是在康熙皇帝的直接支持下，在皇宫内研发创造的，在中国陶瓷史乃至世界文化史上都是罕见的。

珐琅彩瓷采用了吸收自铜胎画珐琅的技法，与在铜胎上施彩的画珐琅相比，具有更高的工艺水平。在瓷胎上施珐琅釉的绘画极具挑战性，而且掌握入窑后的烧结时间也颇为困难，因此珐琅彩瓷的制作非常耗时。据清宫档案记载，雍正七年（1729）四月，皇帝下令烧制一只珐琅小瓶，直到八月才完成，历时四个多月。珐琅彩瓷器的纹饰分为多个等级，其中以花鸟图案等级最高，尤以雉鸡和孔雀为题材者为珍贵。迄今为止，全球仅发现了四件类似纹饰和瓶式造型的珐琅彩瓷器，其中一件为清乾隆珐琅彩花石锦鸡图双耳瓶，另外三件为雉鸡花卉题材。而清乾隆珐琅彩芍药雉鸡图玉壶春瓶则是其中最为精美的一件，也是唯一一件由国内博物馆收藏的雉鸡图珐琅彩瓷。

玉壶春瓶腹部工笔绘制的芍药图案

墨书题诗“青扶承露蕊，红妥出阑枝”

国宝简读

清乾隆珐琅彩芍药雉鸡图玉壶春瓶因其瓷胎的洁白细腻、釉面的莹润如玉、色调的明快艳丽以及制作技巧的精湛绝伦而备受珍视。作为中国古陶瓷的顶尖之作，它展现了中国陶瓷制作的最高水准，体现了皇家的艺术气质，彰显了皇权的至高无上，展示了皇家的优雅华贵与典雅风范。

/ 河北博物院 /

战国时期斗拱工艺的呈现

错金银四龙四凤铜方案座

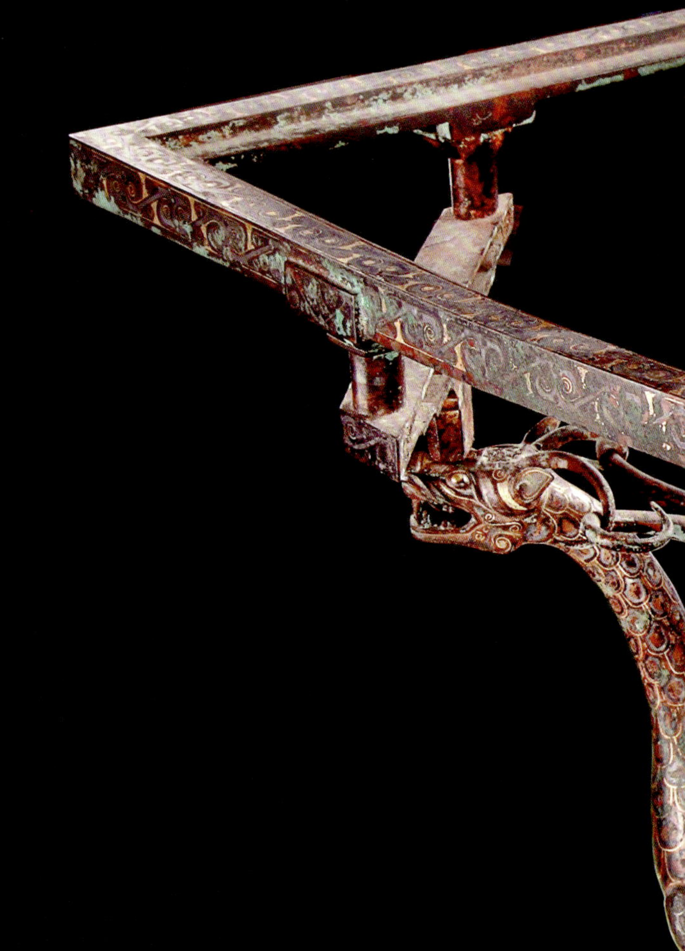

年　　代：战国

规格尺寸：通高 36.2 厘米，上框边长 47.5 厘米，环座径 31.8 厘米，重 18.65 千克

藏品来源：1977 年河北省平山县中山王墓出土

动静结合的龙飞凤舞图

错金银四龙四凤铜方案座整件案座由案面、底座和方形案框三部分构成，出土时漆制案面已经腐朽，只剩下铜质的方案座。案座底盘呈圆形，下部有两雌两雄四只梅花鹿等距环列。四鹿皆为横卧姿势，鹿身上装饰着斑纹，看起来温驯可爱。圆盘的弧面上高昂着四条龙，每条龙有独立的头和双尾，分别朝四个方向，与案桌的角落形成一条弧形线。龙的双翼在中间聚合成半球形，双尾向两侧环绕，反勾住头上的双角。相邻两条龙的盘桓交织处，各有一只凤鸟展翅欲飞，凤鸟的长钩状彩羽形饰与中间的璧形饰呈拱状连接。凤鸟头顶花冠，生动华丽，似在引颈长鸣。四条龙的头上分别托着一件斗拱，斗拱支撑着案框。案框的内边有沿口，可镶漆木案面。案框一侧的沿口上刻有铭文，记述了器物铸造时间、铸造部门、铸造者等信息。

精致家具的制造工艺

错金银四龙四凤铜方案座各部位为分别铸做，再连接为一体。虽然是分铸，但经过精妙的铸、焊接，其外观浑然一体，连接处严丝合缝。据学者统计，该器物由 78 个部件，以 22 次铸接（36 个接点）、48 次焊接（56 个接点）成形，共计使用了 188 块泥范、13 块泥芯。

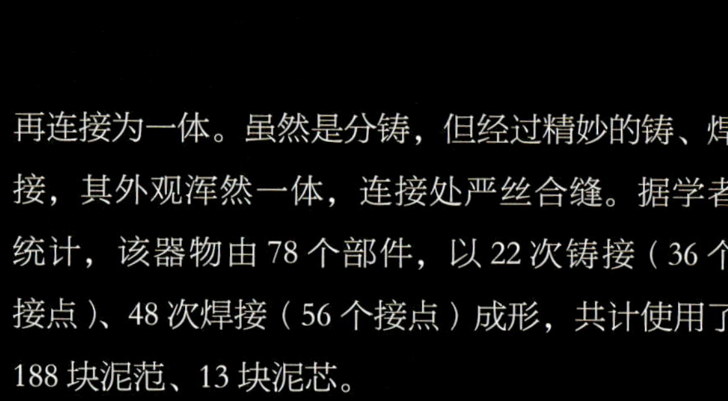

全器所有纹饰采用了战国时期非常流行的错金银工艺，将铜案装饰得富丽堂皇。每个龙头上巧妙地托起一件一斗二升式的斗拱，连接底座和案框，是错金银四龙四凤铜方案座的独特设计之一。斗拱是我国古代建筑特有的结构，由斗和拱组成，通常为木质，承重的斗形方木称为斗，架在斗上的弓形横木称为拱。斗拱是根据当时木构建筑的挑檐结构设计而成，是中国迄今发现最早的战国时期斗拱应用实例之一。

错金银四龙四凤铜方案座的造型奇特，构思新颖，体现了浓厚的古中山人的精神特质和设计美学。

国宝简读

错金银四龙四凤铜方案座集铸造、镶嵌、焊接等多种工艺于一体，精巧复杂，独具匠心。造型动静相宜，龙凤飞舞，别具一格。整体采用错金银工艺，纹饰精美细致，色彩斑斓，展现了战国时期中山国工匠的高超技艺。它既见证了中山国的辉煌历史，也表达了古中山人的浪漫情怀，堪称中国古代最复杂、最华丽的桌案之一。

在铜方案座中，龙的颈部相当于转角处的斜插拱，上顶一个圆形蜀柱，蜀柱上置栌斗，栌斗上置抹角拱，拱的两端立蜀柱，柱上置散斗承托四面的枋（即案框）。这样的设计，达到了下小上阔的实用效果。

/ 河北博物院 /

铭文字数最多的战国青铜器

中山王譽铁足大铜鼎

年　　代：战国
规格尺寸：高 51.1 厘米，口径 42 厘米，最大径 65.8 厘米，重 60 千克
藏品来源：1977 年河北省平山县中山王墓出土

国宝简读

中山王譽铁足大铜鼎作为奉祀宗庙的礼器，是中山国九鼎之首，也是目前发现最大的战国时期铜铁合铸器。“鼎身铜制、鼎足铁制”，体现了中山国高超的铸造工艺和强大的国力。鼎上附有长篇铭文，被认为是战国青铜器铭文字数最多者。

不可貌相的铜铁合铸器

这件铁足大铜鼎体形硕大，双附耳，鼓腹，中部有一道凸弦纹，三蹄形铁足，鼎带盖，盖上有三环纽，盖纽与腹足之间刻有铭文，共 77 行 469 字。铁足大铜鼎、夔龙纹铜方壶、铜圆壶三件文物被考古界称为“中山三器”，其铭文为研究中山国世系和重大历史事件提供了极其珍贵的史料。

铁足大铜鼎上刻有内容丰富的铭文，铭文字数之多，仅次于西周毛公鼎。铭文详细描述了中山王嚳的成长历程，颂扬了相邦司马赒的忠诚和劳苦，宣扬了伐燕的胜利，最后告诫并警示后人吸取吴国灭亡的教训。铭文采用悬针体手法，字体结构均匀分布，简洁纵长，用画粗细均匀，遒劲有力，构图均衡规整，给人秀丽、端庄之感，是一篇具有极高艺术价值的书法作品。

战国时期，人们正在不断探索铁的铸造和使用，特别是铜铁合铸。铜和铁有不同的熔点，青铜是在红铜中加入锡或铅合成，熔点约为 800℃，而铁的熔点较高，约为 1535℃，这使得合铸的难度很大。然而，通过铁足大铜鼎这一发现，可以看出当时的工匠已经掌握了一定的冶铁技术。以铁为足表明当时的中山国人已经意识到铁比铜更硬，更耐磨损。

游牧民族与众不同的鼎

中山原是北方游牧民族，后逐渐迁徙至太行山以东的河北平原地区，之后建城安邦。中山王墓葬中的铁足大铜鼎并非孤立存在，它是一组九件铜列鼎中的首鼎。铁足大铜鼎出土时，在底部以下到接近足部的位置有火烧过的烟炱痕迹，烟迹上部边缘整齐，说明用鼎时放在灶口之上。鼎内还保存有一些肉羹残渣，检测后发现包含猪或其近亲动物、马或其近亲动物的微量成分。根据周朝礼制，对列鼎内盛放的食物有严格规定，九鼎之中分别盛牛、羊、豕、鱼、腊、肠胃、肤（即切肉）、鲜鱼、鲜腊等肉食，其中最重要的是牛肉，通常盛放于首鼎，而这件铁足大铜鼎中没有牛肉，却发现了马肉成分，这个特殊之处与中山国独特的民族文化密切相关。可见中山国在融合中原文化的同时，也保留了一些自己民族的生活习俗。

铁足大铜鼎使我们感受到战国时期人们对科技的不懈探索，同时也能让我们感受到民族交流、文化碰撞和融合的历史信息。它让我们了解到中山国坎坷曲折的发展历程，也欣赏到千年前瑰丽秀逸的文学作品和书法艺术。

/ 河北博物院 /

中山国的青铜工艺之美
错金银虎噬鹿屏风座

年　　代：战国
规格尺寸：长 51 厘米，高 21.6 厘米，重 26.6 千克
藏品来源：1977 年河北省平山县中山王墓出土

古中山国的艺术表达

错金银虎噬鹿屏风座是中国目前发现的最早的屏风实物之一，与它同时出土的还有错金银铜犀牛屏风座以及错金银铜牛屏风座，三件器物配套使用可共同承托一件夹角约 84° 的曲尺形屏风。由于屏风主体是木质漆器，在出土时已经腐烂，只有这一套三件铜制的屏风底座被留存下来。

错金银虎噬鹿屏风座的座身是一只猛虎，虎身斑斓，虎尾梢部上卷，双耳直竖，二目圆睁，身躯矫健并向右侧弓曲，左侧前后两条腿用力后蹬，右侧前后两条腿向前弯曲，右前腿着地并用爪子抓住一只小鹿的后腿，虎口正紧紧咬住鹿的后半身。鹿做垂死挣扎状，短尾上翘，四肢无力，头部耷拉在虎颈的左下侧，两眼僵直，口微张。屏风座的设计者很好地抓住了虎与鹿的力量悬殊、弱肉强食的场景，并呈现在人们面前。虎的前爪因为抓鹿而悬空，但设计者巧妙地利用鹿腿着地而保持了座身的平衡。虎的身上和鹿的身上均采用了错金银工艺，越发显得逼真。

虎的颈部和臀部各立了一个长方形的銎，銎两侧的立面装饰山羊头，羊口即为銎口。銎内在出土时尚残存木榫，为了使木榫在銎中紧固而缠了麻布，麻布尚存残片。

战国时期的生活起居

《荀子·正论》中云：天子“居则设张容，负依而坐”。《周礼·春官·司几筵》郑玄注云：“依，其制如屏风然，于依前为王设席。”结合文献资料和考古发现，可知中山王墓出土的屏风座是中山王生活起居的日常用品。屏风座出土时，与小帐埋在一起，结合周围的四龙四凤方案、十五连盏灯、错金银神兽、错银双翼神兽等陈设，可以推断出中山王生前起居室的陈设布局。

错金银虎噬鹿屏风座是一件孤品，虽然动物纹饰、动物造型在中山国已经发掘的墓葬中多有发现，但是如此造型逼真、色彩斑斓的器物则绝无仅有。更为奇特的是，千百年的地下埋藏，出土时竟然没有锈迹。作为古代中国的代表性文物，这件错金银虎噬鹿屏风座经常出国展览，向世界讲述着中华文化的故事。

国宝简读

错金银虎噬鹿屏风座以其逼真的形象、鲜艳的色彩和生动的造型而闻名。这个独具特色的民族文化制品，展示了白狄文化与华夏文化之间的交流与融合。

虎口中垂死挣扎的鹿的造型，似乎可以让人们听到鹿在死亡之前的哀鸣。

虎背部双銎口直线相交，可以形成 84° 的交角，接近直角，安上屏风恰成曲尺形。

/ 河北博物院 /

“中华第一灯”的“黑科技”

长信宫灯

年　　代：西汉
规格尺寸：高 48 厘米
藏品来源：1968 年河北省保定市满城汉墓二号墓出土

国宝简读

在中山王后窦绾墓后室门道内口的西侧，考古人员发现了一盏铜灯。刚看到它时，只是散落在地上的一堆构件；修复安装之后，人们惊奇地发现，这盏因刻有“长信”铭文而得名的长信宫灯竟然是一盏曾照亮汉家宫阙的神灯：造型优美、结构精巧，还展示了汉代人在灯具制作上的“黑科技”。

西汉时代的环保灯具

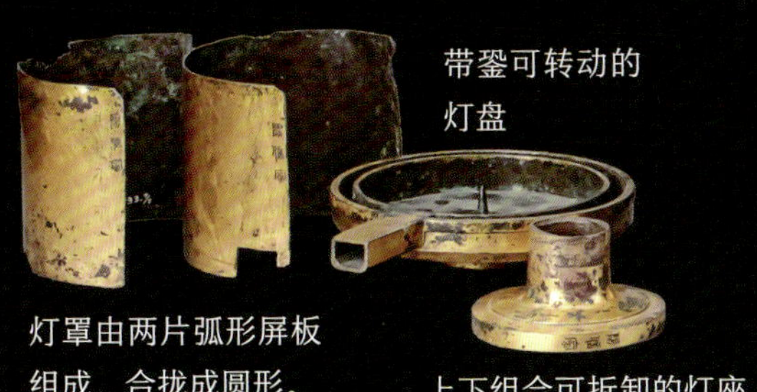

带銎可转动的灯盘

灯罩由两片弧形屏板组成，合拢成圆形。

上下组合可拆卸的灯座

长信宫灯看起来是由跽坐持灯的侍女与灯具两部分组成，但二者并未分开，而是连为一体。它可以分为上下组合可拆卸的灯座、带銎可转动的灯盘、内外两块屏板合拢而成的灯罩、梳髻覆巾的侍女头部、穿着交领曲裾深衣腰间束带跣足跽坐的身躯、内部中空与灯具相连的右臂 6 个部分。

这盏看似普通的铜灯中隐藏了一些汉代的“黑科技”。灯盘是可以转动的，转动的工具就是銎柄。刚发现时，銎柄内部还有残余的朽木，说明这里可以加装木柄。组成灯罩的内外两块屏板是弧形的，可以左右推动。銎柄的转动配合弧形屏板的推动，可以轻易调节灯火的照亮方向和光线的强弱。更令人惊叹的是此灯在环保方面的设计：侍女的身躯和右臂都是中空的，灯盘上的烛火燃烧时产生的烟尘不会弥漫到厅堂之中，而是顺着侍女的右臂进入到身躯中。由于这几个部分都可以拆卸，自然也方便了后期的清洗，能够保证长期使用。这毫无疑问是古代劳动人民智慧的结晶。

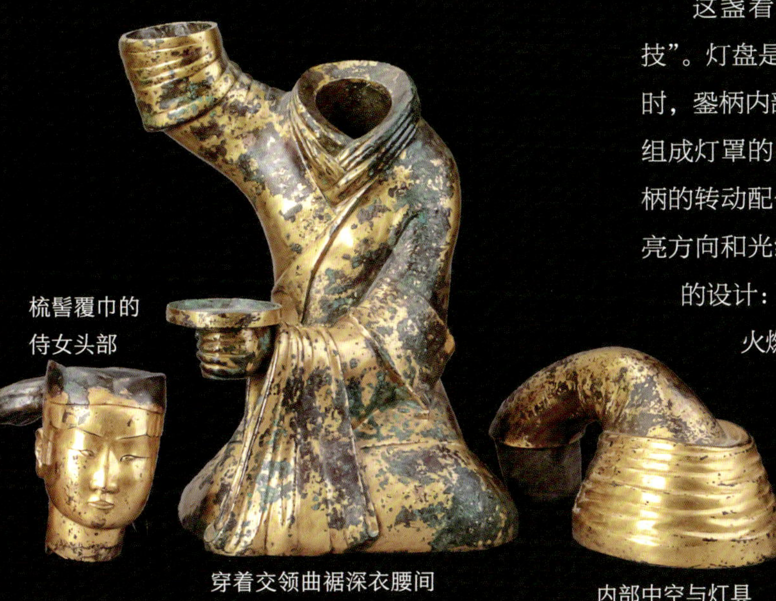

梳髻覆巾的侍女头部

穿着交领曲裾深衣腰间束带跣足跽坐的身躯

内部中空与灯具相连的右臂

国宝的流传经历

此灯上还有 65 字的铭文，分布在侍女的右臂和衣角、灯罩的屏板、灯盘以及灯座等 9 处。这些铭文除了“长信”之外，还多次提到了“阳信家”，以及某些部件的容积、重量等信息，为研究这盏神灯在汉家宫阙中的流传提供了线索。“长信”是指长信宫，在汉代一般是太皇太后的宫殿；但西汉前期以“阳信”为号的却有阳信侯刘揭以及汉武帝的姐姐阳信公主，他们的家族都可以用“阳信家”来指称。1981 年，汉武帝茂陵的一座墓葬出土了一批铜器，其中 16 件有“阳信家”的铭文，应该是武帝的姐姐阳信长公主所有，因为阳信侯刘揭生活在吕后、文帝时期，不可能陪葬到武帝的茂陵。所以，这盏长信宫灯上的“阳信家”或许指的就是阳信长公主。

专家的研究和争论渐渐厘清了长信宫灯的流传过程，也让我们对中山靖王刘胜夫妇有了更多的了解。原来，中山靖王刘胜是汉景帝的儿子，与阳信长公主、汉武帝是兄弟姐妹。他生活的时代跨越了文景之治与汉武帝时期两个盛世，汉朝国力强盛，民丰物阜，皇家与他的中山王国都有条件制造华美的物品作为家庭用具和陪葬用品。长信宫灯最初可能就是在长信宫中制作而成，随后居住在长信宫的太皇太后窦氏将此灯赐给自己的孙女阳信长公主，而阳信长公主又因某种原因将此灯赠送给了兄弟中山王刘胜。什么原因呢？或许是因为中山王的婚姻恰恰是汉代前期常见的刘氏与窦氏联姻，中山王刘胜是窦太后的孙子，王后窦绾是窦太后的娘家后辈，阳信长公主便将祖母赐予的这件精巧宫灯赠给了他们。

/ 河北博物院 /

西汉王朝的广大与精微

错金博山炉

年　　代：西汉
规格尺寸：通高 26 厘米，腹径 15.5 厘米，圈足径 9.7 厘米，盖高 12.3 厘米
藏品来源：1968 年河北省保定市满城汉墓一号墓出土

熏炉上的“仙山胜境”

中国古代的熏香历史悠久，始于春秋时期，汉朝时由于疆域的不断扩大和丝绸之路的开辟促进了各民族经济文化的融合，海外香料也源源不断地进入中国，使得熏香的习惯更为普遍。香料的广泛使用也促进了汉代熏香用具的发展，这一点从汉墓中大量出土的熏香用具中可见一斑。

1968 年在河北省保定市满城汉墓中出土了样式各异的熏炉六型七件，特别是两件设计独特、技艺精湛的博山炉极具代表性。错金博山炉的炉座象征波涛汹涌的大海，“海面”之上镂雕三条出海蛟龙，龙首顶起炉盘，炉盘以流云纹为饰，流云之上的炉盖高而尖，作层峦叠嶂的高山之形，大概是模拟传说中的海上仙山——“博山”，“山林”间呈现出神兽出没、虎豹追逐、猿猴嬉戏、猎人巡视等生动的场景，工匠又以金丝错嵌出炉身中人物、动物、山林、云纹等景色的细节，使得博山炉整体更为生动活泼、惟妙惟肖。每当在炉腹内点燃香料后，烟雾从镂空的山间处袅袅而出，仿佛流云缭绕于山林之间，云与山峦相互融合，营造出群山朦胧、灵兽浮动的效果，亦真亦幻，给人以置身仙境的感觉，美不胜收。

炉盖高而尖，作层峦叠嶂的高山之形，大概是模拟传说中的海上仙山——“博山”。

于“尽精微”中“致广大”

错金博山炉的主人是西汉中山靖王刘胜，刘胜是汉武帝刘彻的兄长，当时的西汉王朝进入鼎盛时期，国家统一，经济发达，社会繁荣，呈现出一派自信昂扬的社会风貌。正是这样的社会环境促生了西汉“尽精微”与“致广大”的审美特征。

汉错金博山炉的造型极为精致，工艺卓绝。无论是通体错金云纹的錾刻，还是“博山”之上的山林、灵兽、人物等细节的生动刻画都彰显出汉代人“尽精微”的审美意趣。但方寸之间，自有广大，一件熏炉中融合了仙山、大海、神龙、异兽等多种元素，包含了天地人神与仙凡两界，表现了西汉王朝“包举宇内，囊括四海”的气魄，而这气魄的广大也造就了艺术审美的“致广大”。

错金博山炉将汉代人的广大与精微的审美意趣表现得淋漓尽致，它容纳神话与现实，在“尽精微”的雕刻、排列中打造了一个充满万物的世界，彰显西汉王朝“致广大”的气魄。

国宝简读

《西京杂记》记载：“长安巧工丁缓者……作九层博山香炉，镂为奇禽怪兽，穷诸灵异，皆自然运动。”错金博山炉就是验证这段文字的最佳证据。博山炉通体错金，云纹流畅自然，集绘画、雕塑、铸造、金属细工之大成，集自然万物于一炉，充分表现了汉代铜器铸造的精湛技艺“广大”与“精微”的审美趣味。

/ 河北博物院 /

走进千年前的“音乐会”

彩绘散乐图浮雕

年　　代：五代
规格尺寸：长 136 厘米，高 82 厘米
藏品来源：1995 年河北省曲阳县王处直墓出土

姿态生动若有声

彩绘散乐图浮雕是五代时期的彩绘浮雕作品，白石材质。整个浮雕原嵌于墓室西壁南部下方。

浮雕画面由 15 人组成，有男有女，均面朝右方站立，分前后两排，每人手持一件乐器。画中右边的第一人为女性，着男装，头戴黑色幞头（古代男子束发的头巾），身穿褐色圆领长袍，双手交叉于胸前，横握一棒，棒上有双环丝带，似为乐队指挥。右下角两名男性头缠布带，好似在表演或在队前导引。另外 12 名演奏者都是女子，分为前后两排，所持乐器有箜篌、筝、琵琶、拍板、座鼓、方响、筚篥、横笛等。她们头梳抱面高髻、椎髻、环髻、双髻等不同发式，插白色发梳或鲜花，身穿红色抹胸、白色衣裙，外穿褐、白、红三色窄袖短襦，帔巾从胸部后搭于肩上，腰系绦带，脚穿红色高头履。该作品将五代时期宫廷乐队吹奏弹唱的热闹场景描绘得惟妙惟肖。

千年散乐动心弦

根据墓志铭可知，墓主人是唐末、五代时期的义武军节度使、曾被封为太原王和北平王的王处直。他是当时河北地区重要的藩镇将领、富家豪族之一。王处直墓规模较大，结构严谨。该墓曾被盗掘，珍贵文物没能保留，但墓内近 100 平方米的彩色壁画和 8 件人物浮雕具有高度的艺术水平，为后人研究五代时期的历史、艺术、世俗风貌等提供了珍贵翔实的实物资料。

所谓散乐是指散于四方之乐，也是民间歌舞技艺的总称。散乐起源于秦朝，至隋唐五代，散乐在与其他少数民族乐舞融合衍化的基础上，又出现了故事戏和俳优戏，成为歌舞表演中最具特色的压轴节目。

彩绘散乐图浮雕充分展示了雕刻工匠娴熟的技巧以及惊人的造型技艺，展现了 10 世纪雕刻艺人对构图线条的鲜明表现力。彩绘散乐图浮雕以其丰富的音乐内涵、生动感人的艺术魅力使后人仿佛听到了千年以前散乐中那悠扬的横笛声，清脆委婉的琵琶声和咚咚作响的鼓点……

彩绘散乐图浮雕出土于五代时期王处直墓中，画面一共由 15 人组成，人物交错分布、主次分明。浮雕整体技法圆润细腻，纹饰流畅洒脱，传承了唐朝艺术之风，其内容描绘了五代时期乐队表演的场景。

浮雕中上排 7 名乐伎从右至左依次为吹笙伎、方响伎、答腊鼓伎和两名筚篥伎、两名横笛伎。下排 5 名乐伎，从右至左依次为箜篌伎、弹筝伎、琵琶伎、拍板伎和击鼓伎。

着男装的女子，从其装扮和手里所拿的器物来判断，应是画面中“女子十二乐坊”中的乐队指挥。

浮雕中的琵琶，就是唐代流行的四弦曲颈琵琶，弹奏时使用的是手拨。白居易在《琵琶行》中所写的“曲终收拨当心画，四弦一声如裂帛”，描绘的就是曲颈琵琶的演奏效果。

两名男性表演者，从姿态判断，应是乐队的伴舞演员。

/ 河北博物院 /

元青花中的顶级艺术珍品

青花釉里红镂雕开光盖罐

年　　代：元
规格尺寸：通高 42.3 厘米，口径 15.3 厘米，足径 18.7 厘米
藏品来源：1964 年河北省保定市永华南路小学元代窖藏出土

青花釉里红极品之作

青花釉里红镂雕开光盖罐，以精湛的技艺将青花和釉里红集于一器，通体施青白釉，纹饰丰富，层次清晰，主题突出。全器纹饰多达 10 余层，饰有蹲狮纽的罐盖采用变形莲瓣纹和回纹装饰。罐身的颈肩部为缠枝牡丹纹、忍冬纹，并有下垂的如意云头纹，云头纹内饰莲池纹，云头之间饰折枝牡丹纹。腹部四面用连珠纹作菱花形开光 4 个，开光内装饰牡丹、石榴、菊花等四季花卉纹。枝叶用青花渲染，花朵和山石用釉里红涂绘，红、蓝色交相辉映，具有极强的装饰效果。

一铲子挖出来的国宝

1964 年 5 月，原保定市建筑公司第一工程处第二工程队，在保定永华南路小学进行一项普通的建筑施工——挖地基。当地基挖到一米来深的时候，一个工人一铲子下去，一个洞穴出现了，工人们发现里面竟然是一批瓷器，他们意识到“可能是文物”，于是将情况报告给当时的保定市文物局。保定市文物局随即联系了当时驻保定的河北省博物馆，省博立刻派工作人员赵巨川会同省文物工作队赴现场进行调查。经考古人员勘察清理，这个洞穴其实是一个地窖，一共出土瓷器 11 件。其中青花瓷 6 件：青花釉里红贴花开光盖罐 1 对、青花海水龙纹带盖八棱瓶 1 对、青花八棱玉壶春小瓶 1 件、青花八棱执壶 1 件。经文物考古人员初步鉴定，这批瓷器应为元代作品。

2013 年 6 月，河北博物院新馆试运行开放，《名窑名瓷》陈列面世，元青花釉里红镂雕开光盖罐与和它同时出土的青花海水龙纹带盖八棱瓶、青花八棱玉壶春瓶等珍贵文物一起展出，终于有机会让世人充分领略它们的“容颜”。时至今日，按照国家文物局的规定，它依然被禁止出国展览。

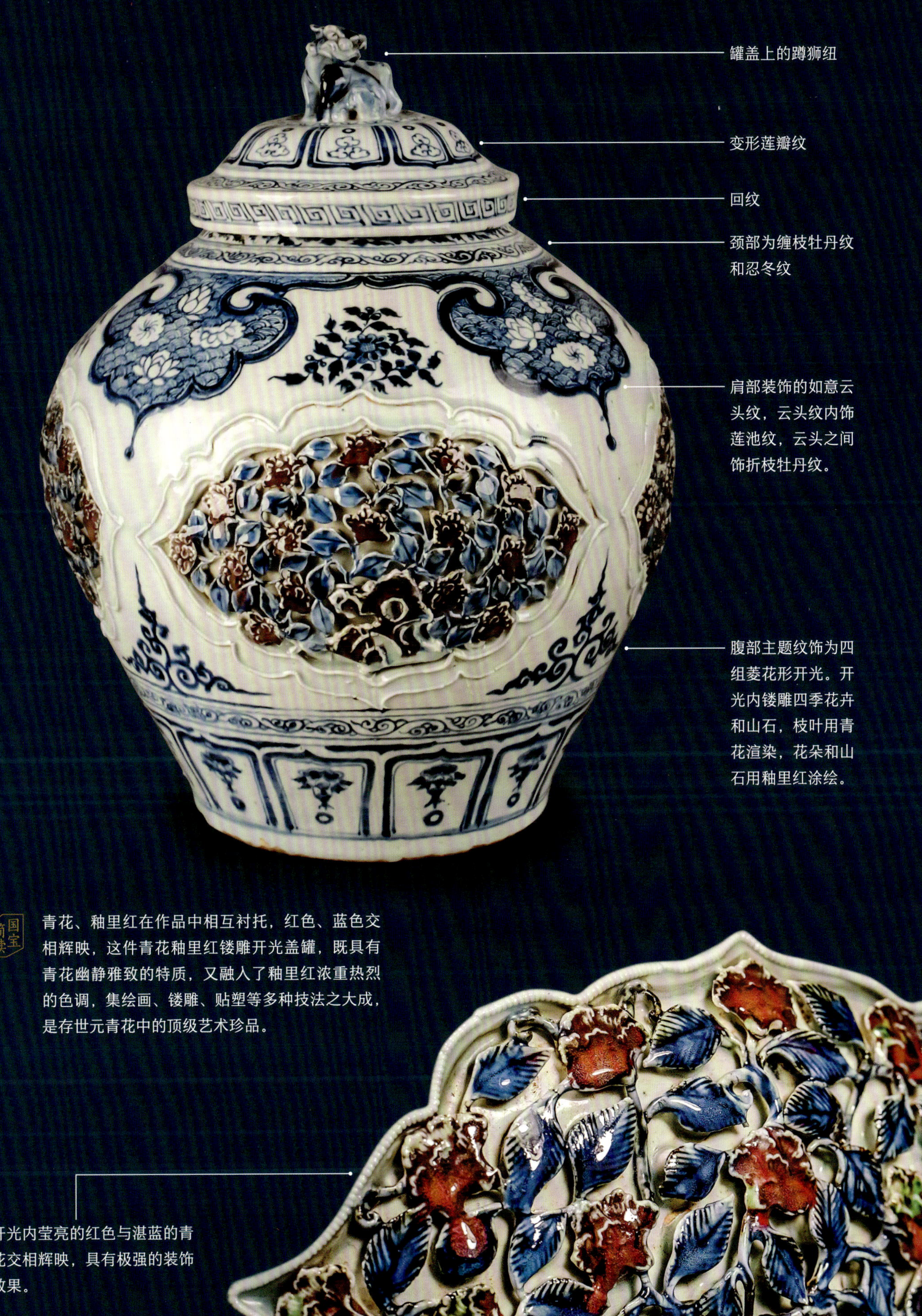

国宝简读

青花、釉里红在作品中相互衬托，红色、蓝色交相辉映，这件青花釉里红镂雕开光盖罐，既具有青花幽静雅致的特质，又融入了釉里红浓重热烈的色调，集绘画、镂雕、贴塑等多种技法之大成，是存世元青花中的顶级艺术珍品。

开光内莹亮的红色与湛蓝的青花交相辉映，具有极强的装饰效果。

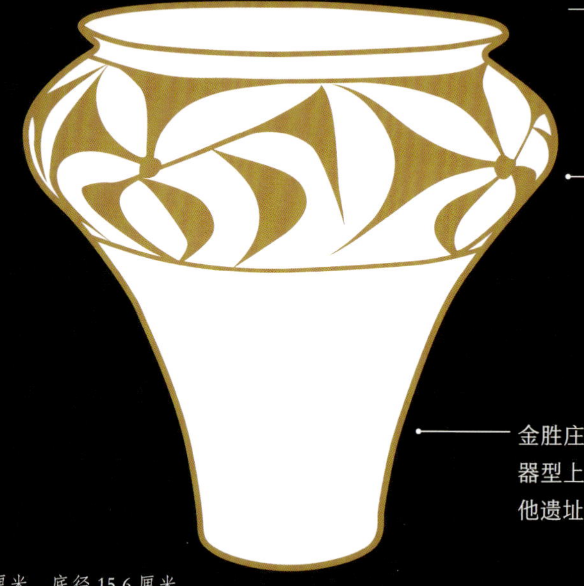

/ 山西博物院 /

仰韶之花，华夏之源

彩陶罐

年　　代：新石器时代·仰韶文化庙底沟类型
规格尺寸：高 45 厘米，口径 35 厘米，腹径 43 厘米，底径 15.6 厘米
藏品来源：1989 年山西省芮城县金胜庄遗址出土

最早的花，开在彩陶之上

这件彩陶罐是 1989 年在山西省芮城县金胜庄遗址出土的。它是仰韶文化庙底沟类型的典型遗物。史前时期的陶工发现用矿物质颜料的色彩在成坯后的陶器表面进行绘制，再经过烧制后，这些色彩不易剥落，于是就诞生了最初的彩陶工艺。这件彩陶罐用红陶泥烧制而成，表面做了抛光处理，底部平整，便于放置和储存，上腹突出，下腹则开始内收，使器物看起来修长挺拔。上腹布满黑色彩绘，是用弧线和圆点等组成的花卉图案。

华夏之“花”由此绽放

史前彩陶，是中国原始美术中实用器皿与艺术创作相结合的成功范例，它们出现在距今约 8000 年前。其中最具代表性的作品为“仰韶文化彩陶”，其功能主要是日常使用的实用器皿，制作精美，胎质细腻，胎色一般呈橙红色，表面多用黑彩描绘，在橙红色的胎体映衬下，纹饰流畅清晰，色彩鲜艳亮丽。

“庙底沟类型”属于“仰韶文化”繁荣时期的文化类型之一。庙底沟类型的彩陶以植物花纹为主，这种植物花纹多以弧形、圆点构成，是由菊花和蔷薇花演变而来的，应该是当时人们从事农业生产时，对自然和植物生长情况进行观察总结而成。在古代，“花”和“华”同音，因此，“华山”即“花山”，“华部族”即“花部族”。著名考古学家苏秉琦先生认为：“‘仰韶文化’的庙底沟类型可能就是形成华族核心后的遗存，庙底沟类型的主要特征之一花卉彩陶可能就是华族得名的由来，华山则可能是由华族最初所居之地而得名。”这意味着以庙底沟为中心的华山广大区域曾居住着以花为图腾的部族，也就是“花部族”。后来“华部族”与“夏部族”在中原融合，形成了“华夏部族”，之后又逐步形成“中华民族”。

国宝简读

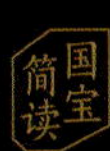

泥质红陶，器表磨光。侈口，圆唇，短颈，宽肩，上腹突出，下腹内收，小平底，上腹以黑彩绘以弧线和圆点等组成的花卉图案。形体硕大，完整无缺。属仰韶文化庙底沟类型的典型遗物。

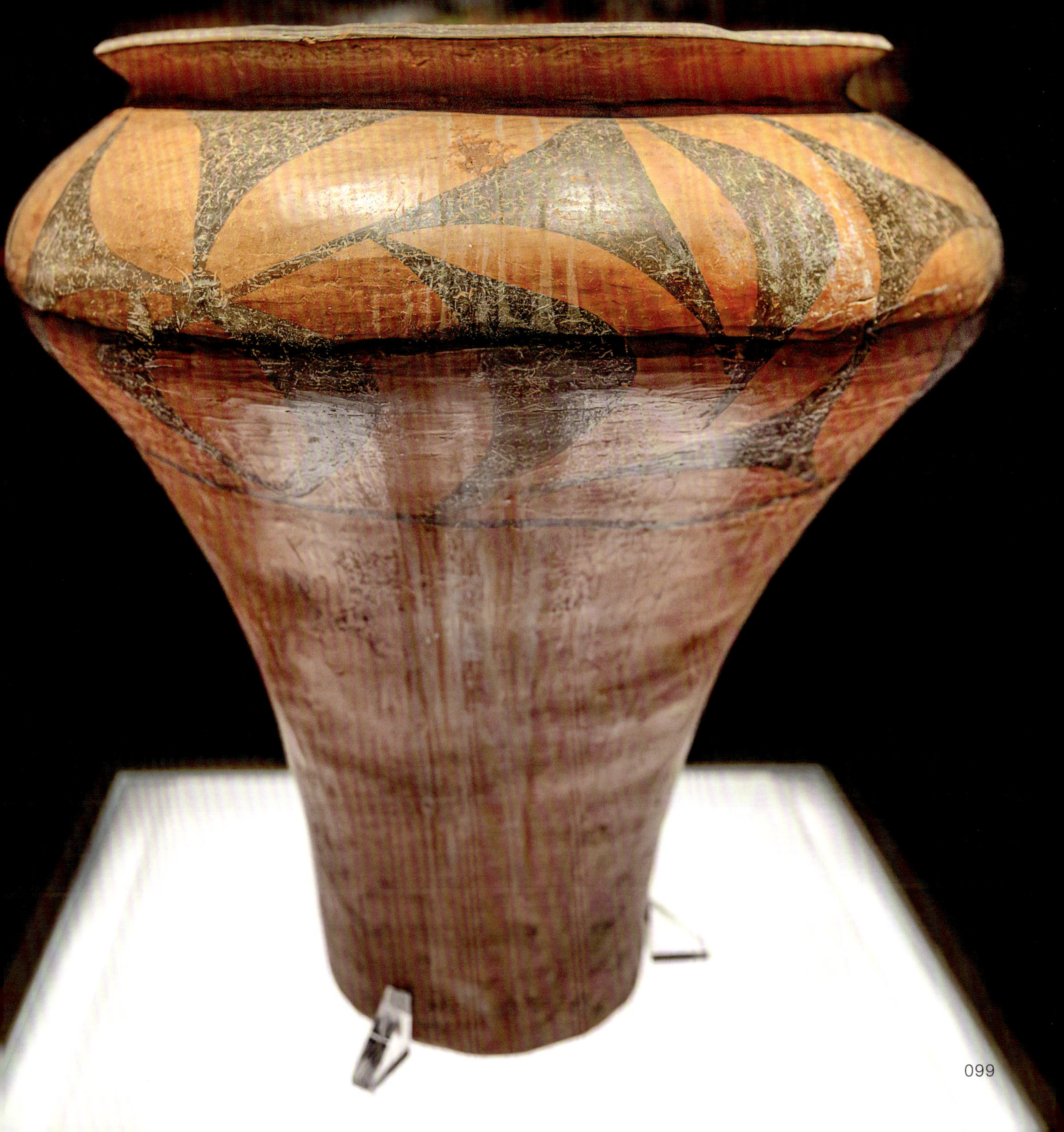

/ 山西博物院 /

商代青铜器上的鳄鱼形象

龙形觥

年　　代：商
规格尺寸：高 19 厘米，通长 43 厘米，宽 13.4 厘米
藏品来源：1959 年山西省石楼县桃花庄村出土

甲骨文的“龙”字

商王朝繁荣兴盛的时代产物

龙形觥是极少数龙造型的青铜器之一。整体呈弧形犀牛角状，分器身和器盖两部分，与甲骨文中“龙”的形象相符。器身前部为昂起的龙头，“臣”字眼，瓶状角，上下颌之间留出锯齿状空间。器身两侧有四系，以备悬挂使用。器身侧面主体纹样为阴线刻画的鼍纹和龙纹，前后排列，彼此独立。主体纹样四周剩余空间填充面积较小的鸟、鱼、龙等纹样。器腹装饰并排两列身体弯折的蛇纹。圈足为对称的长吻鱼纹。这些皆是晚商青铜器常见的纹饰和布局。器盖表现为带有弧度的长梯形，与龙的躯干相吻合。器盖表面浅浮雕蜿蜒曲折的龙纹与立体龙头相连，形成一个立体与平面艺术造型的奇妙连接。龙形觥造型优美，形象生动，堪称实用与艺术的完美结合，是中国青铜器铸造技术达到第一个高峰时期的代表作，曾被著名的古文字学家唐兰赞誉为“稀有的宝物之一”。

国宝简读

通体为角状，前端做龙首形，露齿昂翘，瞠目张角，龇牙咧嘴为流。盖面饰透迤的龙体花纹与前端龙首衔接，底衬涡旋纹。腹两侧各置一对贯耳用于悬挂。纹饰粗犷，线条流畅明快，其中的鼍纹在商周青铜器上极为少见。

鳄鱼"纹身"见证沧海桑田

龙形觥的珍贵之处还在于器身上有罕见鼍纹，鼍即鳄鱼。《礼记·月令》中提道："季夏之月，……命渔师伐蛟、取鼍、登龟、取鼋。"鳄鱼皮制作的鼍鼓是当时祭祀中重要的礼器。鼍纹的朝向与龙首相反，风格写实，应是我国特有的扬子鳄。

中国科学技术大学的学者曾对黄河流域龙山时期遗址出土的扬子鳄皮肤上的骨板进行多种同位素分析，认为在新石器晚期的龙山时代，黄河流域的扬子鳄很有可能是在本地生长的。竺可桢曾在《中国近五千年来气候变迁的初步研究》中提出："在近五千年中的最初二千年，即从仰韶文化到安阳殷墟，大部分时间的年平均温度高于现在2℃左右。一月温度大约比现在高3℃—5℃。"发现龙形觥的山西吕梁石楼县，地处黄河东岸，雨量较为丰沛，有扬子鳄在此分布，也并非全无可能。而且《吕氏春秋·古乐篇》提到"商人服象，为虐于东夷"。文献记载表明，商朝时期中原地区气候温暖湿润，适合亚热带、热带的动植物繁衍生息。我国现今的扬子鳄分布区域多在安徽、江苏、浙江、江西等省份，但是商朝中原地区出现饰有鼍纹的青铜器并不奇怪。由此可以想象，商朝的黄河中下游地区气候温暖湿润，沼泽遍地，鳄鱼徜徉。

鼍纹

/ 山西博物院 /

晋国历史的真实面貌

晋侯鸟尊

年　　代：西周
规格尺寸：高 39 厘米，长 30.5 厘米，宽 17.5 厘米
藏品来源：2000 年山西省曲沃县北赵村晋侯墓地 114 号墓出土

国宝简读

曲沃北赵村晋侯墓地出土的鸟尊，好似一把打开晋国尘封历史的钥匙。奇特的造型、简洁的铭文，透过它让世人看到了晋侯燮父那不平凡的一生，三晋历史的源头在这里呈现。

鸟尊背上的小鸟纽，与回首的鸟兽相映成趣，似乎在相互和鸣。

象鸟组合是晋侯鸟尊的一大特色，将不同的动物造型完美组合，显示了西周时期青铜铸造高超的技艺。

探寻晋魂之源

山西简称“晋”，源于两周时代强盛的晋国。大约距今3000年，周成王将自己的弟弟姬叔虞封到唐国，故称唐叔虞。太史公司马迁将这段历史衍化成“桐叶封弟”载入《史记·晋世家》。唐叔虞死后，他的儿子燮父继位，后又被改封为“晋侯”。

伴随着山西曲沃晋侯墓地的发现，古老的晋国原本混乱不清的历史，逐渐被正本清源，显露出本来面目。晋国早期的九代晋侯及其夫人的墓葬，经过一系列考古发掘，逐渐清晰明了。在晋侯墓的考古发掘中，一个现象很值得注意，那就是在墓地出土的众多文物中，各种鸟造型、鸟纹饰的玉器和青铜器随处可见。由此可见，鸟曾经在西周时期晋国人的生活中扮演着重要角色。

别具特色的鸟尊

2000年，在第一代晋侯燮父的墓（编号114）中，考古工作者发现了一件独特的艺术精品——鸟尊。整个鸟尊呈站立状，以凤鸟回眸为主体造型，头上有高冠，嘴的后部有两个鼻孔，圆眼，钩形眉。两翼上卷，尾部是一个长鼻向内卷的象首，象的长鼻恰好与凤鸟的双足形成三足鼎立之势，保证了鸟尊的稳定性。身上饰有羽毛纹和云雷纹，两翅和两足饰有卷云纹。有盖，盖纽是一个小鸟造型。鸟尊器盖内铸有铭文“晋侯乍（作）向太室宝尊彝”，表明这是晋侯宗庙祭祀的礼器。

从这件精美绝伦的鸟尊和同墓出土的叔夨方鼎、瓦纹簋以及青铜车马器中，可以看出晋侯燮父生前的生活场景，看到晋侯燮父为晋国崛起而奠定的基础。透过这只昂扬向上的鸟尊，我们似乎看到了波澜壮阔的三晋历史的动力之源。

一千五百年朱颜未改

司马金龙墓木板漆画

年　　代：北魏

规格尺寸：通长 82 厘米，宽 40 厘米，厚约 2.5 厘米

藏品来源：1965 年山西省大同市石家寨司马金龙墓出土

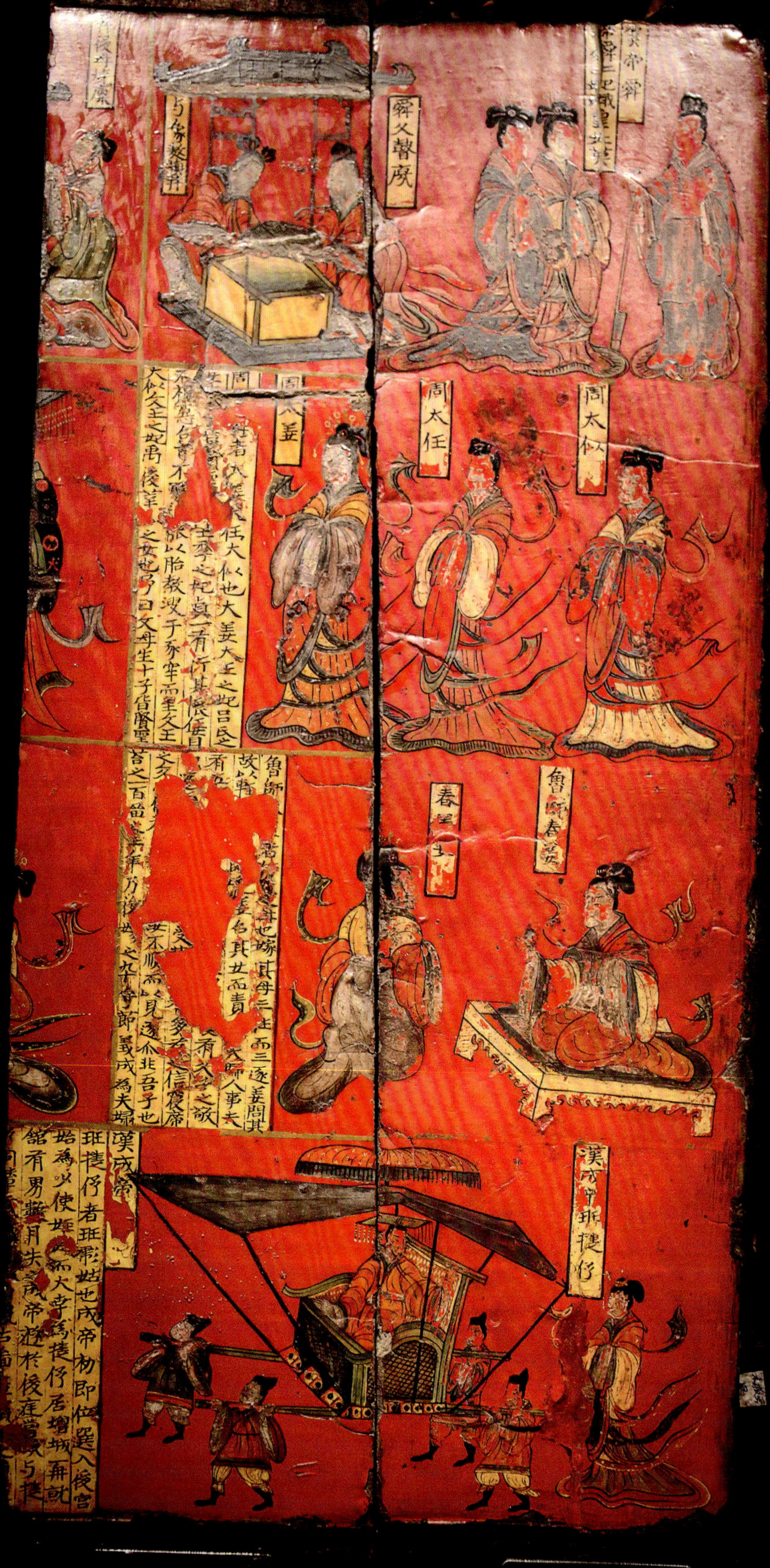

1965 年，考古队在山西大同考古发掘出了北魏琅琊康王司马金龙墓，其中出土了 5 块较为完整的木板屏风漆画。屏风漆画以娴熟的绘画技法，描绘了十几幅丰富多彩的历史人物故事，并辅以大量的题记，生动地反映了当时的社会意识形态和经济文化生活，弥足珍贵。

司马金龙墓木板漆画中的“班姬辞辇”，边上有题记四行。整体的绘画风格与顾恺之的《女史箴图》接近，可见顾恺之画风的传承和影响。

这是漆画中的周室三母形象，画像边上都有题记，标明人物，周室三母衣着华丽、高大端庄。

漆画内容与工艺

司马金龙是司马懿四弟司马馗的九世孙，其父司马楚之为东晋显贵，元熙元年（419）楚之因刘裕诛杀晋宗室而窜逃降魏，被封为琅琊王。楚之去世之后，司马金龙承袭父爵。据墓中出土的墓志铭记载可知，司马金龙墓的确切纪年为北魏孝文帝太和八年（484）。司马金龙在北魏袭爵做官，备受宠信，死后赠大将军、冀州刺史，谥康王。此墓墓葬规模较大，除出土大批陶俑、石雕柱础、石棺床和生活器具外，尤以制作精美的木板漆画著名。

漆画绘于床榻周边围立的屏风上，残存5块。每块约长80厘米，宽20厘米，正反面绘制，分上下4层。其上朱漆髹地，线描勾勒人物，墨书榜题。画面内容延续汉代以来帝王将相、烈女、孝子等传统故事，如帝舜、周太姜、周太姒、周太任、卫灵公、齐宣王、晋文公、孙叔敖、汉成帝与班婕妤以及孝子李充、卫灵公夫人、蔡人妻等。屏风的工艺制作采用榫卯联结，继承战国、汉代漆画的传统技法，设色富丽，边框装饰精巧。人物描绘运用铁线描法，兼施浓淡色彩渲染，形象生动逼真，并有纵深的空间感和立体感。构图上重在突出主似，亦与传为初唐阎立本的《历代帝王图》之间有着承继关系。此外漆画上的榜题，较典型地反映出由汉隶向唐楷演变中的魏书发展面貌，字体圆润俊秀、气势疏朗，是不可多得的北魏墨书真迹。

漆画之价值

司马金龙墓木板漆画在汉代单勾线和大笔平涂的基础上前进了一大步。它采用了细劲的铁线描，笔触干净利落、流畅准确。人物形象生动逼真、栩栩如生，从姿态中表露出身份和远近纵深的空间关系。构图上采用了突出主题、中心人物大于陪衬人物的手法，色彩谐调沉稳。人物渲染浓淡适宜，尤擅以人物衣纹的转折流畅，来增强人物的活力和肤色的立体感。特别是鱼尾状裙摆垂地后拖衬托以轻拂的裙带，陡增人物飘逸灵动之神韵，其画风表现出了一种正如《历代名画记》所讲的“春蚕吐丝”“吴带当风”的意境。

司马金龙墓木板漆画为研究南北朝时期的髹漆工艺提供了可贵的实物资料。通过此漆画，我们可以亲眼看见1400多年前，古人那流畅自如的线条勾勒，绚丽多彩的设色渲染，是如何使笔下的人物

/ 山西博物院 /

中国与中亚文化交流的重要证据

虞弘墓石椁

年　　代：隋
规格尺寸：通高 217 厘米，长 295 厘米，宽 220 厘米
藏品来源：1999 年山西省太原市晋源区王郭村虞弘墓出土

国宝简读

丝绸之路是历史上横贯欧亚大陆的贸易交通线，不仅促进了欧、亚、非各国和中国的友好往来，更促进了相应的物质文化与精神文化的交流。其中中国境内出现的波斯风格祆教文化就是丝绸之路宗教交流的产物，要想了解这个古老的宗教信仰，山西省太原市晋源区王郭村一处隋代古墓出土的石椁就是最好的材料。

修路工地发现的墓葬

1999 年 7 月的一天，山西省太原市晋源区王郭村的村民正在热火朝天地整修道路。突然，在距离路面十几厘米的深处挖到一块坚硬的石板，继续清理便发现了一座古代墓葬。随后，考古队对该墓葬进行清理，发现这是一座由墓道、甬道、墓门、墓室组成的砖室墓，为男女合葬墓，墓中出土了石椁、石柱、石人俑、陶俑、白瓷碗、墓志、钱币等几十件文物。

葬具仅存一座汉白玉石椁。石椁呈三开间、歇山顶式殿堂建筑，由底座、椁壁和坡面顶三部分组成。椁座下四周各垫两狮头，头向外，背上负着椁座。当考古人员细心清理之后，发现石椁上刻满了精美绝伦、充满异国风情的图案。四周内外皆有浮雕，并施以彩绘和描金，彩绘浮雕由五十多幅不同主题的单体图案组成，每幅图案由彩绘或雕刻成的龛门、壶门或用束腰柱自然分隔。有男女主人宴饮宾客、欣赏乐舞的场景，有骑马狩猎、人狮搏斗的残酷场景，还有旅途驻足、饮食休息的场景，等等，高鼻深目的胡人形象、系带飞翔的小鸟、鱼尾有翼的神马、欢腾旋转的胡腾舞无不充满着异域风情。尤其值得一提的是，前壁下排正中的祭祀礼仪图案：灯台形的火坛正燃烧着熊熊烈火，两位人首鹰身的祭司左右相对而立，头戴发冠，身披丝带，一手捂嘴一手扶着火坛。这是与中国古代佛教、道教等宗教完全不同的宗教信仰形式。

虞弘的精神世界

虞弘墓石椁的出土震惊了考古学界，诸多学者对石椁图案进行解读和研究，普遍认为这些图像具有古代波斯祆教（即琐罗亚斯德教）的文化特征。

由出土墓志可知，墓主人姓虞名弘，字莫潘，

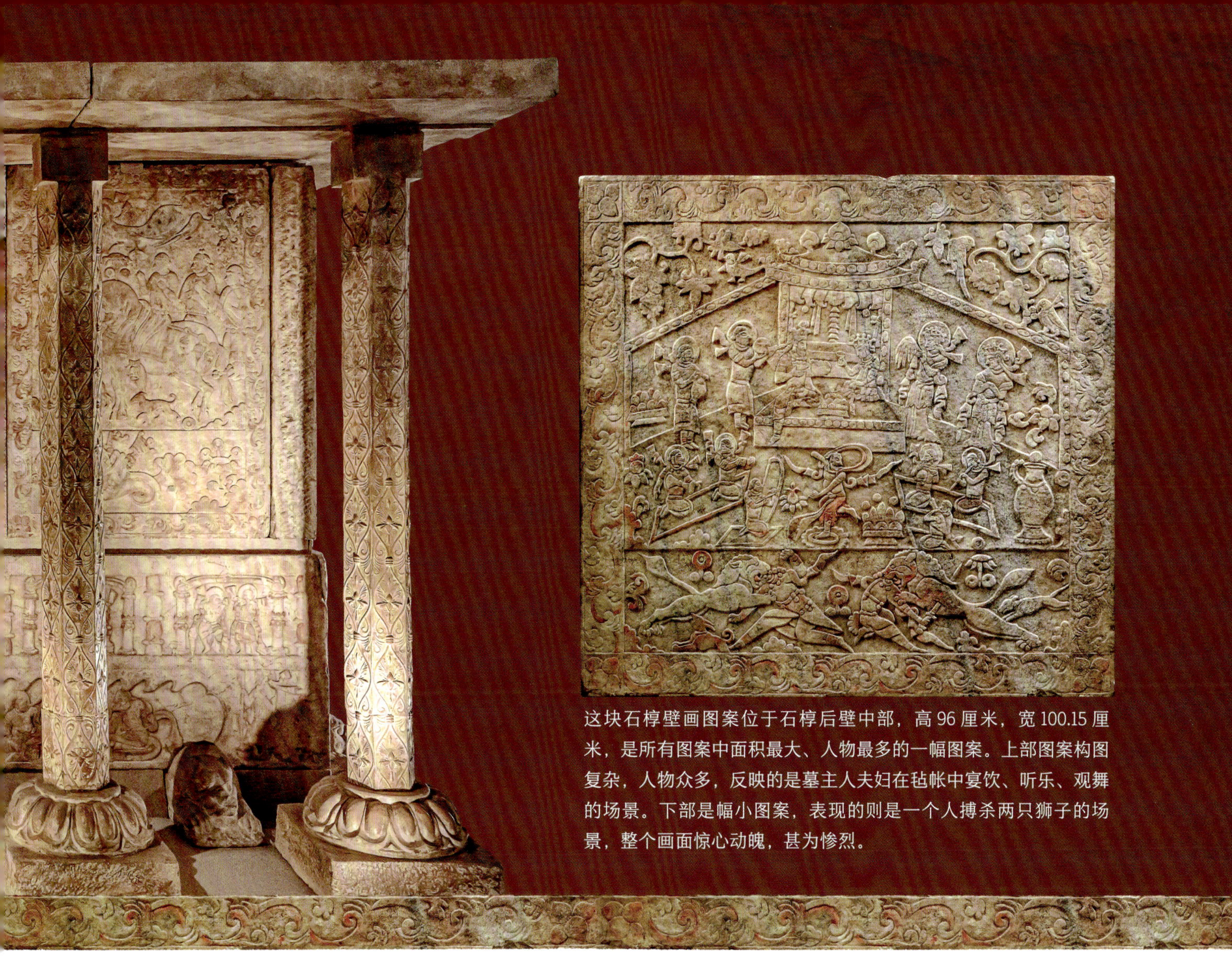

这块石椁壁画图案位于石椁后壁中部，高 96 厘米，宽 100.15 厘米，是所有图案中面积最大、人物最多的一幅图案。上部图案构图复杂，人物众多，反映的是墓主人夫妇在毡帐中宴饮、听乐、观舞的场景。下部是幅小图案，表现的则是一个人搏杀两只狮子的场景，整个画面惊心动魄，甚为惨烈。

鱼国尉纥驎城人，曾奉茹茹国王之命，出使波斯、吐谷浑等国，后出使北齐，随后便在北齐、北周和隋为官，在北周一度任“检校萨保府”，职掌入华外国人事务。隋开皇十二年（592）卒于晋阳，时年 59 岁。2006 年，吉林大学边疆考古研究中心古 DNA 实验室对虞弘夫妇遗骨分析检测结果显示：虞弘的 DNA 属于西部欧亚大陆特有的 U5 单倍型类群，带有这种基因的人群主要分布在今塔吉克斯坦和中国新疆喀什地区。北京大学考古文博学院教授林梅村认为，虞弘的祖先是曾经活跃在甘肃东部至山西北部的杂胡之一，虞弘出生地“尉纥驎城”在今新疆伊吾县。

虞弘的经历十分丰富，不是单纯在北周居住的异族人，还先后担任诸多官职，其中“检校萨保府”一职最值得注意。这是一个由朝廷任命的管理本地粟特人及其宗教事务的官职。能够担任这一官职显然与他来自西域又有异族的宗教信仰有关。

石椁上的诸多图案都带有祆教文化元素：石椁底座上的祭祀火神的图案体现了祆教的火崇拜；人狮相斗是祆教善恶论的反映；人物头上的光芒象征祆教灵光对人们的庇护；头戴日月冠是祆教主神阿胡拉·马兹达的象征；画面的装饰也具有典型的萨珊艺术风格。可以说虞弘墓具有丰富的波斯祆教文化内涵，反映了西域或中亚、西亚祆教信奉者的民族风情和精神世界。石椁的歇山顶、三开间造型又呈现了中国建筑风格，让人们感受到中国文化元素与中亚宗教气息。中央美术学院研究汉唐墓葬艺术的郑岩教授认为，这件房屋形的石椁在形制上借鉴了汉地早期地上墓祠的建筑形式。汉文化与祆教文化在石椁上的融合，与虞弘墓志的记载内容相吻合，印证了虞弘具有在不同地域生活的社会经历和文化背景。

/ 内蒙古博物院 /

迄今为止国内发现的唯一匈奴王冠

鹰顶金冠饰

年　　代：战国
规格尺寸：冠高 7.3 厘米，重 192 克；额圈周长 60 厘米，重 1202 克
藏品来源：1972 年内蒙古自治区鄂尔多斯市杭锦旗阿鲁柴登匈奴墓出土

这具鹰形顶金冠饰的动物造型，以与匈奴这个游牧民族密切相关的马、羊、鹰、虎、狼等动物为主，是匈奴游牧经济和生活方式的反映。阿鲁柴登匈奴墓葬中出土的金银器，表明匈奴在战国时代已经从原始的游牧部落逐渐演变为社会等级分明的奴隶社会，而鹰形顶金冠饰则是匈奴社会权力的象征。

鹰顶金冠饰的鹰，整体上以立雕的手法将写实性的鹰立于半球状的冠顶上，展翅俯视，全方位清晰展示了鹰的威武与神勇，体现了鹰在匈奴社会的重要地位。

半球体的表面有四组浅浮雕的狼咬羊纹样，四组纹样内容相同且对称。整个冠顶仿佛一只雄鹰俯瞰狼咬羊的生动场景。

这件战国时期的金质鹰形冠饰，除冠顶上鹰的颈部和头部是由两块绿松石拼接而成以外，其余大部分都是由黄金制成，是迄今为止中国仅存的两千多年前的匈奴“胡冠”实物。

金冠整体由冠顶和额圈两部分组成：冠顶作半球面形，花瓣状，饰浅浮雕四狼吃羊图案，狼作卧伏状，盘角羊前肢弯曲，后肢被狼咬住，作反转态。冠顶中央傲立一只展翅雄鹰，鹰体由金片做成，中空，身及双翅有羽毛纹饰，鹰首、颈用绿松石做成，首颈间有花边金片相隔。尾部另作，用金丝与鹰体连接，可以活动。鹰形金冠顶气势磅礴，生动地呈现出一幅雄鹰高高在上、鸟瞰狼咬羊场景的生动画面。额圈由三条半圆形的绳索式金带巧妙拼合而成，前面有上下两条，中间及末端均有榫卯相合，后面一条两端有榫与前面一条连接。三条金带末端分别饰浅浮雕卧虎、卧羊、卧马。展示的是老虎与猎物紧张对峙的景象，仿佛猎杀行动一触即发。

鹰顶金冠饰的做工之精细，也充分体现出战国时期中国北方民族贵金属加工工艺的最高水平。北方游牧民族崇尚武力，从匈奴文化中常见的虎噬羊、虎噬鹿、鹰等以大自然动物为母体的纹饰就可以看出来。鹰顶金冠饰之所以被誉为“草原瑰宝”，一方面是因为它十分考究的制作工艺，包括锤、镌镂、抽丝、编索、镶嵌等技艺；另一方面则是因为它见证了战国时期中原与北方、农耕文化和游牧文化之间的交流和碰撞，彰显了那个时期文化的生命力。

浅浮雕卧马
冠带饰中写实性的马以浮雕的手法表现马的侧面，卧马四肢内屈，腹着地，头下垂，呈现温顺之态。

浅浮雕卧羊

/ 内蒙古博物院 /

多元文化碰撞出的限量孤品

钧窑“小宋自造”香炉

年　　代：元
规格尺寸：高 42.7 厘米，口径 25.5 厘米
藏品来源：1970 年内蒙古自治区呼和浩特市白塔村出土

国宝简读

钧窑“小宋自造”香炉不仅有中原农耕文化的气韵，还有北方游牧文化的开放包容，是北方游牧文化与中原农耕文化的完美结合，题记中“香炉一个”更彰显出该器物的稀有性和独特性。这件香炉见证了中国多民族交流、交往、交融的历程，是多元文化碰撞出来的艺术精品。

出土于佛寺附近的配套瓷器

1970 年 12 月，内蒙古大学历史系师生在白塔村东南的丰州城遗址（该遗址距万部华严经塔 500 米左右）参加生产劳动，适逢当地社员劳动时无意中发现了一处窖藏。经确认该窖藏属于元代，窖藏内发现两个盖有铁釜的黑釉瓮，内共有 6 件瓷器：香炉 1 件、镂空高座双螭首耳瓶 1 对、缠枝牡丹纹瓶 1 对、缠枝莲纹瓶 1 件。这批瓷器造型精美，文化内涵丰富，代表了极高的元代瓷器制造业水平。“小宋自造”香炉就是其中具有代表性的一件。

该香炉为钧窑鼎式炉，胎体厚重，通体施天青色釉。香炉圆腹、三足、双耳。口沿至肩部两侧饰有兽形耳，颈部有三个雕贴的麒麟，一个在背面，两个在正面，腹部装饰有 4 个铺首衔环纹。在正面的两个麒麟之间，有一块凸出的方形题记，刻“己酉年九月十五小宋自造香炉一个”15 字楷书。经考证，应为元代至大二年（1309）造。

与该香炉一同出土的还有一对钧窑连座瓶，这对连座瓶与“小宋自造”香炉配套构成“二瓶一炉”的“三供”组合。考古发掘报告认为该批文物不似民间或官衙所用，可能为万部华严经塔所属之大明寺的供器。

天青色釉

铺首衔环纹

香炉上的方形题记，刻“己酉年九月十五小宋自造香炉一个”15 字。

多元文化碰撞出的限量孤品

香炉的出土地是旧时的丰州城，该地在辽朝时是宋辽各族人民开展贸易的榷场。这件香炉是元代至大二年的产品，此时元朝已经统一全国达三十年之久，得益于当时相对稳定的政治、经济环境，各民族之间的文化交流活动也日益密切。因此，除了河南禹县之外，全国普遍都开始仿烧钧窑瓷器，不同窑址烧制的钧瓷虽然总体秉承了窑变成色的工艺，但又各具地方特色，表现出当时相互交流借鉴的风气。

唐宋时期，钧瓷有“钧不过尺”的定律，即钧窑瓷器不超过一尺，而这件元代香炉却远远超出了这个范围，从中我们既能体会到中原农耕文化的气韵，也能感受到北方游牧文化的粗犷，是二者的完美结合，楷书题记中“香炉一个”则彰显出该器物的稀有性和独特性。

与香炉同时出土的其他瓷器，有钧窑产品，也有浙江龙泉窑的产品，它们出自不同的产地，远隔千山万水，却在 700 多年后的今天，被发现共存于内蒙古的一座窖藏中。这是我国南北方各族人民长期以来经济、文化密切交往的实证。

/ 赤峰博物馆 /

融合中的辽代瓷器

三彩鸳鸯壶

年　　代：辽
规格尺寸：高 20 厘米，口径 8.3 厘米，底径 9 厘米
藏品来源：1977 年内蒙古自治区赤峰市松山区王家店辽墓出土

国宝简读

三彩鸳鸯壶以其独特造型搭配实用功能成为辽三彩的代表作品。该壶反映了草原民族不同于中原的审美趣味。该壶的制作技法保留着唐三彩的特征，同时又对金元三彩乃至明清素三彩的发展起着道夫先路的作用。

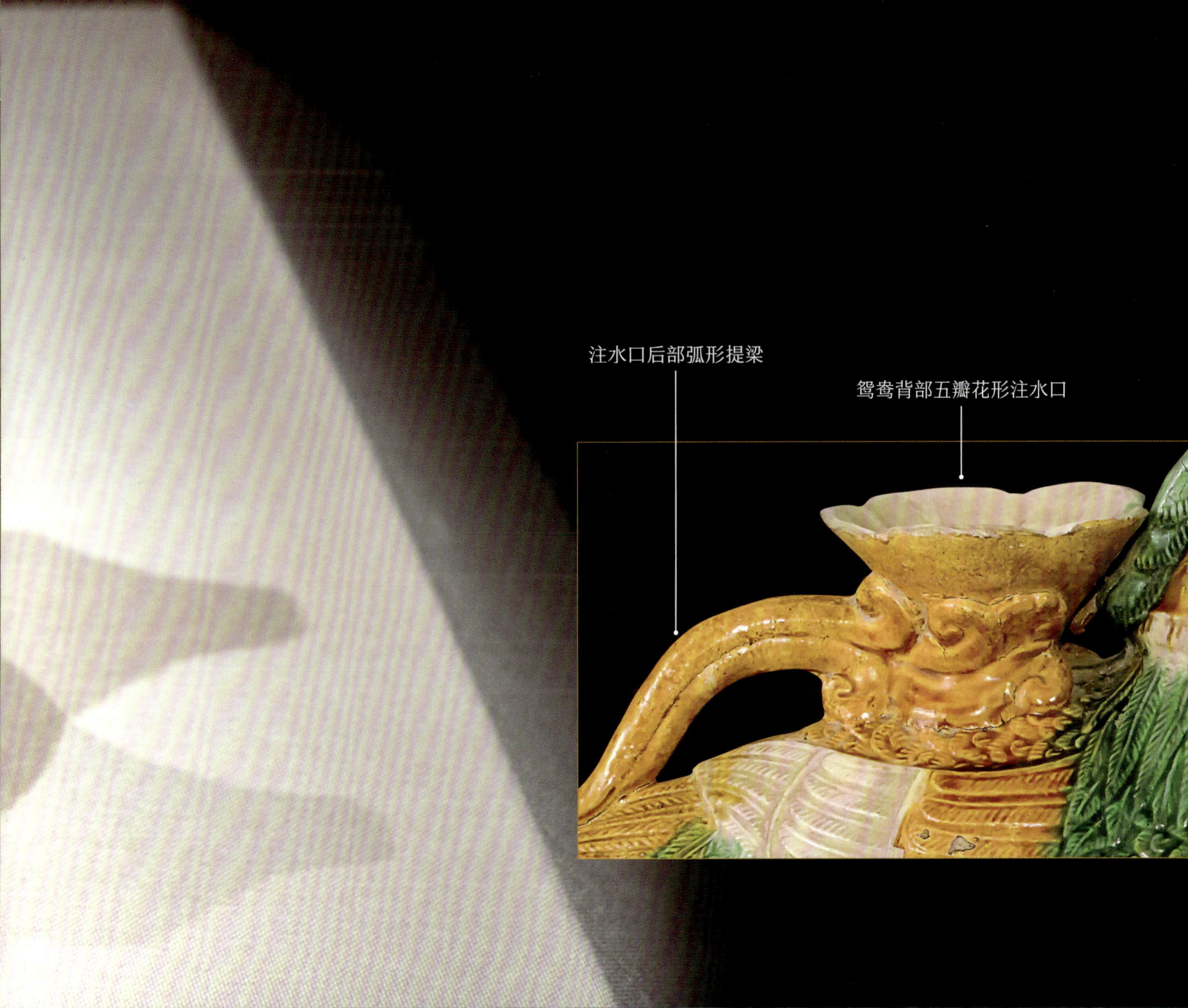
注水口后部弧形提梁
鸳鸯背部五瓣花形注水口

黑龙江省博物馆

吉林省博物院

辽宁省博物馆

东北地区包括黑龙江、吉林、辽宁三个省，白山黑水孕育了其深厚的文明底蕴。东北地区共有442家博物馆，其中一级博物馆21家。在这些博物馆中最具代表性的有黑龙江省博物馆、吉林省博物院、辽宁省博物馆。其中所收藏的文物记录了白山黑水之间的文明演变，呈现了中华文明多元一体的辉煌历程。

东北地区博物馆

镇馆之宝

/ 黑龙江省博物馆 /

上京龙泉府的遗存

天门军之印

年　　代：唐
规格尺寸：通高 4.3 厘米，边长 5.25 厘米 ×5.3 厘米，厚 1.4 厘米，柄高 2.9 厘米
藏品来源：1960 年黑龙江省宁安县（今宁安市）渤海上京龙泉府遗址出土

彰显唐印独特风格的篆文

“天门军之印”印面略呈正方形，印文为篆书“天门军之印”，印背楷书“天门军之印”。印文于平整中见圆转，线条有一种韵律之感，排列布局疏密得当。“天门军之印”的篆书，以小篆为构架，融入了一些大篆文字的元素，呈现出唐印篆文的独特风格。为使章法稳妥合理，“天”字上一横笔两端上翘，意到而笔不到，在视觉上增加了左上角空间的充实感。“门”字放大拉长，虽重心在上，但下面三竖笔刚劲有力，犹如三条鼎足，极为稳重，不至于使人产生倾覆之虑。三竖笔间的空白，又与“天”字上的空白和“军”字左边的空白彼此之间相呼应，由此产生平衡感。

证实唐朝职官制度的实物资料

“天门军之印”出土于渤海上京龙泉府遗址，原收藏于渤海文化馆，1963 年调归黑龙江省博物馆。该印为渤海王室禁军的官署印。据新旧《唐书》等史料记载，渤海国仿照唐朝中央官制，置有兵卫府及三省、一台、七寺、一院、一监、一局等机构。“天门军”是渤海王室禁军之一，相当于唐朝中央十军的禁军组织。历史文献对唐朝职官制度有较为详细的记述，但不见天门军之设，辽金两朝亦无天门军之制。这方铜印可作为研究唐代禁军组织的重要线索，它也是国内现存唯一的一方渤海国官印，具有极高的历史研究价值。

国宝简读

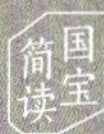

“天门军之印”印文清晰，品相完好，是唐代官印系统中不可多得的一件佳作。传统篆刻美学与特殊的蟠条焊接工艺结合，造就了这枚兼具艺术价值与实用功能的印章，它是印证唐代渤海国职官制度的极为重要的实物资料。

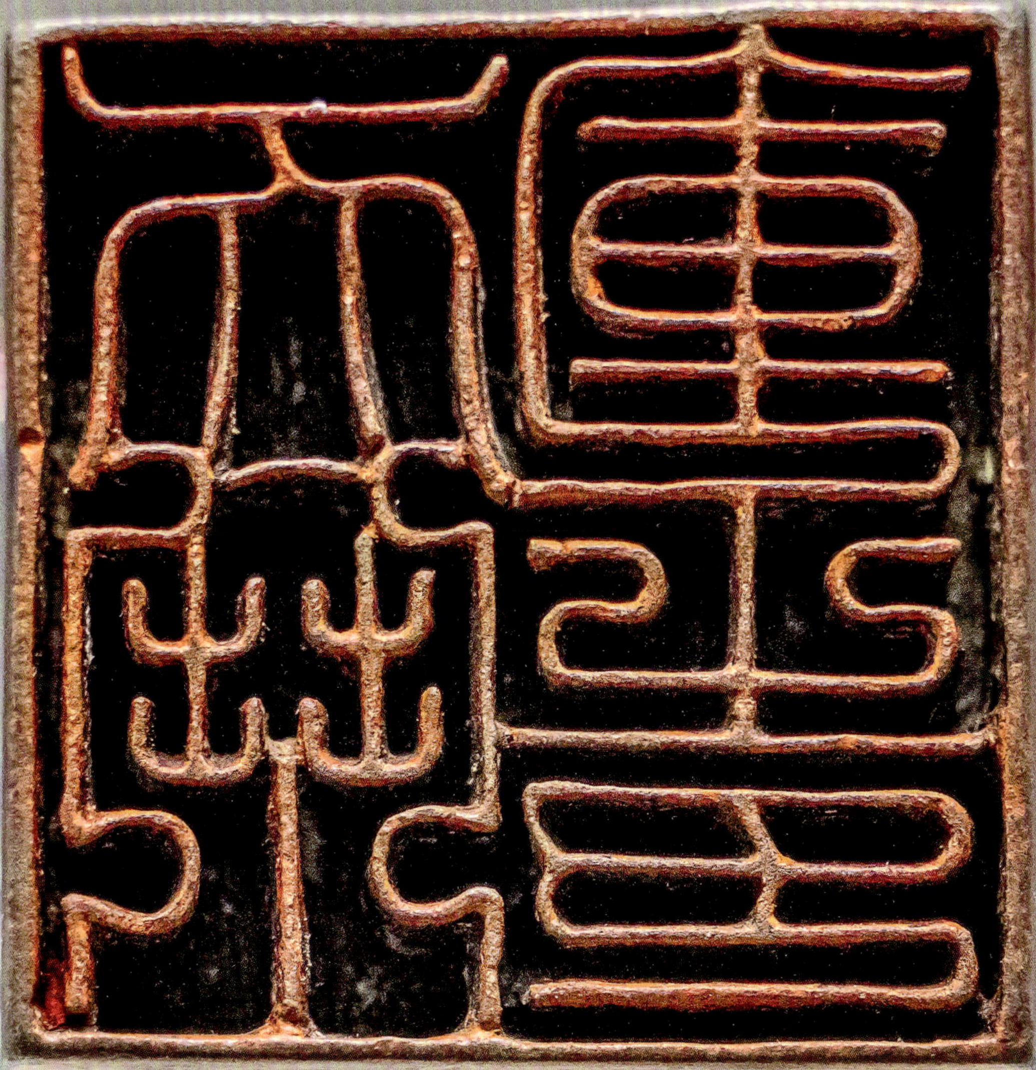

/ 黑龙江省博物馆 /

金上京的皇家饰件

铜坐龙

年　　代：金
规格尺寸：通高 19.6 厘米，重 2.1 千克
藏品来源：1965 年黑龙江省哈尔滨市阿城县（今阿城区）白城金上京会宁府遗址出土

一尊会发声的铜龙

1965 年，一个叫裴山的农民在自家地里挖菜窖，无意间挖出一尊铜坐龙，于是便带回家中。回家后，裴山将铜坐龙放到窗台上，没想到怪事发生了，铜坐龙时不时会发出阵阵奇怪的声音。裴山不明白怎么回事，思前想后，决定把它上交政府。文物专家根据铜坐龙的出土地点和造型，判断其为金代皇室所用装饰之物。至于铜坐龙能发出声音，其实也不是什么神秘现象，因为当时正值春日多风季节，铜坐龙的龙口微微张开，腹内中空，风一吹自然会发出响声。1965 年，铜坐龙落户阿城的金上京历史博物馆。1990 年，铜坐龙被鉴定为国家一级文物，后被黑龙江省博物馆收藏。后来，北京地区也出土了一件金代铜坐龙，跟这件非常相似，不同的是北京那件铜坐龙的口内含有一颗铜珠。专家由此推测阿城出土的铜坐龙嘴里原本应该也有一颗铜珠，可能是因为年久丢失了。

金朝皇室的御用之物

这件珍贵的铜坐龙由黄铜铸造而成。龙呈蹲坐式，头微扬，张口似吟啸，肩微前弓，左前腿翘起，右前腿直立，前后腿之间有祥云相连，龙尾上翘向外卷曲，整体散发着一种悠然自得的神韵。铜坐龙造像整体造型匀称，线条流畅，各部位呼应映衬，浑然一体。

铜坐龙可能是金朝皇室所乘辇车上的装饰物。崛起于白山黑水间的女真族建立金朝，他们在发展过程中受中原文化影响，也将龙作为皇帝权力的象征之物。据《宋史》记载，北宋早在宋太祖建隆四年（963）就有装饰坐龙的大辇。金人的车辇制度应该参考了宋朝制度。不过也有学者指出，金朝铜坐龙的形象与辽代的坐龙更为接近。它是宋辽金时期多民族文化融合发展的证明。

国宝简读

金代铜坐龙同时受宋代、辽代坐龙风格影响，它不仅彰显了女真民族英勇顽强、拼搏进取的精神，而且是宋辽金时期多民族文化融合发展的见证者。

/ 吉林省博物院 /

汉王朝对边疆的有效管辖

错金银“丙午神钩”铜带钩

年　　代：东汉
规格尺寸：长 15.7 厘米，宽 2.5 厘米
藏品来源：1968 年吉林省榆树县（今榆树市）刘家乡福利村出土

寓意美好的带钩

东汉“丙午神钩”铜带钩的钩身正面雕一鸟喙神人，他头顶束发，分为三股，上戴高冠，两眼窝嵌蓝色宝石，额镶水滴状绿松石。神人双手搂抱一条大鱼，作正要吞食的样子。鱼通体以金银丝填成鳞片，能够活动却不会脱落。自古以来鱼就被认为是吉祥之物，人们相信它既能镇邪辟兵，又能祈富求贵。

带钩另一端似虬首，眼窝嵌两颗黑色玉石珠，前额嵌一绿松石，用金银丝错成羽毛纹。带钩背面中部有一凸起的圆纽，纽面错银，作卷云状，中心嵌一红宝石，下部饰飞凤，头足错金，翅、尾和体部错银。背面一侧错金隶书铭文：“丙午神钩，君必高迁。”表达了对仕途一帆风顺的祈愿。

据专家考证，这件“丙午神钩”铜带钩可能是东汉王朝赠送给夫余部落首领的礼物，是东汉王朝对边疆地区实施有效统治的见证，更是民族文化交流的见证。

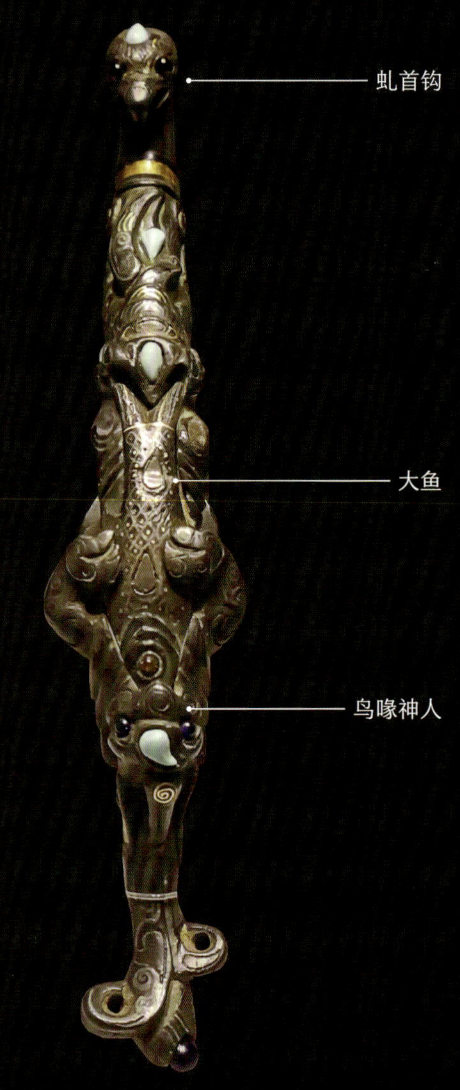

蕴含大乾坤的小带钩

带钩是古人所系腰带的挂钩，其作用类似今天的皮带扣。带钩的历史非常久远，据考证起源于西周，到战国以后，王公贵族、社会名流都以带钩为装饰，至明清时，带钩仍在用。

带钩由钩、颈、体、纽四部分组成，纽为短柱，固定在腰带的一头，钩部用来钩在腰带另一头合适的孔眼里，从而使腰带在腹前联结。带钩多用青铜铸造，也有用黄金、白银、铁、玉等制成。带钩长短不一，有的短至两寸，有的长达十一寸。带钩的形状多样，有长条形、扁形、圆形等，其造型也很丰富，有的做成鱼鸟状，有的雕成怪兽或长龙状，还有的形似琵琶。高级铜带钩多以鎏金、错金银、宝石镶嵌等工艺进行装饰。

国宝简读

东汉错金银“丙午神钩”铜带钩通体采用错金银与宝石镶嵌工艺，此种技法突出了图案与铭文，使器物不仅色彩斑斓，而且颇具立体感。

/ 吉林省博物院 /

文翰双绝的千载二赋

行书《洞庭中山二赋》卷

艺术家：苏轼
年　代：北宋
规格尺寸：纸本，纵 28.3 厘米，横 306.3 厘米
藏品来源：1982 年吉林省吉林市第五中学教师刘刚捐献

苏轼《洞庭中山二赋》是苏轼传世作品中字数最多的。苏轼于 58 岁时在被贬英州途中一气呵成创作的，是苏轼传世书法作品中的上乘之作。

一位“美食家”的书法作品

苏轼《洞庭中山二赋》书法作品中包含《洞庭春色赋》《中山松醪赋》两赋行书并后记。《洞庭春色赋》32 行，共 287 字，《中山松醪赋》35 行，共 312 字，加上自题、后记，全篇共计 684 字，是苏轼传世书法作品中字数最多的一幅。

从卷中能够看到苏轼鲜明的书法风格，字体结体短肥、十分紧凑，整幅作品充满娴雅之趣，潇洒飘逸。乾隆皇帝曾这样评述苏轼的《洞庭中山二赋》：“精气盘郁豪楮间，首尾丽密，信坡书中所不多觏。”

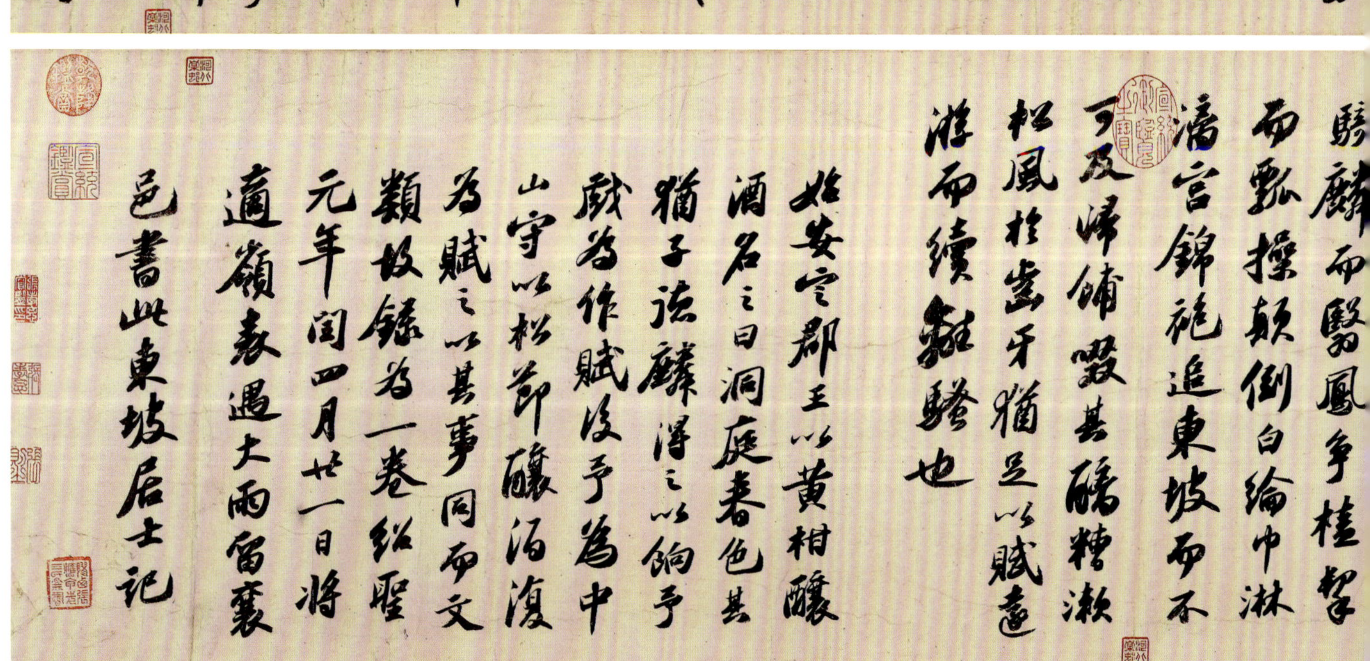

这两篇“赋”究竟写了些什么内容呢？它们其实是苏轼记录的两种黄酒的酿造方法。苏轼虽不善饮，却非常好饮，所以才会用600多字的笔墨记录两种黄酒的酿造方法以及其中蕴含的意趣。

1094年，58岁的苏轼被贬往英州（广东英德），途中行至襄邑（今河南睢县），一行人突遭大雨无法前行。苏轼看着瓢泼大雨，灵感迸发，欣然提笔，此情、此景一起造就了这篇旷世奇作！

“二赋”的传奇波折经历

苏轼“二赋”的珍贵之处，不仅仅在于作者本人在中国文化史上的地位，还在于这件作品历经多次劫难仍能保存至今，可谓天佑神物。“二赋”曾是清宫旧藏，辛亥革命爆发后，逊位的末代皇帝溥仪以赏赐其弟溥杰之名，经过两个多月连续不断的“赏赐”，先后把1300余件国宝书画盗运出故宫。后来这批文物经天津等地，辗转藏入长春市伪满洲国皇宫的小白楼内。1945年，日本投降，溥仪从长春伪满皇宫仓皇逃走，小白楼中所藏的国宝书画也遭到哄抢。从此以后，不可计数的皇宫旧藏流入民间，杳无踪迹，“二赋”即在其中。1982年，吉林市第五中学教师刘刚将家传多年的“二赋”捐献给吉林省博物馆，湮没多年的国宝终于再次面世并且纳入公藏。

泛天宇兮清夜以洞庭
之白浪濺北渚之蒼灣携
佳人而往游勤霧鬟與鳳
鬟命黃頭之千女卷霞
澤而與俱還櫂以二米之禾
藉以三脊之菅忽雲烝而
冰解旋珠零而藻潛翠

吾聞橘中之樂不減商
山豈霜餘之不食而四老
人者游戲於其間悟此世
之泡幻藏千里於一斑舉
棗葉之有餘納芥子其
何艱宜賢王之達觀寄
逸想於人寰嫋嫋兮春風

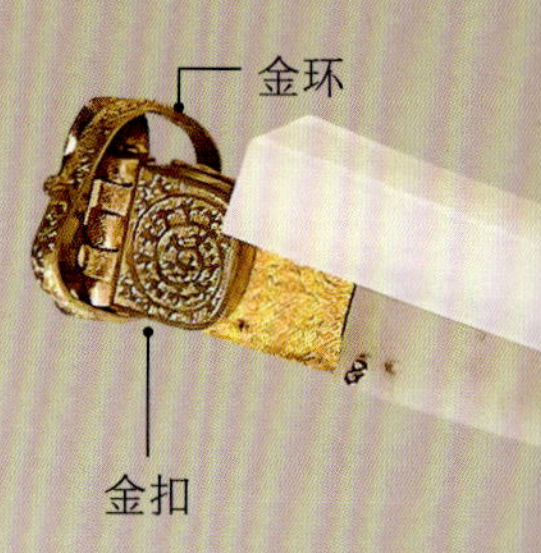

/ 吉林省博物院 /

仅见的完整金代玉带

金扣玉带

年　　代：金

规格尺寸：金环全长 4.7 厘米，玉铊尾长 8.5 厘米，宽 2.5 厘米；桃形玉铸长 2.5 厘米，宽 2.5 厘米，厚 0.6 厘米

藏品来源：1958 年吉林省扶余县（今扶余市）更新公社西山屯金代墓出土

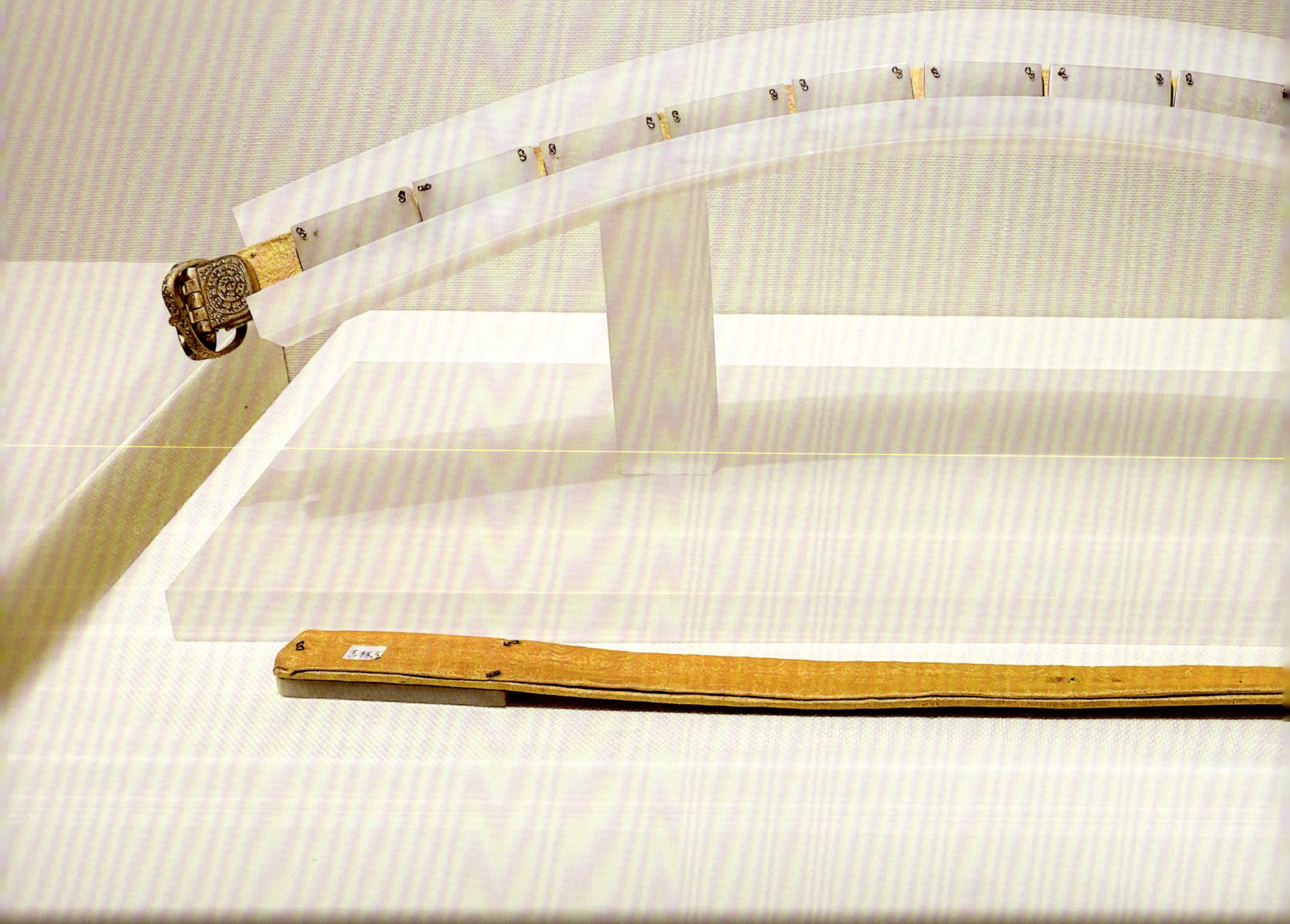

这件金扣玉带以皮革为基底，上缀金扣 1、金环 1、玉铊尾 1、玉銙 18 件，另有金钉 69 枚，其中的 18 件玉銙均以新疆和田玉琢成。

金扣上饰忍冬纹和卷云纹，以珍珠纹为地，其上附 3 枚金钉。金环为圆角长方形，外侧饰忍冬纹，下衬珍珠纹地，内侧素面。玉铊尾扁平长方体，一段齐平，一端修圆。玉銙共 18 块，其中扁平长方形 2 块，中部有长方孔；10 块造型与前两块相同而无孔；其余 6 块为扁平体桃形。

此种腰带又名蹀躞带，是北方游牧民族特有的腰带。蹀躞带在皮质基底上缀有若干饰牌，每个饰牌下都连着一个小型铰链，铰链下套一个金属小环，这种小环是为系佩杂物而预备的。因为游牧民族长期居无定所，日用物品常常要随身携带，大型器物多拴在马上，小型器物如刀、剑、针筒、手巾、磨刀石等，则通过蹀躞带佩在身上。按照当时的等级制度，金、玉装饰的蹀躞带为上，银带次之，铜带又次，铁带最下。

国宝简读

吉林省博物院馆藏的金扣玉带的用材、形制与装饰均象征着使用者极高的社会身份。辽金时期，腰带作为游牧民族服饰的重要组成部分有了长足发展，这条腰带的配件数量可观，用料考究，实为不可多得的高级蹀躞带。它的出土为研究金代的官制、服饰以及金、玉制造工艺，提供了宝贵的实物资料。

/ 辽宁省博物馆 /

夏家店下层文化的重要资料

彩绘双腹陶罐

年　　代：新石器时代·夏家店下层文化
规格尺寸：高 27.3 厘米，最大腹径 18.6 厘米，口径 7.4 厘米，底径 8 厘米
藏品来源：1974 年内蒙古自治区赤峰市敖汉旗大甸子墓地出土

“百里挑一”的艺术珍品

彩绘双腹陶罐出土于内蒙古自治区赤峰市敖汉旗大甸子村夏家店下层文化墓地中。该墓地共发掘墓葬 804 座，共出土各类陶器 1683 件，其中陶罐 656 件。《大甸子——夏家店下层文化遗址与墓地发掘报告》中将彩绘双腹陶罐归为异形罐，数百件陶罐中仅此一件，具有较高的学术价值和艺术价值。

彩绘双腹陶罐，泥质红陶，烧制时火候较高，内外皆呈黑灰色；小口，口沿外侈；长颈，颈上部饰四乳突，下部饰三道凸弦纹；双扁圆腹，形如葫芦，“双腹罐”正得名于此，上腹附有 4 枚状如贝壳的附加堆纹，下腹饰三道凸弦纹；假圈足；器表遍施彩绘。器表所施加的彩绘是夏家店下层文化陶器的重要特征，双腹陶罐器表所施加的彩绘纹饰多达数种，施彩是以黑灰色的器表为底色，绘以白、红两种花纹，通过分析彩绘笔道的粗细和颜色浓淡，所用的绘画工具应当为毛笔。双腹罐的主要纹饰为呈“C”形和“S”形的几何纹，位于上腹与颈的分界处和上腹下部；在口沿内部、颈上、两腹结合处、下腹之上饰有弦纹、菱形纹、蕉叶纹等辅助纹饰，起到分割纹饰和填充画面的作用。

高级文明社会的实证

夏家店下层文化，距今 4300—3600 年，是中国北方地区的青铜时代文化，因最初发现于内蒙古自治区赤峰市夏家店遗址下层而得名。在这一时期，辽西地区人口增长迅速，生产力水平明显提高，社会分工和社会分化明显，进入了以农业经济为主导的社会。发达的生产力促进了手工业尤其是制陶业的进步，同时也间接丰富了远古先民的精神世界，从而创造出了以彩绘双腹陶罐为代表的彩绘陶器。在夏家店下层文化时期，辽西地区已经进入了高级文明社会，所出土的众多纹饰精美的彩绘陶器正是夏家店下层文化进入高级文明社会的重要物质文明成就之一。

总而言之，彩绘双腹陶罐作为数百座墓葬中“百里挑一”的精品，既是夏家店下层文化的代表器物，也是研究夏家店下层文化的重要资料，展现了辽西地区远古先民所创造的灿烂文化。

国宝简读
作为夏家店下层文化彩绘陶器的代表之作，彩绘双腹陶罐不但反映出了夏家店下层文化的先民高超的手工业技术，也是当时人们的审美情趣和艺术追求的直接体现。
菱形纹
几何纹
几何纹
弦纹
蕉叶纹

/ 辽宁省博物馆 /

商周青铜文化的广泛传播和交流

卷体夔纹蟠龙盖罍

年　　代：西周
规格尺寸：高 44.5 厘米，口径 15.5 厘米，底径 16.5 厘米
藏品来源：1973 年辽宁省朝阳市喀喇沁左翼蒙古族自治县北洞村出土

铜罍盖上的蟠龙头部形象生动。

国宝简读

罍是商周时期流行的一种贮酒器，卷体夔纹蟠龙盖罍纹饰以浅浮雕为主，结合细部的刻画，使得整件器物具有很强的立体感，最引人注目的是罍盖上铸出的蟠龙，这条龙盘踞身体，双足着地、肘部微曲，似随时要发力跃起，栩栩如生。精美的纹饰、流畅的造型以及强烈的写实意味代表了周代青铜器造型艺术的极高水准。

夔纹，突目，利爪，尖齿。

商周青铜器的翘楚之作

1973 年春，在辽宁省朝阳市喀喇沁左翼蒙古族自治县北洞村南孤山西山坡笔架山山顶，当地村民发现了一处窖藏铜器坑，而后考古工作人员在清理探掘的过程中又发现了二号窖藏坑，出土了一批商周时期的青铜器。二号坑位于一号坑东北处，坑内共出土六件铜器，皆立置，由南至北横列三排，卷体夔纹蟠龙盖罍位于第二排，是这批铜器中纹饰最精美、器形最特别的一件。

卷体夔纹蟠龙盖罍，《辽宁喀左县北洞村出土的殷周青铜器》一文中称之为龙凤纹罍，盘形口，圆肩，双耳，高圈足，通体饰花纹，纹饰分为前后两面和盖、上腹、下腹、圈足四个层次。每面上腹饰有对向夔纹，突目，利爪，尖齿；下腹饰饕餮纹，近底饰夔纹；圈足也饰夔纹，皆以雷纹为地。双耳作兽首状，衔圆体圆环，兽首顶端耳面饰夔纹。盖作覆盆式，通体作蟠龙状，前足蹲踞，爪形足，四趾，盖面及周沿以三长尾夔纹盘绕，中心饰一蝉纹，龙身腹部正对盖的顶部也饰有蝉纹。与同出的器物相比，卷体夔纹蟠龙盖罍所使用的纹饰种类最多，盖上微微伏起的蟠龙更是点睛之笔，微微弯曲的肘部，好似下一刻即将腾云而起，静中有动，两三千年前工匠的精湛工艺使得动与静在这一刻达到了完美的平衡，让这件庄严肃穆的青铜器透出了一丝灵动之气。

横跨南北的心有灵犀

1959 年冬，在四川省彭县（今彭州市）竹瓦街，民工大队在施工的过程中发现了一个大陶缸，缸内盛放着 21 件青铜器，其中一件青铜器被称为兽面纹饰羊头加环耳罍，这件青铜器与辽宁出土的卷体夔纹蟠龙盖罍酷似。二者相较，辽宁北洞村出土的折肩罍腹部稍长，最大腹围在肩部，圈足稍矮，应当是较早的形制，其他地方与四川出土的这件罍几乎相同，尤其是器盖部分，都塑造出了灵动的蟠龙形象。在辽宁这件铜罍出土之前，四川彭县竹瓦街铜罍曾被认为是蜀地制品，现在有了同类器进行对比，这类铜罍无疑是西周初年曾经流行于多地的款式。

辽宁和四川在地理位置上相隔数千千米，却出土了两件如此相似的器物，足以说明早在 3000 多年前，商周青铜文化已经覆盖了中华大地的广阔区域，中华文化兼容并包、源远流长的特性由此可见一斑。

/ 辽宁省博物馆 /

虹裳霞帔步摇冠

花树状金饰

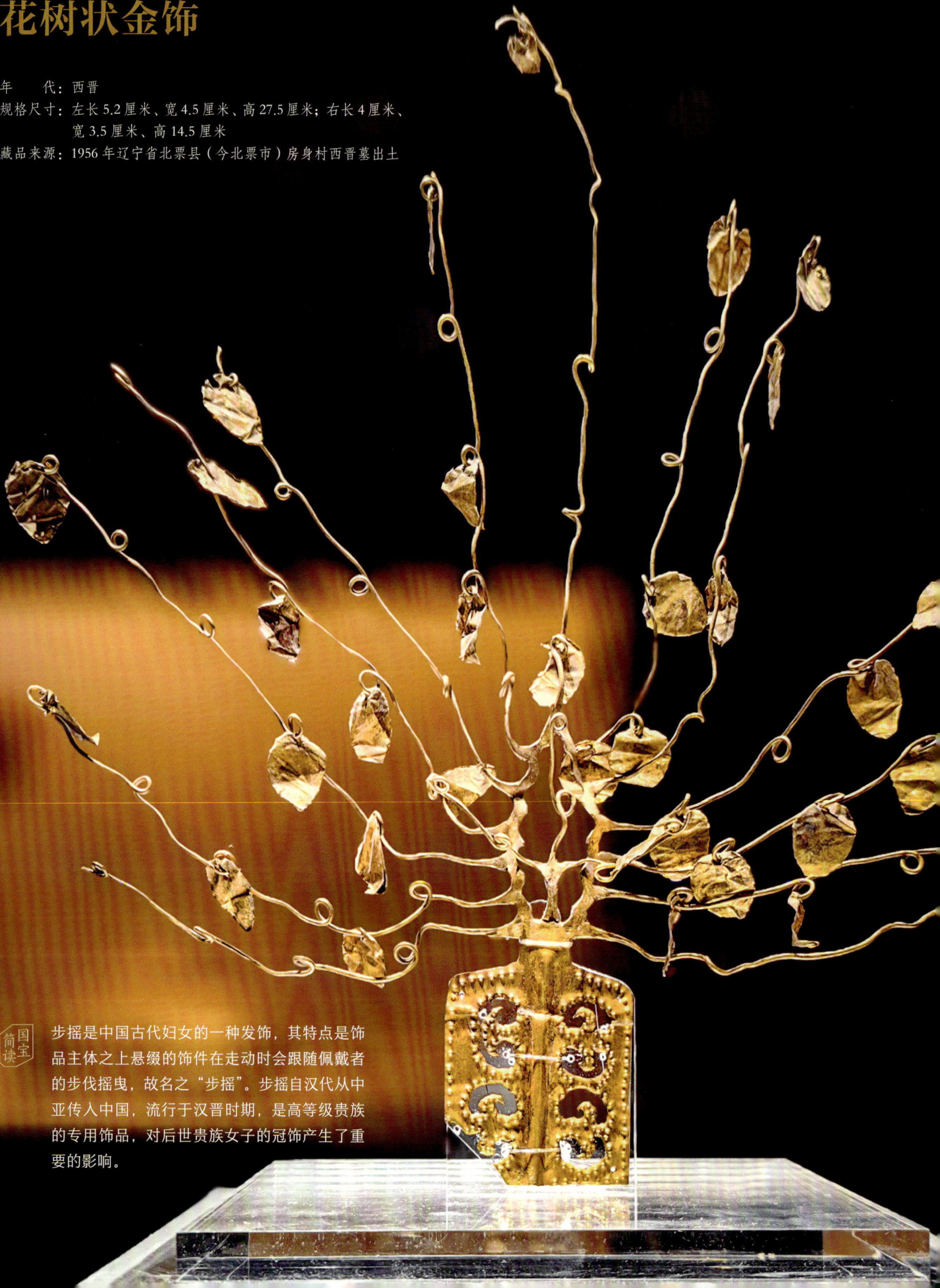

年　　代：西晋
规格尺寸：左长 5.2 厘米、宽 4.5 厘米、高 27.5 厘米；右长 4 厘米、宽 3.5 厘米、高 14.5 厘米
藏品来源：1956 年辽宁省北票县（今北票市）房身村西晋墓出土

国宝简读

步摇是中国古代妇女的一种发饰，其特点是饰品主体之上悬缀的饰件在走动时会跟随佩戴者的步伐摇曳，故名之“步摇”。步摇自汉代从中亚传入中国，流行于汉晋时期，是高等级贵族的专用饰品，对后世贵族女子的冠饰产生了重要的影响。

千年前的摇曳脆响

1956 年秋，辽宁省北票县房身村的村民在掘坑造肥时，发现坑中出现大量的石块和木炭，三座鲜卑墓葬因此得以发现，三座墓葬都是石筑单室墓。此后，前东北博物馆文物工作队对这三座墓葬进行了清理，在清理过程中，工作队向当地居民宣传了国家的文物保护政策，当地居民在了解后都主动将文物上交给政府，这批文物最终交归辽宁省博物馆收藏。这三座鲜卑墓葬以随葬众多的金饰品为特点，在出土的金饰品中，以二号墓出土的两件花树状金饰最具特点。

这两件金饰，一大一小，系敲击折叠制成，形制基本相同，均由两部分组成，下部为基座，呈长方形，透雕云纹，周边满布针孔。大的基座四角各有一穿孔，其上有 16 条分枝，每分枝上缠有小环四五个，并均系有桃形金叶数枚，枝叶茂盛。小的上有 12 分枝，其中一枝已断，枝上也缠绕有小环和桃形金叶。《辽宁北票房身村晋墓发掘简报》一文中推测这两件金饰为冠饰，可能是文献记载中慕容鲜卑的“步摇冠”，那道随步伐泛起的摇曳脆响历经千年终于传入我们耳中。

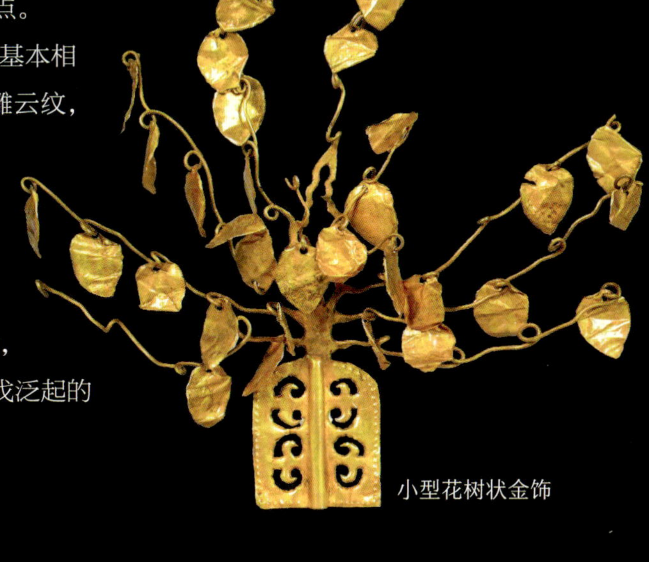

小型花树状金饰

云鬓花颜金步摇

“步摇”一词最早出现在战国时期宋玉的《讽赋》中：“主人之女，翳承日之华，披翠云之裘，更被白縠之单衫，垂珠步摇”。从文中可知，步摇为一种在尾端有垂珠的装饰物，上饰流苏，佩戴时会随着佩戴者走动而摇晃。东汉刘熙的《释名·释首饰》解释步摇为“上有垂珠，步则摇也”，“步摇”之名因此得来。

步摇所饰的金叶片最早出现于中亚地区，在汉代传入中国，分为两支，一支传入中原与传统服饰融合，增加辟邪、羊等寓意吉祥的饰件，与假髻配套使用成为高等级礼服配饰；另一支传入东北地区，成为步摇冠，成为盛极一时的饰品。考古发现中，步摇主要流行在汉晋时期，材质有金、银等，最早在东汉晚期河北定州中山穆王刘畅墓中出土有步摇的构件，汉晋墓葬中完整的实物仅在东北地区有所发现，其余地区仅有残件出土，从出土的完整实物和残件可以看出，桃形金片是步摇的最显著特征。相比于其他地区，东北地区的步摇最具特点，该地区的步摇为冠饰；摇叶的打孔方式也与其他地区不同，中原地区是在桃形金片的尖端打孔，东北地区则是在钝端打孔；相比于中原地区对步摇严格的等级规定，东北地区则较为松散，没有严格的规定；在其他地区步摇往往作为女性的首饰，而在东北地区男性也有戴步摇冠的习俗。

总而言之，步摇在汉代自中亚传入，与传统服饰相融合，成为我国古代女子传统服饰的重要组成部分。这两件金饰体现了中华民族文化强大的包容性和创新性，是研究我国古代服饰史和女性史的重要资料。

/ 辽宁省博物馆 /

丝绸之路上的玻璃器

鸭形玻璃注

年　　代：十六国
规格尺寸：长 20.5 厘米，腹径 5.2 厘米
藏品来源：1965 年辽宁省北票县（今北票市）西官营子北燕冯素弗墓出土

冯素弗墓出土的玻璃器

1965 年辽宁省北票县西官营子发现了两座石椁墓，其中 1 号墓中出土了“范阳公”“辽西公”“车骑大将军”“大司马”四枚印章。按《晋书·冯跋载记》中记述，北燕的冯素弗曾先后受任范阳公、侍中、车骑大将军、大司马、辽西公等官爵。结合墓葬的所在地和相关资料，考古学者很快便推知了这两座墓是北燕天王冯跋的弟弟、当时的重臣冯素弗和他妻子的墓葬。根据史书记载，冯素弗死于 415 年，可推算其死时年龄为 30 余岁。

1 号墓随葬的器物十分丰富，并且制作精美。仅玻璃器就出土 5 件之多，晶莹剔透，色彩艳丽，其中鸭形玻璃注最为引人注目。鸭形玻璃注为淡绿色玻璃质，质光亮，半透明，微见银绿色锈浸。体横长，鸭形，口如鸭嘴状，长颈鼓腹，拖一细长尾，尾尖微残。背上以玻璃条粘出一对雏鸭式的三角形翅膀，腹下两侧各粘一段波状的折线纹以拟双足，腹底贴一平正的饼状圆玻璃。此器重心在前，只有腹部充水至半时，因后身加重，才得放稳。此器造型生动别致，在早期玻璃器中十分罕见。

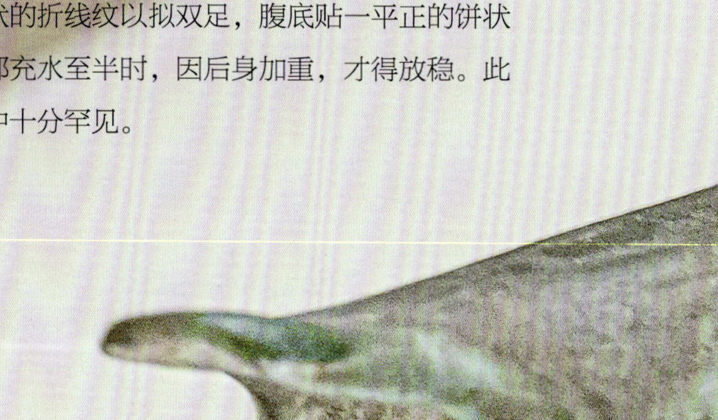

北燕冯素弗墓出土的玻璃器是中国出土的年代较早、数量最多的一批，与其形态相似的玻璃器在朝鲜半岛和日本也有发现。从这些玻璃器的发现看，草原丝绸之路东到辽宁，又通过辽宁连接着朝鲜半岛和日本。

草原丝绸之路的舶来品

冯素弗墓出土的玻璃器以透明深浅绿色为特征，器胎较薄又是卷边，玻璃碗下仍留有粘疤残痕。鸭形玻璃注更是造型奇特，以粘贴玻璃条装饰细部，这一切都是以吹制工艺闻名于世的古罗马玻璃器的重要特征。而古罗马的玻璃器之所以来到中国，这与较少人知的草原丝绸之路有关。

草原丝绸之路的形成，与自然生态环境有着密切的关系。从整个欧亚大陆的地理环境来看，要想沟通东西方是极其困难的。环境考古学资料表明，欧亚大陆只有在北纬 40 度至 50 度之间的中纬度地区，才有利于人类的东西向交通。这一地区恰好是草原地带，中国北方草原地区正好位于欧亚草原地带的东端。因此中国北方草原地区在古代中国乃至世界东西方交通要道上具有重要作用。而中国北方草原是游牧民族常年居住的地方，游牧民族生活的迁移性，更有利于文化、技术的传播。

草原丝绸之路经过长时间的发展，到了十六国时期已经进入了繁荣阶段。以龙城（今辽宁省朝阳市）为中心的慕容鲜卑地处草原丝绸之路的东端，在东西文化交流中起过重要作用。其西与柔然为邻，各民族间互相渗入和掺杂，交往频繁。而且北燕与柔然通姻，北燕天王冯跋的女儿乐浪公主就嫁给了柔然可汗斛律，而冯跋也娶斛律亲生女儿为妻，建立了稳固的和亲关系。这为草原丝绸之路的畅通，提供了重要保障。

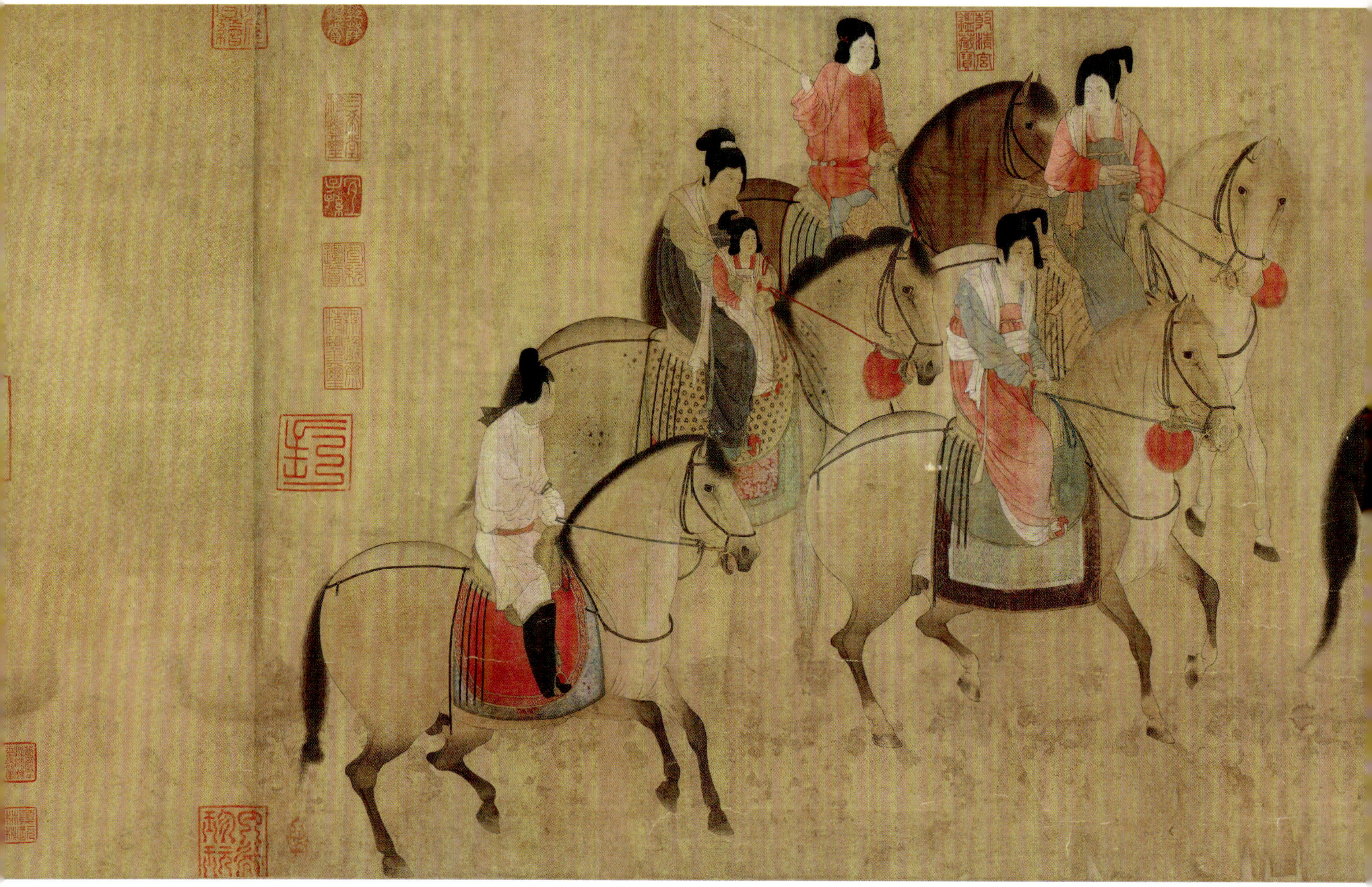

天水摹張萱虢國夫人遊春圖

/ 辽宁省博物馆 /

盛唐气象的再现
《摹张萱虢国夫人游春图》卷

艺 术 家：赵佶（传）
年　　代：北宋
规格尺寸：纵 51.8 厘米，横 148 厘米
藏品来源：清宫旧藏

国宝简读　《虢国夫人游春图》是唐朝画家张萱以唐代贵妇虢国夫人为对象所绘的一幅出行图，原作已佚，现存作品传为宋徽宗赵佶所临摹。画作真实描绘出了唐天宝年间虢国夫人及其侍从踏春出游的景象，生动再现了盛唐女子的自由奔放和雍容华贵。

几经流传的千年名画

《摹张萱虢国夫人游春图》，原作者为唐朝画家张萱，宋代临摹，金章宗获得该画作后题字“天水摹张萱虢国夫人游春图”，认为该画是宋徽宗赵佶的摹本，后经学者考证，该摹本的真正作者应当是北宋画院中的画师。从画作上遗留的各类印章和题跋可以看出，这幅画作经过了数次流转，从北宋宫廷流出后先后收藏者有金章宗，南宋的史弥远、贾似道，明末清初的王鹏冲、梁清标、王铎，清朝安琦，而后在乾隆年间被收入清内府，清朝灭亡后，末代皇帝溥仪在携带书画前往日本途中被捕，书画被截获交银行保存，最终该画作移交给东北博物馆，即今辽宁省博物馆，直至今日。

淡扫蛾眉朝至尊

该画作绢本设色，画作主要描绘一列马队从左向右出行的情景，画作上共有九位人物，其中女装六人、男装三

人，除去一名女幼童外其余皆是成年人。共骑马八匹，八匹马排列有序，将画面分为了三个层次：第一层为一身着男装者，行进在最前列，所骑之马为“三花马”；第二层为两位分别身着男装和女装的侍从；第三层共有六人、五匹马，女装者五人、男装者一人，其中一匹马上载有长幼两人，这匹马与第一层男装者所骑之马相同，六人中有三个人的视角围绕着马上的幼童，可见幼童身份的尊贵，有学者推测马上的幼童应为虢国夫人的幼女。学者普遍认为，画面上的男装者不全是男性，因为盛唐时期的宫廷女性经常身着男装骑马出行，引得民间纷纷效仿，所以画面上也许隐藏着一些女扮男装的角色。

虢国夫人是唐玄宗宠妃杨玉环的三姐，唐玄宗封她为虢国夫人。作为一幅描绘虢国夫人出行的画作，画作中谁是虢国夫人一直是学界争论的焦点。现存有三种观点：第一种观点认为画面最前列身着男装者为虢国夫人，虽然其身着男装，但与其他两位男装者不同，颜色较为突出，从面容及装扮也可分辨出其为女性，且其坐骑为极其尊贵的三花马；第二种观点认为画面中位于第三层前列靠右的女装者为虢国夫人，虢国夫人和其姐妹并排前行，位于全画的中心点，不施粉黛的模样也是“淡扫蛾眉朝至尊”的写照；第三种观点认为画面中位于第三层后列怀抱幼童的女性是虢国夫人，画面逐渐集中，最终显示主体，且侍从的视线围绕着她，如同众星捧月，体现出了其身份的尊贵。

《虢国夫人游春图》作为一幅描写盛唐时期的出行图，画面层层展开，将唐代上层妇女所表现出不同于其他时代的自由、奔放展现得淋漓尽致，在这幅画作出现之前，以妇女为题材的人物绘画寥寥无几，这幅画作是唐代人物画的代表之作，对后世的仕女画产生了深远的影响。

/ 辽宁省博物馆 /

辽国从中原进口的奢侈品

耀州窑青瓷飞鱼形水盂

年　　代：北宋
规格尺寸：高 9.5 厘米，长 14 厘米，宽 7.4 厘米，底径 4.4 厘米
藏品来源：1971 年辽宁省北票县（今北票市）水泉村辽墓出土

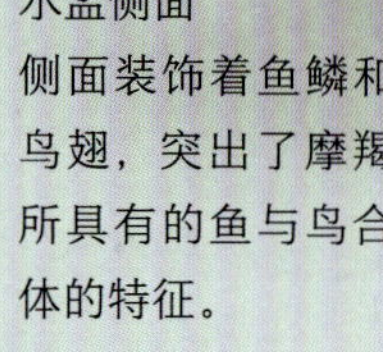

水盂侧面
侧面装饰着鱼鳞和鸟翅，突出了摩羯所具有的鱼与鸟合体的特征。

水泉见龙鱼

1971 年 8 月，在辽宁省北票县水泉村，发现了一座辽代砖室墓，考古工作人员将其定名为水泉一号辽墓，墓葬形制为前后室砖石墓，前室左侧带一方形耳室，墓葬早年被盗，墓内积存着厚厚的淤泥，残存的随葬器物已凌乱不全。尽管随葬品早已被盗，但厚厚的淤泥之下仍出土了一批精美的器物，以“龙鱼类”器物最引人注目，如鎏金云水双“龙鱼”纹银饰板、“龙鱼”形石坠饰、“龙鱼”形青瓷水盂。

飞鱼形青瓷水盂又称耀州窑摩羯形水盂，《辽宁北票水泉一号辽墓发掘简报》中称之为“龙鱼”形，龙首、鱼身，鸟翅，卷唇扬尾，俯面贴塑两圆点眼，钩形角，近方形孔。尾和翅周边装饰许多表示水珠的小圆珠，好似刚从水面跃出，带起点点波光。圈足小平底，白瓷胎，细质坚硬，里表施青釉，器身的突出部位露胎发白。报告中之所以将其称为“龙鱼”形，与同出的“龙鱼”纹银饰板、“龙鱼”形石坠饰有关，虽然“龙鱼”形青瓷水盂并未塑造出龙头的形象，但其余部位与上述的两件器物的“龙鱼”形象相似，故该器物应当也为“龙鱼”形器。

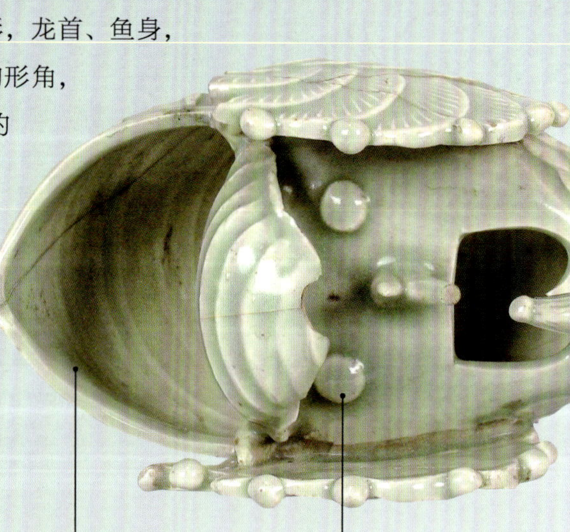

这几件器物都以“龙鱼”为装饰，与宣化辽墓出土的黄道十二宫图形中的摩羯宫龙首鱼身带翅兽相似，故也称之为“摩羯”形，我国古代并没有这种羊角鱼尾怪兽的传说，因此将摩羯宫的兽绘制成具有东方色彩的“龙鱼”，这种“龙鱼”图像的装饰花纹是我们中华民族特有的艺术风格。

北宋出口到辽国的瓷器

对于该器物的烧造窑口一直是争论的焦点，考古报告中认为该器物的胎质、釉色、烧造技术与装饰风格，均与同时期的汝窑、龙泉窑等传统烧制青瓷的窑口风格迥然不同，对于具体窑口并未定论，而后相关学者认为该器物应当为北方青瓷系统，最后经过国家文物局巡回鉴定组最终鉴定，认为该瓷器为宋代耀州窑的产品，至此关于该器物的烧造之地的争论终于结束。这件青瓷水盂作为宋代耀州窑烧造的精品，历经千里，运送到辽国，其精美的装饰和独特的烧造工艺足以证明这是当时“进口”的奢侈品，作为这件器物的拥有者，墓主人也是当时的上层贵族。

耀州窑青瓷飞鱼形水盂，造型独特，反映出了千年前工匠的创造性和丰富的想象力，器身周边装饰的水珠，更是点睛之笔，让动与静在此刻定格，釉质晶莹素洁，为耀州窑的精品之作。出土辽代早期贵族的墓葬，为耀州窑青瓷的断代研究提供了重要的标准器，也为历史上民族交流提供了宝贵的实物资料。

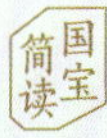

青瓷飞鱼形水盂，又称耀州窑摩羯形水盂，器呈飞鱼形，鱼上腾翻卷，穿出双翅，圈足平底。尾与翅周边饰圆形小水珠，全器如一条刚出水的游龙，披鳞展翼，腾空飞起，姿态生动。瓷胎坚韧洁白，器表施青釉，晶莹透彻。

山东博物馆
安徽博物院
南通博物苑
青州博物馆
南京博物院
无锡博物院
上海博物馆
杭州博物馆
浙江省博物馆
福建博物院
良渚博物院
台北故宫博物院

华东地区包括山东、安徽、上海、浙江、江苏、江西、福建和台湾，共计七省一市。华东地区共有2199家（不含台湾）博物馆，其中一级博物馆124家（不含台湾）。华东地区是中国经济最发达的地区，更是历史上赫赫有名的人文渊薮，这也造就了整个华东地区博物馆的总量在全国独占鳌头。在这众多的博物馆中，最具代表性的有山东博物馆、青州博物馆、安徽博物院、上海博物馆、南京博物院、浙江省博物馆、福建博物院等，而台北故宫博物院和台北“中央研究院”历史语言研究所则是台湾最具代表性的博物馆。这些博物馆中的镇馆之宝，是中国五千年文明史上璀璨的明珠。

华东地区博物馆镇馆之宝

◆扬州博物馆

◆徐州博物馆

◆南京市博物馆

/ 山东博物馆 /

大汶口文化的艺术珍品

红陶兽形壶

年　　代：新石器时代·大汶口文化
规格尺寸：通高 21.8 厘米，通长 22.3 厘米，体宽 14.5 厘米，足高 7.9 ～ 8.4 厘米
藏品来源：1959 年山东省泰安市宁阳县大汶口遗址出土

修路见宝

1959 年 5 月，宁阳县正在兴修津浦铁路复线，在修路过程中，工人们在堡头村西发现了一些零碎的遗物，济南市文化局得知后，立刻派济南市博物馆的工作人员前往调查。通过分析暴露在地表之上的彩陶片和其他遗物，工作人员确定此处应当为一处新石器时代文化遗址，随后济南市文物工作队对该遗址进行了发掘。文物工作队通过科学的发掘，证实这处遗址是新石器时代的一处集中的氏族公共墓地，共发掘新石器时代墓葬 133 座，出土遗物一千多件，因为遗址分布于大汶口和堡头村一带，故将该遗址命名为大汶口遗址，在出土的众多遗物中，陶器、骨角牙器和玉器最具特色，陶器中以红陶兽形壶最能代表大汶口文化的制陶工艺。

国宝简读

红陶兽形壶，山东泰安大汶口文化遗址出土。夹砂红陶，通体磨光，拱鼻，张口，鼓腹，四足，短尾上翘，整体形象似猪；背部有弧形提手，后接一筒形注水口。全器构思巧妙，将动物的身体与器物完美融合，既是艺术品又是实用器，表现出了大汶口文化先民高超的制陶技术和审美情趣。

红陶兽形壶在考古报告中被称为红陶兽形器，夹砂红陶制成，器表有红色陶衣，器口为兽头形象，圆面耸耳，拱鼻，张口；器足为四兽足；腹部圆鼓，背上有一弧形提手，后接一圆柱形注水口；器尾为兽尾，短尾上翘；整体肥大，似猪。水从尾部的注水口注入，在四足之下加热，而后从兽口流出，大汶口文化的先民将陶壶的所有用途巧妙地融入器物的造型之中，达到了艺术性和实用性的完美结合。

黄河下游的文明曙光

大汶口文化，距今5900—4400年，是主要分布于黄河下游地区的新石器时代文化，因山东泰安大汶口遗址而得名。大汶口文化的经济生活以农业为主，同时也饲养猪、牛、羊等家畜，以饲养猪的数量最多；制陶业发达，彩陶数量较多，红陶兽形壶正是大汶口文化家畜饲养业和制陶业高度发达的象征；大量高水平制作的骨器、角器、牙器是大汶口文化的显著特征；当地居民有枕骨人工变形以及拔牙的习俗；墓葬盛行随葬猪头、猪下颌骨和獐牙钩形器。

大汶口文化晚期，制陶业快速发展，轮制技术普遍，新出现了黑陶和白陶；且社会已经出现分化，墓葬的随葬品数量不均，大墓不仅规模大，且随葬有大量的陶器、骨角牙器和玉器，而小墓墓坑窄小，随葬品很少；且男女墓葬的随葬品情况也不相同，男性往往随葬生产工具如石斧、石锛等，女性则多随葬纺轮之类的生活工具。

总而言之，红陶兽形壶作为大汶口文化制陶业的代表之作，体现了这一时期畜牧业和制陶业的进步、生产力的发展，使得远古先民的审美情趣不断提高，在工匠巧妙的构思下，出现了一大批实用与仿生艺术相结合的作品，达到了朴素纯真的审美情趣与生活艺术的完美融合。

/ 山东博物馆 /

龙山文化生产力进步的重要标志

蛋壳黑陶杯

年　　代：新石器时代·龙山文化
规格尺寸：高 26 厘米，口径 9.4 厘米
藏品来源：1975 年山东省日照县（今日照市）东海峪遗址出土

纤薄如纸的蛋壳陶

东海峪遗址的发掘始于 1973 年。1975 年，山东大学历史系考古专业七五级工农兵学员再次对遗址进行了发掘。东海峪遗址面积约 8 万平方米，其下层为大汶口文化遗存，中层具有大汶口文化向龙山文化过渡的特性，上层属于龙山文化早期。在东海峪遗址的上层，就出土了著名的蛋壳黑陶杯。

蛋壳黑陶杯，泥质黑陶质地，胎壁极薄，一般厚 0.5 ~ 1 毫米，故称之为“蛋壳陶器”。烧成温度需要在 900℃以上，成品质地坚硬，敲击发出铿锵声。上有浅敞盘口，杯身直筒圜底，器柄中部镂空装饰，内部为空心，内含陶球，轻轻摇动还能发出清脆悦耳的声音，下部为圈足形器座。蛋壳黑陶杯的出现，证明龙山文化时期生产力的极大进步。

史前制陶业的巅峰

龙山文化，距今约 4400—3800 年，是主要分布于黄河下游地区的新石器时代文化，龙山文化的发展程度在当时的整个黄河流域居于领先地位，是山东地区史前文化发展的鼎盛时期。

龙山文化时期的手工业制作非常发达，制陶、制玉都是龙山文化时期重要的手工业部门。其制陶业更是代表了史前制陶业的顶尖水平，龙山文化的黑陶从大汶口文化的黑陶发展而来，在大汶口文化

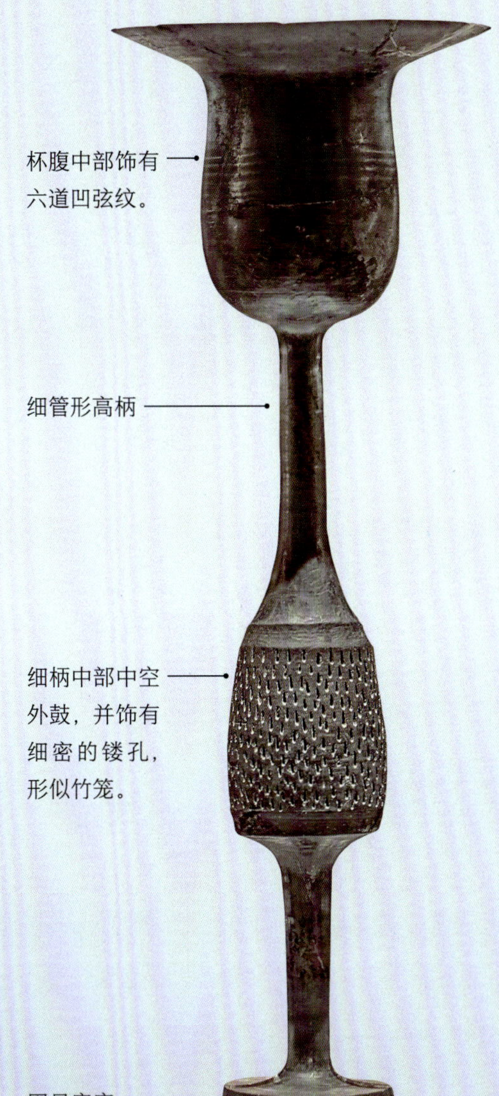

国宝简读

蛋壳黑陶杯，新石器时代龙山文化的代表性器物。酒器，泥质黑陶，器身漆黑光亮，形如草帽，宽沿、深腹，竹节纹细长柄，杯壁薄如蛋壳，采用快轮制作，极轻极薄，制作难度极高，体现了新石器时代陶器制作的最高水平。

的晚期，轮制技术就已经得到了广泛的应用和发展，至龙山文化时期已经发展到快轮制陶，这种技术的出现在史前制陶业发展史上具有里程碑式的意义。蛋壳黑陶杯的制作就得益于这种技术的发展，这种技术可以大大降低整器制作的难度，同时也对最终的塑形提供了便利。

蛋壳黑陶杯表面泛起的光泽，得益于龙山文化制陶业精湛的打磨技术，通过使用打磨工具不断地对胚体进行打磨，胚体表面产生了金属光泽的视觉效果。黑陶的烧制对于陶土质地和火候控制的要求极高，制作黑陶所使用的陶土都是经过反复淘洗的细泥，陶土中的杂质被去除才能使器物的质地更加细密坚硬；在烧制过程中对于陶窑内部火候的把控也极为重要，因为胎壁极薄，火候控制不好，很容易发生炸裂和变形。

总而言之，龙山文化蛋壳黑陶的出现，体现了史前工匠精湛的制陶技术和智慧，高度发达的手工业也代表着龙山文化已经进入了发达的文明阶段。龙山文化时期，城址普遍出现，有学者认为龙山文化时期已经进入了古国时代，林立的城池代表着文明的曙光已经照亮了中华大地。

商代大墓的“鬼面青铜斧”

亚醜钺

年　　代：商
规格尺寸：通长 32.5 厘米，刃宽 34.5 厘米，肩宽 23.3 厘米
藏品来源：1965 年山东省青州市苏埠屯 1 号商墓出土

国宝简读

亚醜钺，国家一级文物，1965 年山东青州苏埠屯 1 号商墓出土，与其同时出土的还有另外一件大钺，与亚醜钺的形制基本相同，现藏中国国家博物馆。亚醜钺为方内，双穿，两肩有棱，器身透雕人面纹，人面五官突出，双目圆睁，嘴角上扬。因其口部两侧对称铭有“亚醜”二字，故称之为“亚醜钺”。亚醜钺的出土为确定“亚醜”系列器物的族属提供了重要的实物资料，是研究商代方国历史的重要资料。

墓道中的“鬼脸”

1965—1966年，山东省博物馆的工作人员，调查发掘了位于山东省青州市苏埠屯的一处商代墓地，以1号墓最为重要，该墓葬共有4条墓道，墓室呈长方形，墓室中部有由木板构成的“亚”字形的椁室，是迄今为止除安阳殷墟以外规模最大、规格最高的商代墓葬。该墓共殉葬48个人和6只狗，虽然墓葬早年被盗，但是在墓葬填土和墓道中还是出土了一批铜器、陶器和玉器，在这其中以北墓道中出土的两件形制相似的青铜钺最具价值。

这两件铜钺，主体纹饰皆为人面纹，其中的一件有铭文“亚醜”，称之为亚醜钺，该钺体形较大；内呈方形，肩部上侧有两个穿孔，钺身左右有排列规矩的棱；主题纹饰为透雕的人面纹，人面的眉、目、鼻均突起，嘴角上扬，形似“微笑”；在嘴角的两侧各有一个铭文，右边为正写，左边为反书，为“亚醜”。在亚醜钺出土之前，众多传世的有“亚醜”铭的其他铜器的族属一直扑朔迷离，亚醜钺出土后，这类器物的出土地点逐渐清晰，基本确定在青州一带。这些传世的“亚醜”铜器，很有可能就是从苏埠屯1号墓或者其他墓葬中流出的。

在嘴角的两侧各有一个铭文，右边为正写，左边为反书，为“亚醜”。

薄故氏的宝器

以青州苏埠屯为代表的族属文化与商代晚期文化在很多方面完全一致，但是，从地域上和政治上来看，它终究与商王朝文化有所差异。对于该地区的历史沿革，《左传》和《汉书·地理志》都记载有，在商末周初的时间里，这一带是薄故氏所居之地，“亚醜”族的文化应该就是薄故氏的文化遗存。

在商朝末期，薄故氏是商王朝在东方的主要盟国之一。武王灭商后，薄故氏或许并未臣服，周成王即位后，武庚、管、蔡叛乱，东夷并起。周公东征平定叛乱，西周初年许多青铜器的铭文中都记载有这段史实。薄故氏是商朝东方的重要方国，因此在政治、文化面貌上都与商王朝保持着密切的联系，苏埠屯墓地所展现的面貌与殷墟一带的墓葬基本相似。钺作为青铜器中的重器，代表着权力，著名的妇好墓即出土有青铜钺，苏埠屯1号墓在墓葬形制、规模上可以与殷墟的商王陵匹敌，虽然大量的随葬品被盗掘，但是从出土的亚醜钺来看，墓主人的身份很可能是薄故氏国君一级的人物。

总而言之，亚醜钺的出土解决了学术界关于传世“亚醜”族属和出土地的问题，苏埠屯1号墓匹敌商王陵的规模和形制，也为我们研究商王朝和周边方国的关系提供了重要的实物资料。

/ 山东博物馆 /

三千年前西周的册封大典

颂簋

年　　代：西周
规格尺寸：通高 30.1 厘米，口径 24.2 厘米，重 13.2 千克
藏品来源：传清朝前期陕西出土

几经流离终完璧

相传颂簋在清朝前期出土于陕西，具体地点已经不可考。清嘉庆十九年（1814），清朝重臣刘墉的重孙，年仅 20 岁的刘喜海慧眼识宝，在北京的一家古董店花重金购得此簋，并且带回山东老家收藏。其后又被山东布政使李宗岱收藏。再其后又被清末山东的著名金石收藏家、有“山东首富”之称的黄县丁氏家族的丁树桢收藏。民国时期，黄县丁氏家道中落，所收藏的金石器物陆续散出，丁树桢后人分家的过程中，颂簋的器身和器盖分别被兄弟俩收藏。抗战时期，器身被胶东古物管理委员会黄县文管分会收藏，后转入山东博物馆。1959 年，丁氏后人张秀琳女士将收藏的器盖无偿捐献给山东博物馆，颂簋终成完璧。

颂簋，器身圆形，鼓盖，盖顶部有圆形抓手，子母口，腹微鼓下垂，腹两侧有一对兽形耳，耳下有垂珥，圈足，足下有三个兽面象鼻形足。盖顶抓手内饰卷体龙纹，器的盖、口沿处饰有窃曲纹，抓手下与腹部中下部饰有瓦纹，圈足饰有垂鳞纹。颂簋的盖、器内部均有铭文，内容一致，完整记述了器主“颂”接受周天子册命的仪式。整器的造型古朴庄重，器身纹饰繁简有序，铭文字体工整秀美，具有独特的历史价值和艺术价值。

受册颂咏

颂鼎的铭文共 152 字，其中记述周王在宫室召见颂，册命颂掌管成周贾师，监督新到成周交易的贾师，并将交易所得的物品上供朝廷，周王赐予颂官服、表明官位的旗帜和马具等物品，颂接受王命的简册后退出中庭，而后又返回，向周王进献玉璋。之后，颂铸造此簋，纪念此事，并希望这份荣耀可以被子子孙孙永远享用。

铭文完整反映了西周王室册命官员的礼仪制度，是研究西周时期的礼乐制度以及官员职能的重要实物资料。除了颂簋，传世的颂器还有颂鼎、颂壶和颂盘，正如颂所希望的那样，这些铜器通过一代又一代的传承，最终展现在我们面前。

总而言之，颂簋制作精细，造型美观，纹饰疏密得当，152 字的长篇铭文，布局整齐、书写规范，代表着西周金文的成熟形态，对于研究西周青铜器铸造、西周时期的册命制度和历史文化，具有重要的参考价值。

国宝简读

颂簋，制作于西周晚期，造型秀美，器身镌刻有长篇的铭文，记录了器主颂受周天子册命的事件。颂簋的造型和器身繁简有序的纹饰，向我们展示了西周青铜铸造的高超技术，器身的铭文为我们研究西周时期册命官员的礼仪制度提供了重要的文献资料。

/ 山东博物馆 /

战国时期最大的玉璧

鲁国大玉璧

年　　代：战国
规格尺寸：外径 32.8 厘米，孔径 11.6 厘米，厚 0.6 厘米
藏品来源：1977 年山东省曲阜市鲁国故城乙组 52 号墓出土

鲁国故城的考古发现

1977 年，山东省的文物考古工作人员对曲阜周代鲁国故城进行了勘探试掘工作，对于鲁国故城遗址的遗存分布情况进行了一个初步的了解，对发现的部分墓地进行了试掘，共发掘墓葬 137 座，将其分为甲组墓和乙组墓，其中乙组墓代表的是典型的周人墓，而甲组墓则为周灭商之前就居于此地的商人墓。在乙组墓中发现了一批有大量随葬品的高规格墓葬，其中 52 号墓较为特别，墓主人身上从头到脚放置了一层玉璧，墓主人身下也垫了一层玉璧。

52 号墓出土的大玉璧共两件，此为直径最大的一件。此玉璧为青玉制成，玉质温润，局部有黄褐色沁并有绺裂。玉璧肉部的纹饰可分为三层，外层刻双尾龙纹，共五组，与中层以绹纹相隔。中层雕谷纹，与内层以绹纹相隔。内层以隔栏将纹饰分为三组，雕刻双尾龙纹。纹饰布局合理，雕琢细腻，阴刻与浅浮雕技法并用，是战国时期鲁国制玉工艺的代表作。

玉璧的礼制内涵

古人将不同颜色和形制的玉器作为祭祀天地的礼器，《周礼・大宗伯》载："以玉作六器，以礼天地四方；以苍璧礼天，以黄琮礼地，以青圭礼东方，以赤璋礼南方，以白琥礼西方，以玄璜礼北方。"玉璧作为六器之首，所祭祀的是最高的"天"，可见其重要性。

在古人的观念中，天圆地方，玉璧圆象天之形，可通天，又认为玉可保肉身不朽，灵魂升天，故使用玉璧进行随葬。在新石器时代的良渚遗址的大墓中，就发现有用玉璧殓葬的葬俗，至春秋战国时期，玉璧殓葬更加流行，在高等级的墓葬中，玉璧置于墓主人的身上和身下，承担通达天地，保佑墓主人灵魂升天的作用，出土鲁国大玉璧的 52 号墓即是这种葬俗的代表。

总而言之，鲁国大玉璧作为战国时期所发现的器形最大的玉璧，代表着战国时期玉器制作的高超技艺；其繁杂精美的纹饰，表达了古人独特的审美情趣；墓葬中大量随葬玉璧，是古人渴望灵魂升天的美好幻想。

玉璧是中国古代玉器中流行时间最长的一种器物，主要作为一种礼器和随葬品使用。是一种中间有穿孔的扁平状宽边窄孔的圆形玉器，其玉质部分称为"肉"，穿孔部分称为"好"。鲁国大玉璧，玉料呈青碧色，质地晶莹温润；玉璧肉部内、外缘各有一周廓，以两组微凸起的绹纹分隔成内、中、外三层纹饰；主要纹饰是位于内层、外层的合首双身龙纹和中层的谷纹，纹饰布局紧密匀称，繁缛精美，线条流畅，工艺纯熟，属战国玉璧中的精品，也是战国玉璧中形制最大的一件。

/ 山东博物馆 /

战国时期的兵家争论

银雀山汉简《孙膑兵法》

年　　代：西汉早期
规格尺寸：整简每枚长 27.6 厘米，宽 0.5 ~ 0.9 厘米
藏品来源：1972 年山东省临沂市银雀山西汉墓出土

揭秘孙子身份疑团

关于孙武和孙膑二人的记载，最早见于《史记·孙子吴起列传》，司马迁介绍了孙武与孙膑二人的渊源关系及生平、著作，东汉班固所著的《汉书·刑法志》中亦有孙武、孙膑二人的记载，然而到了《隋书·经籍志》中，却不见与《孙膑兵法》相关的著录。所以自宋代起，关于孙武、孙膑是否各有其人以及《孙膑兵法》是否存在的问题，就已经出现了分歧。1972 年，银雀山汉墓《孙子兵法》与失传近两千年的《孙膑兵法》同墓出现，证明孙武与孙膑确实各有其人，且各有兵书传世，终于结束了这一千古争论。

孙膑巧战桂陵

《孙膑兵法》已经整理出的简共计 222 枚，其中整简 137 枚，即便是残损的简，每枚也在 10 个字上下，共得简文 6000 字以上。目前整理的《孙膑兵法》编为上下两编：上编的内容主要是孙膑擒庞涓的事迹以及孙膑与齐威王、田忌的问答；下编所收，则是根据内容、文例、书写等推断编订的。

本书展示的是《孙膑兵法》中《禽（擒）庞涓》篇的部分竹简，关于这段历史的记载，《孙膑兵法》与《史记》记载的不尽相同。关于马陵之战的叙述，《史记》说庞涓战败后自杀，而竹简则记载为生擒庞涓。《孙膑兵法》关于战术方面的论述，也有独到的见解，如简文中论述“适（敌）富吾贫”“适（敌）众吾少、适（敌）强吾弱”的情况下，也有可能打胜仗的道理和认识，具有朴素的辩证法思想。

《孙膑兵法》原书失传已久，银雀山竹简的发现虽不完整，全书的原貌已不可能见到，但从保留下来的文字，我们依然可以窥见孙膑作为兵家代表人物的思想观点。

环涂甲之所处也。吾末甲劲，本甲不断。环涂击被其后，二大夫可杀也。』于是段齐城、高唐为两，直将蚁傅平陵。挟环途夹击其后，齐城、高唐当术而大败。将军忌子召孙子问曰：『吾攻……

国宝简读

“简”是用竹、木削成的长条形书写载体，简上文字多用毛笔写成。山东临沂银雀山一号汉墓出土竹简 4942 枚，其中包括《孙子兵法》《孙膑兵法》《尉缭子》《六韬》等古代兵书；二号墓出土竹简 32 枚，其中的《汉武帝元光元年历谱》是我国考古发现最早、最完整的古代年历。这批汉简为我们研究春秋战国及秦汉时期的历史、文献学、军事学、哲学、历法和书法艺术，都提供了珍贵的资料。

昔者，梁君将攻邯郸，使将军庞涓带甲八万至于茬丘。齐君闻之，使将军忌子带甲八万至

曰：『若不救卫，将何为？』孙子曰：『请南攻平陵。平陵，其城小而县大，人众甲兵盛，东阳战邑，难攻也。吾将示之疑。

吾攻平陵，南有宋，北有卫，当途有市丘，是吾粮途绝也。吾将示之不知事。』于是徙舍而走平陵。

陵，忌子召孙子而问曰：『事将何为？』孙子曰：『都大夫孰为不识事？』曰：『齐城、高唐。』孙子曰：『请取所……

名称：M1 北壁壁画（图二） 规格尺寸：画面宽 0.96 米，高 1.28 米

名称：M1 西壁北侧壁画（图三） 规格尺寸：画面宽 1 米，高 1.32 米

/ 山东博物馆 /

汉代生活的真实写照

东平汉墓壁画

年　　代：西汉晚期至新莽时期
藏品来源：2007 年山东省泰安市东平县汉墓出土

名称：M1 南壁壁画（图一局部）
规格尺寸：画面宽 0.96 米、高 1.32 米

壁画复活：考古与科技的结合

2007 年夏天，山东省东平商城开发公司在对原县物资局进行改造施工的过程中，于楼基地槽内发现一座带有彩色壁画的石椁墓，施工方随即将这一发现报给东平县文物管理所，考古人员连夜对墓葬进行清理，制定墓地发掘保护方案。在后来发掘的 18 座墓葬中，共有 3 座彩色壁画墓（M1、M12、M13），M1 号墓的彩色壁画内容最丰富，保存最完好。面对如此大规模的墓葬群以及精美绝伦的彩色壁画，我们不禁会想，它们的墓主人是谁？根据墓中发现的唯一与姓氏有关的文字记载——“张□私印”印章，学者推测这是一处汉代张姓豪强望族的家族墓葬群。

在山东博物馆“汉代画像艺术”展厅内，众多黑灰色画像石之间，有一抹独特的亮色，即东平汉墓壁画。绘画内容有红日、对饮图、升仙导引图、拜谒图、武士图、乐舞杂技图、方相氏驱疫图等。东平汉墓壁画是山东现今发现年代最早、保存最好、内容最丰富的汉代壁画。

名称：M1西壁南侧壁画（图四） 规格尺寸：画面宽1米，高1.33米

真实再现：汉代人的真实生活

图一为M1墓南侧壁画，上层四人两两对坐，两人间放有圆形托盘，各有三只耳杯，相对而饮，闲叙雅趣；下层左侧蓝衣女子长袖飘举，正纵身从一盘跳向一鼓，回望宴饮主人；右侧三位女子长裙飘飘，轻盈走来，似在轻歌曼舞。体现了七盘舞“机速体轻”的特点和舞者“身轻若燕”的舞技。七盘舞，又称鼓盘舞，是汉魏时期盛行的一种舞蹈，舞者将盘、鼓置于地上，以手、膝、足触及鼓面拍击，在盘鼓间腾踏纵跃（图一下层），踏出有节奏的声响。

关于图二、图三上层的蓝衣女子，学者有不同解释。观点一认为描绘了“梁高行拒王聘”的历史传说，图二展示梁高行站于左方，头戴花冠，身前一男子跪拜，双手持聘书（部分学者认为是谒板），梁高行伸左手呈接收状；图三描绘右手持镜照面的场景，其左臂长袖后甩表拒绝之意。观点二将其解释为升仙导引图，蓝衣女子梳高髻，宽袖长裙飘舞，在云雾中前行，似神似仙，表现天界仙人引导墓主人升仙的场景。图二中层为拜谒图，学者称其为孔子问礼图，认为描绘了“孔子适周，将问礼于老子”的故事；下层则是老者斗鸡走狗图。图三中层为拜谒图，下层为武士佩剑图。图四下层为方相氏驱疫图，方相氏是傩仪与葬礼中的重要神祇（傩，是祈求神灵除疫逐鬼的原始仪式），常见于汉画像中。此处方相氏执斧扬盾，环眼朱口，发须张扬，相貌凶恶狰狞，似乎在进行一场神秘的打鬼驱疫仪式。

/ 山东博物馆 /

明朝荒唐王爷的前世今生

九旒冕

年　　代：明
规格尺寸：通高 18 厘米，长 49.4 厘米，宽 30 厘米
藏品来源：1971 年山东省邹城市尚寨村鲁荒王墓出土

国宝简读

章服之美谓之“华”，冕作为章服中最庄严的冠饰，是了解华夏服饰礼仪的重要一环。九旒冕，是明太祖朱元璋第十子鲁荒王朱檀的冠冕，按亲王之制，前后各垂九道旒。九旒冕作为现在唯一可见的明初冕，是了解明代冠服制度的重要资料。

王爷与九旒冕“出浴”

1969 年，邹城市尚寨村的部分村民开始挖掘村子北侧九龙山南麓的一座古墓，甚至使用了炸药。1970 年春，该盗墓活动被上级部门及时制止，由于此前的挖掘行为已经对墓葬产生了破坏，考古人员决定对其进行抢救性发掘。1970 年春到 1971 年年初，整个考古工作有序进行。随着重达 3 吨的巨石雕刻墓门被打开，首先呈现在人们面前的是幽暗的积水。虽然大量积水使随葬品和木棺漂离了原来的位置，但也发挥了一定隔绝氧气的作用，使易腐烂的器物得以保存下来。经统计，该墓出土器物 1116 件（套），其中最能代表皇家威仪的九旒冕，出土于后墓室的戗金云龙纹朱漆木箱内。如此奢华的墓葬，墓主人会是谁呢？考古学家根据墓内出土的刻有“鲁王之宝”的宝匣，以及存放的鲁荒王谥印，推测墓主是明太祖朱元璋的第十子朱檀。

九旒冕主要由冠武、綖板、旒、玉衡、玄紞等部分组成。冠的主体称“冠武”，是用竹篾编成的圆筒形，表面敷罗绢黑漆，边缘镶嵌金边和金圈。冠武两侧镶有梅花金穿，并贯一金簪。冠武顶部覆盖的长形木板，称“冕板”或“綖板”，上面涂黑漆，以示庄重。綖板前圆后方，表征天圆地方。綖板下有玉衡，连接在两边凹槽内，衡两端垂丝绳“玄紞”，丝绳垂到耳边系着的一块美玉称“充耳”，以表勿信谗言之意。綖板前后系 9 道垂旒，每道旒由 9 颗玉珠串成，颜色有赤、白、青、黄、黑五种。旒将佩戴者的视线遮挡住，使其眼睛不斜视，看不到不正之物。

冠冕堂“荒”的鲁王爷

冕，通俗来说就是有礼仪象征性的帽子。周代已经建立起严格的冕冠制度，称六冕制，即 6 种不同规格的冕服分别用于祭拜天地祖先等场合。辽、金、元政权开始把冕冠作为皇室人员的特权。明朝建立后，对周代的六冕制进行修改，皇帝用冕为 12 道旒，每道旒是由 12 颗玉珠串成，玉珠的颜色有黑、白、青、黄、赤 5 种，太子与亲王用冕为 9 旒。按明初礼制，鲁荒王配用亲王之九旒冕。

鲁荒王朱檀，为明太祖朱元璋的第十子，由郭宁妃所出。洪武三年（1370）生，正值朱元璋分封子嗣以巩固皇权之时，所以刚刚两个月大的朱檀就被封为鲁王，15 岁就藩兖州。由于喜读诗书，富有文采，朱檀甚得朱元璋喜爱，但就藩不久，他就沉醉于奢华生活和炼丹修道，幻想长生不老。由于吃了过量的金石药饵，导致毒发伤目，百医无效，最终毒发身亡。因生前行为荒唐，朱元璋恨其不知爱惜身体而早逝，故加恶谥为“荒”，即鲁荒王。侧妃戈氏在荒王临死前生下一子，就是后来的鲁靖王，与其父早逝相反，史书记载“靖王长寿，子孙繁盛”。

/ 青州博物馆 /

一凿一磨皆菩提

贴金彩绘石雕菩萨立像

年　　代：东魏
规格尺寸：通高 200 厘米
藏品来源：1996 年山东省青州市龙兴寺遗址出土

穿越千年的微笑

1996 年 10 月，山东省青州市的一所学校在修建操场时，发现了佛像残片，青州市文物工作人员随即赶到现场，由此揭开了青州龙兴寺佛造像的神秘面纱。在面积近 60 平方米的窖藏坑内，共出土 400 余尊各类材质的造像，包括石质、玉质、陶质、铁质、木质、泥质，以石质为最多。年代跨度在北魏至北宋时期，以北魏、东魏和北齐居多，占 95%。考古工作者研究认为，这批造像大多曾遭到人为破坏，应该是历史上多次灭佛运动的牺牲品，这些佛像最终被北宋龙兴寺的僧人集中到一起，并且妥善掩埋。

这些造像的贴金和彩绘保留完好，彩绘使用了朱砂、宝蓝、赭石、孔雀绿等丰富的矿物颜料，以往发现的石质造像大多无颜色保留，而龙兴寺佛造像的面世证明以往石质造像彩绘的可能性。龙兴寺佛造像窖藏先后被评为全国十大考古发现之一和 20 世纪中国百项重大考古发现之一。

这尊菩萨造像就是龙兴寺出土佛像中的精品。菩萨头戴贴金宝冠，宝缯下垂至两肩。面部清瘦，长眉，弯月状的眼睛，嘴角微微上翘，佛像眉眼含笑给人一种宁静祥和的力量。颈部佩戴贴金项圈，两肩披帛飘然垂下，自然地披于身躯两侧，菩萨身上的璎珞分两股垂于腿间，腰间束带打结自然垂落，下身百褶长裙曳地，施红、蓝、绿三色，跣足立于莲台上。造像折射出人们对极乐的向往，展现了一个和平富足的世界。

青州石雕非遗工艺

贴金工艺是龙兴寺佛造像的独特装饰，分为佛贴金、菩萨贴金和其他贴金。菩萨贴金工艺主要用于服饰，如璎珞、项圈、长裙等都有贴金装饰。贴金与彩绘巧妙结合，能更好呈现艺术效果。这尊东魏菩萨造像的高冠以红为底色，在底色基础上贴金装饰，使整个高冠既有统一的基调，又突出黄金的珍贵；高冠两侧的缯带以绿为底色，以贴金展示折纹，与黑发搭配，使得这尊菩萨像面部更为华丽而典雅。

面对如此精妙绝伦的佛造像，我们该如何保存并发挥其文物价值呢？技术传承即为其一。青州石雕工艺已被评为非物质文化遗产，使得佛像雕刻工艺得以活化传承。雕刻步骤如下：一为选料；二为放中线，定轮廓；三为凿大荒、抛中荒、剁平荒、去小荒；四为剔细荒；最后为抛光，使其流畅平整。雕刻完后配合彩绘、贴金技艺，展现佛像之美。

国宝简读

青州龙兴寺佛教造像以精湛的雕刻技艺、完好的贴金彩绘闻名。这尊东魏贴金彩绘石雕菩萨立像极具代表性，佛像身躯停匀圆润、表情生动传神，因其双臂残缺，故有“东方维纳斯”之称。

从侧面看，龙兴寺遗址这尊观音像的面部特征尤为突出——那种给人静谧感的微笑，很容易平复人们的心灵。

玉米状的璎珞用珊瑚、玛瑙等宝石串联分两股垂于腿间，腰间束带打结自然垂落。

/ 安徽博物院 /

西周时期的神秘文物

云纹五柱器

年　　代：西周
规格尺寸：通高 31 厘米，柱高 16.5 厘米
藏品来源：1959 年安徽省屯溪市弈棋村西周墓葬出土

五柱器底部

网红文物的发掘

1959 年 3 月，在安徽屯溪西北郊区修建机场的施工过程中，人们在弈棋村南发现了两座古墓。经过多次考古调查和实地钻探，考古工作者确认这里存在一个古墓群。1959 年至 1975 年，考古工作者陆续对该地进行发掘，共清理 8 座墓葬、出土文物 540 件。这件云纹铜五柱器便是在 1959 年发掘的一号墓中出土的。

该器上竖五柱，长方形的扁脊饰双钩云纹，此云纹与西安所出西周中期编钟舞部的纹饰相同。脊本身的高低厚薄并不均匀，左高右低、左厚右薄，脊上的五柱，中柱稍长，左右四根柱子长度相等，略短于中柱。脊下方座内有一条沟槽，槽内底部铸有四个矮小的隔梁，将沟槽分为四段。器下为中空方座，四壁微鼓而无棱隅。从侧面看，五柱器基座的形状近似于西周时期的铜镈。

“西周路由器”

因云纹五柱器的外形酷似今天的 Wi-Fi 路由器，故深受网友喜爱，甚至有人以之为原型开发了相关游戏。这件“路由器”真正的用途是什么呢？有学者推测它可能是用来插置管乐器的底座。五柱器底部平齐，方便稳固放置，脊上的五柱则用来插置准备吹奏的管乐器。

也有学者认为五柱器可能是用来校音的工具，考古工作者为此对五柱器的五根铜柱进行了试敲测音，所得的结果如下：五柱发音各不相同，可能与古乐五音有关；每柱的不同部位，也有不同声音；五柱器方座内的长方形沟槽，可能与信阳出土编钟舞部的孔槽有同样作用，是为校准音律而有意锉磨出来的。此外，还有学者认为五柱器是祭祀祖先时插放祖先牌位的底座，或结绳编织的工具等。总之，上述观点都有待学界论证，五柱器功能的谜团尚未解开。

“五柱器”上的双钩云纹

国宝简读

云纹五柱器，上竖基本等高、间距相同的五柱，器型奇特，纹饰精美典雅。由于文献没有任何记载，其名称和用途至今未知，颇有一些神秘色彩。有网友根据五柱器的外形，戏称之为“西周路由器”。

消失在历史长河中的钟离国

龙虎纹四环铜鼓座

年　　代：春秋
规格尺寸：残高 29 厘米，底径 80 厘米
藏品来源：1980 年安徽省舒城县九里墩春秋墓出土

龙首双目圆睁，单角竖立，嘴型呈云纹状。

龙尾

国宝简读

龙虎纹四环铜鼓座运用高浮雕的手法塑造怒吼的猛虎与独角翘立的游龙，造型奇特，气势雄浑，且铸有两圈铭文，是全国为数不多的建鼓鼓座，为安徽博物院八大镇馆之宝之一。

窑厂出土龙虎纹鼓座

1980年，安徽省舒城县孔集镇九里墩砖窑厂在烧砖瓦取土时发现一座古墓，考古队员随即前往清理。根据《舒城县志》记载，九里墩原名九女墩，因多年烧窑取土，墓葬原有的高达10米的封土堆基本被夷平。此墓早年曾遭两次盗掘，因此清理出的随葬器物多残缺不全，龙虎纹四环铜鼓座即为其一。此座由青铜铸成，放置在木棺的前面，出土时上方一米高处残存漆木痕迹，专家推测是与鼓座配套的鼓。鼓座外侧上下各铸一圈铭文。上圈约98字，下圈约52字，字多为反书。由于字迹浮浅、锈蚀严重，大部分模糊不清。后经专家考证，铭文中的“余敖厥于之玄孙童鹿公敂”中的“童鹿”二字即为钟离，钟离国国君敂是鼓的主人，铭文主要记载钟离公敂的丰功伟绩。

龙虎纹四环铜鼓座呈直壁圆圈形，圈上以高浮雕的手法塑有立体的龙虎纹，圈座四方间隔分布两个对称的虎首及龙首。虎首方眼大耳，张口作吼叫状，造型生动逼真；龙首双目圆睁，单角竖立，嘴型呈云纹状。龙、虎各向外伸展出身体，相互缠绕，矫健有力。圈外壁分布四个铺首衔环，鼓圈及龙身均饰密密麻麻的羽翅纹。虎眼处为圆形框，原来可能有宝石镶嵌。鼓座体量巨大，铸造精良，虎踞龙盘，气势非凡。

虽灭仍存的钟离国

钟离，是淮河中游的一个小国，都城位于今安徽凤阳临淮关附近。历史文献对这个小国偶有提及。春秋时期吴楚争霸，在淮河流域进行了百余年的拉锯战，钟离国作为天险之地，承东启西并连接南北，成为吴楚争夺的焦点，时而属楚，时而属吴，最终沦为大国兼并战争的牺牲品。钟离于公元前518年被吴国所灭，这似乎与九里墩墓葬公元前490年左右的下葬年代矛盾。部分学者推测，钟离国在吴国占领钟离故地后，被楚迁往九里墩墓所在的今安徽舒城一带继续存在，墓主人钟离君敂是一位寄人篱下的亡国之君。

/ 安徽博物院 /

蔡侯墓中的吴国文物

吴王光鉴

年　　代：春秋后期
规格尺寸：通高 37.7 厘米，口径 60 厘米
藏品来源：1955 年安徽省寿县蔡侯墓出土

吴王光鉴上的兽耳衔环

吴王光鉴铭文——春秋印记

1955 年，在寿县城西门里进行治淮工程取土时发现了著名的蔡昭侯大墓，这件吴王光鉴是墓中诸多随葬品之一。出土时，鉴内置圆形尊缶和匜形勺各一件，三器使用时合为一体，称为鉴缶。这件吴王光鉴为大口方唇，束颈，下腹内收，平底深腹，两兽首耳相对，各衔一只游环，腹内壁偏下有四只对称圆环，推测为架冰所用；下留空隙，便于冰块融化后将水积存其中。上腹饰羽纹、云点纹和垂叶纹等。腹内壁铸有铭文 8 行 52 字："隹王五月，既字白期，吉日初庚，吴王光择其吉金：玄铣、白铣，以作叔姬寺吁宗彝荐鉴，用享用孝，眉寿无疆。往已叔姬，虔敬乃后，子孙勿忘。"其大意是：在五月中上旬的一个吉日，吴王光拣选了上等的铜与锡，为叔姬寺吁制作宗庙用的礼器铜鉴，用以祭祀孝敬祖先神明，祈求长寿无疆。去吧，叔姬！恭敬你的君主，子子孙孙不要忘记。

鉴铭包括两个部分：自开始到“无疆”止，介绍吴王光作器的时间、材质、对象与缘由。余后为第二部分，记录吴王光对叔姬寺吁的嘱咐：一定不要忘记对尊长虔敬、对后辈慈爱、对同辈逊让。

吴蔡两国联姻求生存

蔡国是西周初分封较早的诸侯国之一，也是周王朝安插在东方的大国之一。进入春秋以后，蔡国国力渐趋衰落，只能与强邻吴国联合，以求自保。为了巩固双方的结盟关系，吴王决定将女儿叔姬寺吁嫁到蔡国，“联姻”是春秋时代各国拓展生存空间的一个重要方式。吴国和蔡国同属姬姓，按照周代“同姓不婚”的习俗，本来不应该结亲，然而吴王光却嫁女于蔡，蔡吴联姻的主要目的在于联合抗楚，这说明当时上流社会的行事准则多以维护自身利益为出发点，并非严格恪守古礼。

“吴王光鉴”作为一件陪嫁品，蕴含着古人的亲情与智慧，承载着一段波谲云诡的历史，也寄托着一位父亲对于即将出嫁的女儿的谆谆教诲和依依不舍之情。

国宝简读

嫁妆要用青铜器，因为“青铜才是王者”。吴王光鉴，是春秋晚期的吴国之器，因作器者是吴王光即吴王阖闾而得名，此器物是吴王光为其女儿叔姬出嫁时作的媵器。这件器物的出土，正是吴、蔡两国通过联姻加强同盟关系的实物见证，其背后翻涌着的，是春秋争霸的历史风云。

/ 安徽博物院 /

安邦定国鼎盛春秋

铸客大鼎

年　　代：战国晚期
规格尺寸：通高 113 厘米，口径 87 厘米，耳高 36.5 厘米，腰围 290 厘米，深 52 厘米，足高 67 厘米，重 400 千克
藏品来源：1933 年安徽省寿县朱家集（今淮南市谢家集区）李三孤堆楚王墓出土

为国家安定祈福

铸客大鼎无盖，圆口，方唇，平沿外折。大鼎颈的外侧附双耳，顶端稍向外撇，耳上饰斜方格云纹。鼓腹，圆底，三蹄足，足上方饰浮雕旋涡纹，前足膝部和左腹外壁下均刻有“安邦”二字。腹中部饰一周凸起的圆箍，箍上饰模印羽翅纹。鼎的口沿处有铭文 12 字：“铸客为集朡、伸朡、睘腋朡为之（又释作：‘铸客为集脀、造脀、鸣腋脀为之’）”，根据这些铭文，这件器物又被命名为“铸客大鼎”。大鼎上的“安邦”二字应为古习语，即国家稳定、长治久安之意。这一铭辞与叔向父禹簋铭文“保我邦、我家”、㝬簋铭文“用黹（令）保我家、朕位、㝬身”、邾公镈铭文“保朕邦家，正和朕身”等辞例语意相近，反映了战国时代楚王安邦定国的美好心愿。

二十年颠沛流离终回徽

20 世纪 30 年代，铸客大鼎在安徽寿县县城东南 25 千米处的朱家集李三孤堆楚王墓被盗出土。在那个特殊的年代，铸客大鼎的流传过程充满了辛酸和无奈。寿县朱家集的地方豪绅朱鸿初打着“救灾荒”的旗号，提议前往李三孤堆盗墓挖文物换钱，整个盗墓过程历时 92 天，大量器物被盗掘出土，而其中最能展现出墓主人身份非同凡响的就是大大小小的铜鼎，尤其是这件铸客大鼎。

铸客大鼎，又称“楚大鼎”，为战国晚期楚国的青铜饪食器，大鼎在造型设计上体现出力量与气势的完美结合，彰显出楚人的雄心壮志，具有极高的历史、艺术与科学价值。大鼎上的“安邦”二字体现了当时楚国安邦定国的美好愿景。

李三孤堆墓出土大量宝物的消息不胫而走，一时间“报章竞载，寰海喧腾”，引得大城市的文物贩子趋之若鹜。1934 年，李景聃、王湘前往寿县朱家集调查李三孤堆情况，并发表《寿县楚墓调查报告》，文中介绍了铸客大鼎被追回后收藏于安庆市。然而，铸客大鼎等器物在仓库内没安稳两年，又因抗日战争被迫通过水路运往大后方重庆。可没过几年，日军开始疯狂轰炸重庆，铸客大鼎等文物的命运再次受到威胁，此后经过多方辗转，直到抗战胜利后，这批文物才被运回南京，存放在故宫博物院南京分院。解放战争时期，南京国民政府欲将大批珍贵文物运往台湾，铸客大鼎虽已打包，但未及装船，而是被弃置在江边一个临时仓库中。1949 年 4 月下旬，皖南解放，这批文物由芜湖市人民政府接管。1952 年，这批文物又被转运到合肥，同年底，铸客大鼎及其同出的文物被移交给安徽省博物馆筹备处，至此结束了颠沛流离的命运。运输过程中，铸客大鼎历经磨难，伤痕累累。安徽省博物馆请来专家对其进行修复，终于恢复其原貌。2014 年 12 月 3 日，一尊以铸客大鼎为原型铸造的公祭鼎在侵华日军南京大屠杀遇难同胞纪念馆亮相。

/ 安徽博物院 /

战国时期的通行证

鄂君启金节

年　　代：战国中期
规格尺寸：舟节长 31 厘米，宽 7.3 厘米；车节长 29.5 厘米，宽 7.3 厘米
藏品来源：1957 年安徽省寿县邱家花园出土

七枚铜节先后问世

1957 年，安徽寿县九里圩的护堤工程正在如火如荼地进行，两个农民在邱家花园取土时发现部分铜“竹节”，并拿去银行兑换。文物工作者得到消息后，根据两位农民提供的线索，又从那片埋藏地发掘出另外 3 枚青铜金节。1959 年，一枚“舟节”与一枚“车节”和全国各地的重要文物一起，被调拨到新建成的中国历史博物馆（今中国国家博物馆）。安徽省博物馆仅保留两枚“车节”，没有“舟节”。然而到了 1961 年，在当初发现 4 枚鄂君启金节的寿县以北八九十千米的蒙城县，文物工作者又征集到一枚“舟节”，并入藏安徽省博物馆。这几枚金节的形状像劈开的竹片，将其拼合起来恰好是一个圆竹筒。

字字如金的铭文

这些金节的节面镂刻 8 条直线作为铭文中列与列之间的界限，其上满饰错金篆书铭文。通过对这些铭文进行释读，可知“金节”是楚怀王为封君——鄂君启铸造的，故而专家将其命名为“鄂君启金节”。鄂君启何许人也？史书中却没有明确的记载。从铭文可知，车节与今天的“陆路通行证”类似，舟节则与今天的“水路通行证”类似。不仅如此，铭文中还记载了商队运输规模，禁止贩运的商品，以及商队的通行范围，运输方式，特别货物的折算、征收关税方式与持节人待遇等内容。

鄂君启金节的出土，为古文字学、历史地理学和先秦史的研究提供了宝贵材料，从中我们可以了解到战国时期楚国的封君制度、职官制度、符节制度、税收制度等信息。

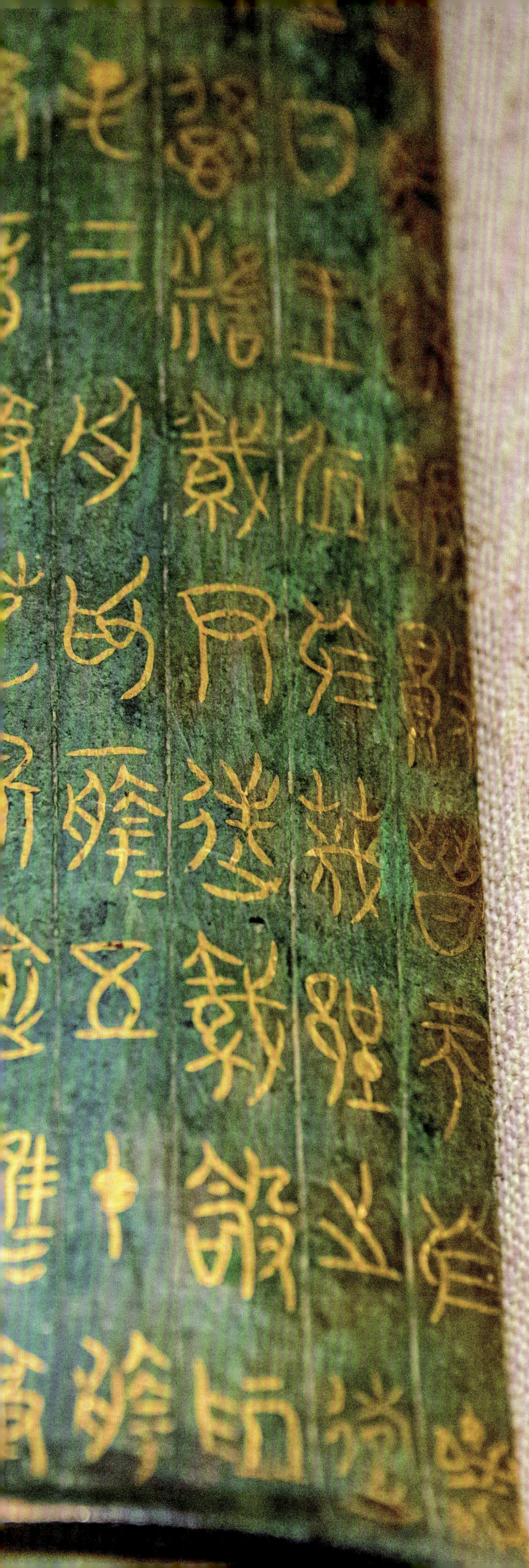

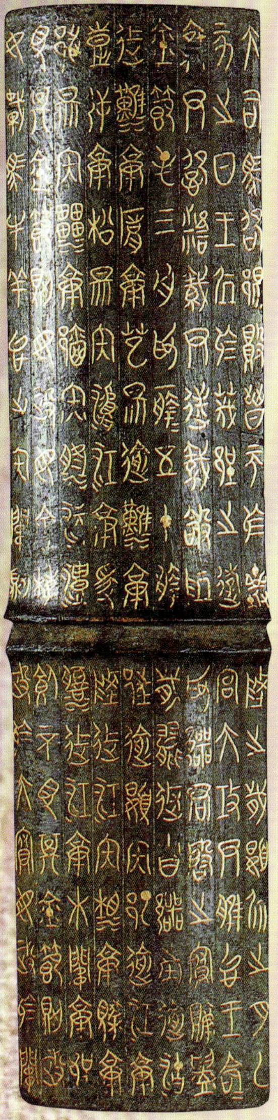

舟节

国宝简读

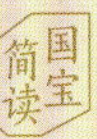

鄂君启金节，分为“舟节”和“车节”两种，其中车节3件（其形式、铭文、内容均相同），铭文共9列16行，计148字（重文1处、合文3处）；舟节2件（其形式、铭文、内容均相同），铭文共9列18行，计164字（重文1处、合文1处）。这些金节是战国中期楚王颁发给鄂君启的商品运输免税通行证，也是迄今我国发现最早的关税凭证和免税通关凭证。

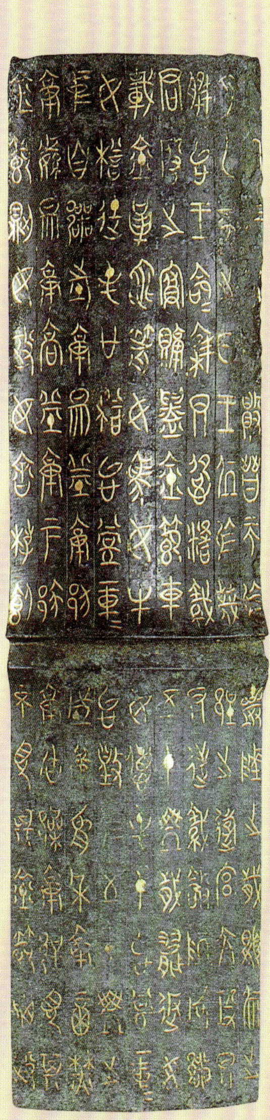

车节

/ 安徽博物院 /

宋代的酒文化和酒具

景德镇窑青白釉注子注碗

年　　代：北宋
规格尺寸：通高 25.2 厘米，注子高 22 厘米，注子口径 3.2 厘米，底径 8.5 厘米；
注碗高 13.9 厘米，注碗口径 17.1 厘米，底径 9 厘米
藏品来源：1963 年安徽省宿松县北宋元祐二年（1087）吴正臣夫人墓出土

釉色纯美 静穆雅致

景德镇窑青白釉注子注碗，由注子和注碗组成，分别为宋代常见的盛酒和温酒用具。注子又称为执壶，直口，带盖，盖上装饰一头小狮子，肩颈之间伸出一弯曲上扬的管状流，另一侧置扁条形把手，流和把手均高出注碗，器腹为圆筒状。注碗表面釉色莹润光滑，可见冰裂纹，造型为半盛开的莲花，相邻两片花瓣之间装饰如意纹，七片莲花瓣将注子包裹其中，此种造型便于拿取也易于保温。注碗内底有四个支钉痕，经观察与注子底部的支烧痕迹吻合，说明这套器具很可能是成套烧造的。

注子注壶 酒韵流香

通过查阅《资暇录》《事物纪原》等古文献资料，可以发现，执壶早在唐宋时期就被称为注子，具有盛酒、斟酒的功能。唐代执壶表现为短直流、口部大、容量大而深的特点，这与唐代人民好饮果酒有关，果酒酒精度数低，饮量大。宋代酿酒技术进一步发展，出现了蒸馏酒，酒精浓度高，饮量小，所以宋代执壶的容量比唐代有所减少，而且为了防止酒精挥发，还在器口上新增了包裹覆扣式的盖子。白居易云“绿蚁新醅酒，红泥小火炉”，从中可以看出当时的人有饮温酒的习惯，这就出现了与注子配套使用的注碗，而这一组合最早见于五代十国时期的《韩熙载夜宴图》中。

景德镇窑青白釉注子注碗既沿袭了唐代执壶的形式，也受到宋代饮酒方式、习俗好尚等环境的影响。宋代点茶之风颇盛，所以这一时期的青白瓷执壶既可用作盛酒器，也可在点茶时盛水用。宋话本《赵伯升茶肆遇仁宗》中载：“城中酒楼高入天，烹龙煮凤味肥鲜。公孙下马闻香醉，一饮不惜费万钱。”宋徽宗时期，城中出现了“茶无斗不欢”的极盛现象。可见饮茶与喝酒已成为宋代市民日常生活中的两大消遣娱乐项目。酒宜慢饮，茶宜细品，北宋注子注壶的造型正好满足饮酒和点茶的需要。

战国时《考工记》有“天有时，地有气，材有美，工有巧，合此四者然后可以为良”的说法，宿松县宋墓中出土的这件青白釉注子注碗正是优良的制瓷原料、精湛的制瓷技术和独特的社会人文环境相结合的产物，因而给人一种造型简洁清秀，风格典雅轻盈的别样美，并以其独特的功能服务于宋代人民的诗酒生活。

国宝简读

宋代青白瓷中，景德镇首创的白中泛青、青中见白的青白釉瓷体现出独特的地方特色。景德镇窑青白釉注子注碗是一套用于盛酒和温酒的容器，其器通体洁白细腻，色调似白而略泛蓝光。这种釉色与定窑白瓷的暖白色调不同，它是一种冷白色相，带有一份清新秀逸的灵气，使人感到凉爽惬意。

/ 南京博物院 /

考古史上最重的金兽

金兽

年　　代：西汉
规格尺寸：长 17.8 厘米，宽 16 厘米，高 10.2 厘米，重 9000 克，含金量为 99%
藏品来源：1982 年江苏省盱眙县南窑庄窖藏出土

荒野窖藏惊现人间

1982 年，盱眙一万姓社员在庄东南清理排水沟中的淤泥时发现该窖藏，里面的部分宝物被其带回家中，并挑选了一块拿去银行化验，化验结果显示为黄金。银行工作人员询问来源后立刻向公安局报告，最终这批窖藏里的所有宝物在文物工作者及盱眙县武警的护送下，安全入藏南京博物院。

出土时金兽压在一件战国时期铸造的青铜壶上，壶内还盛有“郢爰”金版十一块，金饼二十五块。窖藏所在地盱眙是秦末、楚汉时期的兵家必争之地。前 209 年，陈胜、吴广起义的蕲县大泽乡就在盱眙之西。同年，东阳令史陈婴起兵响应陈胜、吴广起义，东阳位于盱眙东南，就在窖藏地点附近。前 208 年，项羽尊楚怀王孙心为义帝，其建都之地也在盱眙。窖藏的出现可能与当时的战事有关。

金兽拥有者身份尊贵

这尊金兽与河北满城汉墓二号（窦绾墓）出土的鎏金铜豹类似。虎豹在古代被视为神兽，多出土于贵族墓葬，具有避邪压胜的作用。这件金兽的颈部铸有项圈，推测是以一只经过驯养的豹为参照物进行铸造。考古发现的秦代铜权上多有环纽，黄金兽头颈间也铸有环纽，由此推测，这件器物亦可作为称量物品重量的“权”来使用。篆书“黄六”二字是代表这一器物的质地和序列，按照楚汉量制平均值每斤为 250 克折算，第六件金兽为 36 斤，考虑到战国时期成套铜权之间的重量存在倍数递增关系，那么黄金兽的第一件应为 1 斤。

南窑庄窖藏出土文物共 38 件，其中的陈璋圆壶、金兽和“郢爰”金版属于国家一级文物，是江苏乃至中华古代璀璨文明的重要证据。

国宝简读

江苏省盱眙县南窑庄一处楚汉之际的窖藏中出土珍贵文物38件，其中的金兽是迄今为止发现古代黄金铸品中最重的一件，其整体造型屈腰团身，形状如豹，颈部铸有三道项圈，头、颈

/ 南京博物院 /

两千年前的环保灯

错银铜牛灯

年　　代：东汉
规格尺寸：通高 46.2 厘米，身长 36.4 厘米
藏品来源：1980 年江苏省扬州市邗江县（今邗江区）甘泉 2 号东汉墓出土

精妙的工艺设计

错银铜牛灯作为东汉贵族阶层使用的室内照明器具，器物的尺寸与汉代贵族府邸的室内陈设布局有着密切联系。汉代的案几通常高 30 厘米，青铜灯放在案几之上，两者的高度之和与人坐姿时眼睛的高度基本一致。

考虑到光线亮度与角度的调节需要，铜牛灯的设计者将灯盘的周壁分内外两层，两层之间形成宽不到 1 厘米、深不到 2 厘米的凹槽，槽中插有两片可以左右滑动的屏板，屏板上有菱形镂空纹饰。使用者手扣屏板上的纽环，将屏板左右移动，就可以随意调整光照强度与方向了。屏板上的镂空菱形纹饰还可起到散热透光的作用。

整个错银铜牛灯的造型是一头站立着的温顺驯服的黄牛形象，两角上翘，双耳竖起，低首，面部略显憨态，下接四个蹄状矮足。灯身采用错金银手法装饰，先将牛身上的云气纹铸刻出来，再嵌入银丝，磨错平整。整体纹饰以流云纹、三角纹、螺旋纹图案为地，饰以龙、凤、虎、鹿以及各种神禽异兽图案，铜、银质地交相辉映，更显雍容华美。

环保理念的应用

汉代青铜灯具的燃料主要是动物油脂，油脂和灯芯同置于灯盘中。灯芯点燃后，会有一些没完全燃烧的炭粒和燃烧后留下来的灰烬散入空气，造成室内烟雾弥漫，污染室内环境。

错银铜牛灯的颈部设置了圆的烟道，烟道上行后又向下弯曲，同灯罩相连，灯罩呈覆碗形，覆盖在灯盘之上。烟道的另一端直通中空的牛腹。这样一来，灯芯点燃后形成的烟气在热力作用下向上蒸腾，经覆碗形灯罩，通过烟道进入牛腹，从而使室内空气不被油烟污染。这是汉代灯具一项别出心裁的发明创造，在世界灯具史上处于领先的地位。

国宝简读

错银铜牛灯是汉代灯具的精品之作，实用性与艺术性有机结合。铜牛灯造型厚重大气、制作工艺精美，其科学、环保的设计理念也令人惊叹。

烟道
灯罩
屏板
灯盘

/ 南京博物院 /

东汉诸侯王的印玺

广陵王玺

年　　代：东汉
规格尺寸：纵横各 2.3 厘米，厚 0.9 厘米，通纽高 2.1 厘米，印重 123 克
藏品来源：1981 年江苏省扬州市邗江县（今邗江区）甘泉 2 号东汉墓出土

罕见的官印珍品

1981 年 2 月 24 日，在江苏省扬州市邗江县甘泉乡出土了一方罕见的汉代诸侯王金印——广陵王玺。此印系纯金铸成，制作精工，光灿如新，印台呈方形，上立龟纽，印面阴刻篆文“广陵王玺”四字。龟纽的背上铸有六角形图案组成的龟背纹，龟甲的周缘、双眼、四肢等部位，均錾有小圆圈形的花纹，俗称鱼子纹。

这方金印出自 1980 年发掘的甘泉 2 号汉墓附近的杂土乱砖堆中，是农民陶秀英在 1981 年挖取碎砖铺路时偶然发现的。这座墓早年被盗，盗洞内填满了碎砖、杂土和破碎的陶瓦片等文物。多年来，甘泉砖瓦厂即在此墩上取土烧砖，但由于盗洞内的杂土很难制坯，故往往被弃置堆放在近旁。金印出于此处，可以肯定原来就是该墓的随葬物。

据《后汉书》记载，东汉光武帝刘秀之子刘荆于建武十七年（41）被封为山阳王，明帝永平元年（58）又将其徙封为广陵王，因此可以肯定这方金印的主人就是由山阳王徙封为广陵王的刘荆。

此印由高纯度黄金浇铸而成，其龟纽精致，纹饰精美，印文风格与日本出土“汉委奴国王”金印相近。印文系凿刻而成，刀法稳健，起收笔画转折方正，刀痕十分明显。字法是典型的汉摹印篆体式，端庄凝重，但又不乏细微的变化。

破解“汉委奴国王”金印真伪悬案

“广陵王玺”的发现震惊了考古界，尤其是日本学者对“广陵王玺”极为重视。因为日本福冈发现的“汉委奴国王”印一直存在真伪的论证，“广陵王玺”与“汉委奴国王”印是同时代的产物，从而证明了“汉委奴国王”印的真实性，间接证明了《后汉书·东夷传》中关于日本的记载确为信史。

“广陵王玺”与“汉委奴国王”印有着惊人的相似之处。这种相似表现在它们的大小、花纹、雕法和字体等各个方面。非常凑巧的是光武帝赐“汉委奴国王”金印的时间是建武中元二年（57），而明帝赐“广陵王玺”的时间永平元年（58），前后只差一年。由于这两方金印十分相似，以至中日许多学者怀疑这两方金印本来就出自同一工匠之手。由于“广陵王玺”的发现，延续了多年的历史之谜终于得到解决。

国宝简读

目前存世的东汉王印，多为赐给少数民族首领之印，如“滇王之印”“匈奴王印”等。“广陵王玺”是存世唯一一方汉代刘姓诸侯王印，汉代诸侯王印，在尺寸、重量和形制上都有严格规定，广陵王玺的发现印证了典籍的记载，弥足珍贵。

印文“玺”字内部交叉笔形成的两个圆点一小一大。章法上，匀称方正，四字三密一疏，“广”字与“陵”字左竖，“王”字与“玺”字中竖，均在一条垂直线上，印面的布局显得严谨整饬。

/ 南京博物院 /

鎏金镶嵌的最高工艺水平

鎏金镶嵌琉璃珠兽形铜砚盒

年　　代：东汉
规格尺寸：长 25 厘米，宽 14.8 厘米，通高 10.2 厘米
藏品来源：1970 年江苏省徐州市土山汉墓一号墓出土

东汉的吉祥神兽

鎏金镶嵌琉璃珠兽形铜砚盒，这件璀璨的艺术瑰宝，于 1970 年在徐州土山汉墓的一号墓中出土。其通体鎏金，熠熠生辉，更镶嵌着琉璃珠、红珊瑚、青金石、绿松石等珍贵宝石，彰显出匠人的精湛技艺与无尽创意。盒盖与盒身紧密相扣，形成子母口，浑然天成。神兽形象独特，首似龙形，双目三角形，炯炯有神。两眉突起，双角华丽。它伏地匍匐，咧嘴露齿，下颌前伸，巧妙地构成了贮水墨池。兽腹微鼓，其中藏匿着一块扁平光滑的长方形石砚，质地为甘肃临洮石，上置圆形研石一块。兽尾卷曲，藏于腹下，更显其矫健灵动。背脊隆起，双翼凸显，背部中心设有一桥纽，可系绳，便于提携。尤为珍贵的是，出土时砚堂上尚留有墨痕，这表明它并非陈设品或明器，而是墓主生前用过的砚台，承载着无尽的历史与文化信息。

国宝简读

鎏金镶嵌琉璃珠兽形铜砚盒通体鎏金，光泽灿然，美轮美奂。盒身表面以鎏金银工艺满饰全身，出土时金银色泽光亮均匀，历近两千年而不褪色。除鎏金银工艺外，盒身还均匀镶嵌绿松石、青金石等各类宝石。器表纹饰交相辉映，是汉代鎏金银与镶嵌工艺的完美结合。

鎏金镶嵌琉璃珠兽形铜砚盒的头部看似狮虎，戴角之状又似龙形，但其整体形状实为蟾蜍。秦汉以来，古人对蟾蜍颇为敬畏，认为是镇凶邪、助长生的吉祥物。汉代求仙思想盛行，人们企望羽化成仙，故多给祥瑞神兽添加上通天的双翅，这里的蟾蜍形盒砚亦不例外。

鎏金制作工艺的至臻之作

这件铜盒中的砚，实际上与其他大多数砚一样，是带铜质砚盒的石砚。那方嵌在盒中的石板并无出众之处，倒是砚台盒色彩华丽、造型别致，各色宝石点缀其上，珠光宝气，身价不凡。鎏金镶嵌琉璃珠兽形铜砚盒的一个特点在于"鎏金"。《集韵》有云："美金谓之鎏。"鎏金镶嵌琉璃珠兽形铜砚盒跨越千年仍光辉夺目，要归功于当时的鎏金银工艺。

汉代工匠先用铜制作出器物形状，打磨平整光洁，然后将金银锤打成薄片，剪成丝，将金丝、银丝加热后溶于水银中，制成金银汞合剂，接着涂抹在器胎表面，将器物放入火中烘烤，水银不断蒸发，只留下金银覆在器物表面。最后还要使用玛瑙皂角水反复抛光，让器物展现出闪亮的光泽。该件鎏金镶嵌琉璃珠兽形铜砚盒是汉代鎏金技术与镶嵌工艺的完美结合，又是年代可靠的考古发掘品，实为稀世文房之宝。

/ 南京博物院 /

除三害与周处家族

青瓷神兽尊

年　　代：西晋
规格尺寸：高 27.9 厘米，口径 13.2 厘米，腹径 23.5 厘米，底径 16 厘米
藏品来源：1976 年江苏省宜兴市周墓墩周处家族墓 4 号墓出土

精致的青瓷手工业杰作

青瓷神兽尊是一件造型、制作各方面均佳的工艺品，其内外通体施青灰色釉，胎质由于含铁质较多，呈棕色。器型为浅盘口、短颈、溜肩、弧腹，近底部内收，平底略向内凹。其颈部以下饰兽面，双眼突出，张口吐舌，舌与胡须相连，口含宝珠。兽面两侧及背部均饰篦纹，似毛发。背部有四簇脊毛，近底处饰有一尾。器底外部刻有“东州”二字。这件青瓷神兽尊是以前从未发现过的六朝青瓷工艺杰作。

青瓷是中国瓷器中最古老的品种，三国两晋南北朝时期是中国青瓷烧造蓬勃发展的时期，烧造区域遍布江、浙、闽、赣、湘、鄂各省。各地的瓷窑烧制出了各具地方特色的青瓷产品，取得了很大的成就。青瓷神兽尊是一种高级明器，为浙江越窑的产品。其胎质厚重，釉色莹润，釉层均匀，制作精细，集雕刻、堆塑、模印、刻划、贴花等工艺于一体，代表了当时瓷器工艺的最高水平。

周处家族墓中的绝世珍品

江苏宜兴东庙巷有周王庙，庙后原有几个土丘，叫作周墓墩，是西晋平西将军周处的家族墓群。1953 年和 1976 年，南京博物院先后发掘了其中的 6 座墓。这 6 座墓南北排成一列，其中 4 座墓出土有纪年文字砖。1 号墓出“元康七年九月廿日阳羡所作周前将军砖”，可知为元康七年（297）下葬的周处之墓。4 号墓有永宁二年（302）年号和“关内侯”铭文砖，可能是周处父周鲂墓。5 号墓有建兴、大兴、太宁年号，可能是周处之子周玘之墓。青瓷神兽尊出土于 4 号墓。

青瓷神兽尊出土时位于 4 号墓后室棺床后侧，由于该墓发掘前曾被盗，不排除随葬品曾发生位移的可能。但学者指出神兽尊被单独置于棺床后侧，并未影响盗墓贼在墓中的行动，况且如此精美的一件青瓷神兽尊若为盗墓贼发现，肯定在劫难逃。所以学者认为神兽尊出土时所处的位置即神兽尊于墓中之原始位置。

一般来说，魏晋时期镇墓兽、俑均位于墓葬前侧，部分置于甬道内，所以从其出土位置推断，神兽尊并非镇墓、辟邪之用。尊中置有兽骨，可能是墓主人带往冥界的食物，故置于棺床附近，距离墓主人较近。山东邹城西晋刘宝墓亦出土盛有鸡、鱼等动物骨骼的 8 件瓷罐，虽然出土于耳室，但考虑到西晋时期北方制瓷业尚属落后，瓷器大多来自南方，一般不作明器使用，故学者将该组瓷罐视作墓主人生前使用之物。青瓷神兽尊的功能亦当如此。

国宝简读

这件青瓷神兽尊器型硕大，神兽神态狰狞而威严，全身刻满纹饰，非常具有震撼力。它不是一件简单的瓷罐，而是特制的随葬品，也是一件绝品，具有一种庄严、肃穆和神圣的意蕴。

/ 南京博物院 /

竹林七贤的高士风采

竹林七贤与荣启期砖画

年　　代：南朝
规格尺寸：一组高 78 厘米，长 242.5 厘米；二组高 78 厘米，长 241.5 厘米
藏品来源：1960 年江苏省南京市西善桥宫山北麓的帝王墓出土

通往六朝的“敲门砖”

竹林七贤与荣启期砖画于 1960 年经考古发掘出土，它是由近三百块模印画像砖拼接砌筑而成的砖印壁画，分砌于墓室的两侧壁，也就是每壁四人，对称分布。其出土伊始就引发学术界的普遍关注，尤其是在考古学和美术史领域产生了重要影响。在当时六朝墓葬发掘较少的情况下，这套砖画的发现大大加深了考古学界对南朝丧葬礼仪和墓葬制度的认识，也为此后辨认同类墓葬提供了一把标尺。

在美术史领域，竹林七贤与荣启期砖画更是让学者倍感惊喜，这是因为它的发现填补了美术史上一个重要“空白”。早在 9 世纪张彦远写就的《历代名画记》中，六朝就被视为绘画走向独立艺术门类的关键阶段，这时候出现大批专业画家，他们的社会地位显著提高，其中的佼佼者还被写入史传。这一时期，绘画和书法一起成为士族的名片，形成异彩纷呈的精英美术新气象，后世称六朝为艺术自觉的时代。

砖画中嵇康怡然弹琴的形象，正是史料记载中嵇康的真实写照。

阮籍的画法与其他七人不同，侧身而坐，突出了阮籍长啸的姿态，极为生动。

史料记载山涛“饮酒至八斗方醉”，因而画面中的瓢尊、耳杯等器物恰好体现了山涛善饮酒的特点。

南北朝庾信的《对酒歌》写道：“山简接离倒，王戎如意舞。”画面中王戎手持如意，具体展现了“王戎如意舞”的诗境。

国宝简读

这幅砖画的设计者将中国画的独到之处运用到构图当中，将活动在魏晋南北朝的“竹林七贤”与春秋时期的荣启期安排在同一画面里，表现出穿越时空的人物形象。虽然他们所处的时代不同，但在细节上的描绘与所表达的思想都相一致。这种手法使艺术冲破时间的阻碍，让思想在和谐的空间交融。

砖画中的名人雅士

竹林七贤与荣启期砖画描绘了竹林七贤和容启期在树下饮酒唱歌等不同的神态行为，从而体现其不同的个性特质。设计者在图像上以并排展现、神态相对的图像架构，让人的视觉产生代入感。砖画中的树木与人相对，人与人相对，符合图像学理论中“肖像刻画体现艺术风格”的特质。

砖画中的嵇康头梳双髻，膝上置一架古琴，神态孤傲，目光注视远方；阮籍盘膝坐在树下，高卷袖子，神态潇洒，其右手放在唇边，仰头鼓腮，做长啸状；山涛坐在柳树和槐树之间，头戴布巾，左手端酒，右手拉着左腕的袖子，似在敬酒；王戎坐在银杏和柳树中间，跷着腿，斜身靠一凭几，一手摆弄着如意；阮咸盘腿坐在树下，专心地弹奏着因他而命名的乐器——“阮”；向秀慵懒地靠在银杏树旁，一边的肩膀露出，闭上眼睛深思，其苦思冥想的神态，似乎正在解读“老庄”；刘伶一副酒徒模样，注视着手里的酒杯，用手蘸取细细品味，神情专注；荣启期，这位春秋时代的隐士正手抚古琴，头发披肩，胡须垂落，腰系绳绦，鼓琴而歌。在这八位高士的陪伴下，墓主人大概是不会感到泉下寂寞的。

《晋书》记载：“咸妙解音律，善弹琵琶。”此画所描绘的阮咸形象正表现了阮咸善弹琵琶的特点。

向秀“雅好老庄之学”，因此画面中的向秀做沉思状，恰好表现了向秀沉思庄子真义的神态。

画面中题字“刘伶”写作“刘灵”，应是假借字的缘故。刘伶以好酒闻名，画面也充分刻画了刘伶嗜酒成性的神态。

荣启期作为春秋时人，而与竹林七贤同列，则成八人，或许唐代的酒中八仙即源于此时。

今瓶曾伴古时人

明代是梅瓶烧造的高峰阶段，其最初仍主要作为酒具使用，永乐至崇祯时期则大量地被用作贵族陪葬品，成为等级身份的象征。北京定陵、湖北省荆门市梁庄王墓和广西桂林藩王墓等都曾出土过梅瓶。

明洪武釉里红三友带盖瓷梅瓶是明代洪武年间瓷器，1957 年 3 月出土于南京市东善桥响龙山附近明代墓葬，墓主人是明成祖朱棣的女儿安成公主与其丈夫驸马都尉宋琥。梅瓶是作为墓主人生前喜爱之物下葬的，也是墓主人高贵身份的象征。史书中关于宋琥及其夫人安成公主的记载很少。宋琥是明朝开国大将宋晟的次子，安成公主是朱棣与徐皇后的第三女。永乐元年（1403），朱棣将安成公主许配宋琥。永乐六年（1408），宋琥继承父亲西宁侯爵位，镇守甘肃。永乐十年（1412），宋琥奉诏回京，以皇亲身份掌行孝陵祭祀。洪熙元年（1425），宋琥以不恭之罪遭弹劾，被削夺爵位，直至宣德五年（1430）去世。正统八年（1443），安成公主病逝，夫妻合葬于东善桥。

瓷器中的“贵族”

釉里红瓷器创烧于元代景德镇窑。它是以氧化铜作着色剂，用彩料在胎上直接绘画，罩透明釉后，在 1280℃至 1300℃的窑火中一次烧成的釉下彩瓷。氧化铜的呈色很难控制，对窑室温度的稳定性要求颇高：温度低了，图案的色泽会发黑；温度高了，纹样易于晕散。明洪武早期，釉里红烧造技术仍在探索之中，成品的发色有偏黑灰的现象，但中后期的烧造技术与元代相比有了显著进步。器形以大件为主，多见大盘、大罐、玉壶春瓶、梅瓶等。永乐、宣德时期，釉里红烧制技术完全成熟，色泽纯正。釉里红是明代洪武朝瓷器的代表品种，被用作皇家御用瓷，只有王公贵族才能拥有，它在当时能与青花瓷器平分秋色，应该与明太祖以红为贵的礼制有关。

此梅瓶为官窑出品，岁寒三友纹饰首先出现于元代景德镇窑青花、釉里红瓷器，多施于梅瓶和瓷罐，受文人画影响，呈现出清新雅致的美学风格。也许是追求画面对称的缘故，明代洪武朝的岁寒三友纹饰都添绘一株芭蕉。这种情况沿袭明、清两代，甚至在清代岁寒三友纹中，芭蕉成为主要纹饰。清代中期以后，随着皇家喜好和社会风气的变迁，岁寒三友纹饰逐渐消失。

这件明洪武釉里红三友带盖瓷梅瓶质朴大方，寓意深刻，仔细欣赏梅瓶上的纹饰，能够感受到古代中国画的技法和意境，干净利落，细腻传神，画面简单而不繁复，布局精妙，有一种审美的情趣融入其中，可以说是明初景德镇官窑瓷器中的佼佼者。

国宝简读

明洪武釉里红三友带盖瓷梅瓶是现存唯一完整的明洪武釉里红带盖梅瓶。此梅瓶造型优美，完整无缺，器名中的“三友”即“岁寒三友”，是指松树、绿竹、梅花三种常绿植物，象征着高洁的志向。它的白釉微青，釉里红虽发色略黑，但瑕不掩瑜，1993年被国家文物局定为一级文物。

/ 南京博物院 /

明代中期金玉结合的孤品

金蝉玉叶饰件

年　　代：明
规格尺寸：蝉外翼长 1.7 厘米，宽 0.8 厘米，厚 0.2 毫米；
玉叶长 5.2 厘米，宽 3.2 厘米，厚 0.2 厘米
藏品来源：1954 年江苏省苏州市五峰山博士坞明弘治年间进士张安晚家族墓地 14 号墓出土

叶“静”与蝉“动”

金蝉的含金量达 95%，其通体金光闪亮，头部前伸，双眼凸起，以横、竖线条勾出头、颈；蝉身錾刻平行减地横凸纹八层，每层以无数竖直短线表现细部。蝉翼左右各两片，轻且薄，每翼上刻竖线四五道，内翼大部分压在外翼之下。蝉足简化为三对，一对前足翘起，一对后足微微抬起。整个蝉体形象逼真，栩栩如生，仿佛随时可以振翅飞去。

玉叶，由新疆和田羊脂白玉经匠心独运的雕琢，触手温润，令人心生欢喜。叶片形态纤薄而优雅，自然弯曲，被巧妙地分为八瓣，每两瓣之间，匠人采用减地浮雕技艺，使得叶片层次丰富，立体感十足。叶片上雕琢的主脉流畅有力，两侧各延伸出四根细脉，形成细腻而逼真的叶脉纹理。正面叶脉巧妙地雕琢成弧形凹槽，背面则相应地凸起，这种巧妙的雕琢手法赋予了叶片生动的立体感。

金蝉与玉叶，工匠们巧妙地将它们融为一体。玉叶中部，匠人们采用了正反两面钻孔的方式，打造出一个外大内小的圆孔，外径仅为 2 毫米，内孔径则缩小至 1.5 毫米。而金蝉底部中间，则镶嵌

国宝简读

金蝉玉叶饰件的制作技术十分复杂，包括压模范铸、薄叶延展、錾刻焊接、阳线、阴线、平凸等多种工艺。这些技艺的结合，使得金蝉玉叶呈现出一种静中有动、妙趣横生的艺术效果。更为难能可贵的是，它是目前国内出土的唯一一件此类文物。金蝉玉叶不仅体现了明代工匠们的超凡技艺，也反映了当时社会的审美追求和生活情趣。

着一根直径不足 1.5 毫米、长度达 1.4 厘米的金梗。当金梗巧妙地插入玉叶的中孔时，两者便紧密地结合在一起，形成了一体化的艺术杰作。

玉叶托着金蝉，一动一静之间，仿佛将自然界的生机与静谧完美地融合在一起。这种巧妙的构思和精湛的技艺，使得整件作品栩栩如生，充满了生命力。

金玉一相逢，胜却人间无数

黄金、美玉在中国数千年传统文化中备受崇尚，历久不衰。古人认为玉具备仁、义、智、勇、洁五种品质，故君子比德于玉；金为矿物之精，难于氧化，不易腐蚀，故有辅助成仙的效果。

这件藏品的出土位置在墓主人头部，同时出土的还有银笄二件、金银嵌宝玉插花四件，证明这件物品是贵族女子头上的发簪。蝉又称“知了”，“知”谐音“枝”，“金蝉玉叶”也就是“金枝玉叶”。此外，古人看到蝉蜕壳羽化的现象，也会联想到“暂死”之后成仙的传说，逝者亲属为墓主人佩戴这件饰物，以寄托她能转生仙界的美好愿望。

/ 南通博物苑 /

北方造型南方产物

越窑青瓷皮囊式壶

年　　代：唐

规格尺寸：通高 20.4 厘米，腹侧宽 15.3 厘米，底径 9 厘米

藏品来源：1973 年江苏省南通市区人防工地出土

国宝简读

越窑青瓷在我国古代的陶瓷史上有着十分重要的地位，特别在唐代更达到一个巅峰，器形丰富多彩，包罗万象，并烧造出一些具有独特民族风格的器物。越窑青瓷皮囊式壶模仿北方游牧民族使用的皮囊壶器型，却是在南方窑口烧造，同时又是数量罕见的秘色瓷。到目前为止，这种以陶瓷工艺仿制皮囊壶而生产的唐代制品仍是凤毛麟角。

越窑青瓷中的精品

这件皮囊式壶器身较矮，上安半圆形横梁，左右两侧和腹部各有一条凸起线，显然是模仿皮革缝合的形状。管状流，在横梁相对于管状流的另一侧翘起一羽状尾，尾下有一直径为 0.9 厘米的小孔。横梁下端壶体的连接处，做成相对的龙首形，在二龙首相对的中心部位堆塑起一个近似菱形的小平台，其上和横梁上端都有一小巧的珠状凸起，提梁和壶身多处适当位置压印圆珠纹。壶下为高圈足，其内侧微外撇，底面施满釉，略有缩釉，中心微凸，足端露胎处靠内侧边沿隐约可见支烧痕。壶的胎质致密，呈浅灰色，器身通体施淡青绿色釉，釉色均匀，光泽柔和滋润，整个器形浑圆饱满，具有浓郁的民族风格和明显的唐代器物特征。

从越窑青瓷皮囊式壶的造型来分析，它明显地保留了汉民族陶瓷文化的色彩，短而直的流，玉环形的圈足以及浑圆饱满的器形，与唐代瓷器的造型特征相吻合，至于相对于管状流的羽状尾，似应为时代更早的鸡头壶的孑遗，它使壶的外观给人以均衡、对称和平稳的感觉。尾部下面的小孔，其作用估计是为了在灌注液体时便于排出壶内的空气，可使出水更为流畅。器表的装饰运用了捏塑、堆贴、压印等手法，特别是在提梁与壶体的连接处，工匠们别出心裁地做成两个相对的龙头形与当中的珠状凸起构成传统的“二龙抢珠”形式，使这件貌似平常的皮囊壶的艺术形象得到升华。

民族风格的完美融合

唐代以博大的胸襟融合了多民族的灿烂文化。作为唐代瓷器“南青北白”格局中青瓷的代表，位于钱塘江流域的越窑烧制出模仿北方造型的青瓷皮囊壶，充分反映了当时各民族间的经济和文化交流。

皮囊壶是我国北方游牧民族的日常用器，主要为适应马上生活而制作，由于其造型别致，在唐代便已有金属、陶瓷的仿制品出现，当时的工匠以其他材质模仿皮革缝制的囊壶，非但在造型上酷似，而且连皮革的缝合线、皮条、皮扣等都能模仿得惟妙惟肖，使之在保持实用性的同时又成为独具特色的工艺制品。从这件皮囊壶的制作工艺和装饰手法来看，它已经脱离普通实用器具的范畴，而成为一件艺术品。一般来说，唐代越窑青瓷追求“类玉”的效果，主要以釉色取胜而较少使用其他装饰手法，从这件越窑青瓷皮囊式壶莹润匀净的釉色和简洁明了的外形可明显地看出这一特点。制瓷工匠在吸收皮囊造型特征的同时，还注意运用制瓷工艺的特点，使两者有机地结合起来，从而达到一个非常完美的境界。

/ 苏州博物馆 /

北宋时期苏州工艺美术的成就

银杏木彩绘四大天王像内函和真珠舍利宝幢

年　　代：北宋
规格尺寸：银杏木彩绘四大天王像内函宽 42.5 厘米，高 123 厘米；真珠舍利宝幢高 122.6 厘米
藏品来源：1978 年江苏省苏州市瑞光塔第三层天宫发现

宋画精品——银杏木彩绘四大天王像内函

银杏木彩绘四大天王像内函其实是装真珠舍利宝幢的木函，木函用银杏木制成，分为外函和内函，宝幢在内函之中。外函为黑色，正面有两行白漆楷书“瑞光院第三层塔内真珠舍利宝幢”。内函整体为五节正方形套叠式，外壁四周彩绘四大天王像，内壁墨书“大中祥符六年四月十八日记”和“都勾当（宋朝管理财政的官员）方允升妻孙氏十娘”等字样。北宋大中祥符六年为 1013 年，应为真珠舍利宝幢入藏的时间。四大天王原是印度神话传说中的人物，后来成为佛教中的护法天神，分别为东方持国天王、南方增长天王、西方广目天王、北方多闻天王。内函之上四大天王的彩绘皆作英姿勃勃之武士相，硕壮雄伟，威武尊严。综观内函彩绘，在用笔和着色上，都继承了唐代吴道子一派的画风，可能是“吴装”粉本传摹，再加以绘者某种创造的作品，其运笔如行云流水，用柳叶描法，线条流畅而富有变化，衣带间透出“吴带当风”的意味。着彩则略施微染，轻拂丹青，达到厚重妍丽而不失古朴的色彩效果。

仅盒子就如此精妙绝伦，可以想见里面是多么罕见的宝物。果然，内函里存放着一件绝世精品——真珠舍利宝幢。

国宝简读

苏州博物馆藏真珠舍利宝幢的发现极为偶然。1978 年 4 月 12 日，3 名小学生到瑞光塔掏鸟窝，当爬到第三层时，无意间摸到一块松动的塔心砖，掀开砖龛后竟发现一个黑黝黝的洞窟，借着残壁透进的光线，可看到一个“黑箱子”，一件沉睡千年的国宝级文物就此重见天日。

佛教辉煌的顶点珍宝——真珠舍利宝幢

真珠舍利宝幢造型之优美、选材之名贵、工艺之精巧举世罕见。

真珠舍利宝幢主体用楠木构成，自下而上分为须弥座、幢殿、刹三部分，耀眼夺目。须弥座包括牙脚八棱台座、宝山与大海等主要部分。台座呈八棱形，每一棱角底部有燕尾形牙脚，牙脚正面贴有形态各异的堆漆狻猊。勾栏平阶之内，一周立面及圆形平面上雕出浪涛滚滚的大海，整体描金；圆柱上端托起由 16 座叠嶂山峦组成的须弥宝山。

幢殿系真珠舍利宝幢的中间部分，居须弥宝山之上。殿柱及幢顶鎏金银龛之上为圆形八出殿顶，其椽梁骨架和内芯为整块木料削制而成，椽条用 108 根空心细银条制成，骨架和内芯之外再罩上银丝编成的梅花形丝网。殿顶之上又置有堆漆描金宝相花纹木龛，堆漆花纹中点缀有少许小珍珠。龛内盛放金雕细颈宝瓶，表面浮雕图案以观音和嬉戏童子为主题，图分四面，云纹为底纹，间以飞天、凤凰，一派仙灵意境。中心竖立八角经幢，八角上分别用真、草、篆、隶书等字体书写佛名。

刹系真珠舍利宝幢上层部分，立于华盖之上。主体呈柱状，由银棒和包金箔木柱相接而成，刹轮以白玉、水晶、五色珠料等制成，间以金银绞花、叶片及银丝串珠装饰；刹顶部为水晶摩尼宝珠，两侧以银丝挽出火焰光造型，以示“瑞光普照”。

制作者运用了玉石雕刻、金银丝编制、金银皮雕刻、檀香木雕、水晶雕、堆漆、描金、贴金箔、穿珠、古彩绘等十多种特种工艺技法精心制作，可谓巧夺天工，精美绝世。如宝幢上装饰的珍珠就达近 4 万颗；17 尊木雕的神像更见功力，每尊佛像仅高约 10 厘米，雕刻难度极大；然而，天王的威严神态，天女的婀娜多姿，护法八天的嗔怒神情，祖师大德的静穆庄严，均雕得出神入化。

/ 扬州博物馆 /

一瓶独占博物馆一厅

霁蓝釉白龙纹梅瓶

年　　代：元
规格尺寸：高 43.5 厘米，口径 5.5 厘米，底径 14 厘米
藏品来源：1984 年江苏省扬州市文物商店收购

国宝简读

在扬州博物馆的二楼，有一个面积200多平方米的展厅。独特的是，如此大面积的展厅中仅仅摆放了一件文物，该文物不仅用方形玻璃罩着，还在四周设置了护栏，参观者只能远远观看而不能近观。安保设施如此严密的文物，就是扬州博物馆的镇馆之宝元代霁蓝釉白龙纹梅瓶。

珍贵的梅瓶和霁蓝釉

历史上，“梅瓶”得名比较晚，它在历史上还有一个名字，叫“经瓶”。梅瓶最早出现于唐代，宋辽时期较为流行，并且出现了许多新品种。宋元时期各地瓷窑均有烧制，以元代景德镇青花梅瓶最为精湛，其高超的烧造技艺，不朽的艺术价值，是古代劳动人民的智慧结晶。

元代在中国陶瓷史上是一个承前启后、继往开来的历史时期。这一时期，创烧出了无与伦比的青花、釉里红、霁蓝釉等。由于国内元代青花、釉里红、霁蓝釉瓷器凤毛麟角，人们一度忽视了元代瓷器的重要价值。霁蓝釉始烧于元代，由于霁蓝釉瓷烧制难度大，废品率高，故而导致元代霁蓝釉瓷器较少，目前世界范围内品相出色的传世器也不多见。

当霁蓝釉遇上梅瓶

梅瓶为小口，细颈，溜肩，鼓腹，腹以下渐收，圈足微外撇。通体施霁蓝釉，釉面可见橘皮纹，釉色纯净，釉质肥厚，闪耀着蓝宝石般的色泽，光可鉴人，精美异常。器腹有一条白龙飞舞其上，四肢奋力舞动，正在追赶一颗游动的火焰宝珠，俗称赶珠龙纹。这件梅瓶上刻画的龙纹，具有元代龙纹的典型特征，龙首小并微微上仰，张口吐舌，露出利齿。鼻头似如意，下颌飘扬一缕长髯，双角微微后翘。蓝釉点饰的龙眼，怒目而视，炯炯有神，在白釉的衬托下，更显突出，起到画龙点睛的艺术效果。龙颈曲折细长，长鬃翻飞舞动。

这件梅瓶胎体厚重坚硬，造型挺拔高大，符合元代瓷器粗犷豪放的风格。近看白龙有明显自然氧化开片，用手触摸可感受到肩部接胎的痕迹，一百倍放大蓝釉处，可见釉内有大、中、小气泡，呈“聚沫攒珠”现象，底部略有七彩光和大小不匀的白色斑块，自然老化痕迹明显。

此梅瓶现存于扬州博物馆，在国内外收藏的三件元代霁蓝釉白龙纹梅瓶中，此瓶器型最大，造型秀挺，釉色净润，纹饰精美，气势磅礴，是梅瓶中的极品。

/ 南京市博物馆 /

沐英墓中出土的元青花
青花萧何月下追韩信图梅瓶

年　　代：元
规格尺寸：高 44.1 厘米，口径 5.5 厘米，底径 13 厘米
藏品来源：1950 年江苏省南京市江宁区黔宁王沐英墓出土

中西文化的融合与撞击的痕迹

元青花瓷器的主要用途是外销，这在学术界已达成基本共识。既然是外销瓷，那么我们能否从元青花瓷器上看出中西文化的融合与碰撞？单从釉色来看，构成青花瓷的主体色彩为白色和蓝色，我国汉族习俗通常将白色作为丧俗之色，而在中国北方、西域、西亚、东南亚地区许多民族中，白色是吉祥之色。与中国开展贸易活动的中亚、西亚商人都有着尚白、尚蓝的风俗。再从元青花瓷器的装饰纹样看，其中却蕴含更多的中国元素，以这件梅瓶为例，其腹部所绘萧何月下追韩信图，则是中国历史上的经典人物故事，来自西方的釉料与中国历史故事的完美结合，创造了中西结合的典范。

出身“名门”却“颠沛流离”的青花梅瓶

说起这件梅瓶的来历，还有一段颇为曲折的故事，1952 年，国家正在开展文物普查征集工作，南京市文物保管委员会（今南京市博物馆前身）的工作人员负责管理在夫子庙经营的古董商铺，一些古董商人向工作人员提供了这样一条线索：有一位商人曾从盗墓者手中购买过一只瓷瓶，是一件不可多得的宝物，而这瓷瓶的出处，据传是 1950 年从南京江宁将军山一处墓葬中盗掘的。当时人民政府正严查盗墓一事，盗墓者也相继被抓。迫于各方面的压力，这位古董商人最终向南京市文物保管委员会交出了这件青花萧何月下追韩信图梅瓶。

1959 年，南京市文物保管委员会依据盗墓者的指认，对出土这件梅瓶的墓葬进行了清理，考古人员发现了一方龟纽石印，印文阳刻了“沐英”二字，证实墓主人的身份正是明太祖朱元璋的养子、明朝开国功臣之一黔宁王沐英。

据史料记载，沐英从小父母双亡，八岁时被朱元璋收为义子，在朱元璋夫妇身边生活。沐英跟随朱元璋征战四方，十八岁开始担当军事要职，他处事果断，深得朱元璋器重。洪武十年（1377），沐英担任“征西副将军”，跟随卫国公邓愈征讨吐蕃，先后征战于川、藏、陕、甘、滇等地。因为在征讨大西南的战役中战功卓著，朱元璋便安排他留守云南，沐英对西南安定做出了巨大贡献。明朝开国皇帝朱元璋的麾下曾经聚集了一大批具有赫赫战功的大将，可打下江山后不久，这群功高盖世的大将陆续被杀，甚至被满门抄斩，沐英是少数几位得以善终的开国勋臣之一。

如今，这件出于名门，代表了一个时代最高制作工艺水平并且经历过曲折流传过程的国宝级文物，就陈列在南京市博物馆新建的“玉堂佳器”精品展厅里，供海内外各界嘉宾与人士观赏。

国宝简读

萧何月下追韩信图梅瓶是中国陶瓷史上具有划时代水平的青花梅瓶代表作之一，有关资料显示，中国国内博物馆收藏的各地传世、出土的元代青花瓷器只有100多件，散落在世界各地的元青花瓷另有200多件。而其中发掘出土绘有人物故事图案的更是少之又少。因为稀少，更赋予了它神秘的色彩。

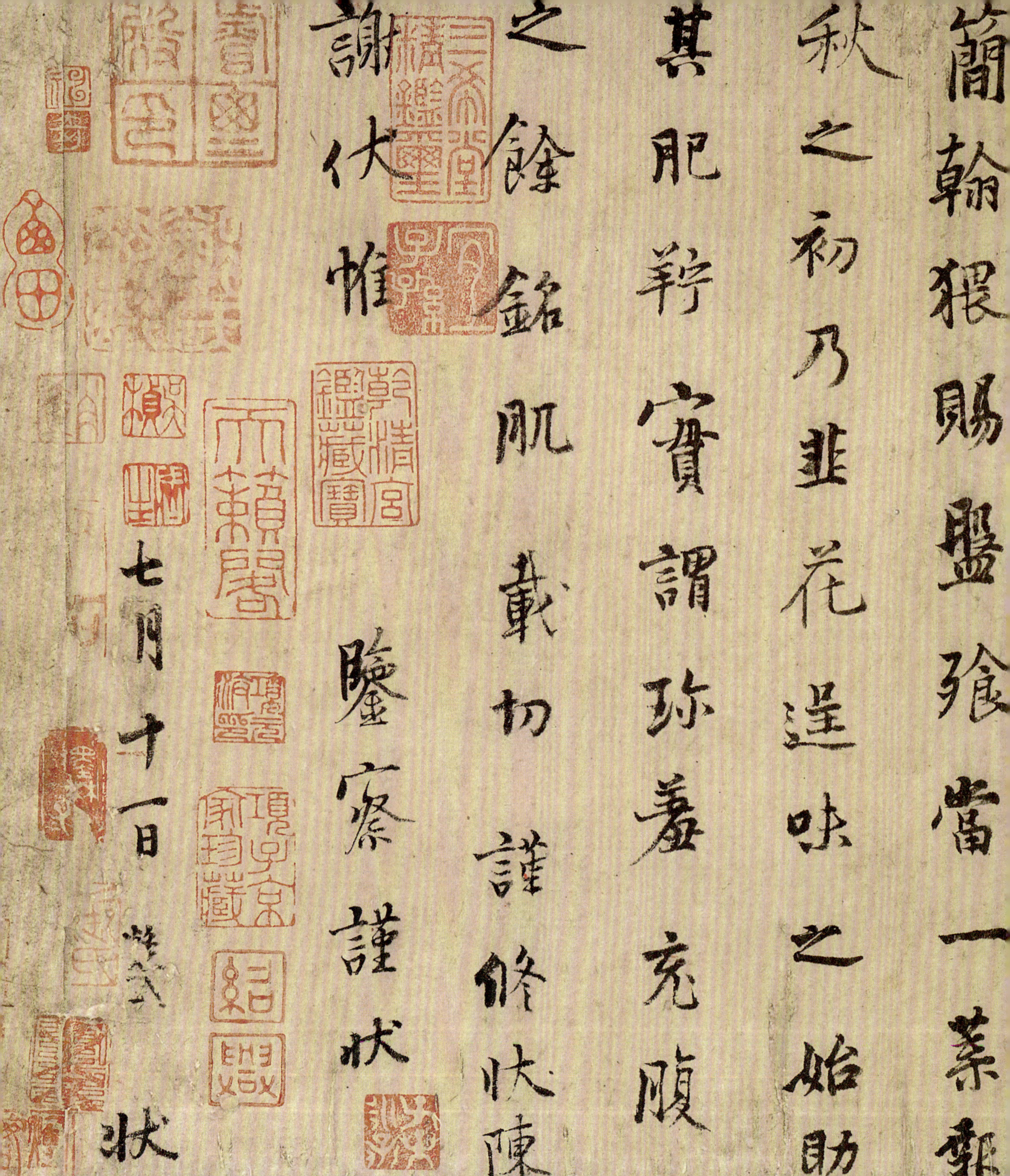

/ 无锡博物院 /

杨疯子的翰墨风流

行楷《韭花帖》卷

艺 术 家：杨凝式

规格尺寸：本幅纵 26 厘米，横 28 厘米

年　　代：五代

藏品来源：清宫旧藏

楊少師韭花帖妙蹟

书法原文如下：昼寝乍兴，輖饥正甚，忽蒙简翰，猥赐盘飧。当一叶报秋之初，乃韭花逞味之始。助其肥羜，实谓珍羞，充腹之馀，铭肌载切。谨修状陈谢，伏惟鉴察。谨状。七月十一日状。

“杨疯子”何许人也

“俗书只识兰亭面，欲换凡骨无金丹。谁知洛阳杨风子，下笔便到乌丝阑。”宋代书法家黄庭坚这首绝句中的“杨风子”指的便是杨凝式。

说到杨凝式，可真是书法史上的一个传奇人物。他生于唐代末年，在五代时期的每个朝廷都当过官，最终官至太子太保，就是太子的老师。他曾佯疯自晦，因此有杨风子（疯子）这一绰号。杨凝式一生潇洒自如，为人豪放不羁，不仅仕途畅通，他在书法上的突出成就也是我们不能忽略的。杨凝式的书法初学欧阳询、颜真卿，后又学习王羲之、王献之，一变唐法，用笔奔放奇逸，无论布白，还是结体，都令人耳目一新。杨凝式以“疯”而出名，他的一些趣事死后还经常被人提起。比如，有一次杨凝式乘车回府，他性子急，说车马走得太慢，干脆下车，自己拄着手杖步行，路边的行人都指着他笑，但杨凝式毫不在意。由此可见杨凝式洒脱自如的处世之道。

一件因吃而成就的笔墨神迹

《韭花帖》的内容为一封信札，共 7 行，63 字。叙述的是杨凝式午睡起来，饥肠辘辘，正好碰到朋友送给他韭花，他觉得十分可口，三两下就吃光了，真是人间美味啊，于是提笔给送韭花的友人写了这个著名的感谢帖。

引首为乾隆帝八字行楷：“杨少师韭花帖妙迹”，引首中间上方钤“乾隆御笔”朱文方印，为清宫旧藏。本帖后有诸家题跋，且有多方鉴藏印章，具有很高的史料价值。在《韭花帖》卷中我们可以看到一枚“吃货”萧散闲适的心境，这信手随笔的书札也成为书法史上不可多得的千古佳作。

杨凝式流传下来的书法作品并不多，只有《韭花帖》《卢鸿草堂十志图跋》《神仙起居法》和《夏热帖》等几种。目前所知《韭花帖》有三本，但比较可信的只有两本，一是无锡博物院收藏的清宫内府本，另一本是清末著名考古学家、收藏家罗振玉的所藏，但罗振玉本自 1945 年后就不知所踪，很可能已经毁于战乱。这两个版本《韭花贴》的真伪在书法界一直是有争议的。

无锡博物院所藏本曾由清宫内府珍藏，它曾入编《石渠宝笈》，还被收入《三希堂法帖》。20 世纪 20 年代，《韭花帖》被溥仪偷盗出宫，后归无锡某私人收藏家，1982 年入藏无锡博物院。

《韭花帖》卷以行楷书写就，墨迹，麻纸本，为国家一级文物。整幅作品布局疏朗大气，用笔率性洒脱，时行时楷，时收时放，情绪饱满，开阖有度。《韭花帖》卷在清宫内府收藏的历代书法作品中地位超然，被公认为天下第五行书。

/ 徐州博物馆 /

年代最早的珠襦玉匣

金缕玉衣

年　　代：西汉
规格尺寸：长 175 厘米，宽 68 厘米
藏品来源：1984 年江苏省徐州市狮子山楚王墓出土

徐州狮子山楚王墓出土的金缕玉衣由头罩、前胸、后背、左右袖筒、左右裤管、左右手套、左右靴等十余套部件组成。该玉衣共用玉片 4248 片，均由新疆和田玉制成，玉质白而温润，呈半透明状。玉衣片尺寸较小，最大的玉鞋片不足 9 平方厘米，最小的不足 1 平方厘米，有的厚度仅有 1 毫米。这套金缕玉衣是目前国内出土的年代最早、玉片数量最多、玉质最好、制作工艺最精的玉衣。

玉衣的神秘力量

玉衣又名“玉柙”“玉匣”，是汉代皇帝和高级贵族死后穿用的殓尸用具，用金属丝或丝线将玉片连缀而成，也是中国最具特色的丧葬用玉。汉代玉衣有金缕玉衣、银缕玉衣、铜缕玉衣和丝缕玉衣等。身份地位不同，连缀玉衣所用的线缕材质也不一样。东汉时期，玉衣的使用已形成严格的制度，据文献记载，东汉皇帝死后使用金缕玉衣，诸侯王、列侯、皇妃、公主用银缕玉衣，前一代皇帝的姬妾和皇帝的姐妹用铜缕玉衣。不过西汉时玉衣制作尚未形成严格的等级制度，所以已发现的西汉诸侯王的玉衣，既有金缕，也有银缕、丝缕。

古人为什么要用玉衣作殓服呢？这同古代人们的魂魄观念有关。古人认为，人死之后魂魄分离，魂气升天，形魄归地。于是，人们既要使魂气顺利升天，

又要保护形魄，使其在地下维持死前生活。那么，怎样才能达到让形魄、也就是尸体不腐的目的呢？人们认为玉石是天地之精，有防腐功能，具有神秘的通灵力量。所以，早在四千年前就出现了用玉殓葬的做法。

金缕玉衣的发现和修复

1984 年，徐州东郊的一处工地上意外发现了一批汉代陶俑。考古工作者顺着陪葬的陶俑军阵，找到狮子山的一处古墓。经过认真勘探，古墓入口被找到，只可惜早有盗墓贼捷足先登。盗墓者巧妙地移开了重达五六吨的塞石（用来堵塞入口的大石头）中的一块，通过盗洞盗走了墓中绝大多数的金银制品。玉衣出土时已严重散乱，因为它曾被盗墓者从棺室中拖到塞石上，抽走金丝，玉衣片散布于墓道及塞石之间的夹缝中，不少玉片在抽取金丝时被损坏。

为什么盗墓贼只是抽走了玉衣上的金丝，而不盗走玉制品和玉片呢？这是因为贵金属制品被盗后，可以通过加工方法消灭罪证。而玉制品不能熔化转制，转手或留藏的话极易留下犯罪线索。这对于金缕玉衣来说，是不幸中的万幸。

2001 年，徐州博物馆对玉衣进行了修复，专家团队花了数年时间，经过清洗、抛光、补充、连缀等多道工序，才终于近乎完美地修复了这件国宝级金缕玉衣。

/ 上海博物馆 /

克家族和潘氏家族

大克鼎

年　　代：西周中期
规格尺寸：高 93.1 厘米，口径 75.6 厘米，重 201.5 千克
藏品来源：清光绪中期陕西省扶风县法门镇任村出土

克家族：来自西周的青铜史书

大克鼎是西周中期圆鼎的典型式样，其口沿微敛，方唇宽沿，腹略鼓而呈下垂之势，腹壁厚实，大立耳，蹄足，形制厚重，充分表现出了青铜鼎威严、庄重的礼器特性。口沿下饰变形兽面纹，间隔以六道棱脊，腹部饰波曲纹，两方连续的纹饰使传统神秘的兽面纹增加了韵律感。三蹄足上端均有兽首装饰。

大克鼎内壁铸铭文 28 行，290 字，记录了器主克家族的荣光。内容大致可分为两段，第一段是克歌颂自己的先祖师华父，夸赞他有着冲和谦让的心胸、宁静的性格和美好的德行，周天子考虑到其先祖辅佐王室、施恩于民的功绩，任命克做宫廷大臣，“出则传递王命，入则传递民情。”第二段则记录了周王册命克的仪式及赏赐物的内容，周王还要克日夜谨敬地执行自己的任务，不要忘记周王的恩赐。于是克跪拜叩头，称颂天子的美德，并铸造了这件鼎来祭祀其祖师华父。这篇铭文不仅是研究西周社会的重要史料，也是中国金文书法史中的重要作品，其字体结构严谨，舒展端雅，是西周大篆之典范。

潘氏家族：战火纷飞中的流转

大克鼎与潘氏家族的结缘是在制成之后两千多年的近代。光绪年间，在陕西省扶风县，一位任姓村民挖土时偶得大克鼎。出土后的大克鼎，几经转手。当时在北京担任官职，同时也是著名金石学家的潘祖荫听到消息，“倾囊购之，至罄衣物不恤”。潘祖荫去世后，大克鼎被其弟潘祖年运回老家苏州。潘祖年去世后，保护珍宝的重任落到了潘家唯一的后人——潘承镜身上。但潘承镜婚后仅 3 个月便去世了，他的妻子潘达于扛起了担子。抗日战争时期，日寇节节进逼，苏州城危在旦夕，于是潘达于命人把大克鼎深埋于地下，躲过了日军多次搜查。中华人民共和国成立后，潘达于决定将大克鼎捐出。上海市文物保管委员会受捐后，向潘达于颁发现金奖励，但潘达于分毫不留，将其全部捐给抗美援朝事业。潘达于女士的名字也随大克鼎一起进入上海博物馆，接受世人赞颂。

国宝简读

大克鼎又名“膳夫克鼎”，是西周时期一位名叫克的人为祭祀祖父而制作的鼎。大克鼎、大盂鼎与毛公鼎并称“晚清海内青铜器三宝”，即使近年来有较多考古新发现，但大克鼎与大盂鼎仍是有铭文的青铜圆鼎中最大的两件，十分尊贵。讲述大克鼎的故事，就必须讲到一早一晚两个家族，分别是器主克的家族与时隔两千多年的收藏者潘氏家族。

/ 上海博物馆 /

遗失海外重回故土的国宝

晋侯稣钟

年　　代：西周晚期

规格尺寸：大者高 52 厘米，小者高 22 厘米

藏品来源：1992 年山西省曲沃县北赵村晋侯墓地 8 号墓出土

一套分隔两地的编钟

1992 年 8 月，山西曲沃北赵村晋侯墓遭到盗掘，大量器物被盗走。之后，香港的古玩市场上就出现了 14 枚编钟，但因编钟上铭文为錾刻，不同于其他西周青铜器铸造铭文，这 14 枚编钟被多数藏家认为是赝品，故而无人问津。香港中文大学张光裕教授看到这 14 枚编钟后，立即告诉上海博物馆馆长马承源先生，马先生是我国著名的青铜器鉴定专家，在看了相关资料后，马承源先生认定其为真品，遂在上海市政府的支持下，以百万之价买下了这 14 枚编钟。这 14 枚编钟的最后一枚，上面铭文的最后三字为“稣其邁（万）”，从内容上来说，是突然断掉了，显然这 14 枚编钟并非完整的一套。

与此同时，北京大学考古系与山西省考古研究所联合发掘了一座被盗的晋侯大墓，该墓编号为 8 号墓，墓中出土刻有铭文的两枚甬钟，上面的文字分别为“年无疆子子孙孙”“永宝兹钟”。从铭文内容来看，恰好可与那 14 枚编钟连读。在得知上海博物馆抢救回晋国编钟后，参与 8 号墓发掘的考古学家邹衡先生就带着资料来到上海博物馆，结果发现这两处的编钟不仅铭文内容有连续性，而且风格一致，字体相仿，由此证明这 14 枚从香港抢救回来的编钟正是晋侯墓地 8 号墓遭盗掘而流失的编钟。所以晋侯稣钟总共 16 枚，分为两组，每组八枚，现在分别藏于上海博物馆和山西博物院。

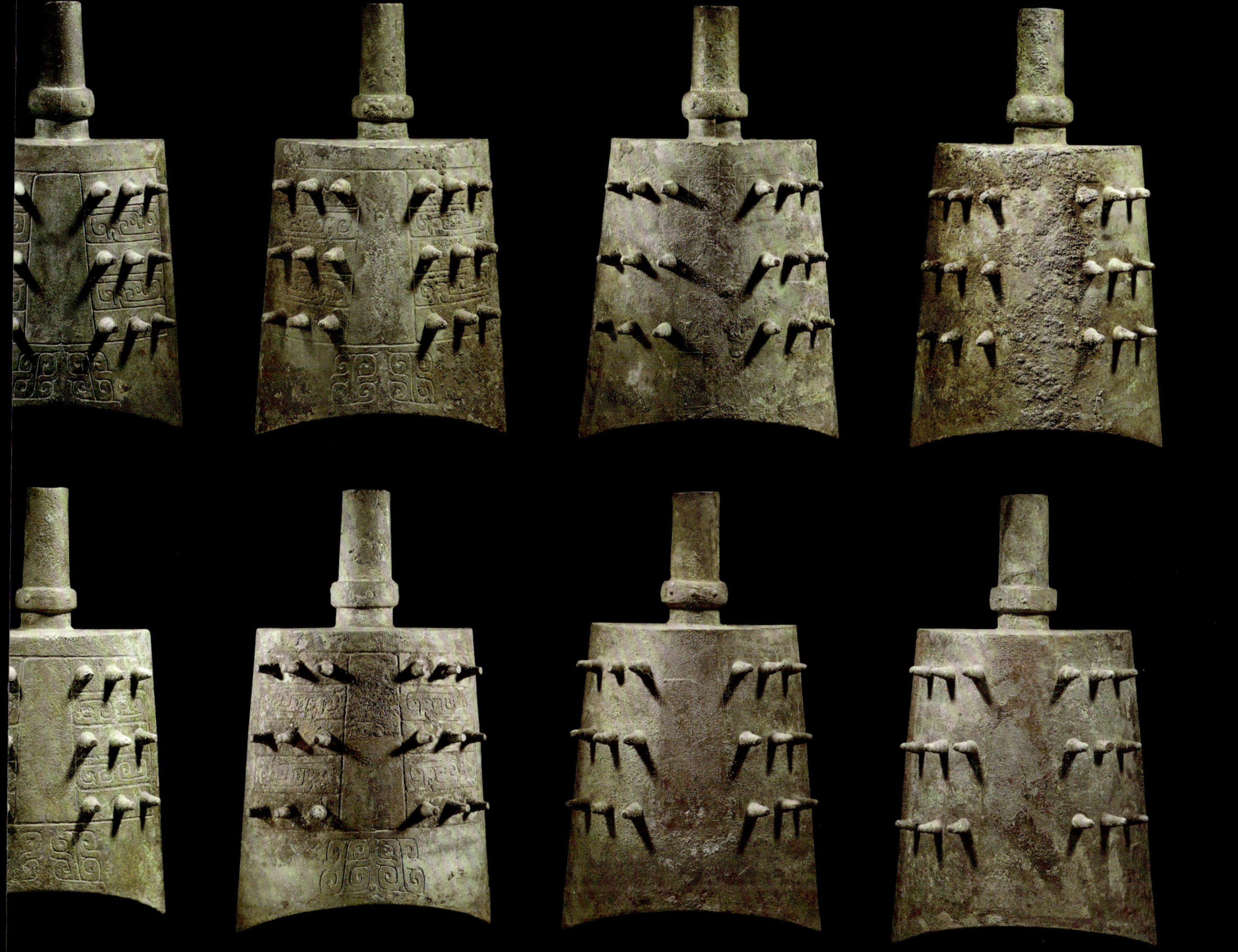

中国是钟的国度，世界上最早的钟就诞生于此。早在距今 2800 多年的晋国，就有这么一套编钟，工艺先进，音色和美，正是晋侯稣钟，即晋侯稣的编钟。它比众所周知的曾侯乙编钟还要早 400 年左右，其上刻有大量铭文，对于先秦史、音乐史以及西周年历学的研究都有重要价值。

不为人知的周厉王

晋侯稣钟的铭文共有 355 字，其中重文 9 字，合文 7 字，记叙了西周晚期一场激烈的战斗。根据马承源先生的解读，晋侯稣钟铭文记载的是周厉王三十三年（前 846），晋侯稣参加了一场由天子亲自指挥的战争。征伐对象为夙夷。周军在厉王部署下，于三月抵达前方，兵分数路开始进攻。晋侯稣的队伍大获全胜，斩首 120 人，俘获 23 人。周厉王亲临前线，命令晋侯稣乘胜追击，继续北上，再次取得斩首 360 人，俘获 91 人的战绩。晋侯稣功勋卓著，回到成周（今河南洛阳）后，周厉王隆重地赏赐了晋侯稣。为了报答并颂扬天子的美德，晋侯稣派人铸造了这套编钟。

铭文记载的周厉王与历史上引发“国人暴动”的周厉王的暴君形象截然不同。在铭文中，周厉王用了大概两年的时间亲征远方，他指挥有度，战果辉煌。然而铭文中这场战争却从未见于传世文献的记载，周厉王的功绩也被遗忘在历史的尘埃中，直至晋侯稣钟的横空出世。这套编钟的出土不仅改写了周厉王的历史，更是研究晋国历史的重要资料。

跨越 2600 年的爱情
子仲姜盘

年　　代：春秋早期
规格尺寸：高 18 厘米，口径 45 厘米
藏品来源：1997 年香港收藏家叶肇夫捐赠

铜盘中的小型“动物园”

子仲姜盘折沿，浅腹，圈足下有三个老虎形的支脚，双附耳，附耳高出盘沿甚多；与附耳呈对角的位置另有双兽形鋬，曲角圆眼、四肢攀附器腹，作探水状。盘的外壁饰中目突出的窃曲纹，附耳外侧装饰重环纹，内侧为素面；圈足饰垂鳞纹，整件器物体形较大，器壁厚重，风格质朴浑厚。

盘内共铸造了 31 个水族动物，有水鸟、鱼、青蛙和乌龟，其中 20 个浅浮雕，11 个立体圆雕，按一定规则交错排列成五圈。盘中央立有一圆雕雄性水鸟，第一圈为浮雕的两蛙、两龟，第二圈为四条立体的鱼，第三圈为立体的四只雌性水鸟，间饰龟与蛙，第四圈为立体的三蛙与七只浮雕的鱼。可以想见，在使用时，随着水流冲下，盘内的圆雕动物也会随着转动，看起来必定十分有趣。虽然此盘采取分铸手法，但每个圆雕动物的平均长度只有 6.5 厘米。盘底的立体动物在经过 2600 多年后大部分还能作 360 度转动，仅个别因锈蚀无法转动，此种艺术表现手法前所未见，足以展现春秋早期铸造工艺的进步。

见证爱情的信物

子仲姜盘内底铸铭 6 行 32 字（重文 2），铭文大意是六月初吉辛亥日，大师为夫人子仲姜制作盥洗用盘，盘大且好，用以祈求长寿，后世子孙要永用为宝。晋国司职礼乐音律的大夫称为“师”。这位大师虽然没能留下姓名，但他怀着对夫人的尊重与爱意，为夫人定制了这件精美至极的青铜盘，记录下一对恩爱夫妻的日常生活。

子仲姜盘在早年出土后就不幸流失海外，是中国驻外机构整整追踪了 9 年的两件国宝之一，后由香港太阳集团董事会主席叶肇夫先生收藏。1997 年 6 月 11 日，在距离香港回归只有二十天的日子里，叶肇夫先生将其无偿捐献给上海博物馆。

马承源先生所撰《跋子仲姜盘》中讲道："在合范浇注铜液时，轴和盘插进只能保留一层极薄的泥料，在铜液高温作用之下如何保持泥料敷填物不脱落变形和较薄的盘心不漏水，实在是高难度的技术问题。"

国宝简读

子仲姜盘是藏于上海博物馆的一件用于盥洗的盛水器，盘内装饰各种浮雕和立雕的动物，这种装饰在青铜器中并不少见，但奇妙之处在于盘底的立雕动物都可以 360 度旋转，妙趣横生，世所罕见。这件 2600 多年前的文物不仅反映了当时工匠高超的制作技艺，盘上的铭文还记录了一对恩爱夫妻的日常生活。

/ 上海博物馆 /

秦统一六国的奠基者

商鞅方升

年　　代：战国
规格尺寸：全长 18.7 厘米，容积 202.15 毫升
藏品来源：1981 年上海博物馆收购龚旭仁收藏

底面铭文为“廿六年，皇帝尽并兼天下诸侯，黔首大安，立号为皇帝。乃诏丞相状、绾，法度量则不壹，歉疑者皆明壹之。”

商鞅方升是战国时代秦国铜制量器，用于计量容积。计量史专家丘光明女士提到过商鞅方升是文史界无人不知的国宝级文物，更是中国度量衡史不可不提的标志性器物，是战国至秦汉容量、长度单位量值赖以比较的标准。

方升柄对侧刻有“重泉”，即今陕西蒲城县，可能是此件方升最初的使用地。

商鞅变法与度量衡

商鞅方升，旧名商鞅量，长方形有柄量器，一侧有中空柄，其余三侧及底面皆刻有铭文。左壁刻："十八年，齐遣卿大夫众来聘，冬十二月乙酉，大良造鞅，爰积十六尊（寸）五分尊（寸）壹为升。"这段铭文大意为，秦孝公十八年（前 344），任大良造官职的商鞅监造这件方升，十六又五分之一立方寸为一升。大家都知道商鞅为推行变法而徙木立信的故事，制作标准量器正是商鞅变法中的一项重要内容。方升柄对侧刻有"重泉"二字，应为地名，在今陕西蒲城县，与前述铭文同时而刻，可能是此件方升最初的使用地。

底面铭文为"廿六年，皇帝尽并兼天下诸侯，黔首大安，立号为皇帝。乃诏丞相状、绾，法度量则不壹，歉疑者皆明壹之。"这篇铭文与上述铭文不是同一时期刻成，而是后加的。它是一篇秦始皇颁布的诏书，反映了秦始皇二十六年（前 221）统一六国后，依然采用商鞅定下的标准统一全国度量衡的情况。商鞅方升历经商鞅变法和秦始皇统一中国两个重大历史节点，历史价值弥足珍贵。

"秦王扫六合"之基

商鞅变法让秦国变成了一个强大的国家，这一举措促进了秦国国内经济的交流，确立了中央集权的政治制度，为以后秦国的统一奠定了基础。汉代王充有言："商鞅相孝公，为秦开帝业"。即使后来商鞅因变法侵犯了贵族的利益，惨遭车裂，但其开创的包括统一度量衡在内的一系列制度，几乎完全被承袭下来。秦始皇统一六国后，又将它颁行天下，一国之制推广为天下大法，奠定了以后大一统中国的政治、文化与经济基础。此后，"汉承秦制"，方升容量和尺度的量值一直延续到汉末，足以证明其影响深远，商鞅方升则是中国度量衡史上极为重要的实物资料。

左壁铭文释文："十八年，齐遣卿大夫众来聘，冬十二月乙酉，大良造鞅，爰积十六尊（寸）五分尊（寸）壹为升。"

/ 浙江省博物馆 /

原始牙雕艺术珍品

“双鸟朝阳”牙雕

年　　代：新石器时代·河姆渡文化
规格尺寸：长 16.6 厘米，宽 6.3 厘米，厚 1.2 厘米
藏品来源：1977 年浙江省余姚市河姆渡遗址出土

河姆渡遗址共出土同类牙雕器物 6 件，制作精致，全器大多呈圆角倒“凹”字形，正面大多阴刻以重圈纹、多重弧线纹组合的各式图案，也有以鸟形图案为主题者。

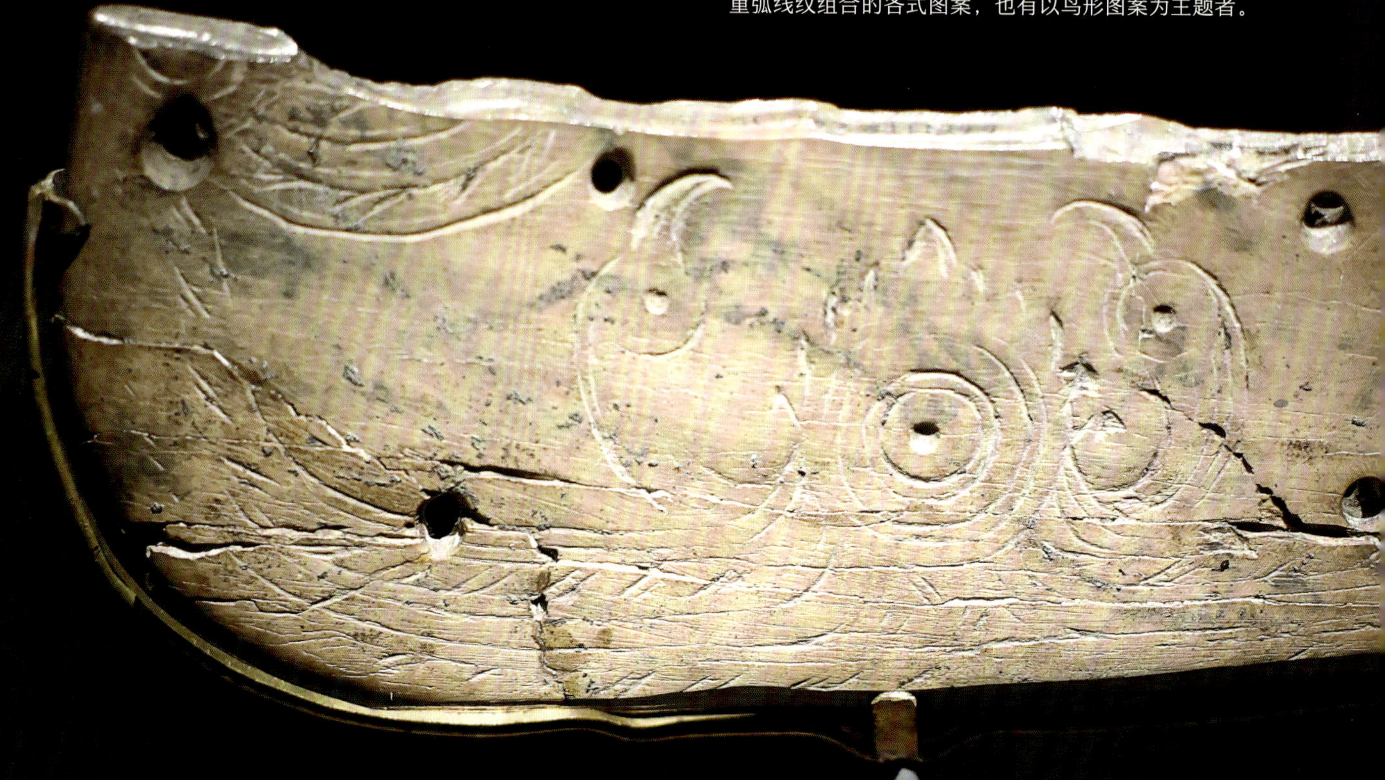

国宝简读

河姆渡遗址发现的这件“双鸟朝阳”牙雕，对后世产生了深远的影响，开创了此类雕刻艺术的先河。王仁湘先生指出，良渚的微刻技艺都是阳刻与阴刻相结合的技法。这种“阴加阳”的艺术构图传统，线条细密，构图严谨，工艺异常精湛。王先生发现这种“阴加阳”的艺术构图传统，承自比其更早的崧泽文化与河姆渡文化。

河姆渡遗址的发掘历程

河姆渡遗址位于杭州湾南岸的宁绍平原东部，四明山区北麓和慈溪南部山地之间的峡港型海积平原。遗址分布范围东西长宽均在 200 多米，总面积约 5 万平方米左右，保存情况良好。遗址区地势低平，地表平均海拔高度为 1.1 米左右。

1973 年夏，当地在遗址西北角的姚江边建造排涝站，在挖掘安装排涝设备的坑基时，在距地表 3 米多的层位发现了一批骨器、石器和黑色陶器以及大量的动物遗骸。这引起了当地有关部门的重视，立即停工报告给了当地文物部门等候处理。随后，浙江省博物馆派工作人员和当地的工作人员对遗址进行复查，嗣后进行了试掘工作，发现了一批有别于其他遗址的遗物。同年 11 月到 1974 年 1 月，为配合当地五金厂扩建工程，有关部门对河姆渡遗址进行了第一次正式发掘，发掘面积 700 平方米，发现了大量的遗迹遗物，尤其是带有榫卯结构的木建筑遗迹的发现，具有重大意义。在 1977 年到 1978 年，专家又进行了第二次发掘，进一步丰富了河姆渡遗址的文化内涵，补充了许多重要的资料。21 世纪初，河姆渡遗址被评为“中国 20 世纪 100 项考古大发现”之一。

双鸟朝阳的文化内涵

在河姆渡遗址，考古工作者还发现了大量的骨、牙器。其中有一种十分奇特的器物，《河姆渡——新石器时代遗址考古发掘报告》中称为“蝶形器”。在河姆渡遗址发现了不同种类的此类器物，共计 35 件，有石质、骨质、木质三类。其中一件标本编号为 T226 ③ B:79 的器物可以说是精品中的精品。该件器物正面刻有连体双鸟太阳纹，上下部均已残损，两角圆弧，正面磨光后阴刻图案一组，中心钻一小圆窝为圆心，外刻同心圆纹五周，圆外上半部刻“火焰”纹，似象征烈日光芒，两侧各刻对称的回头望顾的鹰嘴形鸟各一。鸟头中心钻有小圆窝为眼睛，鸟头上部两侧各钻有不等的小圆孔两个，下侧各钻有小圆孔一个，小圆孔和斜线共同组成连弧图案，背面制作较粗糙。可见，这件器物在使用中是有方向的，把刻划有纹饰的这面朝向观者。

河姆渡遗址发现的这件“双鸟朝阳”纹器物是河姆渡人精湛技术工艺的反映。当时的人们切取象牙后，磨制出雏形，然后用尖锐的工具进行雕刻，雕刻的线条流畅生动，动感十足，给人以美的享受。

中华五千年文明的实证

玉琮王

年　　代：新石器时代 · 良渚文化
规格尺寸：通高 8.9 厘米，上射径 17.1 ~ 17.6 厘米，下射径 16.5 ~ 17.5 厘米，
　　　　　外孔径 5 厘米，内孔径 3.8 厘米
藏品来源：1986 年浙江省杭州市余杭县（今余杭区）反山遗址 12 号墓出土

良渚文化是中华文明的代表之一，它以玉器为特色，其数量、体量、种类及工艺均达到中国史前琢玉水平的巅峰，是实证中华五千年文明的一大关键所在。良渚玉器中知名度最高的要数现藏于浙江省博物馆重达 6.5 千克的“玉琮王”。

与众不同的玉琮

玉琮王出土于浙江省余杭县反山12号墓，属于良渚文化。良渚文化是距今5300—4000年前后分布于我国长江下游、环太湖流域的新石器时代晚期文化。良渚文化遗址出土的琮、璧一类玉器数量之多和工艺之精，为同时代其他文化所未见。这件玉琮王就是良渚玉文化的代表之作，它的玉材为产于江浙一带的透闪石质白玉，颜色呈嫩白色略偏浅黄，一侧有紫红色的不规则瑕斑，俯视近似玉璧形。这件玉琮是已发现的良渚玉琮中最大、最重、做工最精美的一件，堪称良渚玉器之首，所以被称为“玉琮王”。

“玉琮王”的纹饰与常见的玉琮也有所不同，可以分成两个纹饰区。其中一个纹饰区是四个正面的直槽内上、下各有一个神人与兽面复合像，共八个，直槽内雕刻纹饰尚属首见。神人兽面复合像表现为头戴羽毛发冠、骑在神兽之上，主体的“神人”，面部呈倒梯形，眼睛、鼻子、牙齿都非常写实，应是良渚人崇拜的“神徽”。纹饰区之二是以转角为中轴线向两侧展开的简化“神徽”。四角相同，左右对称。格局与直槽内的“神徽”一致，省去了神人的四肢，冠帽作了变形，面部略有简化，增加了一对“神鸟”。如此精美的纹饰与布局，代表了中国古代史前时代玉器制作的最高峰，不由得让人钦佩远古先民玉器制作的技艺高超。

五千年文明的“代言人”

玉器在中华文明的形成过程中发挥了无法替代的特殊作用，正所谓“藏礼于器”。而良渚文化在成功申请世界文化遗产后，也让这件制作精美、体量巨大的“玉琮王”，成为中华5000年文明的“代言人”。

玉琮上的神人兽面纹代表了某种特别的含义，可能反映了当时人们的宗教信仰，商周青铜器上的饕餮纹，也和它有一定的联系。从良渚文明到商周文明，已隔1000余年，而文化符号却一脉相承，令人惊叹，这说明良渚文化的部分因素已成为中华文明的重要基因。作为5000年文明实证的“玉琮王”，现在正静静地躺在浙江省博物馆的展厅里，注视着5000年后前来参观的人们。

玉琮王上琢刻细腻的神人兽面纹

/ 浙江省博物馆 /

战国时期的建筑模型

伎乐铜房屋模型

年　　代：战国
规格尺寸：通高 17 厘米，面宽 13 厘米，进深 11.5 厘米
藏品来源：1982 年浙江省绍兴市坡塘公社（今鉴湖街道）狮子山 306 号战国墓出土

2000 年前的越人“音乐会”

伎乐铜屋于 1982 年 3 月出土于绍兴市坡塘公社狮子山遗址一座战国时期编号为 306 的墓葬中。这件铜屋南向置于墓穴壁龛中，是此墓最珍贵的随葬品，也是目前全国唯一一座先秦时期的青铜房屋模型。

伎乐铜屋通体为青铜材质，平面作长方形，三开间，三进深。南面敞开，无墙、门，立圆形明柱两根。东西两面为长方格透空落地式立壁。北墙仅在中心部位开一小窗，内有六个人俑，分两排：前排右边一人面向西，前面放置一鼓，身份应该是鼓师；前排左、中两人面向南，双手交叠置于小腹，作吟唱状；后排中间一人面向南，膝上横筑，右手执一小棍，左手抚弦；后排东边一人面向南，双手捧笙；后排西边一人也面向南，膝上放一长条形琴，双手均置于琴上。六个人俑分工明确。屋顶作四角攒尖顶，上设 7 厘米高的八角柱，柱顶有一鸟，柱身中空，但不与屋顶相通。屋下有四阶。器身密布大面积的具有南方特色的纹饰。铜屋中的奏乐人反映了越人音乐生活的生动场景，观者面对此物仿佛正在观看一场 2000 年前的音乐会。从铸造痕迹观察，此屋铸造时先将屋顶、乐器、乐师等分别浇铸，最后合模铸成全屋。

越人对鸟图腾的崇拜

有学者认为，伎乐铜屋顶部那根 7 厘米高的八角柱应为图腾柱。大量的民族学材料证明，图腾崇拜是氏族社会重要的精神支柱，是原始信仰的重要组成部分。而图腾柱顶端的那只鸟，很可能是古代文献中记载的“鸠”鸟。《搜神记》卷十二中提到过“越地深山中有鸟大如鸠”，“越人谓此鸟是越祝之祖也”。显然，鸠鸟与掌握祭祀等活动的越祝祖先有关系。八角柱上雕饰的云纹，显然是象征柱身高入云端和图腾（鸠鸟）居住上苍之意，越人大概是希望借助鸠鸟将祈福的心愿传达给天上的神明。

国宝简读

先秦时期有许多音乐文物流传至今，最为常见的有编钟、编磬等乐器。这件伎乐铜屋则生动展现了战国时期王公贵族在家中享受音乐的场景。伎乐铜屋外观小巧精致，制作工艺复杂，对了解当时的建筑形态、人物形象、生活习俗、祭祀仪式等具有重要意义。通过观察这件器物，古代越人生活的画面也变得较为丰满和清晰。

通观此屋，虽然铸造时省去了室内金柱和梁架结构，但基本上仍是仿自实物的缩小模型，为研究战国时期越地建筑及相关问题提供了重要依据。

/ 浙江省博物馆 /

吴越故地的越国利刃

越王者旨於睗剑

年　　代：战国
规格尺寸：通长 52.4 厘米
藏品来源：1995 年浙江省杭州钢铁集团公司自香港购得后捐赠

宝剑精妙的铸造技术

这把宝剑为青铜制，剑体较阔，中脊起线，双刃呈弧形，于近锋处收狭。圆盘形剑首，圆茎上有两凸箍，箍饰变形兽面纹，剑格两面铸双钩鸟虫书铭文（鸟虫书是春秋中后期至战国时代盛行于吴、越等南方诸国的一种美术字体），铭文共八字，正面为“戉（越）王戉（越）王”，反面为“者旨於睗”。经学者考证，越王者旨於睗也就是《史记》记载的越王勾践之子鼫与。“者旨”读为“诸稽”，是越王的氏，“於睗”是名，剑铭正确的阅读顺序应为“越王者旨”和“越王於睗”。铭文字口间镶嵌有绿松石，现有部分脱落，脱落处显出红色粘接材料的痕迹。剑茎绕丝质缠缑，先秦两汉时期将缠绕剑柄的丝绳或麻绳称为“缑蒯”，其作用在于防止剑器意外脱手，这件器物上的丝质缠缑已呈黑色，带宽约 2 毫米，松散地卷绕在整个剑柄上。越王者旨於睗剑附有完整的剑鞘，系用两块薄木片黏合而成，外用丝线缠缚加固，再髹以黑漆。

剑格上的铭文和剑柄上的“缑蒯”放大后的效果图。

越王者旨於睗在位六年（前 464—前 459），时间不长，带有越王者旨於睗铭文的传世宝剑共有 7 件，大多数锈蚀严重，甚至残断，浙江省博物馆所藏这柄保存最为完好，距今虽然已有 2400 余年的时间，但剑身光亮如新，在出土或传世的吴、越剑中可谓绝无仅有。这把越王者旨於睗剑从多个方面反映了春秋战国时期吴越地区卓绝的青铜冶炼和铸造技术。据文献记载，春秋战国时期吴越的铜、锡品质优良，《考工记》载“燕之角、荆之干、妢胡之笴、吴粤（越）之金锡，此材之美者也”。对这把剑的成分分析表明，其金属成分纯净，杂质很少，且合金比例十分恰当，达到了硬度与韧度的最佳结合。这把宝剑的剑格、剑箍、剑首、剑身是分别铸造成型，而后接铸到一起的，但其接铸水平很高，肉眼难以察觉连接痕迹。

流落在外的曲折经历

这把越王者旨於睗剑出自浙江，后辗转流入香港。幸运的是，1995 年著名青铜器专家马承源发现了这把宝剑，他立刻与浙江省博物馆取得联系，筹划赎回国宝，然而由于财政紧张，浙江省博物馆无力承担 100 多万的购置经费。在最后时刻，杭州钢铁集团公司出资 136 万元港币赎回此剑，并将它捐赠给浙江省博物馆，使流失在外多年的越王者旨於睗剑重回越国故里，成为浙江省博物馆的镇馆之宝之一。

剑乃“百刃之君”。这把越王者旨於睗剑保存完好，不朽不蚀，它与湖北发现的越王勾践剑可并称越剑“双绝”。通过对这柄宝剑制作工艺的研究，我们对越国兵器冶铸技术有了更为深入的认识。

/ 浙江省博物馆 /

一张唐琴的传奇

落霞式“彩凤鸣岐”七弦琴

年　　代：唐

规格尺寸：琴长 124.8 厘米，隐间 116.3 厘米，额宽 16.3 厘米，肩宽 18.8 厘米，尾宽 12.5 厘米，厚 5.4 厘米

藏品来源：1953 年宁波商帮代表人物徐桴后人捐赠

唐琴的前世今生

“彩凤鸣岐”琴，落霞式，琴体浑厚，琴面微凸，鹿角灰胎，从琴面漆灰剥落处看，漆灰较厚，似为瓦灰，应该是杨宗稷重修时刮去琴面原漆灰后上的瓦灰胎。琴背以栗壳色原漆为主，间朱漆，琴面与侧墙后加朱漆。琴背冰裂断兼小流水断，琴面断纹隐约可见，在三、四、五徽部位置，隐见类似梅花断的小圆圈断纹。长方形龙池凤沼。龙池上方有“彩凤鸣岐”琴名，另有杨宗稷的三段鉴赏铭文围绕龙池四周。龙池腹腔内有正楷“大唐开元二年雷威制”题刻。龙池两侧行书：“唐琴第一推雷公，蜀中九雷独称雄。”雷威是唐代著名斫琴大师。自隋开始，由于当时的蜀王杨秀爱琴，蜀地的制琴名匠辈出，其中尤以雷氏家族最负盛名，他们所制的琴被尊称为“雷琴”“雷公琴”“雷氏琴”。“彩凤鸣岐”原文出自《国语・周语上》：“周之兴也，鸑鷟鸣于岐山。”鸑鷟就是凤的别名。

除却作为“血统优良”的名师之作，“彩凤鸣岐”琴传承有序，这也大大增加了它的文物价值。清代道光时期，该琴被定慎郡王载铨收藏。1900 年“庚子之乱”后，载铨收藏散佚，该琴被民国琴学宗师杨宗稷高价购得，并著录于《琴学丛书》中，成为杨宗稷“半百琴斋”中最珍爱的三张古琴之一。杨宗稷去世以后，此琴又流转到浙江镇海徐桴手中。中华人民共和国建立后，徐桴后人把他的藏琴捐献给浙江省博物馆。

琴音千年后再现

2008 年，浙江省博物馆邀请著名的古琴家成公亮、丁承运和姚公白三位先生录制古琴唱片，再一次奏响了这张历经一千三百多年的古琴。成公亮用“彩凤鸣岐”演奏了《洞庭秋思》《阳关三叠》和《沉思的旋律》，他后来在《漫话五十年来的琴弦》一文中详细记录了对“彩凤鸣岐”琴的弹奏体验，文章写道：“《沉思的旋律》用‘彩凤鸣岐’琴弹奏，这张被杨宗稷先生在《藏琴录》中称为‘声音绝佳’，‘可谓凤毛麟角矣’的唐雷琴，音色柔和圆润、余音绵长，与此曲曲情非常合适。”现代琴家的弹奏体验与正是古代斫琴工匠追求的效果，这是中华传统文化历久绵长的最佳证据。

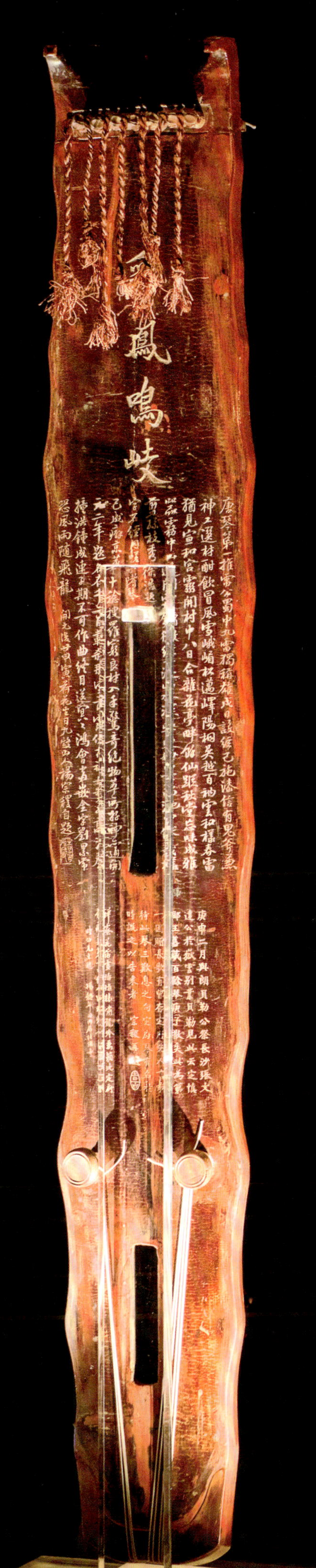

龙池两侧行书铭文：“唐琴第一推雷公，蜀中九雷独称雄。戊日设弦已施漆，信有鬼斧兼神工。选材酣饮冒风雪，峨嵋松迈峄阳桐。吴越百衲云和样，春雷犹见宣和宫。灵开村中八日合，杂花亭畔余仙踪。秋堂忘味成雅器，雾中山远闻霜镛。微弦一泛山水深，率更妙墨留池中。伏羲样剪孙枝秀，徐浩题字石经同。嗟予嗜琴已成癖，京华十稔搜罗穷。良材入手惊奇绝，物萃所好神亦通。开元二年题名在，千二百载刹那空。落霞仿古神女制，如敲清磬撞洪钟。成连子期不可作，曲终目送冥冥鸿。会当嵌金字刘累，常恐风雨随飞龙。”

浙江省博物馆藏“彩凤鸣岐”琴有钟磬金石之声，被杨时百先生赞为“声音绝佳，可谓凤毛麟角”。“彩凤鸣岐”琴历经磨难，依旧能完整地保留下来，成为流传有序的唐琴重器，实属不易。

/ 浙江省博物馆 /

五代十国吴越国的佛教瑰宝

吴越国鎏金纯银阿育王塔

年　　代：五代·吴越
规格尺寸：塔高 35.6 厘米；塔座宽 12.5 厘米，高 4.2 厘米；方形塔身宽 9.5 ~ 12.6 厘米，高 9 厘米；塔刹高 22.4 厘米，相轮直径 3.4 ~ 4.6 厘米，高 1.1 厘米
藏品来源：2001 年浙江省杭州市雷峰塔地宫出土

吴越国鎏金纯银阿育王塔在 2001 年出土于浙江省杭州市雷峰塔地宫。早年发现的阿育王塔多为铜、铁等金属铸造，而这件雷峰塔地宫出土的阿育王塔则为纯银打造，弥足珍贵。如今这座银塔作为国家一级文物藏于浙江省博物馆，是浙江省博物馆“十大镇馆之宝”之一。

神奇的塔中之塔

杭州雷峰塔地宫出土的阿育王塔是当年吴越国的国王钱俶专为雷峰塔铸造的。钱俶，原名钱弘俶，为避宋讳改名钱俶，是五代十国时期吴越国的第五位君主，太平兴国三年（978）献地归降北宋。

钱俶一生笃信佛教，慕阿育王造塔之事，仿照此典故造了八万四千座鎏金铜塔，作为藏佛经或舍利之用。当然，所谓“八万四千”佛塔并不是一个确定的数字，只是表示数目巨大。雷峰塔地宫出土的鎏金纯银阿育王塔与天宫出土的内置金舍利瓶的银阿育王塔，是钱俶所造塔中仅见的两座银塔。

此塔为鎏金银质，由基座、塔身（内藏金棺）、塔刹三部分构成，塔刹底座四角各耸立一朵蕉叶状山花。四角的山花蕉叶上有描述佛祖一生事迹的佛传故事画面 20 余幅，以连环画形式生动地反映了释迦牟尼佛诞生、在家、出家、成道与传法的历程。塔座方形，下有底板，每侧以壶门、小佛像作装饰。塔身方形，四面镂刻佛本生故事，每面一个，分别为萨埵太子舍身饲虎本生、尸毗王割肉贸鸽本生、快目王舍眼本生及月光王施首本生。

从塔身镂空处可见里面的金棺，根据文献记载可知，棺内所藏当为“佛螺髻发”舍利，但出于保护文物考虑和对佛教教义的尊重，塔身至今没有打开，金棺的形制、大小及内部情况尚不清楚。这种以塔内金棺瘗藏舍利的制度仿效了中国古代金棺、银椁的葬俗，体现了佛教中国化的趋势。

塔身
（内藏金棺）

基座
塔座方形，下有底板，每侧以壶门、小佛像作装饰。

雷峰塔实为“皇妃塔”

据《宋史》记载，开宝九年（976）正月，钱俶第一次离杭州赴汴京朝觐宋太祖，三月宋朝赐钱俶夫人孙氏为吴越国王妃，五月钱俶等回到杭州，十一月王妃孙氏染疾去世，次年春二月，即太平兴国二年（977），登基不久的宋太宗遣使追谥孙氏为“皇妃”，适逢“西关砖塔”落成。钱俶建雷峰塔本是为了奉安“佛螺髻发”，他将新塔命名为“皇妃塔”，则是为了缅怀亡妻孙妃以及感恩宋廷的封妃、谥妃之典。因为这座塔坐落于西湖南岸夕照山上，而夕照山又名雷峰，故后人多称之雷峰塔，“皇妃塔”之名反倒不彰。1924 年 9 月 25 日下午，屹立于西湖南畔夕照山上千年之久的雷峰塔轰然倒塌。2000 年 12 月，为配合雷峰塔重建工程，对雷峰塔遗址及地宫进行了考古发掘，2001 年，埋藏在地宫中的纯银阿育王塔才有机会重见天日。

/ 浙江省博物馆 /

白象塔彩塑中的精品

泥塑彩绘观音立像

年　　代：北宋
规格尺寸：身高 60 厘米，座高 4 厘米
藏品来源：1965 年浙江省温州市北宋白象塔出土

温州白象塔原称白塔，北宋崇宁三年（1104）始建，政和五年（1115）建成。1965 年，白象塔体经历 800 多年的风雨侵蚀，将近倒塌，在对其进行拆除时，清理出大批佛教文物。二层、一层为文物最集中处，占全塔发现文物总数的 90% 以上，每面塔壁内均砌有方形洞穴，储存各类文物，其中以北宋泥塑彩绘菩萨为最多，共出土 14 身。

这尊泥塑彩绘观音立像保存完好，高髻华冠，宝缯垂肩。面容端丽，眉目清秀。肩搭石绿色缠枝纹描金帔巾，内着红色菱格纹交领襦衣。袒胸露臂，肌肤洁白细腻。项饰瓔珞，臂腕着钏。腰束石绿色蜂窝纹描金围裙，下露赭红色锦裙，腰肢微弯呈曲线形。双手纤巧，平举胸前合十。形体窈窕，婉丽动人。

这一彩塑造像以杉木条为骨，用掺有谷壳、麻丝捣和而成的泥土糊在表面，捏塑成型后，在最外层敷以拌入桐油、麻丝的细白泥，最后再上色。通常来讲，彩塑造像是非常难以保存的，因其自身特性极易朽损褪色，流传至今的彩塑造像大多是由后人修缮和重新上色的，而白象塔彩塑以原貌示人，再现了宋代彩塑艺术的精髓，其制作工艺也体现了“瓯塑”的地方特色。“瓯塑”是流传于浙江省温州地区的一种传统塑作艺术，由中国传统漆艺中的堆漆工艺发展而来，以当地制作瓷器的原料土制作，不仅使得造像细腻坚韧，不易剥蚀，历久不坏，同时还能充分表现塑像的面相、肌肉质感、衣着褶皱等细节。

白象塔彩塑菩萨的衣着体现了宋代服饰特点，神情静谧恬适，体态修美轻盈，反映了北宋时期佛教的世俗化倾向，其造像风格不似唐代雍容富丽华贵，而是呈现出朴实自然的风貌。这尊观音立像是现存北宋彩塑的代表作，也是此塔遗存中最有价值的艺术珍品。它对于我们研究北宋社会的习俗与风貌有极大的价值，同时也为北宋佛教史的研究也提供了弥足珍贵的资料。

国宝简读

泥塑彩绘观音立像出土于温州白象塔，是白象塔出土众多彩塑中的精品。同样高度的观音像出土时共有两尊，一尊现藏于浙江省博物馆，另一尊则留在温州博物馆，成为两馆各自的镇馆之宝。这尊佛像体现了典型的宋代彩塑艺术特征，代表着北宋时期彩塑的最高水准。

/ 浙江省博物馆 /

富春山图的残山剩水

《剩山图》卷

艺 术 家：黄公望
年　　代：元
规格尺寸：本幅纵 31.8 厘米，横 51.4 厘米
藏品来源：1956 年从收藏家吴湖帆手中征集

登峰造极的国画神品

元代黄公望《富春山居图》并非描绘繁华世俗的画卷，而是一幅充满闲淡与洒脱的山水长卷。要真正领悟这幅画的内涵，我们需深入了解作者黄公望的人生经历与创作心境。黄公望仕途坎坷，曾遭诬陷而入狱，出狱后他改名“大痴”，看破尘世，最终做了全真教道士。黄公望在杭州一带长期游历，对那里的山水草木了如指掌，他擅长写生，常常随身携带笔墨，遇到美景便记录下来。黄公望的画作在当时已享有盛誉，而《富春山居图》更是他一生艺术成就的巅峰之作，它承前启后，上接南宗文人山水的传统，下开明清文人山水的新篇，其历史地位独一无二。这幅画不仅展现了中国南宗山水的最高境界，更被明代大画家邹之麟誉为“画中之兰亭”。

明末，《富春山居图》传至收藏家吴洪裕之手。他对这幅画痴迷至极，甚至决定在临终前将其焚烧殉葬。幸运的是，吴洪裕的侄子在火中抢救出了这幅画，但画

已被烧毁了四尺多，断为两截。

顺治九年（1652），即《富春山居图》被火焚后的第二年，古董商吴其贞来到江浙一带收购古玩字画。他在江苏宜兴的吴子文家中购得了《富春山居图》残卷的前段——《剩山图》。1669 年，该画又被清初大收藏家王廷宾重金购得，并收入《三朝宝绘册》。此后，它辗转于多位藏家之手，行踪不定。

直到 1938 年，著名画家和收藏家吴湖帆在为上海古董名店汲古阁的老板曹友卿鉴画时，偶然发现了《剩山图》。经过几番交涉，吴湖帆用家中珍藏的周代青铜器换取了这幅残卷。吴湖帆对这幅画进行了深入研究，确认其为真迹。《剩山图》在吴湖帆手中珍藏了 18 年，1956 年在浙江省文物管理委员会的主持下，在副主任郦承铨和书画征集专家沙孟海等人的努力下，该画以 5000 元的价格被征集，入藏浙江省博物馆。

尽管《剩山图》的尺寸不大，但它依然能够让人们感受到“山川浑厚、草木华滋”的深远意境。这幅画以细腻的笔触描绘了初秋时节富春江两岸的秀丽景色，峰峦叠翠、云山烟树、松石挺秀，布局疏密有致。如今，《剩山图》已在浙江省博物馆珍藏了近 70 个春秋，成为该馆的十大镇馆之宝之首。而《富春山居图》的其余部分，则收藏在了台北故宫博物院。

盼山与水早日重聚

自 20 世纪 80 年代起，就有不少海内外热心人士提议，将台湾和大陆所藏的《富春山居图》上下两段合璧展出。进入 21 世纪，随着两岸关系的不断改善和文化交流的日渐频繁，人们对于《富春山居图》合璧展出的期待愈发迫切。2010 年，《富春山居图》已流传整整 660 年，温家宝总理在“两会”记者招待会上那句饱含深情的“画是如此，人何以堪”让这幅画卷承载了更多意义。终于在 2011 年夏天，分藏于浙江省博物馆和台北故宫博物院的《剩山图》与《富春山居图》（无用师卷）首次合璧展出，这是《富春山居图》中山与水阔别了 360 年后的团聚，也是两岸文化交流的盛举。如今，《富春山居图》的传奇仍在继续，它不仅是艺术史上的瑰宝，更是两岸人民心灵相通的见证。

《剩山图》是元代画家黄公望的杰作，它是《富春山居图》的残卷之一。这幅画描绘了富春江两岸的初秋景色，笔墨清润淡雅，将浩渺连绵的江南山水表现得淋漓尽致，观之如身临其境。原《富春山居图》曾遭火焚，断为两段，前半卷得名《剩山图》，现藏于浙江省博物馆，是中国山水画的瑰宝。

富春一

山川渾厚草木華滋

畫苑墨皇大癡第一神品富春山圖
己卯元日書句曲題辭于上吳湖帆祕藏

《富春山居图》(无用师卷)

艺 术 家：黄公望

规格尺寸：纵 33 厘米，横 636.9 厘米

馆 藏 地：台北故宫博物院

/ 浙江省博物馆 /

偶然拾得的镇馆之宝

龙泉窑青瓷舟形砚滴

年　　代：元
规格尺寸：通高 9.1 厘米，长 16.2 厘米，底宽 6.5 厘米
藏品来源：1954 年浙江省龙泉市上严儿村出土

国宝简读

这件意外而得的元代舟形砚滴，是海内外公认最具代表性的龙泉窑瓷器，无论是其扑朔迷离的身世、精巧绝伦的工艺，还是其蕴含的高远意境，无不引人入胜。舟形砚滴作为一种古代文具，在那个动荡战乱的时代，寄托了文人墨客无限的山水之情，将文人雅士高洁的意境融入瓷器中。

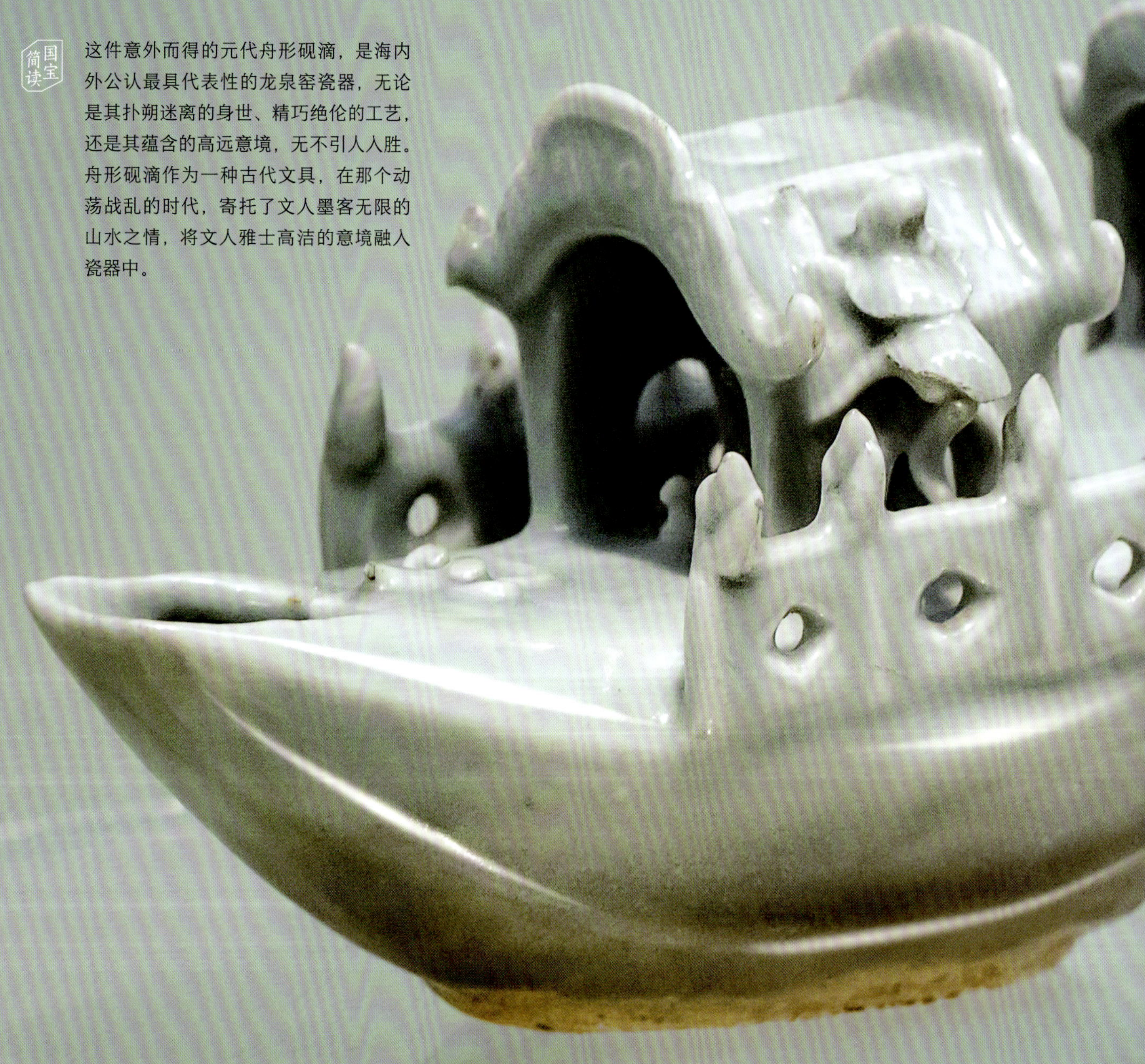

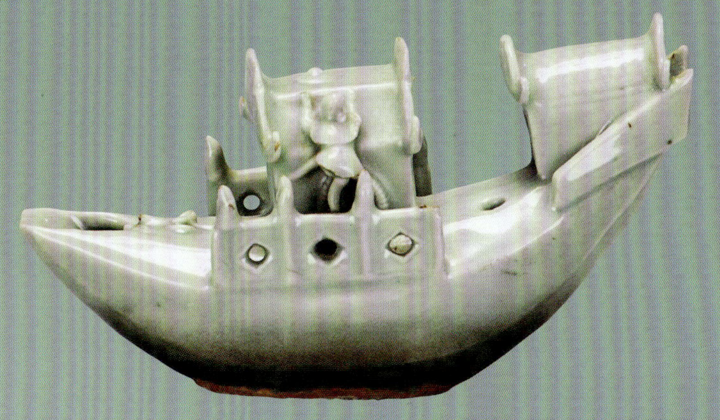

不期而遇的意外之喜

这件元代龙泉窑舟形砚滴，其出身颇具传奇色彩。它不是来自贵族墓葬的陪葬品，也非考古学家正式发掘所得。经浙江省博物馆多年求证，最终确认了这件舟形砚滴的来源。1954 年，上严儿村村民何招弟在村边坑潭挖黄芪草的时候，意外挖出这只小小瓷船，之后带回家中。1955 年，这件事被龙泉县文化市场管理处的工作人员得知，初步判定其为文物。在工作人员劝说下，何招弟将瓷船上交给了龙泉县文化市场管理处，之后收藏在浙江省博物馆。

这件砚滴整体呈舟形，底部平坦。船身上部有舱篷和艄篷，两侧设有镂空的栏板。舱内塑造了一对男女人像，他们坐在席上，仿佛在交谈。人像前有一只鹅。舱篷的左侧放置着一把木桨，篷顶则有一顶笠帽，右侧是一个身着蓑衣的艄公，正在取笠帽。船舱下部中空，舱篷与艄篷之间的甲板上有一小孔，船首则设有一个出水口。整件作品施以粉青釉，釉色清亮，底部露出火红色胎体。

这件舟形砚滴是元代龙泉窑瓷器中的佼佼者，它集模印、堆贴、镂雕等多种技法于一身，造型生动。同时，它也是一件集实用性和观赏性于一体的青瓷精品。此外，这件砚滴也为我们了解当时瓯江流域船只的形制提供了珍贵的实物资料。

寄托山水的文人情怀

舟形砚滴外形精巧，可谓是瓷器中的“核舟”，它所蕴藏的特殊情怀也使其更加生动传神。舟形砚滴通过模具的精准成型、细致的泥塑捏造以及精湛的镂雕技巧，使龙泉青釉的独特色彩在这件舟形砚滴上得以完美展现。制作者巧妙地把砚滴的虚实关系、舟与人物之间的和谐互动，以及具象与想象的巧妙结合，都恰到好处地体现在了塑形的比例之中。

随着当时社会经济、文化和审美水平的不断提升，诗歌的意境也逐渐渗透到了瓷器创作中。舟形砚滴便是一个典型的例子，它巧妙地通过描绘江心游玩的场景，承载了文人雅士的内在情感。苏轼诗云：“惟有王城最堪隐，万人如海一身藏。”古代文人一方面不断追求山水之乐，远离世间纷扰，另一方面也提倡大隐隐于市，他们或许早已驾着小船抵达时光彼岸，并且悄悄告诉后人，心中恬静便是如见山水。

水晶雕琢而成，设计既简约又实用。杯子呈斜直喇叭状，敞口平唇，斜直壁，圆底，圈足外撇，整体透明，光素无纹，略带淡琥珀色。器表经抛光处理，中部和底部有海绵状的自然结晶。从材料角度来看，连地矿专家都对其赞不绝口，认为这样高纯度的水晶在国内是极为罕见的。

战国“黑科技”的谜题

关于战国水晶杯的原料来源，一直是学术界热议的焦点。能达到同等纯度的整块优质水晶，即使是现代也很难找到，更何况是千年前的战国时期。

了当时社会的审美观念和手工技艺的精湛水平。尽管已有两千多年的历史，但它仍然充满了谜团，等待着人们去一一破解。

国宝简读

这是一件造型极为简单的文物，但其背后却藏有众多的谜团。事实上，战国时期水晶制品数量很多，并不稀奇，但这件水晶杯的惊人之处在于它的制造工艺和技术水平，即使现在也仍然无法破解。

/ 良渚博物院 /

良渚人的信仰与图腾

刻鸟立高台符玉璧

年　　代：新时期时代·良渚文化
规格尺寸：直径 23.6 ~ 24.1 厘米，孔径 5 厘米，厚 1.5 厘米
藏品来源：2007 年良渚博物院征集

良渚高超制玉工艺之谜

刻鸟立高台符玉璧于 2007 年征集，其颜色青灰，规整的造型和垂直的边缘都显得异常精致。玉璧表面受沁严重，夹带着原色的青斑，更增添了一份历史的厚重感。令人瞩目的是，玉璧肉部的一面有一道裂痕，而另一面则巧妙地刻有“鸟立高台”的符号，台内更有一只形态奇特的动物纹饰，有学者推测，这些符号也许具有沟通天、地、人、神的功能。

只有在较好的光线条件下仔细观察，人们才能找到这个“鸟立高台”的符号。它位于玉璧的上方中央，以阴刻细纹的形式呈现，一只侧身站立的鸟，站立于三重台阶的“高台”之上。这一符号被解读为对古代祭祀仪式和场景的描绘与象征，考虑到鸟类特有的飞翔能力，“鸟立高台”符号或许与《周礼》中“苍璧礼天”的记载有关，是一种祭天的法器。

在 5000 多年前，人们是如何制作出如此规整、打磨精细的玉璧，并在上面刻出形象逼真的“鸟立高台”符号的呢？这确实令人惊叹。在那个尚未发展出金属工具的年代，良渚人运用竹、木、石等材质的工具，配合解玉砂，采取线切割和片切割的方法对玉料进行处理，经过制坯、打样、钻孔、打磨、雕刻、抛光等工序，才能完成制作。

人类早期的精神信仰

良渚文化距今 5300—4300 年，主要分布于长江下游的环太湖流域。良渚遗址作为权力与信仰的交汇点，汇集了最高等级的遗址群落、规模宏大的城址、设计精妙的外围水利系统、等级分明的墓地与祭坛，以及一系列象征信仰和制度的玉器，这些都充分表明良渚社会已经迈入早期国家文明的阶段。

目前世界范围内，共发现了 39 件刻“鸟立高台”刻符玉璧。关于此类刻符的含义，学术界尚存在诸多争议。

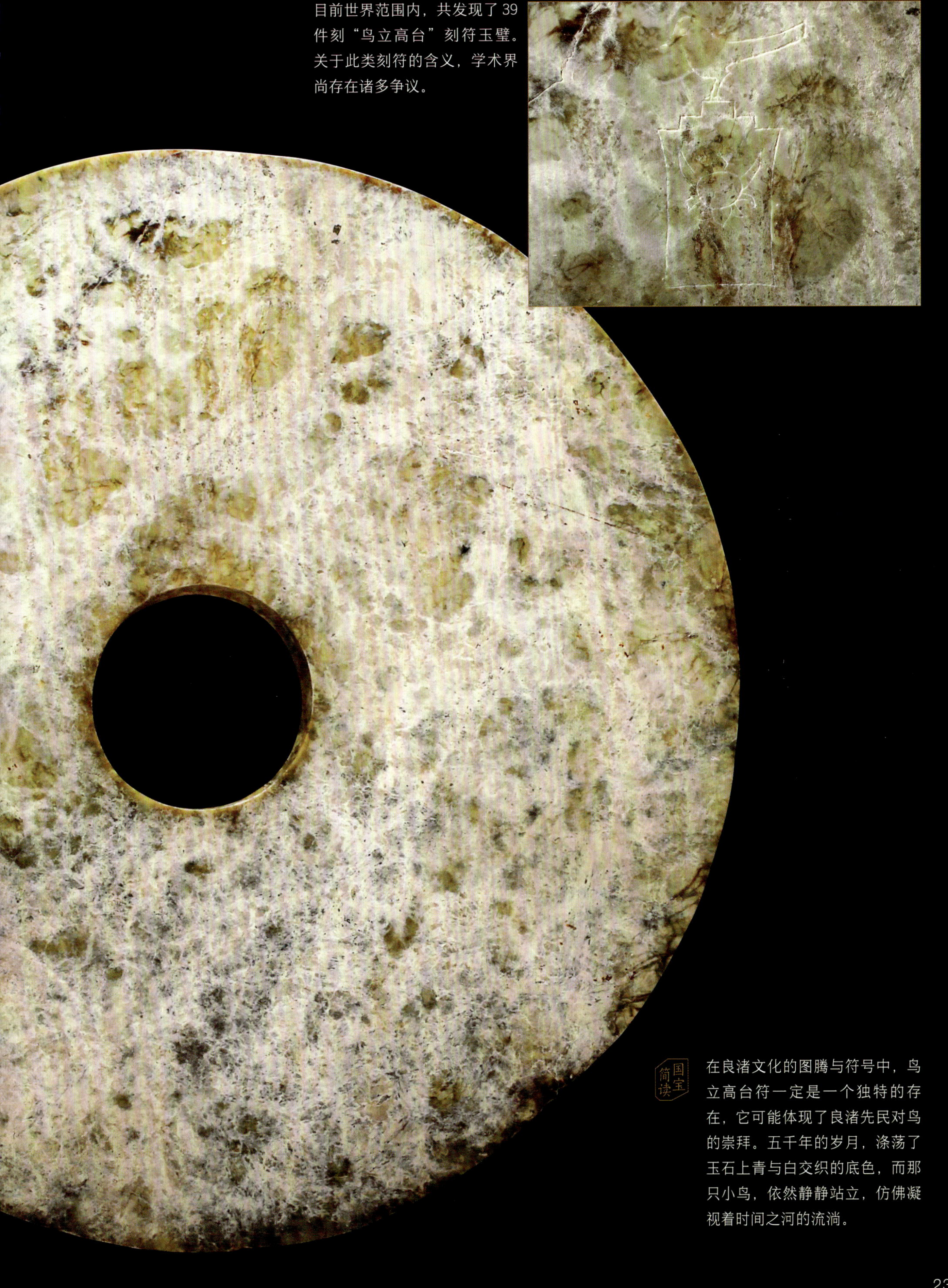

国宝简读

在良渚文化的图腾与符号中，鸟立高台符一定是一个独特的存在，它可能体现了良渚先民对鸟的崇拜。五千年的岁月，涤荡了玉石上青与白交织的底色，而那只小鸟，依然静静站立，仿佛凝视着时间之河的流淌。

/ 福建博物院 /

福建出土的最大西周青铜器

云雷纹青铜大铙

年　　代：西周

规格尺寸：通高 76.8 厘米，甬长 29.8 厘米，甬端直径 10.5 厘米；干径 14.4 厘米，干带宽 7.8 厘米；舞纵 24.5 厘米，舞横 42 厘米；铣间 56.6 厘米，鼓间 33.8 厘米；重 100.35 千克

藏品来源：1978 年福建省建瓯县（今建瓯市）小桥公社阳泽大队黄科山出土

西周云雷纹青铜大铙整体锈色翠绿，上为圆柱形甬，中空，与铙的腹腔相连，甬端未封口，距甬端三分之二处有凸出的旋。

平舞，舞面饰对称的粗云雷纹四组。

甬与舞面连接处饰卷云纹一周。

每面各有圆枚 18 个，左右各分 3 行，每行 3 个，枚上出圆尖，饰涡纹。

铙体两面纹饰相同，通体布满云雷纹。鼓部略高起，上饰由云雷纹组成的兽面纹。

青铜巨铙的震撼问世

铙是商周时期流行的一种打击类礼乐器。小型的铙可能为一种手执敲击乐器，而如此大型的青铜铙，应该是插在器座上敲击使用的。商周时期的贵族在祭祀天地、神灵、祖先等重要活动中，都要以此演奏厚重悠扬的乐声，以示典礼的庄严肃穆。据考证研究，这件西周铜铙可能是当时的贵族举行完祭祀仪式之后就地埋藏的遗物。

关于云雷纹青铜大铙的发现还有一段曲折的故事。1978年12月，福建建瓯县小桥公社阳泽大队的一位村民正在山上开垦茶园，无意间挖到一个奇怪的东西，村民仔细一看竟然是一件大型青铜器。不过那个时候人们缺乏文物保护意识，村民觉得这个东西应该能卖一些钱，于是把铙的甬和圆枚锯下来，去废品回收站问问价钱，好在废品站里的人发现这些部件不简单，肯定是从珍贵文物上面取下来的，于是劝说村民将整件青铜铙上交给了国家。经过专家的仔细鉴定，发现这竟然是一件西周时期的乐器，其庞大的身躯世所罕见。直到现在，西周云雷纹青铜大铙仍然是福建发现年代最早的青铜大铙，也是福建发现的体形最大的西周青铜器。

闽越文化的精美乐器

古人认为庄重空灵的音乐能够沟通天地与鬼神，为此，他们利用青铜、皮革、丝竹、木材等多种原料，制成各种各样造型奇特、功能精妙的乐器。这件青铜铙的精妙之处在于它的“一铙双音”。使用时，需将铙口朝上放在木架上，用木槌敲击不同部位，可以发出两种不同的乐音。

在浙江长兴，也曾出土两件西周铜铙，从造型到纹饰都与福建出土的这件极为相似。兵器、礼器都是古代上层建筑的重要内容，它们既体现了先民们的思想道德观念，也与当时的生产生活方式、工艺技术水平密切相关。通过这件西周云雷纹青铜大铙，我们可以看出闽、浙两地出土的青铜器具有一些相似性，反映出闽文化与越文化在商周时期的交流已相当频繁，此后二者逐渐融合，终于在战国时期形成独特的闽越文化。

西周云雷纹青铜大铙是福建出土的体形最大的青铜器，也是中国出土的体形较大的青铜乐器之一。铙是一种乐器，最早起源于北方，商周时期的人们主要将其作为行军中发号施令的工具，以及祭祀天地神灵的礼乐器。巨大的青铜铙集多种功能于一身，向人们展现了古人对于音乐与美的永恒追求。

/ 福建博物院 /

抗金名将的遗物
“靖康元年李纲制”锏

年　　代：北宋靖康元年
规格尺寸：全长 96.5 厘米，内棱长 74.1 厘米，重 3.6 千克
藏品来源：1985 年福建省福州市福清农业中学教师林中宇捐献

一代名臣的贴身武器

“靖康元年李纲制”锏，钢制，锏首呈瓜棱状，锏把圆柱形，用花梨木制成，上有一穿，刻斜旋道纹。锏把与锏身间有四瓣花状的格板。锏身呈四棱形，四面开刃，近格处一刃面嵌金色篆书“靖康元年李纲制”七字。锏鞘为清代后配的圆形红木套鞘，鞘体两面镶嵌银丝、四瓣花、蝙蝠、古磬、璎珞纹等图案。鞘口、尾部包铜边，上刻牡丹纹。鞘中部包两道铜佩璲，璲上有纽，以供佩带。

锏身金色篆书“靖康元年李纲制”表明了其铸造的绝对年代和最初使用者。李纲（1083—1140），字伯纪，号梁溪先生，福建邵武人。宣和七年（1125），面对金兵的首次南下，主战派的李纲坚决反对宋廷议和割地，力主抗战，反对迁都，并上书：“祖宗疆土，当以死守，不可以尺寸与人。”靖康元年（1126），金兵大举侵犯京都汴京，时任京城四壁守御使的李纲率汴京军民与金兵展开殊死搏斗，击退金兵，东京保卫战宣告胜利。该锏即铸造于此时，应是李纲为了表明抗金的决心和战斗的需要而请工匠铸造的。建炎元年（1127），李纲出任尚书右仆射兼中书侍郎，即右宰相（丞相），在政治、军事上采取一系列措施整顿朝纲，被誉为“南

渡中兴第一名臣”。由于金国的诱降政策以及主和派的排挤，李纲几经贬谪后，于绍兴十年（1140）正月十五日病逝，终年 58 岁，谥“忠定”。

两次捐赠的国之瑰宝

据史料记载，谪居福建的李纲曾将御赐的所有武器、服饰赠予韩世忠，独留此锏。之后此锏一直跟随着他，但并未随主人一同入葬，而是作为一件传世品流传。

到了清末，此锏被福州举人林崧祁及其子孙收藏。1884 年，法国海军入侵马尾闽江口，林崧祁自发组织乡民参加抗法斗争，挥舞此锏奋勇作战。之后，此锏被林家视为无价之宝代代相传。后来此锏失落多年，中华人民共和国成立后，福州军区后勤部原副政委周迅在修械所中发现了它，并将其送交福建省博物馆保管。1984 年，按照当时“物归原主”的政策，由林家的后代林中宇先生认领。1985 年 5 月 29 日，林中宇自愿将此锏捐献给国家，李纲锏遂正式入藏福建博物院。

已有的研究资料表明，李纲锏的用材、浇铸、淬火、锻制等工艺，均代表了当时社会的最高水准，反映了两宋时期中国独特的炒钢和灌钢技术以及锻造技术又有了进一步提高。

国宝简读

“靖康元年李纲制”锏，为目前发现时代最早的古锏实物。此锏为宋代名相李纲生前使用的钢锏，它展现了一位书生宰相文韬武略的博大胸怀和爱国情操。其保存之完整，形制之精美，制作工艺之高超，对于研究宋代政治、军事、冶金史有着十分重要的价值，1991 年被列入国家一级文物。

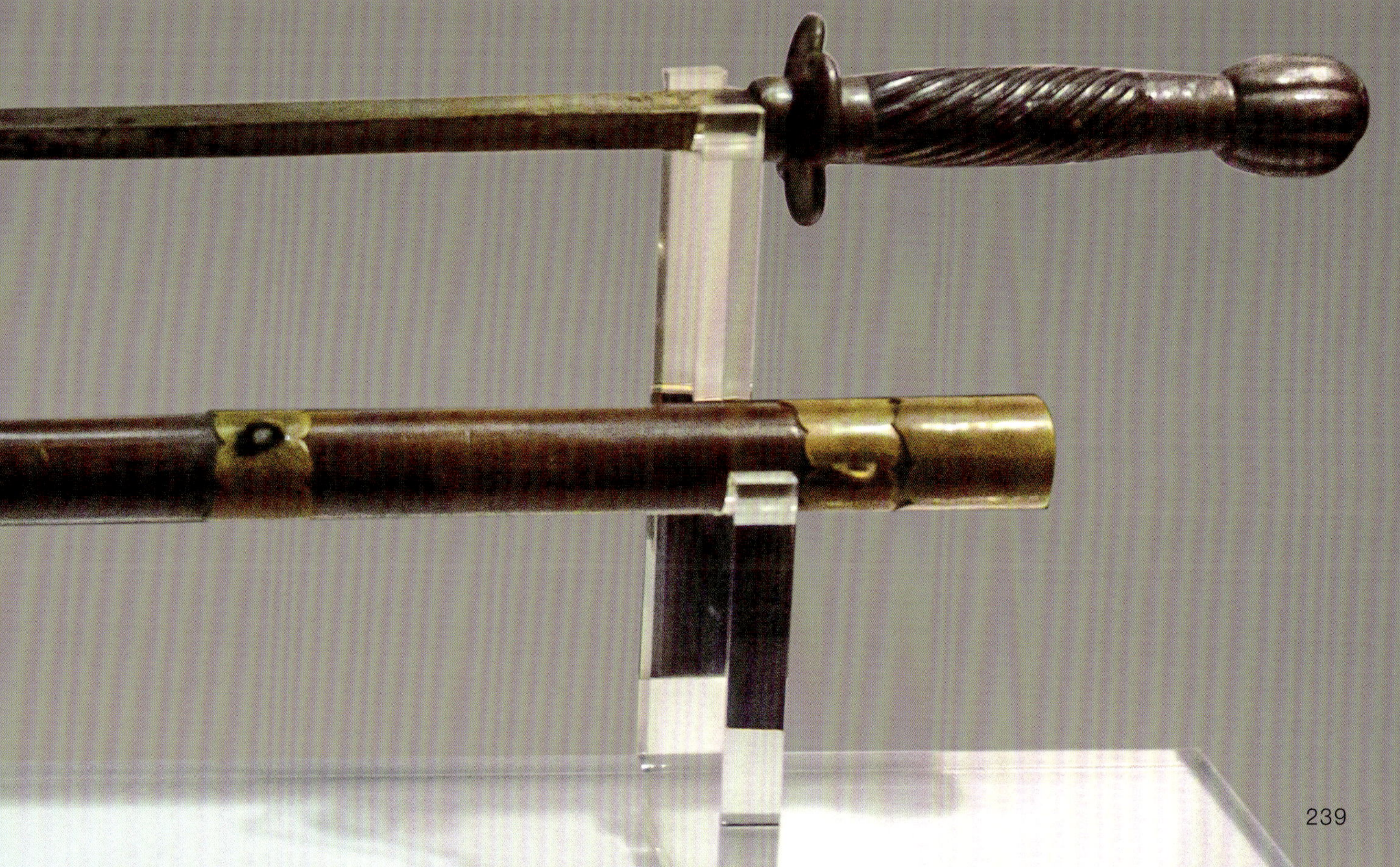

德化窑妈祖坐像

年　　代：明
规格尺寸：高 19.1 厘米，底径长 13.9 厘米，底径宽 5.9 厘米
器物来源：福建省文物总店

釉似流云脂如雪

德化窑因位于福建德化而得名，在宋元时就已烧制青、白瓷。至明代，德化窑白釉瓷得到进一步发展，研制出胎釉浑然一体、光润如白玉的白瓷，被时人形容为“白如雪、薄如纸、明如镜、声如磬”。这件德化窑妈祖坐像，便是明代德化窑白瓷的代表作。

坐像中的妈祖头戴方形平顶冠，左右两侧饰凤钗；肩披四合如意式云肩；身着冕服，衣长遮盖鞋履；双手藏袖于胸前，面目慈祥，正襟端坐。其左右侧分立两护法，光头，着短衣短裤，扎对襟方巾，形象诙谐。左侧护法左手上举至额前，双目远眺，为千里眼；右侧护法右手掩耳，作倾听状，为顺风耳。坐像底部设有方形底座，上雕云纹。坐像通体洁白，胎质细腻，釉色莹润，略泛青色，是典型的德化白瓷工艺制作手法和人物造型。从坐像大小、保存现状来看，为供祀对象的可能性较大。

明代的德化白瓷制作，器形分为人物瓷塑和生活器皿两大类，其中表现最多、艺术成就突出的是人物瓷塑。在当地宗教文化的影响下，人物瓷塑题材多为佛教人物、历史世俗人物、民间信仰的神仙等。釉色以乳白为主，还有纯白、白釉泛青等，被形象地称为“象牙白”“猪油白”“葱根白”等。德化白瓷外销至欧洲时备受推崇，法国人称之为“中国白”，认为这是“中国瓷器之上品”。

海上丝绸之路的“文化使者”

德化窑妈祖坐像不仅展现了德化窑白瓷瓷塑精湛的制作工艺，同时还承载了我国沿海地区特有的妈祖文化。

妈祖原名林默，福建省莆田市湄洲岛人。目前所见最早记录妈祖身世、信俗起源、神迹等内容的文献，是南宋廖鹏飞于绍兴二十年（1150）所作的《圣墩祖庙重建顺济庙记》，其中提到妈祖多次于海边救人，能通晓人之福祸，死后村民为其设立庙宇。经后人对其生平和显圣事迹的不断塑造，妈祖被奉为海神，成为航海者重要的精神信仰。南宋时期海外贸易发达，庇佑海运安全的海神妈祖开始受到朝廷重视。随着历代统治者对妈祖不断进行赐封加升，妈祖文化随着海上丝绸之路的发展向外传播，最终形成以我国东南沿海为中心、辐射海外的妈祖文化圈。据统计，全世界现有妈祖庙宇 5000 多座，遍布 26 个国家和地区，是海上丝绸之路促进文化交流与融合的重要例证。

作为出口海外的重要贸易品，德化白瓷亦经由海上丝绸之路，向东南亚、欧美等地区远销，深受当地人喜爱，赞誉其为“东方艺术瑰宝”。时至今日，这些地区的博物馆中依然可见有根据特定文化、审美制作的牛奶罐、咖啡杯等德化白瓷器，进一步印证了德化白瓷高超的制作技艺和广泛的世界影响力。

国宝简读

德化窑是我国南方著名的地方窑场，德化白瓷以人物造型瓷塑居多，所塑人物神态逼真，胎质细腻洁白，釉色光亮莹润，有“中国白”之美称。德化窑妈祖坐像是迄今为止发现的该窑唯一一件明代白瓷妈祖坐像，也是目前已知年代较早的明代白瓷妈祖坐像之一。

/ 台北故宫博物院 /

青铜器上的长篇巨著

毛公鼎

年　　代：西周晚期
规格尺寸：通高 53.8 厘米，口径 47 厘米，腹深 27.2 厘米
藏品来源：清道光年间陕西省岐山县周原出土

毛公鼎的流转过程

清朝道光末年，陕西省岐山县董家村的村民在种地时无意间将毛公鼎发掘了出来。之后，毛公鼎辗转落入西安古董商人苏亿年之手。咸丰二年（1852），苏亿年将毛公鼎运到北京，时任翰林院编修、大收藏家陈介祺以三年的俸银 1000 两将其购买下来。不久，陈介祺辞官回家，毛公鼎也一同来到了山东潍坊。不过，随着陈家家道衰落，1902 年，两江总督端方依仗权势强行将毛公鼎买走。1911 年，端方被杀之后，端氏后裔就将该鼎抵押给天津俄国人开办的华俄道盛银行。

1919 至 1920 年间，一个美国商人欲出资 5 万美元将毛公鼎买走。消息一经传出，国内舆论一片哗然。时任北洋政府交通总长的大收藏家、书法家叶恭绰买下了此鼎。抗战胜利前，叶家因财力不支，无奈之下只得变卖这件宝鼎。上海商人陈永仁愿买此鼎，并发誓抗战胜利后捐献国家。于是，毛公鼎又转至陈氏手中。后来有人把毛公鼎送给了戴笠。戴笠死后，毛公鼎被收存于“上海敌伪物资管委会”。抗战胜利后，时任国民政府教育部长的徐伯璞为了防止毛公鼎再次流落，竭尽全力，从“上海敌伪物资管委会”将宝鼎取回，移交给当时的中央博物院收藏。1948 年 11 月，毛公鼎与众多故宫文物珍宝一道被国民党运到台湾。1965 年，台北故宫博物院正式建成，毛公鼎入藏博物院，成为其镇馆之宝之一。

金文之最的毛公鼎铭文

毛公鼎为直口折沿，半球状深腹，圜底，兽蹄形足，口沿上有形制高大的双耳，口沿下饰一周重环纹。毛公鼎造型浑厚而凝重，装饰简洁而朴素，显得庄重而典雅。

毛公鼎的腹内，铸有铭文 32 行，连重文共计 499 字，是迄今为止青铜器铭文之中字数最多、篇幅最长的，称得上是“金文之最”。王国维先生曾称赞道：“三代重器存于今日者，器以盂鼎、克鼎为最巨，文以毛公鼎为最多。”

毛公鼎的铭文文体特征鲜明，整篇铭文分五段，每段以“王若曰”或“王曰”为开头，分别讲述一个主题，具有极强的层次性和条理性。铭文的第一段追述了周文王、武王开国时的文治武功；第二段周宣王策命毛公治理邦家的内外事务；第三段给予毛公以宣示王命的特权；第四段告诫并鼓励毛公以善从政；第五段记录了宣王赏赐给毛公大量华贵的物品，如美酒、玉器、命服、车具、宝马等。

国宝简读

毛公鼎铭文和《尚书·文侯之命》以及《诗经·大雅·韩奕》的用语和内容颇为近似，是非常珍贵的西周晚期的文献资料。晚清著名书法家李瑞清对毛公鼎铭文推崇备至，称赞道："《毛公鼎》为周庙堂文字，其文则《尚书》也；学书不学《毛公鼎》，犹儒生不读《尚书》也。"

王若曰

/ 台北故宫博物院 /

西周土地制度的重要史料

散氏盘

年　　代：西周晚期
规格尺寸：通高 20.6 厘米，口径 54.6 厘米，腹深 9.8 厘米，底径 41.4 厘米
藏品来源：清乾隆年间陕西省凤翔县出土

国宝简读

散氏盘，盘内铸有 19 行铭文，共 357 字，是一篇西周时期的涉法铭文，主要内容为西周时期散氏、矢氏两族之间土地赔偿案件的审理程序。因其铭文中有“散氏”字样而得名，是研究西周土地及其管理制度的重要史料。其与毛公鼎、大盂鼎、虢季子白盘被誉为“晚清四大国宝”。

铭文叙述矢氏与散氏的土地纠纷，详细记录转让的土地范围及参与履勘的官员职名。

其貌不扬，命运多舛

散氏盘，整体形象质朴简约。浅腹，双附耳，高圈足，窄沿外侈，腹部饰长体夔纹，圈足饰兽面纹。铭文铸于盘内底部，字体结构上既有金文之凝重，又有草书之流畅，开“草篆”之端。

关于散氏盘出土时间有两种说法。一是传其出土于清康熙年间（1662—1722）；二是传其出土于乾隆年间（1760 年左右），以第二种说法流传最广。这件青铜盘刚刚出土时没有名称，后来辗转到江苏扬州著名学者阮元的手中，阮元对其进行了详细考证并命名为“散氏盘”。嘉庆年间，地方官员将其作为贺寿礼献给嘉庆帝，但并未受到重视，一直被闲置于清廷。1925 年，故宫博物院成立，在逐一盘点紫禁城内的文物时，有位工人在库房角落发现一只布满灰尘的木箱。打开木箱后，里面的物品已经积满了灰尘，一时之间看不出是什么东西，当把灰尘擦拭掉，沉睡了 100 多年的散氏盘终于重见天日，归藏于故宫博物院。抗日战争时期，散氏盘与其他故宫文物一同南迁，最终入藏于台北故宫博物院。

最早的地籍资料

西周青铜器以长篇铭文著称于世，散氏盘的长篇铭文更是重量级的，其中记载着一份我国目前发现的最早的土地纠纷案件。

西周的土地制度为井田制，是由原始氏族公社土地公有制发展演变而来的，其基本特点是土地的实际耕作者对土地无所有权，只有使用权。随着社会经济的发展，田地赏赐、交易、买卖、交换、劫掠、赔偿、占据和垦荒等现象层出，为保证土地的“合法性”，出现了相应的契约。散氏盘铭文全面再现了两国之间土地权属“过户”的全过程。

铭文记载的时间应是西周厉王时期，而土地纠纷的两方是散氏和夨氏。散氏在宝鸡凤翔，夨氏在其西北方，两家比邻而居。发生纠纷的原因是夨氏侵犯散氏的土地，失败后对散氏进行损害赔偿。围绕赔偿土地这一事件，盘铭详细记录了双方参加划定地界、存档记录、盟誓的人名和具体经过。其中反映了西周时期关于土地赔偿案件的审理程序：一、实地踏勘。两家重新踏勘田界，明确规定了分割给散氏土地的田界标志，其中用某地之某种树木为界的方法，是典籍中封树的实际例证。二、签订合约。夨氏方绘制交还于散氏的土地地图和地籍档案，散氏接收，表明对所划土地范围表示承认。三、盟誓立法。夨氏、散氏同为贵族，相互间没有法律约束作用，因此以盟誓来互加制约。四、建档留存。双方各执土地契约半张，并将其存入各官府档册。五、刻铭公告。通过对铭文的解读，是散氏将此事的全部经过铸造在青铜盘上，作为双方共同的凭证。

历经岁月流转，散氏盘上的铭文依旧保存得完整、准确、真实，其记录的关于西周时期社会、土地、法律制度已然成为重要的考古材料和文献资料，为研究西周时期的政治、军事和社会制度提供了珍贵的实证。

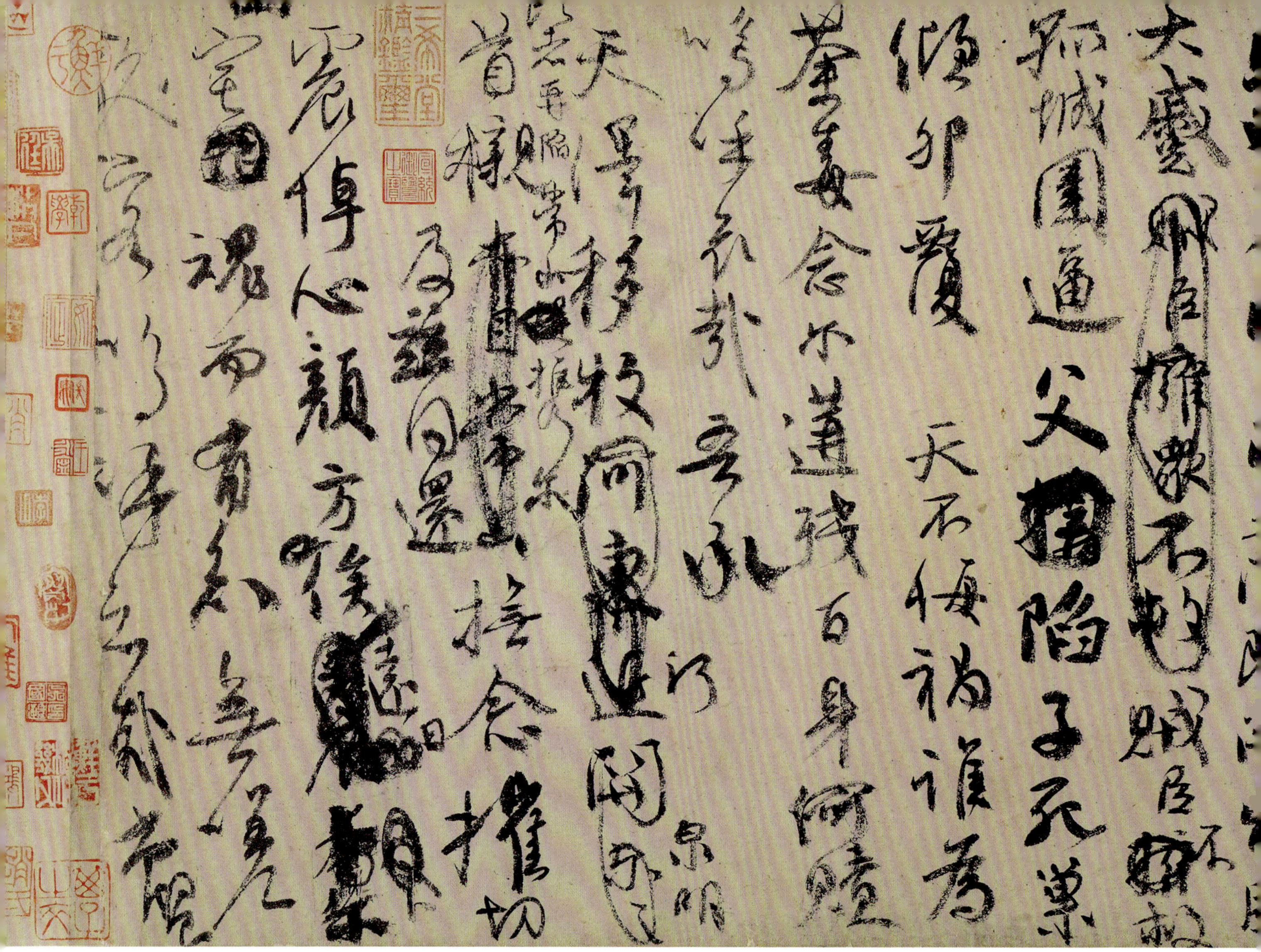

/ 台北故宫博物院 /

行书天下第二

行书《祭侄文稿》卷

艺 术 家：颜真卿
年　　代：唐
规格尺寸：本幅纵 28.2 厘米，横 77 厘米
藏品来源：清宫旧藏

《祭侄文稿》匆匆起草，任由一腔忠义、悲愤、痛悼之情，通过心手相应倾泻于纸上，其笔画的质性遒劲而舒和，与沉痛切骨的情感融合无间，是血与泪凝聚成的不朽巨作，元代鲜于枢评此作为“行书天下第二”，其当之无愧。

安史之乱中的颜氏兄弟

“山雪河冰野萧飔，青是烽烟白人骨。”唐天宝十四载（755），安禄山、史思明起兵反唐，这场叛乱令繁盛的唐王朝经历了一场空前的浩劫。

叛军于范阳挥师南下，河北地区大片沦陷。当时颜真卿任平原太守，其兄颜杲卿任常山太守，兄弟二人联合起来，起兵讨贼。真卿之侄、杲卿之子颜季明在两城之间来回联络，通报消息。颜杲卿父子设计杀死镇守土门关要塞的安禄山大将李钦凑，夺回土门关口，并由颜季明领兵把守，为唐王朝赢得了启用郭子仪、调动大军平息叛乱的时间。安禄山见势不妙，急召正在攻打潼关的史思明返回河北，夺取土门关和常山城。河东节度使王承业坐视不救，杲卿激战三天，城内水尽粮竭，寡不敌众，

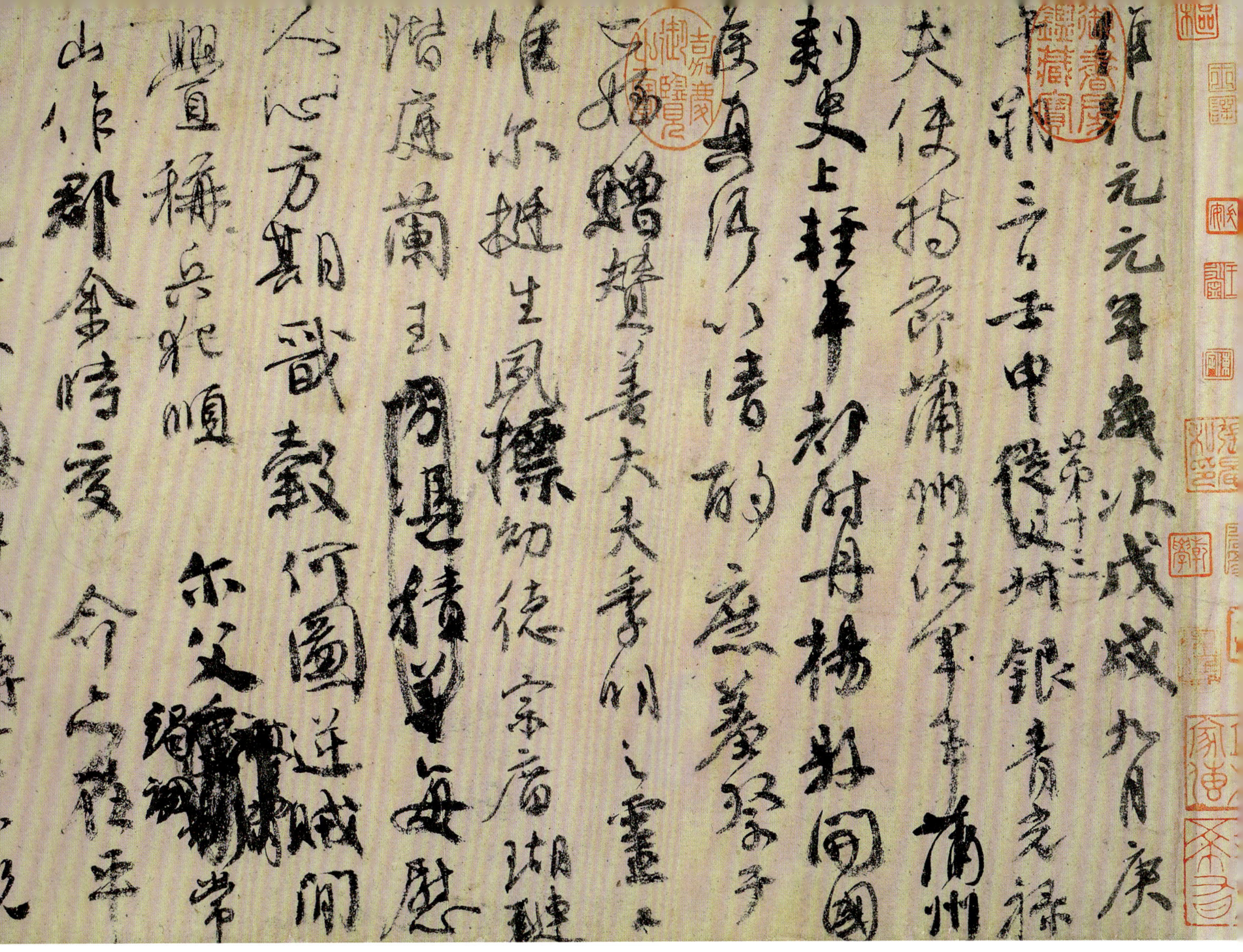

城池终陷于敌手。叛军将兵器架在季明脖上，威逼杲卿投降，杲卿不屈，叛军砍下季明头颅，季明身首异处。杲卿被刑时，至死骂不绝口。颜氏家族一门忠烈，三十余人在这次叛乱中壮烈殉国。

安史之乱平息之后，颜真卿特地派人寻找杲卿一家尸骨，仅得杲卿一足、季明头颅。面对国难家仇，50 岁的颜真卿一时百感交集，血泪交流，因而撰文作祭，挥笔写成流传千古的《祭侄文稿》。

饱含血泪的书法艺术

颜真卿在书写《祭侄文稿》的时候，深受当年抵抗安史叛军经历的影响，怀念当时与兄长同仇敌忾的激昂，悲感颜氏家族在安史之乱中“巢倾卵覆”的惨剧，心潮澎湃，悲痛之情难以抑制。在巨大情绪力量的推动下，他毫不顾忌地将自己的悲恸与哀悼之情用书法技艺表现出来。整幅作品运笔痛快畅达，转笔精巧自然，通篇气势雄壮豪迈，有着惊人的感染力。全文 23 行，234 字，涂去 34 字，合计 268 字。《祭侄文稿》在书法艺术上表现出了以下几方面的特点：其一是用笔取法篆籀，变方为圆；其二是结体开张，平正奇险；其三是神采飞扬，气势磅礴。

书法艺术让颜真卿一千年前的内心世界跃然纸上。苏轼称之为“书法无意乃佳”，元人鲜于枢更赞之为“行书天下第二”，可见评价之高。此稿是在极度悲愤的情绪下书写，顾不得笔墨的工拙，故字随书法家情绪起伏，纯是忠义情怀和深厚功力的自然流露。这在整个中国书法史上都是极为罕见的。

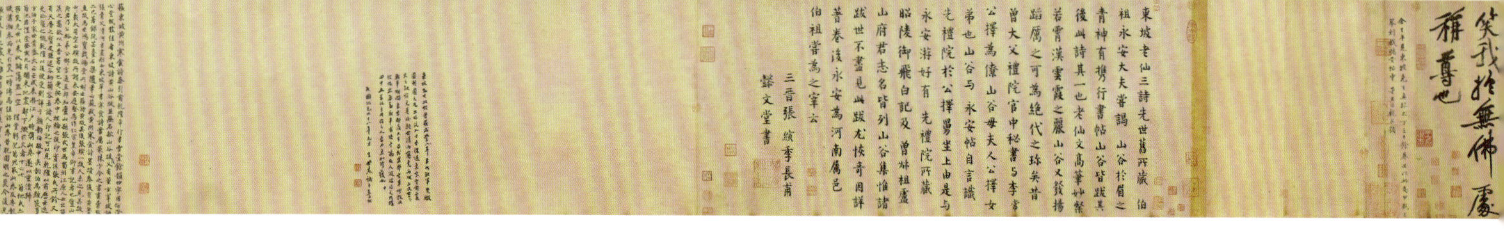

/ 台北故宫博物院 /

苏东坡的黄州生活

行书《黄州寒食诗》卷

艺 术 家：苏轼
年　　代：北宋
规格尺寸：本幅纵 34.2 厘米，横 199.5 厘米
藏品来源：清宫旧藏

国宝简读

“苏门四学士”之一的黄庭坚评价苏轼的书法“于今为天下第一”“本朝善书者，自当推（苏）为第一。数百年后，必有知余此论者”。可见，作为大文豪的苏轼，不仅以诗词、文章著称于世，书法上的造诣也堪称翘楚。在传世的苏轼书法作品中，《黄州寒食诗》卷最具代表性。

苏东坡的书法艺术

《黄州寒食诗》卷又名《黄州寒食帖》，或称《寒食帖》，苏轼撰诗并书，墨迹素笺本，五言诗 2 首，行书 17 行，共计 129 字。苏轼书写此帖，当在宋神宗元丰五年（1082）。那时，他因“乌台诗案”而被贬谪为黄州团练副使。北宋时的黄州，也就是今天的湖北黄冈。作品中这两首诗，诗意深沉苦涩，甚至有些压抑，算不上苏轼的杰作。但在书法史上，它确可称得上是宋代美学的最佳典范。黄庭坚机缘巧合见到《黄州寒食诗》卷，激动万分，在诗稿后写了题跋：“东坡此诗似李太白，犹恐太白有未到处。此书兼颜鲁公、杨少师、李西台笔意。试使东坡复为之，未必及此。它日东坡或见此

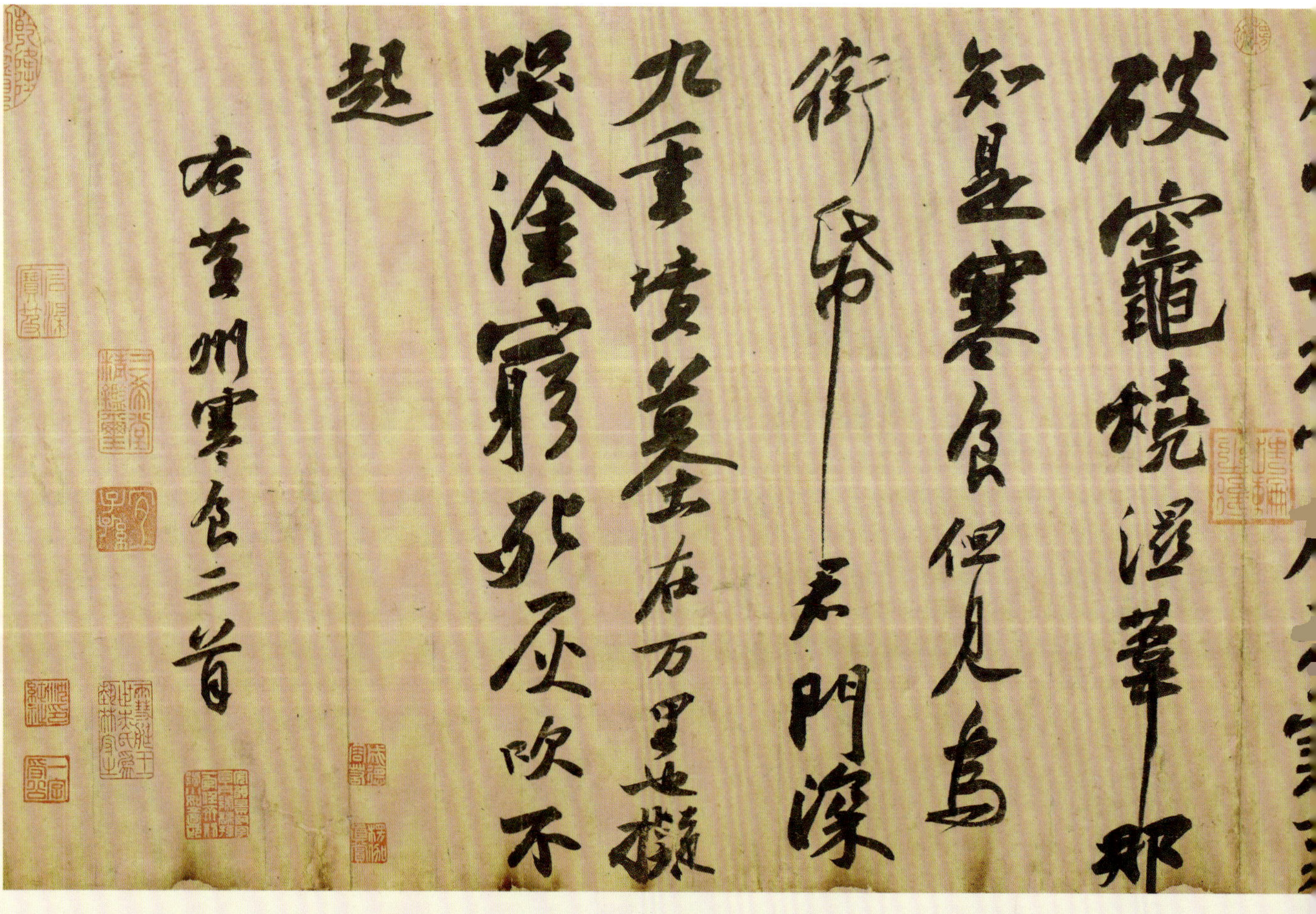

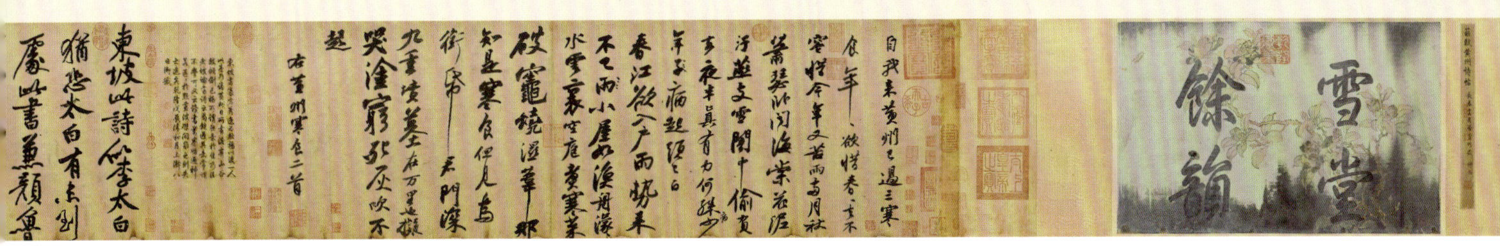

书，应笑我于无佛处称尊也。”苏轼的诗，确实有与诗仙李白相近、相通之处。

元代书法家鲜于枢将《黄州寒食诗》卷誉为继东晋王羲之的《兰亭序》、唐代颜真卿的《祭侄文稿》之后的“天下第三行书”。这一评价，得到了后世的公认。

国宝的递藏源流

北宋时期，苏轼的墨宝就已被朝野视为珍品，《黄州寒食诗》卷的递藏源流非常清晰。元代，《黄州寒食诗》卷收藏于内府。明代，大书画家董其昌将《黄州寒食诗》卷摹刻于《戏鸿堂帖》中，并题跋其上：“余生平见东坡先生真迹，不下三十余卷，必以此为甲观。已摹刻《戏鸿堂帖》中。董其昌观并题。”可谓再遇知音。清朝顺治年间，《黄州寒食诗》卷转到了益都（今山东青州）人孙承泽手中。康熙年间，《黄州寒食诗》卷被著名书画收藏家纳兰容若收藏。几十年后，《黄州寒食诗》卷收归大清内府。

咸丰十年（1860），庚申之变，“万园之园”圆明园惨遭英法联军焚毁，收藏在园内的《黄州寒食诗》卷长卷被烈火烤焦了边沿，险遭厄运。时隔不久，《黄州寒食诗》卷流落民间，为书画家冯展云所得。冯卒后，归郁华阁主人盛伯羲所有。清宣统年间，《黄州寒食诗》卷又被意园主人收藏。1922年，《黄州寒食诗》卷的收藏者颜世清以重价出售给日本人菊池惺堂。1945年，日本宣布无条件投降。战争刚一结束，时任国民政府外交部部长的王世杰嘱托友人在日本遍访《黄州寒食诗》卷，并不惜重金购回，使得这一墨宝重归故土。

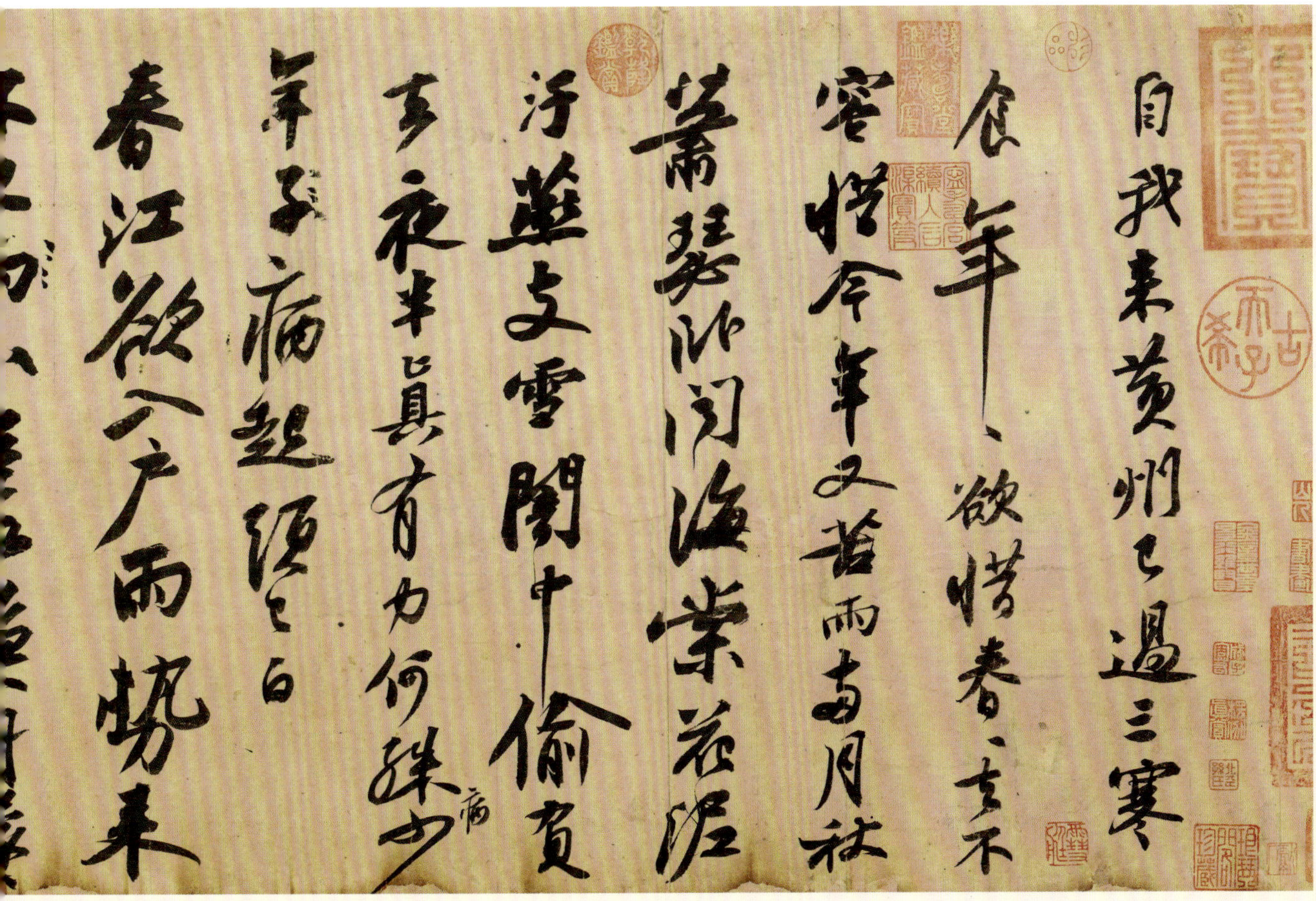

/ 台北故宫博物院 /

汝瓷一片值千金

汝窑青釉水仙盆

年　　代：北宋
规格尺寸：高 6.9 厘米；口横 23 厘米，纵 16.4 厘米；足横 19.3 厘米，纵 12.9 厘米
藏品来源：清宫旧藏

汝窑被后世奉为北宋五大名窑之首，震古烁今，是中国古代瓷器发展史中一颗璀璨耀眼之星。汝窑因地处河南汝州而得名。简言之，“青如天、面如玉、蝉翼纹、晨星稀”就是汝瓷的特质。汝瓷被誉为“青瓷之魁”，被形容为“雨过天青云破处”，“千峰碧波翠色来”，将自然之美与人工之美充分地结合在了一起，也可以说是用人工之美充分展现了自然之美。

乾隆御制诗释文：“官窑莫辨宋还唐，火气都无有葆光。便是讹传猧食器，蹴枰却识豢恩偿。龙脑香薰蜀锦裾，华清无事饲康居。乱棋解释三郎急，谁识黄虬正不如。”

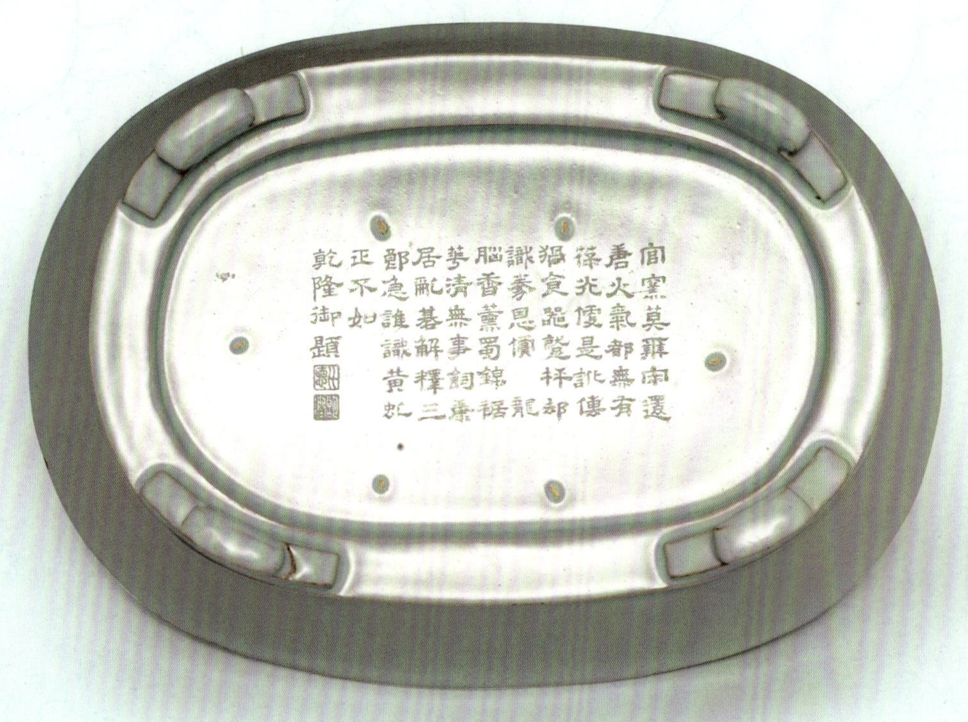

北宋青瓷之魁

目前，就汝窑的传世器物来看，较为明确的数量统计，全世界范围内有 70 件左右，再加上未公开或未知的，总计也不足百件，极为稀少。中国台北故宫博物院典藏汝窑瓷器 21 件，其中水仙盆有 4 件。水仙盆呈椭圆形，侈口，椭圆圈足，下承以四如意头形足，底部有六个细小的支烧痕。造型典雅大气，釉色均匀莹润。

汝瓷一片值万金

汝窑烧制宫廷御用瓷器是在宋哲宗元祐元年（1086）到宋徽宗崇宁五年（1106）之间，前后约 20 年。汝窑主要采用外裹足满釉支烧法，即用各类匣钵一钵一器烧制而成，在盘、碗等体量较小器物的底部往往可见细如芝麻的小支烧痕 3 ~ 5 个，与明代著名养生家高濂在《遵生八笺》中记载汝窑“汁中棕眼，隐若蟹爪，底有芝麻花细小挣钉”是一致的。另外，也有少数器物采用垫饼的方式烧制而成，则圈足底端均无釉露胎。汝窑瓷器的釉色，以淡天青色为基本色调，是因为其胎、釉中氧化铁的含量适当。此外，汝窑瓷器的釉中还掺有玛瑙粉末。汝窑瓷器在烧成时，还原气氛控制得恰到好处，十分精准，致使器物烧成后釉面滋润，釉呈淡淡的天青色。汝窑烧造的时间并不长，但在器物形体、制作工艺、釉质釉色等方面极为讲究，几乎达到让人无可挑剔的完美境界。

汝窑的产品不多，在当时就已一器难求。作为一代名窑，自明代以来，汝窑瓷器更是一直受到人们的热捧。明代宣德时期，景德镇御窑厂已开始仿烧汝釉瓷器，清代雍正、乾隆、嘉庆、道光各朝也都有仿烧。唐英《陶成纪事碑记》中记载，清代仿烧汝窑器时，所用的标本有“仿铜骨无纹汝釉，仿宋器猫食盆、人面洗色泽”。这个所谓的“猫食盆”其实就是水仙盆。这种高水平的仿造，是后人对汝窑瓷器的一种致敬，也是汝窑瓷器生命的另一种延续。

/ 台北故宫博物院 /

寓意吉祥的玉雕珍品

翠玉白菜

年　　代：清晚期
规格尺寸：长 18.7 厘米，宽 9.1 厘米，厚 5.07 厘米
藏品来源：清宫旧藏

但凡去中国台湾观光旅游的大陆游客，大概都会把台北故宫博物院列为行程中必不可少的重要一站；而几乎所有去台北故宫博物院参观的游客，都不会错过与东坡肉石、毛公鼎并称为“台北故宫博物院镇院三宝”的翠玉白菜。

雅俗相宜的镇院之宝

其实要论及器物本身的历史，这棵翠玉白菜充其量也就是清晚期的作品，年代并不久远，但它的珍贵之处在于其雕工之精巧、寓意之美好。这棵白菜尺寸与真实白菜的相似度近乎百分之百。全件系由一块一半灰白、一半翠绿的翠玉雕琢而成，不知名的工匠充分运用巧雕的工艺技巧，把玉料的绿色部位雕成菜叶、灰白色部位雕成菜帮，并且还创造性地把原本玉料上需要剔除的瑕疵巧雕为趴在菜叶上的两只小昆虫，活灵活现、滋润新鲜。日常的题材与精巧的雕工完美结合，让观者备感亲切又叹为观止。尤值一提的是，菜叶上的两只小昆虫也不是信手雕来的随意之作，它们是寓意多子多孙的螽斯和蝗虫，而且蝗虫和螽斯的每一根触角都清晰可见，足见其制作者的精湛技艺。

瑾妃的陪嫁之物

这件作品原陈设于故宫永和宫，此宫在清末是光绪皇帝妃子瑾妃的寝宫，相传这棵翠玉白菜即为瑾妃随嫁的嫁妆之一，蕴含着多重美好的寓意。首先白菜音同百财，寓意财富，又寓意清白、象征新嫁娘的纯洁。特定的两只昆虫则寓意多子多孙，祈愿新妇子孙众多。白菜虽是再寻常不过的蔬菜，但因其寓意好、设计巧，充分体现了作为嫁妆所应具备的美好祝愿功能。概括而言，自然材质、匠心设计、意蕴象征这三者充分而完美地结合，最终成就了翠玉白菜这一不可多得的玉雕珍品。

白菜上巧雕的昆虫

/ 台北“中央研究院”历史语言研究所 /

殷墟王陵发现的青铜重器

牛方鼎和鹿方鼎

鹿方鼎，腹壁四面主要装饰浮雕鹿头，前后、左右鹿头的两侧各立侧身相对的鸟，四柱足上部浮雕鹿头纹，下饰蕉叶纹，腹底铸一象形“鹿”字铭文。

名　　称：鹿方鼎
年　　代：商晚期
规格尺寸：通高 60.9 厘米，口长 51.4 厘米，宽 37.4 厘米，重 60.02 千克
藏品来源：1935 年河南省安阳县（今安阳市）侯家庄西北冈 1004 号商王大墓出土

精妙绝伦的浮雕装饰

1928 年至 1937 年，“中央研究院”历史语言研究所考古组在殷墟遗址先后进行了 15 次发掘。在洹河北岸的西北冈高地，共发掘 11 座大墓、1300 余座小墓及大批殉葬和祭祀坑。大墓中 8 座为带四条墓道的“亞”字形大墓，商墓墓道的多少通常代表墓主人地位的高低，带四条墓道的大墓为商王陵墓，带两条和一条墓道的大墓为商代的高级贵族墓。所以此 8 座大墓的墓主一般被认为是晚商武丁至帝乙等商王。其中，1004 号商王大墓的发现，是此次发掘重要收获之一，浓缩了殷墟王陵出土文物的精华。

由于王陵区大墓均遭受不同程度的多次盗掘，绝大部分随葬品被盗取。所以 1004 号墓发掘清理时，考古工作者并没有抱很大期待会有珍贵文物出土。随着发

牛方鼎，口沿下饰夔龙纹，腹壁四面主要装饰浮雕牛头，前后牛头的两侧各立一凤鸟，侧面牛头左右各有一龙一鸟，四柱足上部浮雕牛头纹，下饰蕉叶纹，腹底铸一象形“牛”字铭文。

名　　称：牛方鼎
年　　代：商晚期
规格尺寸：通高 73.3 厘米，口长 64.2 厘米，宽 45.4 厘米，重 110 千克
藏品来源：1935 年河南省安阳县侯家庄西北冈 1004 号商王大墓出土

掘工作的开展，该墓南向墓道的入口出现了一块未经扰动的夯土，对其分解剥离后，夯土内的牛方鼎和鹿方鼎惊艳亮相，硕大的体量、精美的纹饰让在场人员赞叹不已。

祭天祀祖

两方鼎的主体纹饰和铭文相互对应，是迄今所知商代铜器中仅见的二例，“牛”代表了家畜，“鹿”代表了野生动物。对此学者有两种观点，以第二种观点认可度较高：一是推测两鼎是专门用于烹煮牛肉和鹿肉，以供商王和身份等级较高的贵族们食用；二是两鼎是为丧仪特别制作，是用以祭祀、随葬的重要器物。作为墓主身份重要象征的两件方鼎，虽体量没有后母戊方鼎庞大，但在其纹饰的精美程度上却有过之而无不及，瑰丽雄奇、庄重华丽，彰显着商王地位的至高无上。

以 1004 号墓为代表的殷墟王陵，是我国目前已知最早、最完整的王陵墓葬群。作为殷商王朝的陵地与祭祀场所，它的发现，实证了殷墟商代都城的历史地位，成为探索中华早期文明的重要基石。

“牛、鹿大鼎不但是中国考古史上第一大发现，也是中国时代最早的青铜大鼎第一次出土。”梁思永先生曾如此评价。牛方鼎与鹿方鼎作为安阳商王陵墓考古发掘所得体积最大、最重的青铜器，以其雄浑厚重的外形、精妙绝伦的浮雕装饰，在灿烂的殷商青铜文明中留下了浓墨重彩的一笔。

/ 台北“中央研究院”历史语言研究所 /

殷墟的“地下档案馆”

丙编 026 带卜辞龟腹甲

年　　代：商晚期
规格尺寸：长 19.5 厘米，宽 10.4 厘米
藏品来源：1936 年河南省安阳县小屯 YH127 坑出土

甲骨片片惊天下

1936 年 6 月 12 日，“中央研究院”历史语言研究所考古组正在殷墟进行第十三次考古发掘工作。随着考古工作的逐步深入，一座甲骨窖穴显露在大家眼前。这是一处未被扰动过的甲骨堆积层。映入眼帘的首先是一具蜷曲的侧置人骨，埋在堆积的龟甲之中，人骨的头及上部躯干露出龟甲外。发掘者推测他可能是这批龟甲的管理者，与龟甲葬在一起。人骨之下，堆积了层层叠叠的甲骨。由于数量庞大，石璋如和王湘两位专家经过一整天的清理，仅仅清理了一层甲骨。考虑到天气炎热对于甲骨保存状况不利，专家决定将此坑甲骨整体搬迁至南京进行揭露清理。

历经 3 个多月的工作，共从 YH127 甲骨窖穴清理出刻辞甲骨 17096 片，其中卜甲 17088 片，卜骨 8 片，缀出完整龟甲 300 多版。这批甲骨的时代为商王武丁时期，记录内容包括此时期的祭祀、田猎、农业、天文、军事等政治、经济、文化、社会生活各方面内容。有学者从 YH127 坑甲骨的出土情形推测，这批甲骨是有意埋藏于窖穴之中的，堪称中国古代最早的“地下档案馆”。董作宾评价此次甲骨的发掘为“十五次发掘殷墟过程中，打破纪录的一个奇迹”。

殷商时期，统治者上至国家大事，下至私人生活，都要用甲骨占卜，预知吉凶。过程分三步：占卜前，将甲骨锯削整齐，在其背面钻挖出圆形的深窝和浅槽；占卜时，将要询问之事向鬼神祷告，接着炙烤甲骨，根据出现裂纹的长短、粗细、曲直和隐显，判断吉凶成败；占卜后，将占卜内容、结果刻在甲骨之上，形成卜辞。此龟腹甲上的卜辞便是卜问在方国取女子是否合宜，是当时历史场景的真实记录。

汉字之源

1949 年中华人民共和国成立后，中国社会科学院考古研究所在殷墟继续进行发掘，在多年的发掘工作中，陆续发现更多的甲骨。其中以小屯村南甲骨窖穴与花园庄东地 H3 甲骨窖穴的规模最大。这些甲骨的发现丰富了殷商时期卜辞的内容，也说明商人是有意识地保存甲骨记录，是《尚书》所谓“惟殷先人，有册有典”的最佳例证。

文字是文明的重要载体，在殷墟诸多考古发现中，甲骨文的重要地位不可撼动。它保存了 3000 多年前的文字，证明了商朝的存在，成为汉字的源头，在中华文明乃至人类文明发展史上具有划时代的意义。中华文明以甲骨文为承载，“此刻，我们写的横竖撇捺，曾经一笔一画地刻在骨头上”，厚重的文明史得以延续至今。

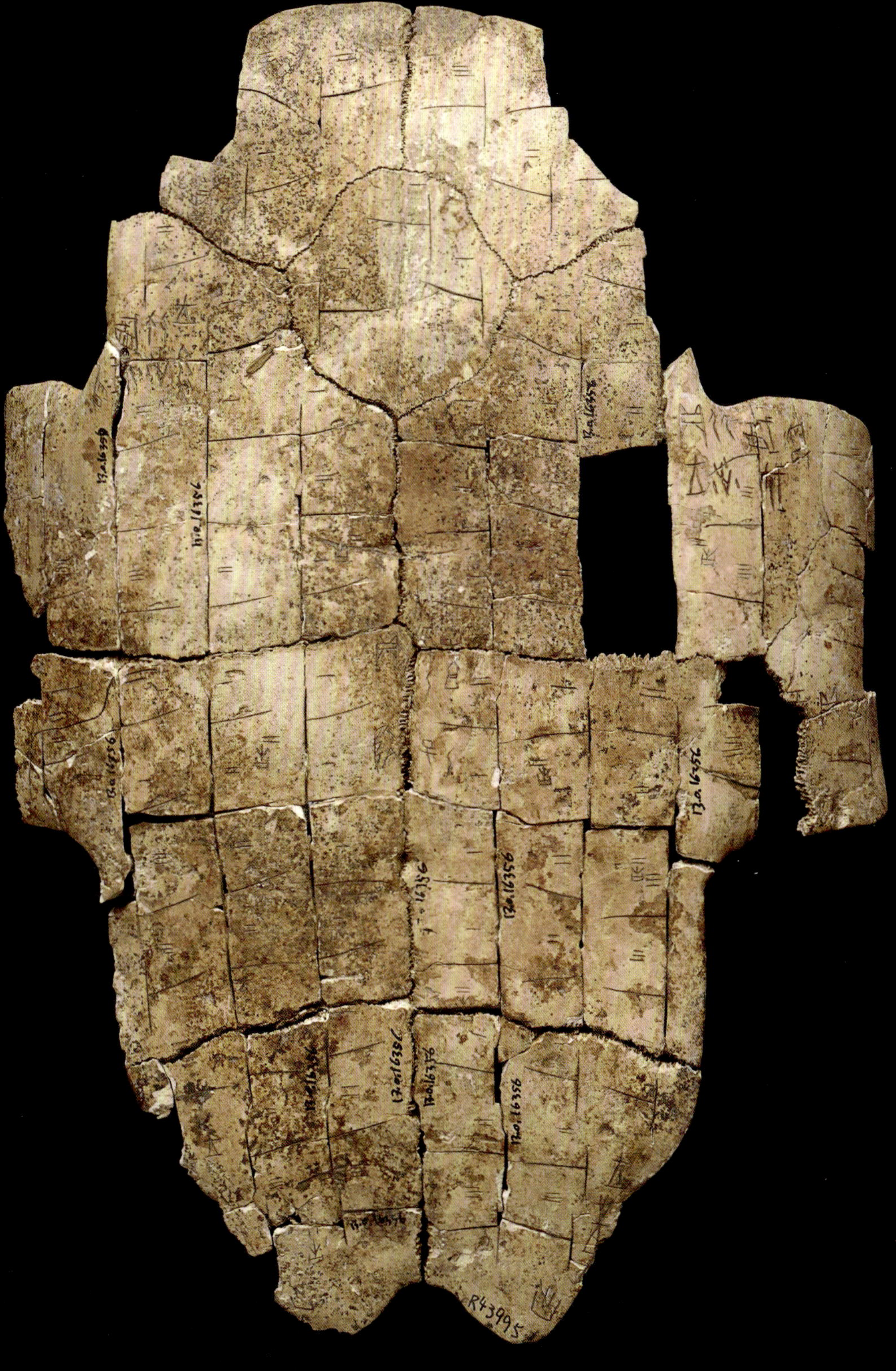

国宝简读

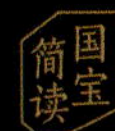

甲骨文是中国商周时期刻在龟甲、兽骨上的文字，其中最常见的内容是卜辞，也就是占卜记录。迄今已发现大约16万片商周甲骨，4500多个单字。在众多甲骨出单位中，属殷墟小屯YH127坑的发现最为瞩目，它是历次殷墟科学发掘中出土甲骨数量最多的一个单位，其中埋藏的卜辞内容全面丰富，对于研究甲骨文和商代历史具有重要意义。

◆河南博物院

◆中国文字博物馆

◆开封博物馆

◆洛阳博物馆

◆湖南博物院

◆殷墟博物馆

◆江西省博物馆

◆南昌汉代海昏侯国遗址博物馆

◆广东省博物馆

◆景德镇御窑博物院

华中华南地区包括河南、湖北、湖南、广东、广西和海南五省一区，中原腹地、江汉平原、岭南风云、海上扬帆，独特的地理位置，饱含着中华文明最深厚的底蕴。华中华南地区共有 1369 家博物馆，其中一级博物馆 58 家。其中最具代表性的有河南博物院、洛阳博物馆、湖北省博物馆、湖南博物院、广东省博物馆、广西壮族自治区博物馆和海南省博物馆，这些博物馆当中的镇馆之宝不仅体现了当地文化的发展特色，还代表了中国古代文明的最高水准。

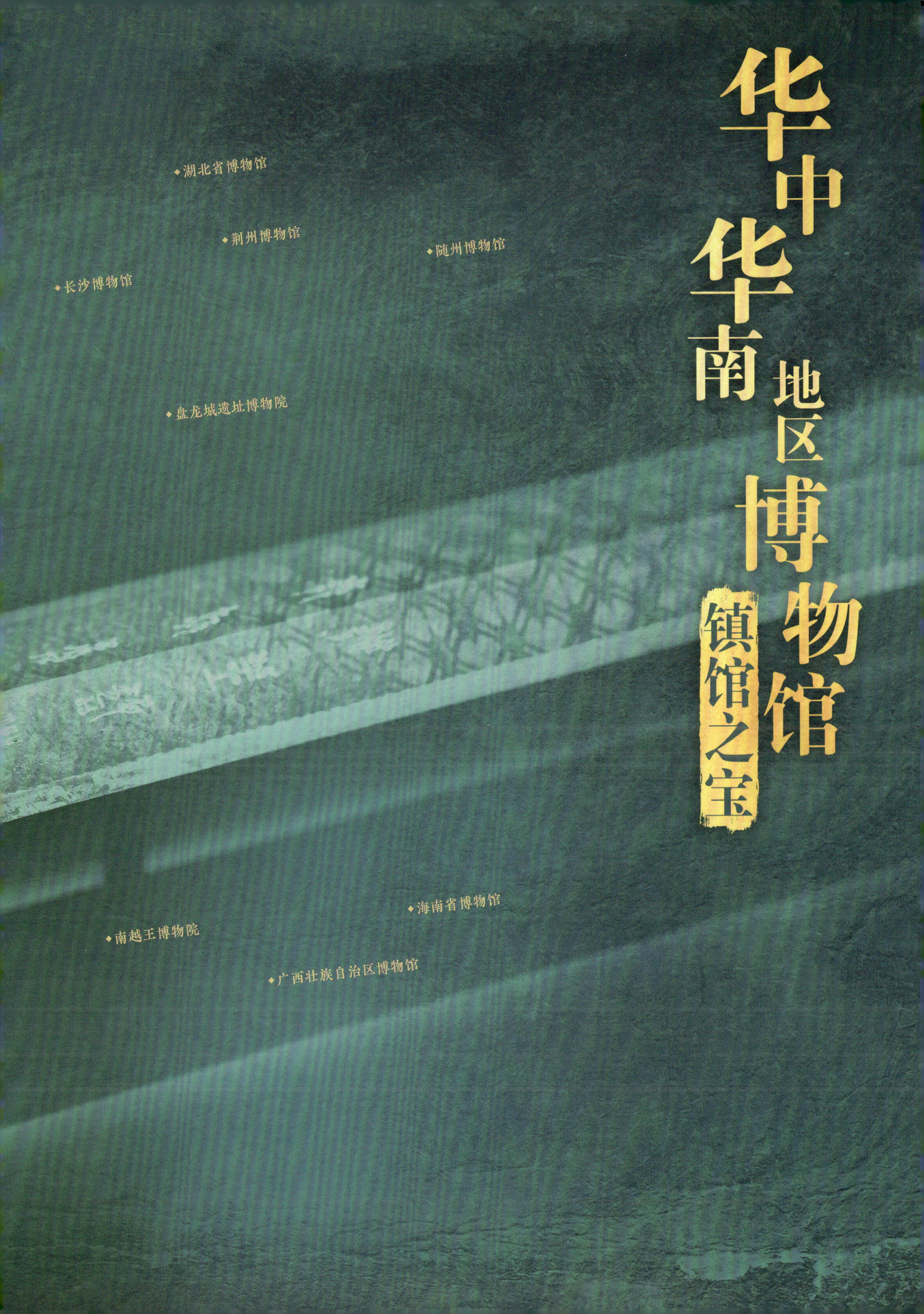

华中华南地区博物馆镇馆之宝

◆湖北省博物馆

◆荆州博物馆

◆随州博物馆

◆长沙博物馆

◆盘龙城遗址博物院

◆海南省博物馆

◆南越王博物院

◆广西壮族自治区博物馆

/ 河南博物院 /

中华音乐文明之源

贾湖骨笛

年　　代：新石器时代
规格尺寸：长 23.6 厘米
藏品来源：1987 年河南省舞阳县贾湖遗址 M282 出土

贾湖骨笛横空出世

贾湖遗址早在 20 世纪 60 年代就已经被发现。1983 年，贾湖村民要求在遗址西侧规划宅基地，为了配合此次工作及进一步了解贾湖遗址的内涵，河南省文物研究所派专人对贾湖遗址进行试掘。此次试掘发现窖穴、墓葬以及石、骨、陶等器物。

从 1983 年到 1987 年，贾湖遗址先后经历了六次发掘。其中的第二次至第六次发掘是由张居中主持的。在 1986 年 3 月到 6 月的第四次发掘中，考古队首次确认了 3 支七孔骨笛。这是贾湖骨笛的第一次横空出世。此外，在贾湖遗址中还发现了具有原始文字性质的刻划符号、世界上最早的含酒精的饮料、中国最早的家猪和具有驯化特征的稻米等。

墓葬主人的心爱之物

收藏在河南博物院的这支骨笛出自贾湖 M282，该墓是贾湖遗址中当之无愧的大墓。该墓共出土随葬品 60 件，有陶器、骨器、石器、牙器等。其中有两件骨笛，放置在墓主左股骨内外两侧。分别编号为 M282-20 和 M282-21。

河南博物院展出的这件是 M282-21，这件骨笛出土时置于墓主人左股骨外侧，出土时断为三截。经过细致观察后发现，这件骨笛并非入土后断裂，而是在墓主生前已经折断，可能是出于某次意外事故。即使已经断为三截，墓主人仍然不忍心丢弃，而是在两处断茬处钻了 14 个小孔，用细线精心缀合后继续使用，可见墓主人对其喜爱程度。

当之无愧的“中华第一笛”

经古生物学家鉴定，贾湖骨笛是用鹤类的尺骨钻孔制成的。其制作方法和过程，和现代民族管乐器很相似。研究发现，贾湖人已经有了音差的基本概念，故此，在笛子制成后会运用打小孔的方式调整个别音孔的音差，反映了当时的音律水平和计算水平。

贾湖骨笛的发现具有十分深远的意义，其数量之多、制作之精美、年代之久远让观者无不感到惊叹，并深深地被七八千年前古人精湛的技术所折服。

中国科技大学教授、骨笛的发现者张居中教授这么评价道：贾湖骨笛是我国目前出土的年代最早的乐器实物，被称为“中华第一笛”。贾湖骨笛不只是中国年代最早的乐器实物，更被专家认定为世界上最早的可吹奏的乐器。

国宝简读

贾湖骨笛自从发现以来，引起了国内外学界的广泛关注。为了纪念这一重要的考古发现，其发现被铭刻在北京“中华世纪坛”青铜甬道的显要位置。这是对贾湖骨笛最为充分的肯定，它是我们祖先的一个伟大的发明创造。实验证明，贾湖骨笛不仅能够演奏传统的五声或七声调乐曲，而且能够演奏变化多样的乐曲。它的出土改写了中国音乐史，刷新了我们以往的认识，其价值和意义无法比拟。

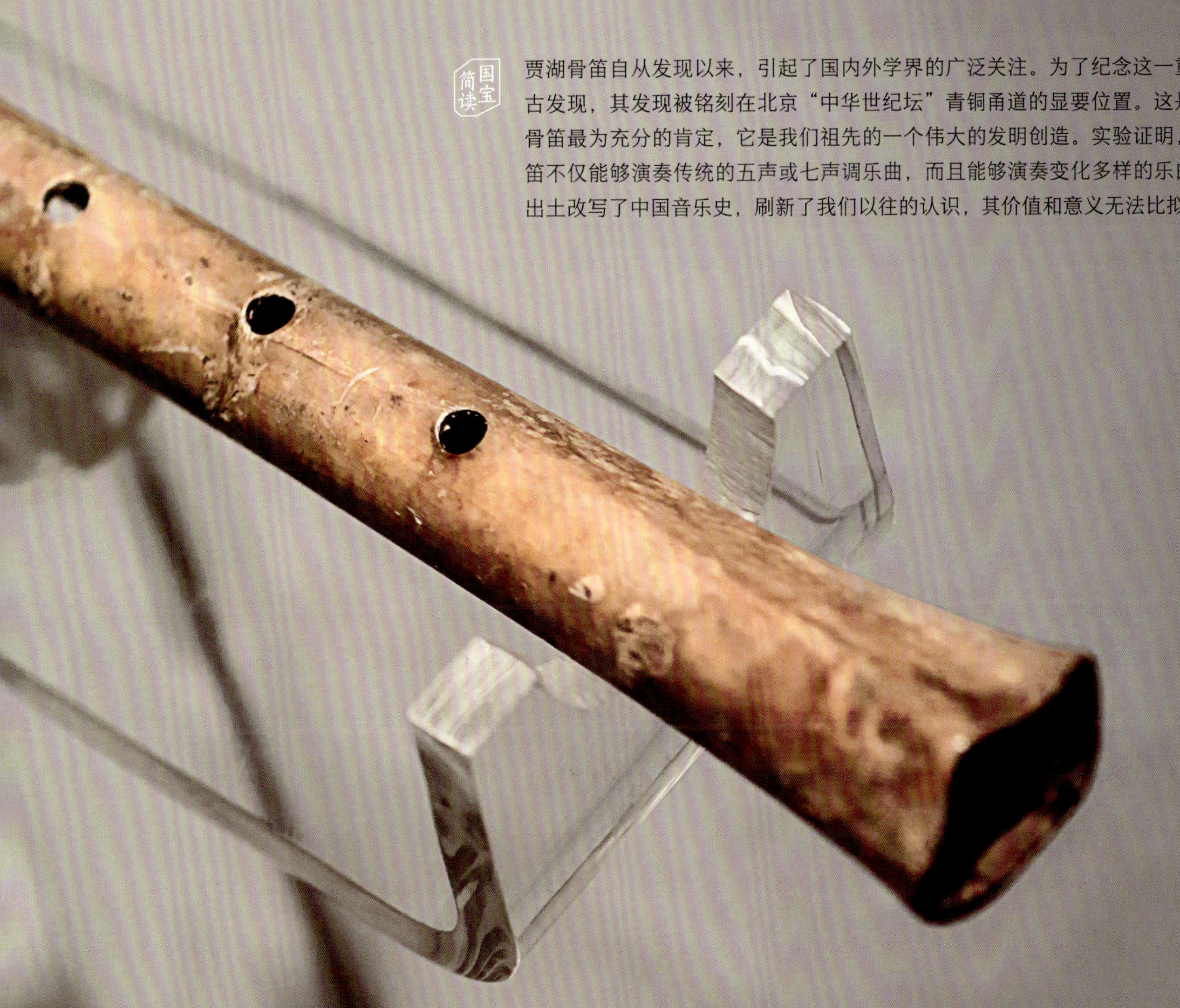

/ 河南博物院 /

郑州商城的历史见证

杜岭方鼎

年　　代：商早期

规格尺寸：通高 87 厘米，口长、宽各 61 厘米，耳高 17 厘米，足高 25.5 厘米，重 64.25 千克

藏品来源：1974 年河南省郑州市张寨南街出土

鼎鼎有名的“双胞胎”

1974 年 9 月，郑州的张寨南街正在进行隧道挖掘，突然一位工友在隧道的右前方挖掘到一种坚硬的金属器物。“这儿有东西！”那位工友大喊一声。听到叫声的其他几位工友立马赶去帮忙。当清理完周围的泥土，两只锈迹斑斑的“大香炉”很快露出“原形”。原来是两件青铜大方鼎，形制相同，根据大小、重量，学界将他们分别命名为杜岭一号方鼎和杜岭二号方鼎，杜岭一号方鼎入藏中国国家博物馆，河南博物院收藏的这件为杜岭二号方鼎，又名兽面乳钉纹铜方鼎。

方鼎体形高大，口与腹呈正方形，口沿外折，口沿上有两个对称的圆拱形立耳，耳外侧凹槽内有两道圆拱形凸棱纹。鼎身中上的四壁、四角共饰有八组饕餮纹，每壁两侧与下部规则地分布着乳钉纹。鼎深腹，腹壁微内敛，平底，空柱形足上粗下细，上部饰饕餮纹。方鼎整体造型浑厚庄重，呈现出庄严肃穆的宗庙威仪，纹饰错落有致，巧妙地创造出了富有变化的威严感。此外，该鼎铸工精细，采用多范分铸而成。通过观察研究，铸型共享范、芯 20 多块。铸造程序经推断，应是先铸造腹壁和鼎耳，接着铸鼎底与腹壁相接，最后铸造鼎足与鼎底相接。所采用的分铸和拼铸相结合的技术将中国商代高超的青铜铸造工艺体现得淋漓尽致。

重新定义一座城

郑州商代遗址于 1955 年发现，1961 年被国务院列为首批全国重点文物保护单位。学界和公众对于郑州商城的认识，最初认为它是一座商代早期的普通城址，如今，多数学者认为它应该是一座由商王朝开国之君成汤营建的国都。

经研究考证，两座方鼎的年代约为前 1400 年，比后母戊大方鼎的时代要早近 300 年，是目前人类所知的年代最早、体量最大、铸造最为完美、保存最为完整的青铜重器。杜岭方鼎的出土，为郑州作为商朝王都提供了有力的青铜佐证。

作为国之重器的杜岭方鼎，赫然彰显着威严的王者风范，堪称商代青铜造型装饰艺术与礼制宗教内涵和谐统一的典范之作，标志着青铜文化在郑州商城时期已经初现辉煌。

国宝简读

杜岭方鼎作为商王使用的祭祀礼器，不仅是我国目前发现时代最早的大型青铜方鼎之一，更是我国乃至世界在青铜时代所创造的一座伟大的青铜文明纪念碑，对于研究商代前期的青铜冶铸史，具有极其重要的价值。

兽首。鸮尊从面部至前胸，有一条凸起的扉棱，所有的纹饰以扉棱为中心线，左右对称分布。另外，鸮的双足与宽尾共同着地，构成尊器稳定的三个支点，共同支撑着整个器尊的重量平衡。鸮尊口内的下侧铸有铭文“妇好”二字。“妇好”是墓主人在世时的称谓，因此，这两件鸮尊应该是妇好生前专门铸造的礼器。

国宝简读

中国社会科学院研究院郑振香先生点评妇好鸮尊时说："就妇好鸮尊的造型、纹饰而言，它是妇好墓所出468件青铜器中的精品。它造型新颖，各部位纹饰和谐，头部羽纹动感尤烈，予观者以扶摇直上八万里的艺术感染力，无愧于'战神'之美誉。单就妇好鸮尊而言，它呈现出商文化刻意创新、追求完美的精神。而就妇好墓出土的青铜礼器、武器群而言，它们是商代物质文明与精神文明的体现，是'国之大事，在祀在戎'的物质载体，是中国青铜时代发展到一个新的高峰的物质证明。"

玉柄铁剑

年　　代：西周晚期
规格尺寸：通长 34.2 厘米，柄长 12.2 厘米，剑身长 22 厘米，叶宽 3.8 厘米，
玉剑茎最大直径 1.8 厘米
藏品来源：1990 年河南省三门峡市虢国墓地 2001 号墓（虢季墓）出土

“废铁”掩映下的金玉交叠

仅看外观，这件小小的器物看着就像一块废铁，但凭它出土在西周高等级贵族虢季的墓葬中，这件其貌不扬的“废铁”的价值就不容小觑。

1990 年，考古人员清理虢国墓地 2001 号墓椁盖板遗迹时，在墓室东南角发现了一块小小的正方形玉片儿，中间有个小孔嵌着绿松石。带着“玉器怎么会出现在椁室”（一般随葬在棺内）的疑惑继续清理，逐渐发现了铁质剑身。铁剑出土时，整体断裂，剑身锈蚀严重，剑身外裹有皮革制成的剑鞘，鞘身已被铁锈渗透，与剑身黏合在一起无法剥离。剑鞘口部残存丝织品痕迹，表明剑身是先用丝织品包裹后才放入剑鞘中的。随着考古工作的进一步展开，铁剑的“真面目”才被揭开，它由玉质剑柄、铜质柄芯和铁质剑身嵌接组合而成。

玉质剑柄，由剑茎、剑首两部分套接而成。剑茎为圆柱形，剑首呈短管形，表面饰成组的斜竖向平行线纹和“C”形云纹。铜质柄芯，由多条特制铜片拼合而成，柄芯前端分开，将铁质剑身两面包夹；后端呈圆柱形，插入中空的玉质剑柄之内。其起到了将玉质剑柄与铁质剑身连接在一起的关键作用，铜芯外还镶有和田玉和绿松石。而“最不起眼”的铁质剑身，经由北京科技大学冶金与材料史研究所鉴定，是由块炼铁经过长时间渗透锻打形成的块炼渗碳钢制成。

考古资料表明，进入春秋早期，我国人工冶铁技术已经成熟并传播开来。西周晚期玉柄铁剑的出土则将我国的人工冶铁史向前推进了近2个世纪。它以玉为柄、以铜为芯、以铁为身，集铁、铜、玉三种材质于一体，是我国考古发掘中出土的时代最早的一件人工冶铁制品，为进一步认识研究中国人工冶铁史起源提供了新依据。

中华第一剑，冶铁启新篇

在我国的冶铁史上，铁器的铸造和广泛应用是在汉代，这极大地提高了生产力水平，促进了经济的繁荣和社会发展，使中国的经济发展史进入了新的篇章。但在汉代以前，铁器则很少出现。铁刃铜钺、铁援铜戈等商代兵器证实，我国早在商代就已经开始用铁，但这时所用的铁不是人工冶铁，而是利用天然的陨铁锻造而成。在玉柄铁剑出土前，考古发掘的人工冶铁制品时代最早可追溯至春秋晚期，因此学者普遍认为我国冶铁发展史的开始阶段是春秋时期。

而虢国墓地出土的这一玉柄铁剑，则把我国冶铁史的开端提前到西周晚期，重新书写了人工冶铁历史，所以被誉为“中华第一剑”。

虢国的能工巧匠们通过套接、镶嵌、熔铸、锤打、冷热处理等技术，把三种质地不同、硬度不同、制作工艺不同的材料结合得尽善尽美，不仅体现了高超卓越的制作工艺，更表明了虢国当时发达的社会生产力。

此外，在虢国墓地2001号墓出土的人工冶铁制品还有一件铜内铁援戈。这两件贵重的铁制品出土于此，象征着墓主人显赫的地位和至高的权力，侧面反映了西周社会的等级制度，更是标志着作为新生产力代表的铁器已经萌芽，青铜时代即将落下帷幕。

/ 河南博物院 /

失蜡法铸造的最高水准

云纹铜禁

年　　代：春秋晚期

规格尺寸：纵长 131 厘米，横长 67.6 厘米，通高 28.8 厘米，身宽 46 厘米，重 94.2 千克

藏品来源：1978 年河南省淅川县下寺 2 号楚墓出土

国宝简读　1978 年，河南淅川下寺 2 号楚墓出土的这件春秋晚期的云纹铜禁，是河南博物院的镇院之宝之一。此禁整体用失蜡法铸就。文献所见中国最早用失蜡法工艺的时间，在唐代初年。因失蜡法文献所见较晚，学界一般认为中国失蜡法工艺源自印度。云纹铜禁的出土，将中国失蜡法铸造工艺的历史向前推进 1100 年——此禁铸造年代，不晚于前 552 年。由此，学界认为失蜡法铸造工艺至少在 2500 多年前的中国就已相当成熟。它不是舶来品，是中国特有的三大传统铸造技术之一。

楚国故地的考古发现

1978 至 1979 年间，在河南省淅川县下寺发现了一批春秋晚期楚国墓葬，后经系列考察，发掘了其中的 24 座，包括大中型墓 9 座、小型墓 15 座、车马坑 4 座，出土文物数不胜数，价值连城。

在诸多墓葬中 2 号墓处于整个墓地中央位置，规格最为尊贵，出土器物 6098 件。根据 2 号墓出土青铜鼎的铭文“隹正月初吉丁亥，王子午择其吉金，自作鬻彝𩰫鼎，用享以孝于我皇祖文考……余不畏不差，惠于政德，惄于威仪，阑阑兽兽。令尹子庚，繄民之所亟，万年无諆，子孙是制”可以推测此座墓葬正是前文提及的楚国令尹子庚墓葬。再结合《史记·张仪列传》所言：“秦、齐共攻楚，斩首八万，杀屈匄，遂取丹阳、汉中之地。”考察汉中与淅川下寺的相对位置，加之下寺位居丹、汉两江交汇处以北，也符合地名由来，可以知道淅川下寺便是楚国早期都城丹阳之所在区域。

重寻楚国故都的辉煌

令尹子庚墓中，随葬品多为青铜器，主要有禁、鼎、簋、鬲、盘、鉴等礼器以及兵器、乐器、车马器等，总数共计 551 件。在这些数量众多的文物中，以铜禁最为精美。

此禁名为云纹铜禁，为置酒器，禁体呈长方形，整体玲珑剔透，高大精致。禁面中心光素无纹，四边和侧面则用多层铜梗铸成网状而互相纠结的蟠虺纹。禁下两长边各有五只圆雕虎当座足，虎昂首挺胸，以后翘的尾部来承托禁体。禁的两侧长边又各攀附四只虎，两侧窄边各攀附两只虎，虎首都高出禁面，作吞吐状。攀附的每只虎的位置与作为器足的虎，上下错落有致，造型精巧，结构复杂。禁体呈透空结构，是由三层纷繁缠绕、相互套结的粗细不同的铜梗形成。内层铜梗粗而直被称为“框梗”，用作骨干；中层铜梗稍细，被称为“拱形梗”，“拱形梗”连接并支撑着外层的“直梗”；在“直梗”上再连接纷繁复杂的“花纹梗”，“花纹梗’数以万计，相互缠绕。

经过研究人员的修复及研究，认为该铜禁是使用失蜡法铸造的，禁体表面的透孔花纹蜡模熔接缝明显可见，这是范铸法不可能存在的情况；表层的花纹梗是自由扭转捏制而成，没有一定的分型面和黏合范缝；梗框表面有人工修整的痕迹且不甚规整，也没有合范缝线；两直梗之间的表面花纹梗，前后和左右连接自然巧妙，浑然构成一整体，这种自然的形态特征无法用传统的陶范铸法进行分范和合范的制造。禁体台面有 1 块长方形块、8 块四角梯形块以及 16 块方形块，共计 25 块青铜零件。淅川下寺云纹铜禁是我国最早采用失蜡法制作的青铜器，也是我国迄今发现的最早、最大、最复杂的用失蜡法工艺铸造的青铜器之一，堪称中国工艺史和青铜铸造史上不朽的杰作。

腹圈足，腹下部四角各铸一飞龙，圈足下以两只伏虎承器。壶身整体先浑铸，再分铸焊接龙耳、虎足、仙鹤、莲瓣，附加圆雕、浅浮雕、细刻等多种技法装饰，堪称春秋时期多范合铸的佳作。

壶盖上的莲鹤组合，一动一静，显示了春秋时期青铜铸造工匠的审美水平。

件入藏河南博物院，另一件调往故宫博物院保存。2002 年，莲鹤方壶被列入国家首批禁止出国（境）展览文物。

作为春秋时期时代特征的物化反映，莲鹤方壶一改此前商代以来青铜器的神秘凝重之风，显露出一派清新自由之气，是中国青铜器艺术风格的新开端。它们象征了春秋时期思想自由迸发的时代风貌，展现出青铜铸造水平的进一步发展，标志着中国的文化审美由殷商的“狰狞美”逐渐向“和谐美”过渡。历经千年，莲鹤方壶仍旧惊艳着时光，让人们得以窥见百花齐放的春秋风采。

国宝简读

春秋中期到战国中期是中国青铜器演进过程中一个绚丽灿烂的阶段，是青铜器发展史上的第二个高峰。莲鹤方壶就是这一时期的代表作，其铸作技艺的卓越精湛、造型构思的精妙复杂、装饰设计的生动新颖无不反映出春秋战国时期社会大变革的艺术风格，被郭沫若先生誉为“时代精神之一象征”，是青铜时代承上启下的绝代珍品。

颈两侧铸造的圆雕龙形细长双耳。

莲鹤方壶腹下部铸造的飞龙。

圈足下承以两只伏虎。

/ 河南博物院 /

汉代人想象的天界

四神云气图壁画

年　　代：西汉早期
规格尺寸：长 514 厘米，宽 327 厘米
藏品来源：1987 年河南省永城市芒砀山柿园汉墓（梁共王刘买墓）出土

国宝简读 西汉时期政治、经济、文化空前发达，厚葬之风盛行，墓葬壁画在这一特定历史阶段下被催生，其创作内容丰富、题材多样。作为中国目前所见时代最早、画幅最大、级别最高、保存最为完整的墓葬壁画，四神云气图是一部承载西汉初年中国神仙思想的壮丽史诗，被赞誉为“敦煌前之敦煌，敦煌外之敦煌”。

四象神兽镇四方

1986 年 5 月，永城市芒砀山镇柿园村村民在本村开山采石时，无意中发现了一座结构复杂、规模宏大的墓葬。经过长达 5 年的发掘清理，墓中出土了众多珍贵文物，还发现壁画 3 幅，其中又以保存最佳的主室顶部壁画——四神云气图最为瞩目。

壁画采用长方形构图，由中间主题图案和四周边框辅助纹饰两部分组成，色调以红、黑色对比为主，兼以白、绿色调配。壁画正中绘一四足“S”形青龙，长约 7.5 米。龙身腹部上方站立一只行走姿势的朱雀，长喙衔着龙角，雀尾上扬飘摆，与云纹相连。龙身腹下一只白虎，前爪攀附在仙山上，后爪踏云纹，口衔长枝花朵，仰头而上，似乎要吞噬前方的灵芝。龙口吐长舌卷住一鸭嘴“怪兽”的尾部，它体形细小似蛇，有鱼鳍、鱼尾。关于鸭嘴怪兽的身份，学者考证其为《山海经》中象征北方以及生命转化、灵魂复苏的“鱼妇”，是玄武的早期形象。四周边框中装饰以连线穿过圆形玉璧纹为主，其间以云纹填充。壁画构图饱满、技法精湛、造型灵动、色调和谐，是西汉时期墓葬绘画精美工艺的集中展现。

壁画中的青龙龙身覆满鳞纹，龙角形似鹿角，脊背处生有双翼，足踏云纹、长枝花朵。

“事死如事生”，画中遇神仙

前 168 年，梁孝王刘武从淮阳迁封到睢阳，死后葬在芒砀山，自此以后，历代梁王的墓葬选址皆在芒砀山。柿园墓

的墓主经考证，被确认为西汉梁国第二代国王梁共王刘买。该墓室由墓道、甬道、主室、巷道及 8 个侧室组成，各部分彼此连接，设施齐全，宛如墓主人生前居住的宫殿一般，期冀其往生的生活依旧如生前般锦衣玉食，是汉代“事死如事生”生死观的物化体现。

受先秦以来的神仙信仰、阴阳学说等观念影响，西汉时期的墓葬壁画不仅是墓室的装饰，同时还具备祈求升仙、驱邪避灾的礼仪功能。四神云气图壁画绘在墓室顶部，墓主人的棺在整幅壁画的下方，可以推测壁画是天象的象征，壁画中的四神则是护送墓主灵魂升天、驱鬼辟邪的祥瑞神物，加之玉璧、灵芝、云气纹、长枝花朵等元素，将当时人们想象中的仙境描绘得栩栩如生，诠释了墓主渴望长生升仙、趋吉避凶的思想信仰。

四神云气图壁画作为中国目前所见的唯一一幅西汉前期诸侯王级的巨幅彩色壁画，开启了墓室壁画的先河，意象性地描绘了西汉先民对于宇宙世界的想象，是西汉墓葬文化在壁画创作上的艺术结晶。

/ 河南博物院 /

女皇武则天晚年的心路历程

武则天金简

年　　代：唐

规格尺寸：长 36.2 厘米，宽 8 厘米，厚约 0.1 厘米，重 223.5 克

藏品来源：1982 年河南省登封县（今登封市）嵩山峻极峰北侧石缝中发现

作为中国封建王朝唯一的女皇帝，武则天的一生充满了传奇色彩，亦给后人留下了众多不解之谜。作为一代女皇目前所遗留的唯一一件与其本人有关的可移动文物，武则天金简的偶然发现，为研究唐代历史、武则天晚年的政治思想、武则天时期的书法、古代投简制度、古代封禅制度等提供了可靠的实物依据。

赎罪符还是投龙简

1982 年 5 月的一天，河南省登封县王河村的村民屈西怀在嵩山峻极峰北侧的石缝之中发现一枚亮闪闪的金属片，捡起来擦去表面的浮土，上面竟显现出字迹。几经权衡后，屈西怀将金属片上交给了登封县人民政府，登封县人民政府随后转交给了当时的河南省博物馆。经专家鉴定，这枚金属片是一枚金简，由纯度 96% 以上的黄金制作而成，其上双钩錾刻铭文 3 行 63 字，铭文之中“武曌”字样的出现，揭露出金简的真实身份，这竟是一代女皇武则天的金简！千年前的帝王心声展现在世人眼前。

金简铭文大意是说，大周国的皇帝武曌，信奉道教真神，谴使臣胡超在中岳嵩山向天地诸神献上这枚金简，希望各路神仙能够除去武曌罪过以消灾。

从铭文释读出发，关于金简的作用众说纷纭。有学者认为这是武则天对自己过去所做事情的忏悔，投掷金简请上天赦免其罪，保佑其长命百岁。另一种主流观点认为金简为投龙简，属于祭神器具即告神的牒章。投龙是古代帝王举行道教祭祀的活动时，在三简上书写祈愿内容，分别为山简、土简、水简，山简投于高山之中，土简埋于地下，水简投于潭洞水府，借以奏告三官，称为投龙简。铭文中的“三官九府”，三官即道教天、地、水三神，三官各有三府，共计九府。“除武曌罪名”则是道教请求解除灾祸，获得长生的用语。“好乐真道长生神仙”表明了武则天对道教的信仰。太岁庚子则是古代使用的太岁纪年法，和年号纪年法、干支纪年法为古代三大纪年方法。换算后为武则天久视元年，即 700 年。

金简铭文释文：“上言，大周国主武曌好乐真道长生神仙，谨诣中岳嵩高山门，投金简一通，乞三官九府除武曌罪名，太岁庚子七月甲申朔七日甲寅小使臣胡超稽首再拜谨奏。”

嵩山封禅

封禅，是指古代帝王亲率臣子前往泰山封坛，向上天祈求国家风调雨顺的典礼。根据记载，历史上七位举行过封禅的帝王有六位都将地点选在了泰山，唯有武则天于嵩山封禅。金简在嵩山的发现，与武则天在嵩山举行封禅的行为密不可分。

690 年，武则天以周代唐，定都洛阳，年号“天授”。天授二年（691）和证圣元年（695），朝臣先后两次上书请求封禅中岳，为武则天正式封禅做了铺垫。696 年，武则天在嵩山正式封禅。封禅过后，武则天改中岳为“神岳”，尊中岳神为“神岳天中皇帝”。并将嵩山所在的嵩阳县改为登封县，阳城县改为告成县，表示“大功告成”之意，将年号改为“万岁登封元年”。此后，她又多次至嵩山一带巡游、祭祀。久视元年（700），武则天亲临告成县的石淙河，在三阳宫大宴群臣，并题诗刻于崖壁，金简应是于这时投至嵩山。

金简是研究武则天宗教信仰的直接物证，其材质、铭文、投放地点，处处透露着其独一无二，与武则天作为历史上唯一的女皇帝的地位遥相呼应。石缝中的千年岁月流转，方寸金简穿越时间长河，向世人展示着一代女皇的传奇风姿。

圣水牛的"自画像"

2000年12月的一天，安阳花园庄村的村民向中国社会科学院考古研究所安阳工作队反映，夜间看到有人在殷墟宫殿区以南约500米的农田里活动，行踪十分可疑，怀疑在盗掘古墓。工作队接到消息后，立即派出工作人员去往现场保护，并对墓葬展开抢救性发掘。考古发掘历经50余天，一座随葬品达570余件的大墓呈现眼前，随葬青铜器更是达310余件，多数青铜礼器及部分高级青铜兵器上铸有"亚长"字样的铭文，其中，一件水牛样式的青铜尊格外亮眼。

器物整体呈水牛形，体态健壮。牛抬头伸颈，微张口，口内中空。两耳外展，头上有扁三棱状、向后弯曲的双角。牛背微下凹，上有长方形铜盖，盖与器身为子母口扣合。牛腹部浑圆，四肢粗短壮实。牛臀部外鼓，短尾下垂。牛背、下颌、后颈部、尾部、耳朵等处布满兽面纹、鸟、鱼等动物纹饰，腹部两侧饰虎纹，整器以云雷纹衬地。牛颈部下方及器盖内壁有铭文"亚长"。纹饰繁缛精美，形态生动逼真，宛如水牛真物再现。

国宝简读

商代先民重视对祖先和自然神的崇拜，一般在青铜器上以铭文、动物纹装饰来体现。以牛首为装饰性纹饰的青铜器在商代早期的郑州商城等遗址已有零星发现。殷墟时期，以牛首为装饰性纹饰的青铜器种类和数量逐渐增多，但以牛为主题纹饰或单独造型者仍较为罕见，亚长牛尊是截至目前殷墟发现的唯一一件牛形青铜器，通体布满神秘动物纹样，充分展现了殷墟时期青铜铸造工艺的精湛。

赫赫战功的商代战神

牛尊的独特，意味着墓主人身份也必定显赫。墓葬中出土众多青铜器上"亚长"字样的铭文，表明墓主人为亚长。据研究，墓主人亚长为35岁左右的男性，在其身体的左侧股骨、肱骨、肋骨以及右侧髂骨等部位发现至少7处战争创伤，且未发现自我修复痕迹。其中有不少为连续击打、致命性的伤口，分别由刀斧、戈矛等兵器造成。小臂疑似被砍断，

下葬时放置了一条铜手臂，以保证死者身体的完整性。

此外，墓葬中随葬 9 套青铜觚爵（角），商代墓葬中随葬青铜觚爵（角）套数的多少与墓主人身份地位等级密切相关，由此推测，墓主人的社会等级应与此前在殷墟出土 10 套青铜觚爵的郭家庄 160 号墓主人的地位相当。而随葬的大量青铜兵器中，作为高级武将甚至王权身份象征的青铜钺有 7 件，妇好墓仅有 4 件，亚长墓是迄今所知出土青铜钺最多的殷墟墓葬。据此，墓主人的军事地位比身为商王武丁妻子的女将军妇好更甚。结合墓室面积、殉葬信息、体质人类学鉴定结果综合判断，亚长为来自商王朝南部的“长”族部落首领，也是商王朝一位重要的军事将领，生前曾多次征战疆场，最后负伤不治而亡。

殷墟时期精湛的“分范法”青铜铸造技术，让牛尊得以在时间长河的流淌中犹如新生，使三千年前的圣水牛（即商代野生水牛）形象跃然眼前，亚长牛尊成为研究殷墟时期青铜铸造技艺与艺术的典型代表。

/ 中国文字博物馆 /

西周晚期青铜重器

贾伯壶

年　　代：西周晚期
规格尺寸：连盖通高 48 厘米，腹径 30 厘米
藏品来源：原藏于香港御雅斋，2012 年征集入藏

国宝简读

作为国内现存成对出现的、极为罕见且器形完整的西周晚期青铜重器之一，贾伯壶整器造型立体独特，纹饰粗犷简朴，是当时青铜器铸造风格的典型代表。壶上的铭文更是为贾国历史和古文字研究提供了实物证据，弥补了贾国历史文献记载的空白，具有重要的史料价值。

2000 多年前的陪嫁品

贾伯壶是一对保存完好的西周晚期青铜方壶，两器在形制、尺寸、铭文上完全一致。壶身平口，长颈，矮圈足，鼓腹上有田字形扉棱。壶颈部两侧装龙形兽首环耳，颈部饰一周回首垂冠凤鸟纹。壶盖顶部正中饰“S”形双龙纹，周边环绕窃曲纹。

壶盖的子口处，铸有铭文 8 行 33 字：“隹王二月，既死霸丁亥，贾伯作世孟姬尊壶，用享用孝，用祈万寿，子子孙孙，永宝用享。”记述了某年二月既死霸丁亥日，贾伯为即将出嫁至世氏家族的女儿铸造铜壶一对，并用于祭祀祖先神灵和祈求万寿。

证“贾国”历史，溯“国君”其人

先秦文献中关于贾国的记载，在《左传》中仅发现两条。最早的记载是《左传・桓公九年》：“秋，虢仲、芮伯、梁伯、荀侯、贾伯伐曲沃。”文献中提及的虢、芮、梁、荀、贾皆是西周分封的诸侯国。

贾国所作之器，此前出土的有山西闻喜的西周晚期贾子匜、山东诸城的春秋晚期贾孙叔子屖盘。根据这些器物，专家认为贾国是五等爵中的子国。贾伯壶的出现，其铭文记载直接证实了贾国的国君即是《左传・桓公九年》中所记的“贾伯”，贾国是等级更高一级的伯国而不是子国，为西周分封诸侯国的研究提供了珍贵的实物资料。

出璞色如脂，成杯圆中规

1956 年，洛阳涧西矿山厂正在开展基建工作，随着工程的推进，一座墓葬显露出来。经过考古专家的仔细勘查，发现墓葬已经被盗掘过，只有墓葬的前室留下了几十件文物，其中一件铁帐构上刻有“正始八年八月”铭文，墓葬年份由此明晰，但墓主的身份至今成谜。在勘查过程中，角落里一只沾满泥土的杯子引起了大家注意。现场工作人员将其提取后经过清洗，惊喜地发现这竟然是只整体完好无缺的白玉杯。

玉杯呈圆筒形，直口，平沿，深直腹，圜底，圈足。通体呈青白色，玉质莹润细腻，杯壁厚薄均匀，一派简约大雅之美。整器制作规整精巧，为一整块和田羊脂玉琢成，以上等原料为基调，白玉杯的杯口、杯身和高足均切割规整，折角分明，打磨痕迹肉眼难以观察出，给人浑然一体之感，简约中处处蕴含着出神入化的雕刻技艺。

杯中藏日月，印史照春秋

白玉杯所用的和田羊脂玉产自我国新疆和田地区，该地古称于阗，位于古丝绸之路南道，与中原地区交往密切。在战乱不断的三国时期，获得西域的玉料实属不易。白玉杯的出现印证了当时中原地区虽然陷入战乱，但仍与西域各国保持着贸易往来的史实，为研究三国时期古丝绸之路上的文化交流提供了有力的实物依据。

自西周以来，玉器就是贵族身份的象征。西汉时期盛行厚葬之风，大量玉器被制成王室、贵族的陪葬品，形成“用玉殓尸”的丧葬礼俗。东汉以后，玉器作为礼仪玉、丧葬玉的功能逐渐消亡，取而代之的是生活用玉和装饰玉。白玉杯据专家考证，应是墓主人饮酒所用的实用器，是玉器由政治等级化向社会世俗化过渡的重要例证。

三国时期受连年战争影响，社会崇尚简朴之风，大力提倡简葬，在墓葬中出土玉器极为难得。这件白玉杯是目前中国出土的唯一一件曹魏时期的白玉杯，以名贵的和田羊脂玉精心雕琢而成，玉质温润洁白，通体光素无纹，杯身抛光细润，线条流畅优美，不仅是曹魏时期精湛琢玉技艺的反映，更是当时朴素自然风格的真实写照。

/ 洛阳博物馆 /

龙种神驹，四蹄踏雪

三彩黑釉马

年　　代：唐
规格尺寸：通高 73 厘米，长 85 厘米
藏品来源：1981 年河南省洛阳市龙门唐定远将军安菩夫妇墓出土

黑釉色泽似天造，骏马踏雪疾归来

洛阳是唐三彩主要的产出地，因唐代养马业兴盛，制作的三彩器中便以三彩马最具特色，形象各异，造型主要有奔马俑、提腿马俑、马上人俑、马拉车俑、立马俑五种。三彩黑釉马的造型属于最常见的立马俑，但却是其中极为罕见的标本。

马四足挺立，头颈向上昂起，目视前方。除马面、马背、马鬃、马蹄呈白色外，马身其余部位均施以黑色釉，其上配饰棕褐色革带，革带系绿色或棕色的圆形骑马浮雕图案垂饰 15 枚。马鞍鞯为绿、黄、白三色相间。整器造型雄健，釉色莹润明亮，马背上华丽的装饰与整体的黑色对比感强烈，而弥足珍贵之处就在于其黑釉色。

来自异域的主人

1981 年 4 月，河南省洛阳市的龙门啤酒厂正在龙门山南部修建新厂，爆破时发现了一座颇具规模的古墓。经过考古工作人员发掘清理，该墓共出土文物 129 件，种类丰富。其中，三彩器数量最多，形制较大，造型精美，主要有文官俑、天王俑、镇墓兽、马、骆驼、牵马俑、牵驼俑和骑马俑等。墓室中有一方石质的墓志，上刻“大唐定远将军安君志”九字，墓主人的身份得以确定，为唐朝的定远将军安菩，墓葬是他与夫人何氏的合葬墓。

安菩是西域昭武九姓安国（今乌兹别克斯坦境内）大首领的后裔，是一名粟特人，其生在西域，死在长安，葬在洛阳，一生颇富传奇色彩。安菩出生于 600 年前后，630 年随父归顺大唐，因骁勇善战，被封为五品京官和定远将军。664 年，安菩卒于长安，葬于龙首原。709 年，其子将其迁葬于洛阳龙门东山，与夫人何氏合葬。

矫健俊雅的三彩黑釉马，从造型设计到工艺制作，以一器凝结大唐盛世气概，无愧为唐三彩釉陶艺术的典范之作。而与之同出一墓的大量具有中原、中亚特色的三彩器皿，更是为盛唐时期洛阳作为丝绸之路起点之一的商贸繁荣、丝绸之路上中西方交流之繁盛增添了新的证据。

国宝简读

唐三彩是在汉代铅釉陶的基础上发展而来的彩色低温铅釉陶，是唐代鼎盛时期的艺术风格代表，它的出现为陶瓷发展史增添了浓墨重彩的一笔。河南地区出土的唐三彩文物数量颇丰，品类丰富，色彩鲜明，造型别致。三彩黑釉马更是堪称稀世珍品，其黑釉釉色纯正，造型灵动逼真，身形比例匀称，兼具美感和力量感，真实再现了“龙种神驹，四蹄踏雪”的雄姿。

/ 开封博物馆 /

从大晟编钟里聆听北宋

“大晟夷则”铜钟

年　　代：北宋
规格尺寸：通高 27.5 厘米，宽 18 厘米
藏品来源：1973 年开封博物馆收购

雅乐之声

大晟是北宋王朝的宫廷乐府名，大晟编钟是大晟乐府的乐器之一。开封博物馆所藏这枚青铜钟是 336 枚大晟编钟中的一枚，其甬部为双夔形，钲部有乳钉 36 枚，舞和篆部饰蟠螭纹。此钟正面中部阴刻篆书“大晟”二字，背面铸有“夷则”二字，“夷则”就是古代十二音律之一。

开封博物馆收藏的这枚北宋徽宗时期所铸“大晟夷则”编钟，在外形上与春秋时期铸造的镈钟十分相像，有人甚至误认为它就是春秋时期的器物。

宋徽宗崇宁三年（1104），应天府（今河南省商丘市）出土了六件春秋时期的编钟，因出土地恰好位于宋太祖赵匡胤的起家之地，徽宗认为这是祥瑞之兆，于是他下旨召集各地工匠，仿照应天府出土的编钟式样，精心铸造十二套编钟。崇宁四年八月，十二套编钟铸造成功，每套正声 12 枚，中声 12 枚，清声 4 枚，总共 336 枚，每一枚钟的钟身上都刻有“大晟”铭文。与常见编钟不同，大晟编钟的形制大小是完全相同的，只是通过编钟壁厚度的不同来产生不同的音律。大晟钟质地极纯、声韵清悦，专门为它们所作的乐曲，宋徽宗命名为大晟乐，北宋朝廷还建立大晟府专门管理宫廷礼仪音乐，编撰、收集、整理当时的音乐。从此，宋朝音乐进入了一个新的时期。新修订的大晟音律，也成为以后元、明、清各朝的标准音律。

靖康之耻的见证

大晟编钟的铸成和应用仅仅起到了粉饰太平的作用，其敲响的音符更像是北宋王朝的丧钟。在其铸成之后的二十二年，即靖康二年（1127），汴京城被金人攻破，徽宗与钦宗二帝被俘，成为金人的阶下囚并客死他乡。336枚精心铸造的大晟钟也如同北宋王朝一样烟消云散，它们或在战乱中被埋入地下，或于东京城破后被金人掳走赏赐臣下，或被解往金都上京会宁府（今黑龙江省哈尔滨市阿城区），大晟编钟从此遗散各地，有些甚至流落海外。如今的大晟编钟在全世界范围内仅存30余枚，它的“出生地”河南开封仅存1枚。

“大晟夷则”铜编钟器形古朴典雅，纹饰优美，篆刻工整。钟的背面有“夷则”二字，“夷则”是古代的音律之一。大晟编钟为我们研究宋代的庙堂乐制、青铜乐器仿古铸造技术以及宋代古器物学都提供了重要佐证，为国家一级文物。

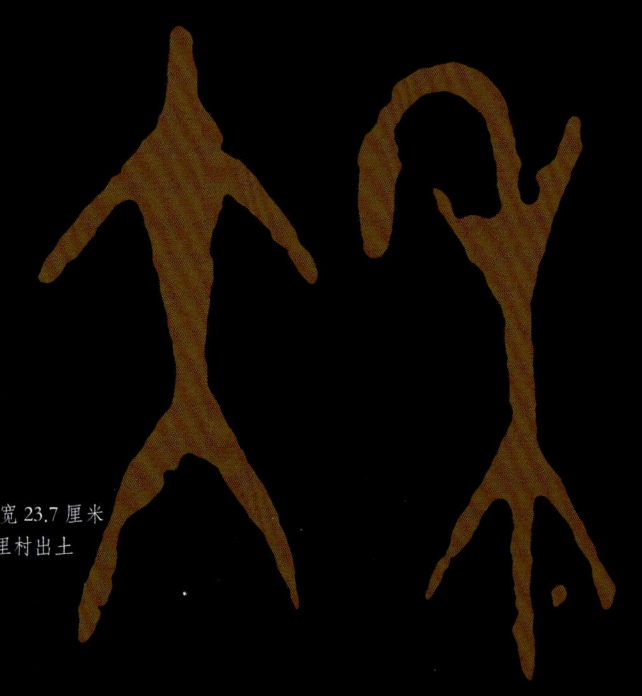

/ 湖南博物院 /

从废品站抢救的国之重宝

大禾人面纹方鼎

年　　代：商晚期
规格尺寸：通高 38.5 厘米，口长 29.8 厘米，宽 23.7 厘米
藏品来源：1959 年湖南省宁乡市黄材镇炭河里村出土

历经波折的国宝

大禾人面纹方鼎呈碧绿色，横截面呈长方形，鼎口略大于底，折沿方唇，短边上有一对长方形立耳，鼎身四隅有扉棱，四鼎足为圆柱状。鼎腹外壁各有一人面形浮雕纹饰，人面表情严肃，面宽而方，五官刻画清晰，嘴宽大，唇突起，高颧骨，耳肥大。仔细观察，还能看到人面双耳之上有一对弯曲的细角，双耳之下有一对尖尖的足爪，由此推测，鼎腹外壁描绘的应该是一只戴角、人面、兽身动物形象，只是动物的身体被尽可能省简，从而突出人面这个局部。在目前出土的青铜器中，以人面作为主体装饰的方鼎仅此一件。

1958 年，湖南宁乡县黄材镇炭河里村一个叫新屋湾的地方，一位农民在挖地时发现了这件人面纹方鼎。此后，他把这件器物连同家里的一堆废铁卖给了废品收购站。当时，正处于全国大炼钢铁的年代，这件器物很快被当作废旧金属制品被分类集中到废铜仓库，差一点就扔进了熔炉。幸运的是，这件器物的一块残片被当时湖南省博物馆派驻到废铜仓库拣选文物的工作人员发现了。于是他们经过仔细翻拣，又找到了 10 多块，经初步拼对，发现只缺一条腿与底部。时隔两年，残缺的一腿也被找到。

农业文明的见证

大禾人面纹方鼎，这件从废品站抢救回来的国之重宝，见证了中华早期文明的辉煌历史。它不仅是一件精美的艺术品，也是我们了解和研究商代社会的重要实物资料，鼎上的铭文更是为我们研究商代的文字和历史提供了宝贵的线索。

这件人面纹方鼎为什么被称为大禾人面纹方鼎呢？这是因为在器物内壁近口沿处有铭文二字，可释读为“大禾”。“大”字为一个双臂平伸，跨步而立的人形。“禾”字也是一个象形字，就像一株结有丰硕稻穗的禾秆，形态惟妙惟肖。关于“大禾”二字的寓意，学者有很多猜想。有人认为它是一个农业部族的族徽，也有人认为它是在陈述这件方鼎的祭祀功能，即对丰收的祈愿。

国宝简读

大禾人面纹方鼎在装饰上以人面为饰，形象奇异，是研究古代宗教思想、祭祀风俗以及审美意识的重要资料。站在大禾人面纹方鼎前，就像与古人开启了一场穿越时空的“视频通话”。

/ 湖南博物院 /

国宝的世纪漂流记
皿方罍

年　　代：商
规格尺寸：器身高 63.6 厘米，器盖高 28.9 厘米
藏品来源：1919 年湖南省桃源县水田乡茅山岭出土

湖湘大地的“方罍之王”

罍作为盛酒器，是商周时期的一种重要礼器，按照横截面的形状来分，有方形和圆形两种，方形罍数量较少。皿方罍以其独特的形制、精美的装饰、内涵丰富的铭文闻名于世。

皿方罍器身四壁厚实，整器集立雕、浮雕、线雕于一身，造型庄重高峻。方罍为小口，短直颈，圆肩，肩部饰一对兽首衔环耳，下腹壁斜收，圈足高且外撇。方罍的器盖与器腹的四隅及四面正中均饰有扉棱，从视觉效果来说，起到了扩张器物体量的效果。方罍器盖、肩部与下腹壁饰大幅兽面纹，颈部、肩腹结合处与圈足饰条状夔龙纹，整个纹饰布局宽窄相间，上下呼应，颇具节奏感。方罍的兽首衔环耳与扉棱呈圆雕效果，主体纹饰呈高浮雕状，凸起于器表，主体纹饰的空白处则以阴线云雷纹填充，从而达到一种高低错落、层次分明的“三层花”式效果。

方罍的器盖与器身均有铭文，器盖铸有“皿天全作父己尊彝”八字铭文，器身铭文为“皿作父己尊彝”六字。这两段铭文不仅说明了器物的制作背景，还为研究商代的社会结构和宗教信仰提供了重要线索。“皿”是这件器物主人的家族徽号，“天全”可能是他的私名，“父己”是器主已经死去的一位父辈先人，也是这件方罍的祭祀对象。

辗转海外，历经风波

皿方罍于 1919 年在湖南桃源出土后，器盖留在了国内，器身被文物贩子走私出境，辗转流入海外市场。20 世纪 30 年代，皿方罍器身被日本人浅野梅吉收藏。1950 年，器身落到了日本收藏家新田栋一手中，此后数十年一直收藏在新田家。2001 年，新田家将皿方罍器身交付美国佳士得拍卖，最终被法国买家以 924 万美元的高价拍的。2014 年，皿方罍器身再次在美国佳士得进行拍卖。湖南省博物馆得知消息后，即与佳士得拍卖公司进行洽谈，在社会各界的努力下，以 2000 万美元的价格将器身购回，完成了器盖和器身的合璧。皿方罍的回归为当代文物保护工作提供了深刻的启示。

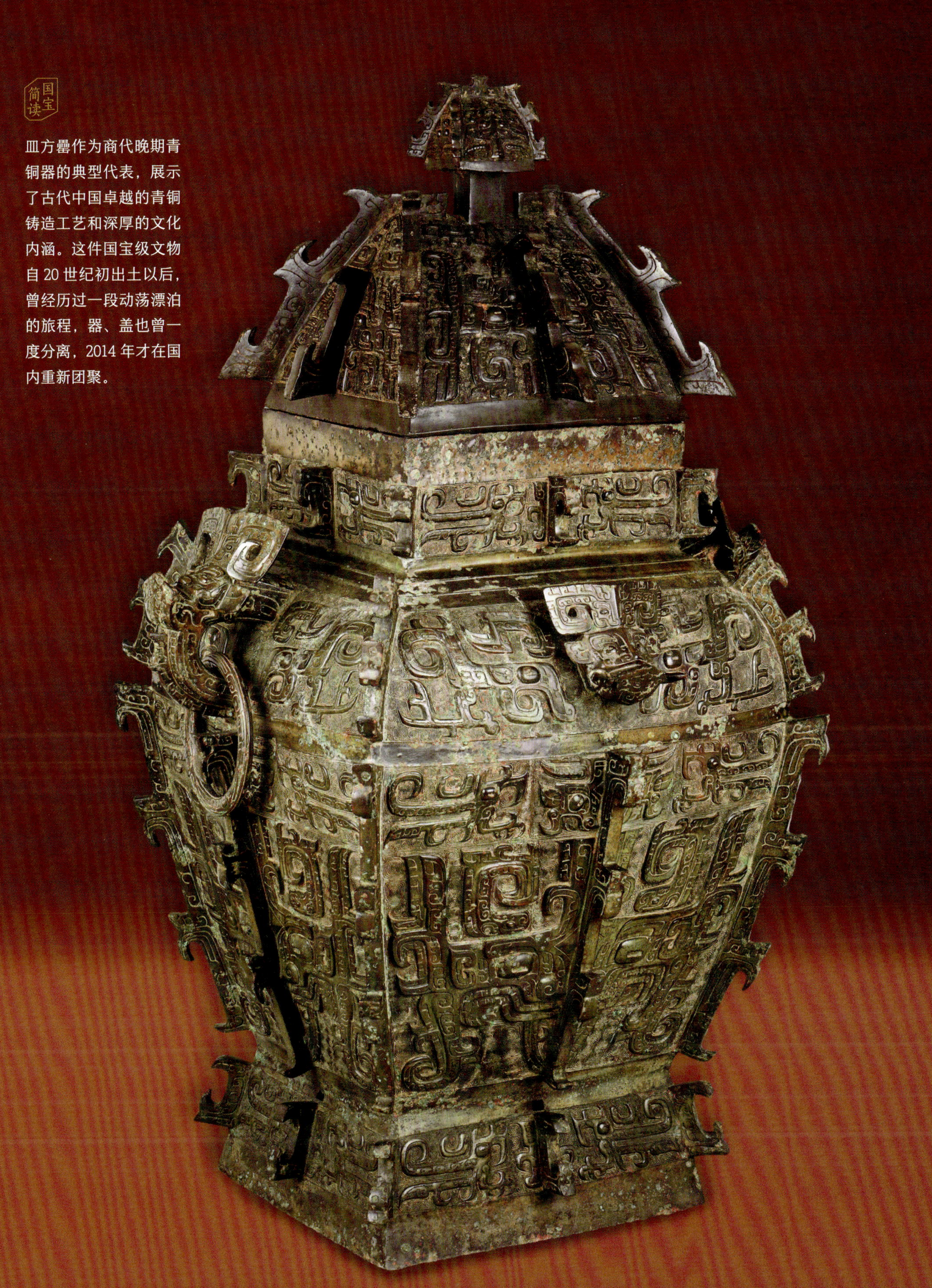

国宝简读

皿方罍作为商代晚期青铜器的典型代表，展示了古代中国卓越的青铜铸造工艺和深厚的文化内涵。这件国宝级文物自20世纪初出土以后，曾经历过一段动荡漂泊的旅程，器、盖也曾一度分离，2014年才在国内重新团聚。

/ 湖南博物院 /

地基里发现的一头青铜猪

豕形铜尊

年　　代：商
规格尺寸：通高 40 厘米，长 72 厘米
藏品来源：1981 年湖南省湘潭县（今湘潭市）九华船形山出土

国宝简读

豕形铜尊为晚商时期一件盛酒器。器身整体造型为一头站立的野猪，整体比例关系与结构细节都比较精确，具有很强的写实性。其周身纹饰精美和谐，头部阴刻兽面纹，腹背为鳞甲纹，四肢饰倒立的夔纹，各种纹饰的变化与配合处理得恰到好处。

美观与实用兼具

豕形铜尊的发现充满了戏剧性。1981 年，湖南湘潭船形山一位居民正在平整新房地基，意外挖出了这件青铜器。经专家鉴定，确认其为商代青铜器，并命名为豕形铜尊。

豕形铜尊是商代青铜盛酒器，整体造型栩栩如生，形态逼真。铜尊的主体呈现为一头野猪形象，四肢粗壮有力，背部隆起，尾巴短粗卷曲，嘴巴微张，露出獠牙，眼睛圆睁，充满威严。尊口为圆形，位于背部，上覆器盖，盖纽设计为一只头戴华冠的立鸟。豕尊的前、后肩部各有直径约 14 厘米的管状圆孔横穿器身。此器容积为 13 升，盛满之后，一人难以搬运，因此这两个管孔应该是用来穿系绳索，以便两人扛抬的。

从渔猎到农耕的见证

豕形铜尊以野猪为原型，在商代青铜器中仅此一件，它生动地反映了中国古代劳动人民对猪驯化、饲养的历史。

仔细观察可以发现，豕形铜尊身上有多处修补的痕迹，第一个补丁在猪的鬃毛旁边，第二个补丁在脖子和后背交界处，第三个补丁在鸟站着的盖子上，第四个补丁在臀部，第五个补丁在嘴巴旁边。这充分说明其主人对它的重视与珍惜。

豕形铜尊出土时，其周边土壤与大环境截然不同。湘潭一带都是湿润的水稻土，而铜尊却埋藏在干燥松散的沙土中。专家判断，这应该是器主为避免铜尊被土壤中的水分锈蚀氧化，故意在填埋过程中使用了从别处运来的沙土。

豕形铜尊的造型反映了商代社会对动物的崇拜。商人相信动物具有特殊的灵性和神秘的力量，常常将动物形象作为礼器的装饰。豕形铜尊可能用于祭祀活动，象征着丰收与繁荣，体现了商人对自然和生命的敬畏。

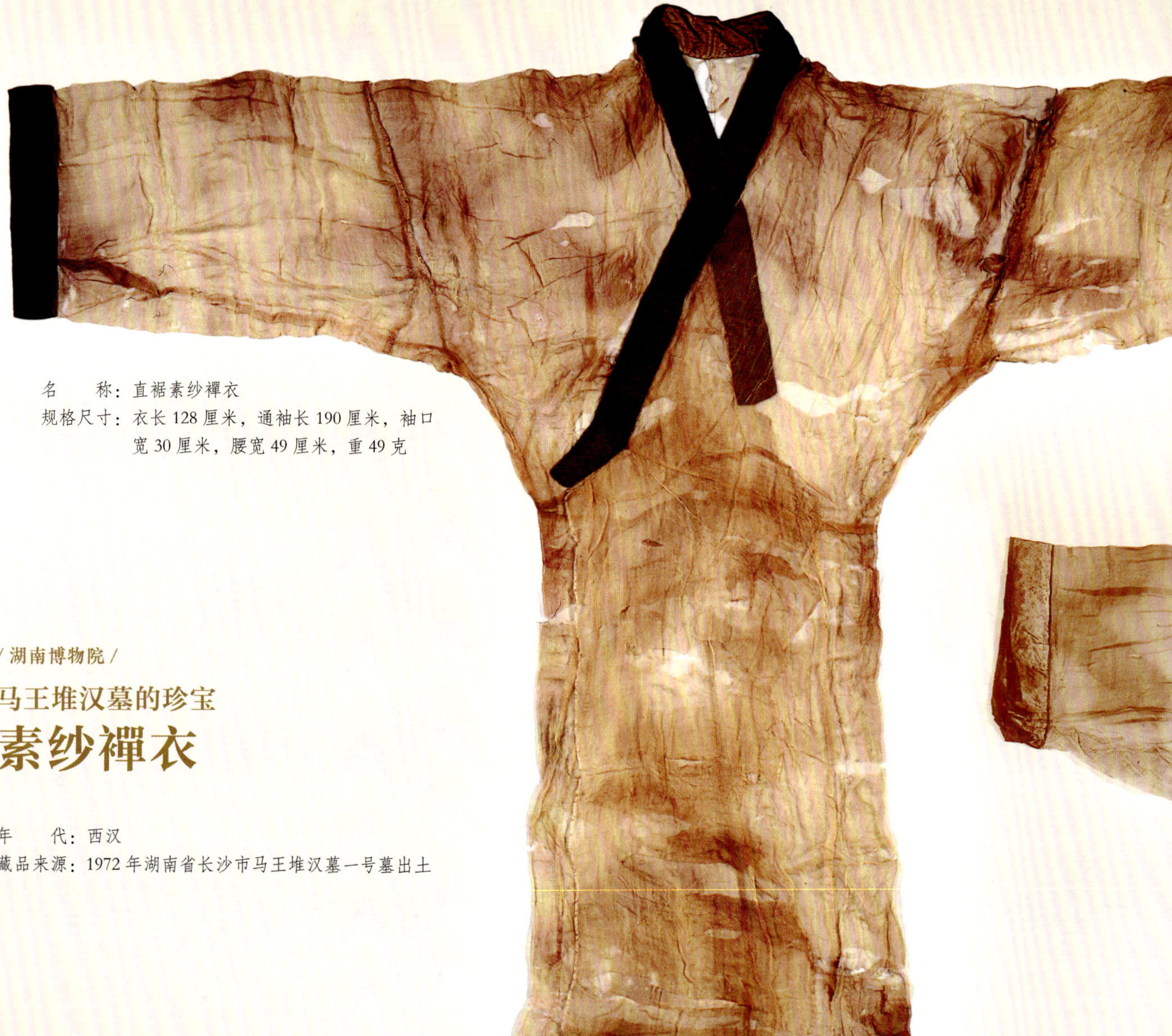

名　　称：直裾素纱禅衣
规格尺寸：衣长 128 厘米，通袖长 190 厘米，袖口宽 30 厘米，腰宽 49 厘米，重 49 克

/ 湖南博物院 /

马王堆汉墓的珍宝
素纱禅衣

年　　代：西汉
藏品来源：1972 年湖南省长沙市马王堆汉墓一号墓出土

西汉长沙国的丝织品

素纱禅衣于 1972 年在湖南省长沙市马王堆汉墓一号墓发掘出土，是西汉时期的丝织品，原产地为西汉时期襄邑县。当时共出土 2 件，一件为直裾，一件为曲裾，分别重 49 克和 48 克，用“薄如蝉翼”“轻若烟雾”形容它一点都不过分。素纱禅衣由上衣和下裳两部分构成，属于一号墓的主人——辛追。辛追是西汉初年长沙国丞相利苍的妻子。

长沙国是西汉时期湖南历史上出现的第一个诸侯封国。当时西汉地方上实行郡国并行制，长沙国辖境是承袭了秦代长沙郡辖境，后将秦长沙郡治所“湘县”改名“临湘县”，作为国都。长沙国自建立以来与西汉王朝的命运相始终，存在了 209 年，经历了吴氏长沙国时期和刘氏长沙国时期。丞相利苍和妻子辛追就生活在吴氏长沙国时期。

西汉丝织技术的最高水准

素纱禅衣在出土后很快被选入国家一级文物，它是世界上最轻的素纱禅衣，如果除去袖口和领口较重的边缘，重量只有 25 克左右，折叠后可以放入火柴盒中，透光率高达 75% 左右。它是西汉纱织水平的代表作，更是西汉陈留郡及长沙国文化的骄傲。它还是世界上出土文物中最早的印花织物，至今已超过 2100 多年。

更让人惊奇的是，禅衣主人被发现之时，仍然形体完整，全身润泽，皮肤覆盖完整，毛发尚在，指、趾纹路清晰，肌肉尚有弹性，部分关节可以活

动，几乎与新鲜尸体相似，是世界上保存最好的湿尸。

素纱禅衣能够集如此众多之最于一身，根本原因在于其高超的工艺。它的制作材料是纱——中国古代出现最早的一种丝绸。纱是由单经单纬丝交织而成的一种方孔平纹织物，其经密度一般每厘米为58至64根纱，纬密度每厘米为40至50根纱。上乘的纱料，以蚕丝纤度匀细见长。素纱禅衣每平方米纱料仅重15.4克，并非因其织物的孔眼大，空隙多，而是纱料的旦数（旦数，每9000米长的单丝重1克，就是一旦，这是丝织学上对织物的蚕丝纤度的一个专用计量单位，旦数越小，则丝纤度越细）小，丝纤度细。经测定，素纱禅衣的蚕丝纤度只有10.2～11.3旦，而现在生产的高级丝织物，例如四眠蚕，其纤度足有14旦，足见汉代缫纺蚕丝技术的高超。它可以说代表了西汉初期养蚕、缫丝、织造工艺的最高水平。

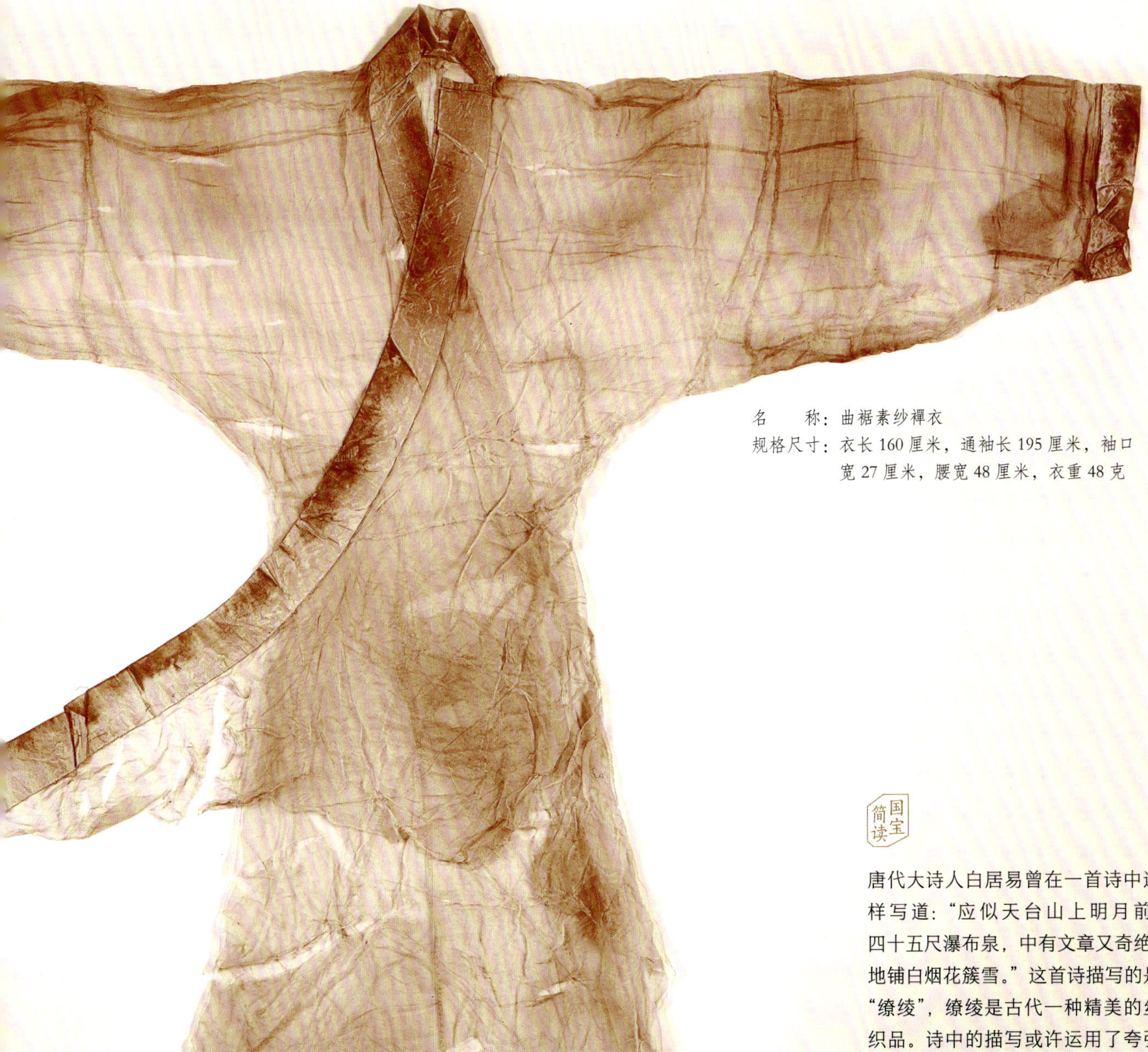

名　　称：曲裾素纱禅衣

规格尺寸：衣长160厘米，通袖长195厘米，袖口宽27厘米，腰宽48厘米，衣重48克

国宝简读

唐代大诗人白居易曾在一首诗中这样写道："应似天台山上明月前，四十五尺瀑布泉，中有文章又奇绝，地铺白烟花簇雪。"这首诗描写的是"缭绫"，缭绫是古代一种精美的丝织品。诗中的描写或许运用了夸张的修辞，但在1972年的马王堆汉墓出土珍宝中，考古学家在现实生活中找到了真实的例证——素纱禅衣。

汉代的丧葬习俗

T 形帛画

年　　代：西汉
规格尺寸：通长 205 厘米，顶宽 92 厘米，末端宽 47.7 厘米
藏品来源：1972 年湖南省长沙市马王堆汉墓一号墓出土

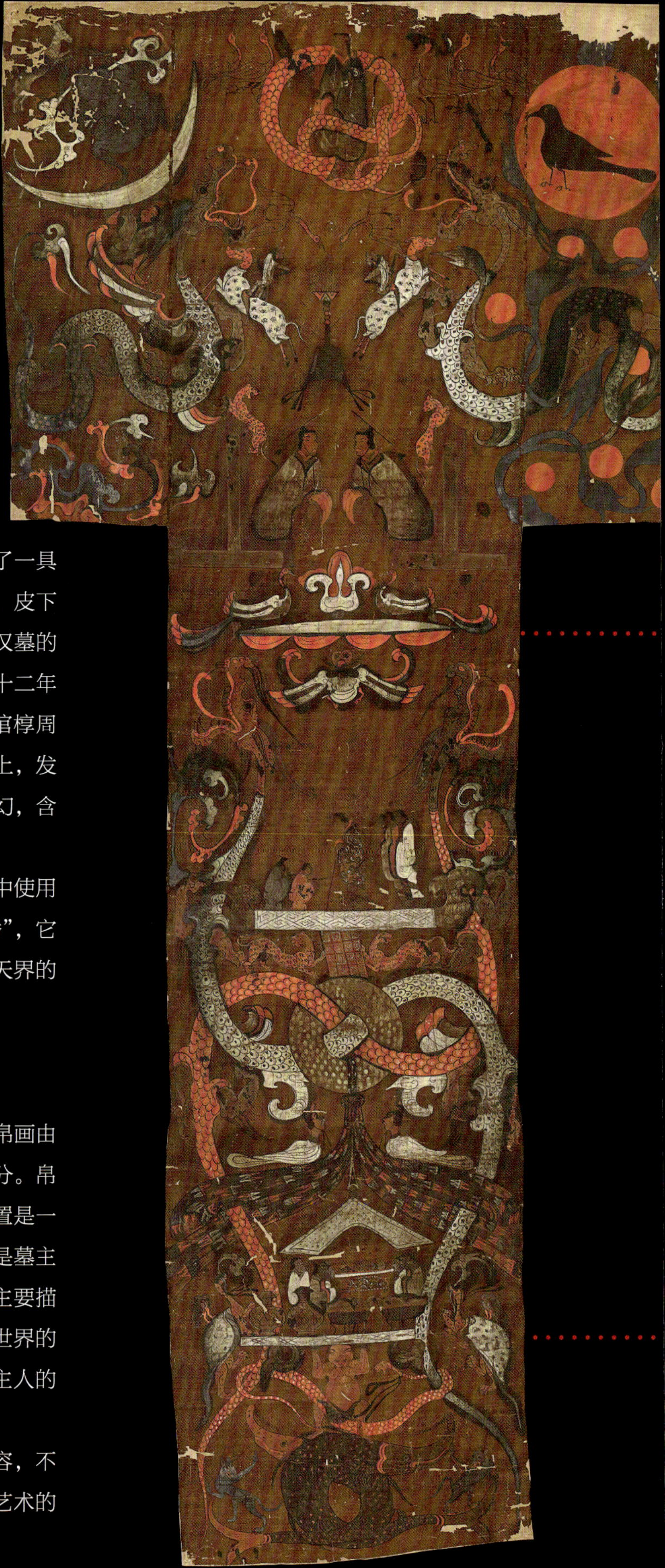

"事死如事生"

1972 年，考古人员在长沙市郊马王堆汉墓发现了一具不朽女尸。该女尸出土时外形保存完好，全身润泽，皮下软组织柔软而富有弹性。这具女尸便是马王堆一号汉墓的墓主辛追，生于秦始皇五年（前 217），死于汉文帝十二年（前 168），是西汉初期长沙国丞相利苍的妻子。她棺椁周围的四个边箱中放置了千余件葬品。在内棺的盖板上，发现一幅彩绘 T 形帛画。整个帛画色彩浓烈，内容奇幻，含义丰富，是国家首批禁止出国（境）展览文物之一。

有学者认为，马王堆 T 形帛画是汉代丧葬仪式中使用的"引魂幡"，推测应为出丧时先导车辆所打的"幡"，它起到的是引导亡魂从居宅前往墓地，再从墓地往生天界的功能。

魂气归天，形魄归地

T 形帛画因其形状类似字母"T"而得名。整幅帛画由一块完整的丝织品制成，画面分为上、中、下三部分。帛画上部描绘了神话传说中的天国景象，画面中心位置是一位端坐在龙形宝座上的女性形象，有学者认为这就是墓主人辛追的灵魂。帛画中部展示了人间的生活场景，主要描绘墓主人在世时的生活写照。帛画下部描绘了地下世界的景象，有龟蛇等神秘动物和狰狞的鬼怪，象征着墓主人的灵魂在死后需要经历的考验和净化。

T 形帛画以其精美的绘画技艺和复杂的图像内容，不仅展示出汉代先民的精神世界，也反映了汉代绘画艺术的高度成就。

汉代是中国历史上的重要时期，其丧葬习俗反映了当时社会的宗教信仰、礼仪制度和文化观念。T形帛画的图像内容反映了汉代人的宇宙观，以及他们对死后世界的想象。天界的描绘体现了对永生和升天的向往，人间部分是对生前荣耀的展示，而地下世界的描绘则反映了对灵魂净化和转世的信仰。

帛画上部画面中心位置是一位端坐在龙形宝座上的女性形象，她周围环绕日月星辰、神鸟和仙人，象征辛追已经进入了一个神圣、永生的境界。

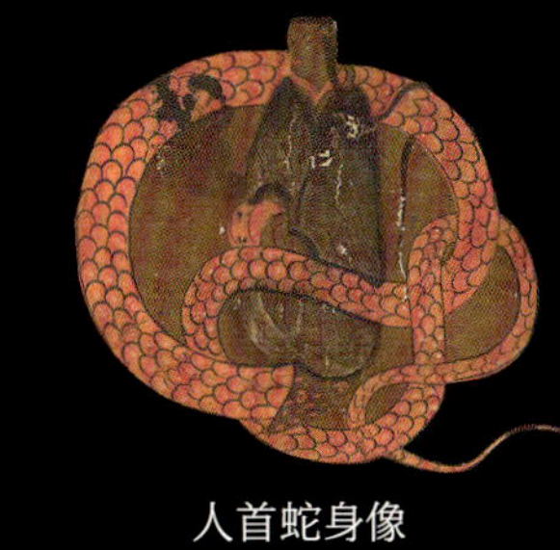

人首蛇身像

红日金乌

帛画中部画面中有大型的仪仗队伍、车马出行和家族宴会，表现了墓主人显赫的地位和富足的生活。这一部分意在展示墓主人生前的荣耀，并希望她在死后继续享受同样的尊荣。

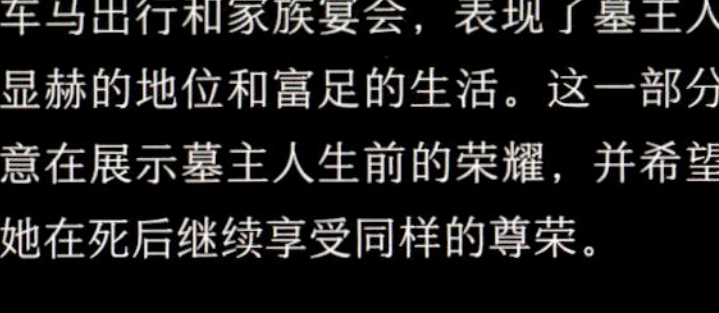

双龙穿璧

帛画下部的画面有一个巨人赤身裸体，他的双手举起象征大地的白色平台，可能是地神。平台之下就是黄泉，巨人脚踏鲸鲵，胯下有蛇。

裸体巨人

/ 长沙博物馆 /

商代最重的打击乐器

象纹大铜铙

年　　代：商
规格尺寸：通高约 103.5 厘米，钲间宽 69.5 厘米，鼓间宽 48 厘米，重 221.5 千克
藏品来源：1983 年湖南省宁乡县月山铺公社（今宁乡市黄材镇）转耳仑山腰出土

铙是中国古代使用的青铜打击乐器之一，其最初的功能为军中传播号令之用。商周的铙不单用于军旅，且可用于祭祀和宴乐。象纹大铜铙通体呈褐绿色，形体高大，钲部做合瓦形，上宽下窄，甬呈圆管状，与钲腔相通。纹饰精美，正面主题纹饰是粗线条组成的兽面纹，兽面的两眼呈半浮雕状。鼓部装饰有一对相向而立的象纹，象鼻相接，象身上饰云雷纹。

南北方出土铜铙之间存在一定差异。北方的铜铙一般体形较小，一般称为“编铙”；南方的铜铙体量较大，一般称为“大铙”。北方铜铙可由演奏者手持敲击，但南方大铙绝非演奏者单手可以举起的，它的演奏状态应该铙口朝上，将柄部套插在木柱座上，演奏者用槌敲击大铙的口沿，即铙的正鼓部，从而发出洪亮的声音，传响四方。南方大铙多出土于山麓、河岸、湖边等处的窖藏，因此学者推测其功能主要为祭祀山川神明所用。象纹大铜铙出土地点为一座高 100 余米的山岗上，大铙出土时距地表仅 30 厘米，埋藏地点是一个椭圆形的土坑，大铙出土时口朝上甬朝下，坑中无他物，填土中掺杂的陶片具有商代特点，由此可以判断大铙埋藏的时间也在商代。

象纹大铜铙的发现证明湖南地区在商代已经能够铸造体量巨大、结构复杂的青铜器。象纹是荆楚青铜器常见的一种纹饰，偶尔也见于商周时期的中原青铜器上，反映了我国南北方青铜文化的交流。如今在长沙博物馆，通过放映机，游客还能听到用铜铙敲击发出的古乐，这穿越千年时光的乐声，雄浑而神秘，引人遐思。

国宝简读

象纹大铜铙为晚商时期文物，铜铙呈褐绿色，体形巨大，是目前为止我国境内发现的最大的铜铙。其形体高大，气势恢宏，纹饰流畅，栩栩如生，于20世纪90年代被长沙博物馆收藏，成为镇馆之宝。

/ 湖北省博物馆 /

目前所见年代最早的铜鼓

崇阳铜鼓

年　　代：商至西周早期
规格尺寸：通高 75.5 厘米，重 42.5 千克
藏品来源：1977 年湖北省崇阳县白霓公社汪家咀大市河南岸出土

崇阳铜鼓的发现

1977 年，湖北崇阳县四位农民在洪水冲刷过的大市河岸边偶然发现了这架铜鼓。此鼓造型大方奇伟，由铜鼓身、铜鼓座和铜鼓冠三部分组成。整个鼓冠焊接于鼓身的铜盖板上，两边高翘，中部凹下，似枕形。正下方有前后相通的两个小圆孔，估计是供悬挂时钩索之用。鼓身下面是长方体鼓座，中空，有四只稳定的曲尺形鼓足。铜鼓鼓面无纹饰。其他部位均饰以由云雷纹组成的饕餮纹，鼓身两端还饰有三圈乳钉纹，模拟木质皮鼓上用来绷定鼓面的铜钉。这件铜鼓质地厚实古朴，造型奇伟庄重，花纹流畅奔放，是我国目前所见最早的铜鼓之一，也是国内保存的唯一一件商周之际的铜鼓。

悠悠岁月，鼓韵千年

商周时期的先民已能用铜、石、革、竹、陶等材料制成钟、磬、鼓、笛、埙等多种乐器，其中有些乐器是成组成套的，可以演奏复杂的乐曲。不过革、木等有机材质的乐器容易腐朽，很难保存下来，石质、铜质乐器在适当的埋藏环境中可以保存得更久，因此当今中国早期音乐史研究的主要对象就是编钟、编磬、铜鼓等文物。

从崇阳铜鼓的造型来看，早在 3000 多年前，鼓的形制就已基本定型，并一直延续至今。鼓在古人生产和生活中的应用十分广泛，鼓在古代为八音之一，常被使用在乐舞、宴会和祭祀中。《诗经・小雅・鼓钟》云：“鼓钟伐鼛，淮有三洲，忧心且妯。淑人君子，其德不犹。”其中反映了用鼓配合编钟一起演奏的场景。鼓还经常应用于战争，作为发号施令的工具，《诗经・邶风・击鼓》云“击鼓其镗，踊跃用兵。土国城漕，我独南行”，生动描绘了将士们在隆隆鼓声中踊跃前行的热烈画面。

国宝简读

崇阳铜鼓是中国迄今发现年代最早的铜鼓，属于商代晚期文物，距今已有三千多年的历史。它代表了我国商代青铜工艺的制作特点与水平，是研究我国古代青铜艺术和当时社会礼乐制度的珍贵实物资料。

/ 湖北省博物馆 /

“天下第一剑”

越王勾践剑

年　　代：春秋晚期
规格尺寸：长 55.6 厘米，宽 4.5 厘米，剑格宽 5 厘米
藏品来源：1965 年湖北省江陵县望山一号楚墓出土

楚国墓中越王剑

1965 年秋，当时的湖北荆州专区漳河水库渠道工程动工，施工范围涉及纪山西麓和八岭山东麓一带，而这一带分布着有封土堆的大中型墓葬 20 多座和无封土堆的小型墓葬 30 多座。为了配合工程的顺利进行，考古工作者除清理了部分小型墓葬外，重点对编号为望山一号、望山二号和沙冢一号的三座大型墓葬进行了清理发掘。其中以望山一号墓出土文物为最多，达 783 件。其中有青铜器 241 件、陶器 68 件和竹木漆器 148 件。在出土的青铜器中就包括大名鼎鼎的越王勾践剑。

此剑出土时置于墓主人骨架的左侧，下面压着一把铜削。出土时，剑身插在素漆木剑鞘中。剑首向外翻卷作圆箍形，内铸 11 道极细小的同心圆，距离仅为 0.2 毫米。剑格正面用蓝色玻璃、背面用绿松石镶嵌出美丽的花纹，剑身饰菱形暗纹，近格处有“越王鸠浅（勾践）自乍（作）用剑”八个错金鸟篆体铭文，笔画圆润，字迹清晰，阴阳可辨，宽度只有 0.3 ~ 0.4 毫米，可见刻字水平的卓越。

剑的制作工艺十分精细，正像《中国兵器史稿》中所说：“冶铸淬炼之精，合金技术之巧，外镀之精良，剑上天然花纹之铸造，均为艺术上之

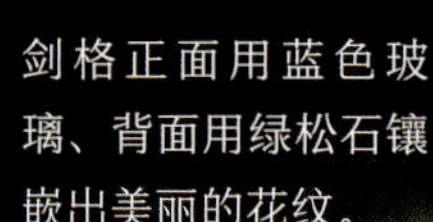

剑格正面用蓝色玻璃、背面用绿松石镶嵌出美丽的花纹。

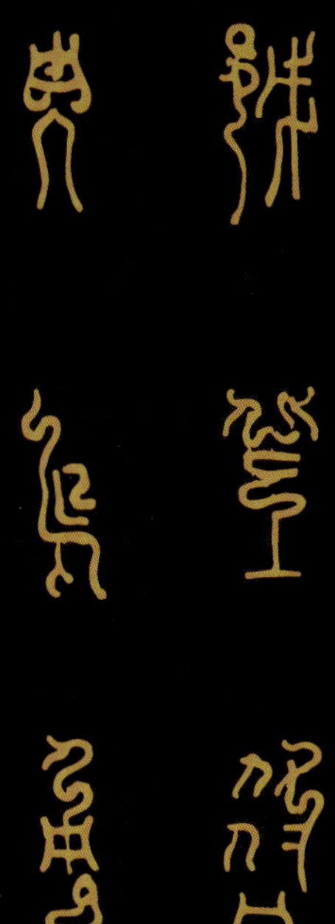

超越成就。”此剑埋于地下 2300 多年，出土时寒光闪闪，仍完好如新，锋光夺目，刃薄锋利，世人无不为之叹服。

卓绝的铸剑技术

越王勾践剑材质虽是青铜，但其合金成分却很复杂。科学实验的结果证实，此剑的主要成分有铜、锡、铅、铁和硫等，其中剑脊的含铜量高，保证了剑具有很好的韧性，不易折断；而两刃的含锡量高，保证了此剑的锋利度。这种合理的合金成分，充分反映了越王勾践剑的铸剑技术之高超。

越王勾践剑不只具有独特的铸造工艺，其艺术设计理念也代表了中国春秋时期青铜技艺的顶峰。其剑身表面独特的黑色菱形花纹图案，光洁如玉，晶光熠熠，令观者产生非凡的艺术享受。在数千年的时间磨蚀下，因宝剑独特的埋藏环境，黄白相间的图案演化为黑白相间的图案，越王勾践剑给现代人带来的观感，就是因此而来。

没有高超的技术作为基础，当时的铸剑师有再高的艺术造诣也无法将其呈现在剑的造型上，越王勾践剑其精美绝伦的艺术造型有力地证明了春秋时期吴、越两国拥有顶级的铸剑师和铸剑技术。

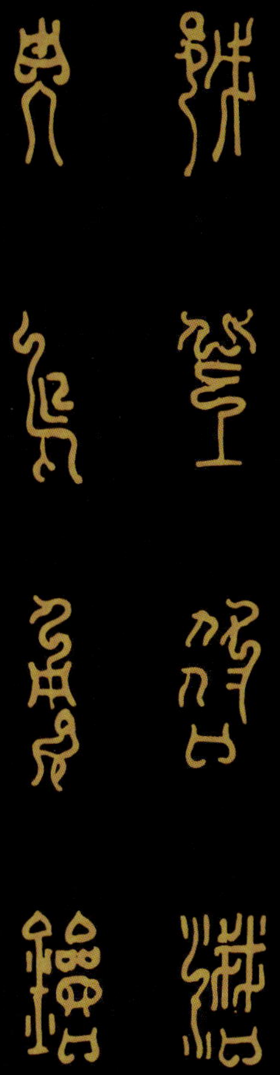

剑格处铭文：“越王鸠浅（勾践）自乍（作）用剑。”

国宝简读

越王勾践剑有着独特的铸造工艺，剑面光滑明亮，剑体毫无锈蚀，并且非常锋利。剑身上的精美纹饰展示了古代工匠的卓越技艺与审美。越王勾践剑不仅仅是一件兵器，更是历史的见证，它见证了春秋战国时期的政治、军事和文化的演变，承载了丰富的文化内涵。

/ 湖北省博物馆 /

埋藏地下的音乐殿堂
曾侯乙编钟

年　　代：战国早期
规格尺寸：曾侯乙编钟包括纽钟 19 件，甬钟 45 件，外加楚王赠送的一件镈钟，共 65 件。最大的一件通高 153.4 厘米，重 203.6 千克；最小的一件通高 20.4 厘米，重 2.4 千克。钟架长 748 厘米，高 265 厘米。整套编钟总重达 2500 多千克
藏品来源：1978 年湖北省随州市西郊擂鼓墩曾侯乙墓出土

国宝简读

曾侯乙编钟自出土以来，有关专家学者一直对这件令人啧啧称奇的稀世珍宝保持着高度的研究热情，对其进行了各方面的研究，现代音乐家也以此为主题创作出了许多优秀的作品。它不仅是中国古代音乐殿堂中的稀世珍宝，更是世界文化宝库中的一颗璀璨明珠。

战国时期的地下音乐宝库

1978 年发掘的曾侯乙墓位于湖北随州城郊的擂鼓墩。墓中随葬的灿烂夺目的众多乐器构成了一座巨大的地下音乐厅，其宏大的规模令人惊叹不已，这是一次轰动世界的音乐考古重大发现。曾侯乙墓的随葬乐器集中在大墓的中室和东室（墓主人的棺在东室）。在这些出土乐器中，最引人注目的就是曾侯乙编钟。

这套编钟是由 65 件青铜编钟组成的庞大乐器，其音域跨五个半八度，十二个半音齐备。曾侯乙编钟是目前所出土的保存最完好、铸造最精美的一套编钟，它高超的铸造技术和良好的音乐性能，改写了世界音乐史，被中外专家、学者称为“稀世珍宝”。

曾侯乙编钟之
楚王酓章镈钟

震惊中外的音乐奇迹

曾侯乙编钟数量巨大，完整无缺。以大小和音高为序编成8组，悬挂在3层钟架上。最上层3组19件为纽钟，形体较小，有方形纽。中下两层5组共45件为甬钟，有长柄，钟体遍饰浮雕式蟠虺纹，细密精致。整套编钟外加楚惠王送的一件镈钟，共65件。钟上均有篆体铭文，绝大多数为错金文字，共2800余字，除“曾侯乙乍（作）持”外，都是关于音乐方面的，可以分为标音铭文与乐律铭文两大类。

曾侯乙墓编钟音色优美，音域很宽，变化音比较完备，至今仍能演奏各种曲调，说明当时的铸造工艺已能满足音响设计的要求。它的出土，使世界考古学界为之震惊，因为在2000多年前就有如此精美的乐器、如此恢宏的乐队，在世界文化史上是极为罕见的。

曾侯乙编钟中的部分甬钟和纽钟

/ 湖北省博物馆 /

商周青铜器的巅峰之作

曾侯乙尊盘

年　　代：战国
规格尺寸：尊高 30.1 厘米，口径 25 厘米，底径 14.2 厘米，重 19.2 千克；盘高 23.5 厘米，口径 58 厘米，重 9 千克
藏品来源：1978 年湖北省随州市西郊擂鼓墩曾侯乙墓出土

国宝简读

曾侯乙尊盘是战国时期曾国国君曾侯乙的青铜酒器，于 1978 年在湖北随州市擂鼓墩曾侯乙墓中出土，由尊和盘两件器物组成。尊与盘具有精美细腻的镂空装饰，给人强烈的视觉冲击，是先秦时期最复杂、最精美的青铜器之一，体现了古人在青铜器铸造上的高超技艺。

中国古代青铜器的"炫技之作"

1978年，曾侯乙墓考古发掘出土了大量珍贵的文物，其中最为著名的文物之一便是这套曾侯乙尊盘。尊为盛酒器，盘本是盛水器，但在这套组合中则作为承载尊的托盘，二者大小融洽，纹饰呼应，一望即知是一套统一设计、制作的完整组合。盘内底刻有"曾侯乙乍（作）持用终"7字铭文，可知其为曾侯乙生前用器。

曾侯乙尊盘装饰纷繁复杂，铜尊是用34个部件，经过56处焊接而成一体。尊口呈喇叭状，唇口向外翻折下垂，口沿处饰镂空花纹，似祥云环绕四周。尊的颈部攀附四只圆雕豹形伏兽，沿尊颈作向上攀爬状，其身躯同样由镂空蟠螭纹构成。尊的腹部与圈足也饰有镂空蟠螭纹和浮雕龙纹，整个尊体共装饰28条龙、32条蟠螭，呈蛟龙入海、众星拱月之姿，极尽奢华与尊贵。盘的制作更为复杂，除口沿有着和尊一样的镂空纹饰外，盘身四耳也是由无数条龙和蟠螭组成的镂空花纹。

极高水平的"失蜡工艺"

曾侯乙尊盘以其鬼斧神工的镂空纹饰，给人强烈的视觉冲击。这些纹饰表层彼此独立，互不相连，由内层铜梗支撑，内层铜梗又分层联结，参差错落，令观者凝神屏息，叹为观止。曾侯乙尊盘精美细腻的镂空纹饰，证实了在2400年前的战国早期，中国的失蜡法铸造技术已经达到极高的水准。失蜡法是古代中国青铜器铸造的一种特殊工艺，其大致程序包括以下四步：第一步，用蜂蜡做成铸件的模型，由于蜂蜡较软可以进行精细的雕刻，工匠们可以将其制成复杂的铸件模具；第二步，模具制好后，用耐火材料填充模具的空芯部分，形成内范，然后进一步对模具包敷，制成外范；第三步，外范固化定型后，对整个模具加热烘烤，蜂蜡受热后熔化并流失，这时整个铸模就变成可以浇铸的空壳；第四步，铜水灌注在"空壳"的模具内冷却后，便铸成器物。只有运用失蜡法，才能达到类似曾侯乙盘尊那种玲珑剔透的镂空效果。

/ 湖北省博物馆 /

彰显楚文化的浪漫与神奇

虎座鸟架鼓

年　　代：战国
规格尺寸：通高 135.9 厘米，宽 134 厘米
藏品来源：2002 年湖北省枣阳市九连墩 2 号墓出土

“虎啸凤鸣”的浪漫

虎座鸟架鼓是楚文化典型的漆木乐器之一，它出现于战国早期，盛行于战国中期早段至战国晚期早段，其在鼓径尺寸和鼓乐器组合方面存在一定等级差异。此鼓所出的湖北枣阳九连墩 2 号墓是一座战国中期大型楚墓，墓主人身份为楚国上大夫级别的高级贵族，随葬器物自然也是形制高级，制作精美。

虎座鸟架鼓由虎形鼓座、凤鸟架和鼓三部分组成。鼓座为两头昂首卷尾、四肢屈伏、背向踞坐的卧虎，鼓架为两只长腿昂首、引吭高歌的凤鸟，背向而立的凤鸟中间悬着一面大鼓，由站在凤鸟背脊上的两只小兽托起鼓腔。虎座鸟架鼓整体大气灵动，既有虎的稳重，又有凤的飞扬，具有浓重的楚文化特色。虎座鸟架鼓的外表装饰主要采用髹漆技艺，其通体髹黑漆，并以红、黄等彩漆绘出生动简洁、气韵流畅的纹饰。

丰富多彩的意象

虎座鸟架鼓的用途并不单一，既可用于祭祀，也可用于宴享、战争等多个方面。细看此器造型，鸟与虎的大小比例显然与现实不符，鸟傲然而立，双足踏于虎背之上，而作为百兽之王的虎却蜷卧于地，这难免令人好奇。对此，可以做出以下猜测：第一，楚人具有“虎啸凤鸣”的乐理概念，虎座和引吭高歌的凤鸟给人“虎啸凤鸣”的移情感受，达到了击鼓时听觉与视觉的合一。第二，楚人具有信鬼好祠的特点，虎座鸟架鼓是用来沟通人与鬼神的灵鼓，凤鸟与虎均为神明派往人间的使者，有引魂升天的本领。第三，虎座鸟架鼓象征着楚人战胜巴人。楚人崇凤，凤鸟是楚人的文化图腾；巴人崇虎，老虎是巴人的文化图腾。春秋战国时期，楚、巴争斗频繁，为了鼓舞士气，楚人造出虎座鸟架鼓，凤鸟将虎踩在脚下，寓意楚人百战百胜。

国宝简读

虎座鸟架鼓又名“虎座凤架鼓”，是战国楚墓中发现的最大虎座鸟架鼓之一。该鼓以两只背向而踞的伏虎作为鼓座，虎背上各立一只鸣凤作为鼓架，架间悬鼓。此器不仅展示了楚人对自然的崇敬和对艺术的追求，还体现了楚文化的浪漫与神奇。

/ 湖北省博物馆 /

中国现存最早的“连环画”

彩绘人物车马出行图漆奁

年　　代：战国
规格尺寸：直径 27.9 厘米，通高 10.8 厘米，胎厚 0.3 厘米
藏品来源：1987 年湖北省荆门市包山 2 号墓出土

战国漆器上的“连环画”

1987 年，在湖北荆门包山 2 号楚墓中出土了一件夹纻胎子母口奁，奁壁上绘有一幅《车马出行图》，这是继 1957 年河南信阳长台关 2 号楚墓所出漆画《出行图》残片之后的又一件完整的战国彩绘车马出行图。

包山 2 号楚墓所出彩绘漆奁器身呈圆筒形，子母口。漆奁通体饰黑底彩绘，画面内容呈环形或带状分布，用朱红、熟褐、棕黄、翠绿、白等颜色线描与平涂表现。车马人物图像绘于漆奁盖壁的中央部分，所绘图像共有 26 人、4 乘马车、10 匹马、5 棵树、9 只鸟、2 条狗和 1 头猪。整幅图像以黄绿色树叶、棕褐色树干的柳树为间隔，分为 5 段，分别描绘对话、迎送、出行、犬豕腾跃奔突等情节，堪称中国最古老的“连环画”作品之一。

据考古报告分析，包山 2 号楚墓的墓主是楚昭王的后裔，官职是楚国的左尹。该墓下葬的年代是公元前 316 年，属于战国中期偏晚的中型贵族墓葬。

包山楚墓彩绘漆奁《车马出行图》是迄今为止中国发现的最早的风俗画杰作。图中描绘的26位人物为研究战国时期楚国的服饰特征、礼仪习俗及审美价值等提供了重要的图像资料。包山楚墓漆奁上的《车马出行图》是两汉时期蓬勃发展的中国古代写实性绘画的滥觞，它开创了中国古代绘画“应物象形”的崭新传统，也开创了后世中国手卷式绘画的先河。

谁在出行?

漆奁《车马出行图》的空间表现方法奠定了中国早期车马图像的基本模式。从透视法来看，其整体空间无前景、中景、后景之分，但作者试图突破二维空间的限制，巧妙运用空间的压缩与互渗等表现方法，力求表现三维空间。

画面中柳树的构图，着力表现其树枝的随风飘动，生动地反映出风急天高的自然环境。鸟的描绘则重在表现其飞翔的姿态，那伸长的颈部、舒展的双翅，完全是一种振翅高飞的形象。再如犬与猪的图像，皆呈奔突状，尽管并没有太多的细节描绘，但对其动态特征的把握却十分准确。

关于战国漆绘《车马出行图》讲述的是怎样一个故事，学者间存在不同观点：有学者认为这是一幅描绘墓主人“金秋郊游”场景的画卷；有学者认为这是一组使者先发后回告主人，主人得到消息后郊迎贵宾的场景；有学者认为画面反映的是两位大夫级贵族间的觐见礼仪；还有学者认为画面反映了楚国婚礼中新郎到岳父家亲迎新娘的盛大场面。丰富的画面内容留给今天的欣赏者无尽的遐思。

/ 湖北省博物馆 /

首次系统发现的秦律

云梦睡虎地秦简《秦律杂抄》

年　　代：秦
规格尺寸：长 27.5 厘米，宽 0.8 厘米
藏品来源：1975 年湖北省云梦县城西郊睡虎地秦墓出土

独具时代特色的秦律

1975 年底，湖北省博物馆和孝感、云梦地区的文化部门联合组成考古工作队，发掘了位于云梦县城西郊的睡虎地秦墓。经学者研究，这座墓葬的下葬时代是秦始皇三十年（前 217）。睡虎地秦墓出土了中国考古史上第一批秦代简牍——睡虎地秦简，其中包括 1150 多枚竹简和 2 枚木椟。内容非常丰富，主要包括《编年纪》《语书》《秦律十八种》《效律》《秦律杂抄》《法律答问》和《封诊式》等。根据简文推测，其内容大致抄写于战国晚期至秦始皇时期。

《秦律杂抄》包括 42 枚竹简，简文单行直书，没有明显的分栏格界，简文中的“正”字都改为“典”字，应该是为了避秦始皇之讳，由此推断，《秦律杂抄》的书写时间应在秦始皇即位之后。《秦律杂抄》的名称是整理者给出的，因为简文关涉的秦律内容庞杂。其中有的律文前标有律名，如《除吏律》《游士律》《除弟子律》《中劳律》《臧（藏）律》《公车司马猎律》《牛羊课》《傅律》《敦（屯）表律》《捕盗律》《戍律》11 种，充分反映了秦律种类之繁多。这部《秦律杂抄》大概是根据墓主人实际应用的需要，从秦律中摘录的部分律文，有些条款可能在摘录时进行了简括和删节，因此较难理解。

《秦律杂抄》的艺术特征

《秦律杂抄》的书体与秦汉时期的小篆有所不同，它清晰展现了篆隶过渡时期的书写风貌，具体体现在两个方面：一是点线用笔的扎实厚重，破圆为方，变连为断；二是文字结体由纵长形逐渐变为长方、方正或扁形，既保留了篆书的中正之美，又夹杂了隶书的自由流畅。

《秦律杂抄》中不同的笔画运笔走势也呈现出多变的特点，比如横向线条多向右延展，而左回和右回弧线则展现了运笔的婉转灵动，同时也促成了文字向内紧收的体势。整体来看，左回弧线的线条偏圆转，从慢到快的笔势变化导致收笔处波状笔画的规律性应用，而这些波浪状笔画的应用也是《秦律杂抄》的特点之一，清晰地展现了书写的随性与稳定的结合。

国宝简读

《秦律杂抄》不仅是研究秦代法律制度的重要资料，同时其内敛的用笔、统一的结体和率意的风格，也使其成为一件珍贵的书法艺术品。用来抄写《秦律杂抄》的书体为探究篆隶的转变提供了重要依据。

/ 湖北省博物馆 /

一种风流四种香
青花四爱图梅瓶

年　　代：元
规格尺寸：高 38.7 厘米，口径 6.4 厘米，底径 13 厘米
藏品来源：2006 年湖北省钟祥市郢靖王墓出土

珍贵精致的元青花瓷

郢靖王朱栋为明太祖朱元璋的第二十三子，洪武二十一年（1388）生，永乐十二年（1414）去世，享年仅 27 岁，可谓英年早逝。王妃郭氏在郢靖王病逝后月余，因悲痛过度而自尽，朝廷悯其贞节，下旨加以厚葬。郢靖王朱栋的陵墓是合葬墓，青花龙纹梅瓶和青花四爱图梅瓶放置在郢靖王棺木和王妃郭氏棺木前端棺床的下方，两个青花梅瓶造型一样，但纹样不同，郢靖王的是青花龙纹梅瓶，王妃郭氏的则是青花四爱图梅瓶。考古学家依据青花四爱图梅瓶造型、胎质、釉色及图案特征，推断其年代为元代，属景德镇产品。

梅瓶小口圆唇，束颈广肩，器上腹圆鼓，下腹微微内收，圈足平底。底足处有明显的火石红。白胎，施透明釉，釉色泛青，以青花绘制纹饰。纹饰以带状的卷草纹和锦带纹为界，将纹饰分为上、中、下三层纹样。梅瓶肩部的花纹为凤凰展翅翱翔，穿飞在缠枝牡丹花丛中。器腹部有四个海棠形开光，在四个海棠形开光内，绘有王羲之爱兰、陶渊明爱菊、周敦颐爱莲、林和靖爱梅鹤四幅图。在四个海棠形开光之间，点缀有三角状的祥云纹。梅瓶的下腹部饰覆莲纹，莲瓣中有垂叶状的祥云纹。釉面细腻光洁，青花发色鲜艳青翠，造型精巧规整。

这件青花梅瓶是元青花瓷器的代表作，其进口着色钴料“苏麻离青”在明宣德以后变得极为罕见，所以纵使采用当今科技，也难以重现元青花的风采。

这件梅瓶之所以珍贵，还因为其纹饰内容集合了“四爱”，把生活在不同时代的四位名人集中放在一件陶瓷作品里，展现了他们的精神追求与人格魅力。

“四爱图”梅瓶的诗情画意

瓶身所绘故事取材高雅。东晋著名书法家王羲之喜爱兰花，兰花一向被视为隐逸君子的象征；东晋诗人陶渊明则深爱菊花，寓意着淡泊名利，向往美好田园生活；宋代著名理学家周敦颐酷爱莲花，莲花纹饰象征高雅廉洁的品德；人称“梅妻鹤子”的北宋著名诗人林和靖一生未婚，痴爱梅花的雅致和白鹤的飘逸。

四爱图的主角在生活中基本上都放弃了俗人向往的丰食厚禄的待遇，而是以高尚、独处、清廉和淡泊的准则要求自己。他们不追求功利，而是回归自然，重建自己的精神世界。欣赏者透过梅瓶上的图案，不难联想到四位主角独具魅力的生活方式与典雅旷达的文章诗词，艺术作品也由此实现了多层审美经验的成功传达。

国宝简读

元青花四爱图梅瓶，是国内少见的经科学发掘出土的元青花精品。四幅图案既各自独立又和谐统一，这样的做法突破了以往一瓶一幅画的格局，体现了工匠的大胆创新，反映了元青花的烧造工艺达到了炉火纯青的境界。“四爱图”纹饰更反映了文人士大夫修身养性、隐逸淡泊、品性高洁的人生追求。

/ 荆州博物馆 /

荆地巫风的具象再现

漆木彩绘蟾座凤鸟羽人

年　　代：战国
规格尺寸：羽人通高 65.7 厘米，器座高 17.6 厘米，长 50.3 厘米，宽 32.8 厘米
藏品来源：2000 年湖北省荆州市天星观 2 号墓出土

三体合一的造型构架

漆木彩绘蟾座凤鸟羽人像，约为战国中期作品。整件雕塑选用楚地常见的漆木作为材料，羽人和凤鸟由一段整木雕刻（圆雕、浮雕）而成，蟾蜍状器座也采取了相同的雕刻手法。上部的羽人双眼鼓突，鼻子尖而圆，头发呈披散状，耳朵呈钩形，嘴巴呈鹰钩状，颈部短小，胸部鼓起，两手平伸，腹部圆鼓，身后附有尾羽，下半身呈鸟状，鸟爪踏在下方凤鸟的头部。凤鸟喙呈鹰钩状，眼睛圆而略鼓，颈部弯曲，翅膀伸展呈飞翔状，尾部下垂，双爪弯曲踏在一根方形木柱上。鸟身均以黑漆为地，用红、蓝彩绘出羽纹图案。蟾蜍状器座头部向上昂起，呈蹲伏状态，双眼鼓突，嘴巴大张，类似虎口，四肢踏在一蜷曲的蛇状物上，身后插有凤尾状物。漆木彩绘蟾座凤鸟羽人出土时，羽人、凤鸟与蟾蜍器座并非一体，研究人员根据榫卯结构将其拼接复原。

国宝简读

羽人、凤鸟和蟾蜍的形象，都可以追溯到远古时期的图腾崇拜和祭祀仪式。这三种形象被组合在一起，不仅体现了楚人有悠久的图腾崇拜文化传统，也反映了楚人对宇宙天地和万物的理解，以及对无限自由和永恒的追求。这一组合展示了楚文化重祀崇神的特点以及神秘诡谲的审美观念。

遨游九天的美好愿望

蟾蜍作为图腾崇拜的历史由来已久，古代先民因其生殖繁衍能力强大而将它视为神灵，作为长生不死的象征。在楚人的信仰中，他们将祝融视为始祖，以凤为图腾。《楚辞·远游》中记载："祝融戒而还衡兮，腾告鸾鸟迎宓妃。"《白虎通·五行》也说："祝融者……其精为鸟，离为鸾。"由此可见，楚地先民将祝融和鸾凤视为一体。祝融是火神，凤鸟与火也有着密切的关系，据汉代文献记载，"凤，火之精也，生丹穴，非梧桐不栖，非竹实不食，非醴泉不饮，身备五色，鸣中五音，有道则见，飞则群鸟从之"。战国时期，楚地盛行灵魂不灭的信仰和仙人观念，楚人将凤鸟看作可以引领灵魂升天的灵物，这一点从已出土的大量随葬品、棺椁纹饰、织物纹饰及帛画形象中均可印证。

"羽人"通常是指头戴羽冠、身披羽饰的人物形象，因其以鸟羽装饰而得名。这种形象与原始社会的鸟崇拜有关，是一种"以鸟化人"的做法。战国时期楚地流行人死之后魂升于天、魄归于地的观念，而灵魂抵达天界最快捷的方式就是羽化成仙。因此，头戴羽冠、身穿羽饰的羽人形象寓意逝者的灵魂能够化为神鸟升天，与日月同寿。

这件器物中的羽人在刻画面部、身体和眉目上更加突出"鸟"的特征，不同于后世几乎呈现人面的羽人形象，可以看作是一种原始改造的过渡阶段。蟾蜍、凤鸟和"羽人"都是象征符号，它们联结着可见的物质世界与想象中神灵所在的奇幻空间，彰显了楚巫文化的复杂性和灵魂信仰的多样性。

商周之际的小国命运

噩侯方罍

年　　代：西周
规格尺寸：高 60.1 厘米，口纵 13.1 厘米，口横 14.6 厘米，重 12.55 千克
藏品来源：2007 年湖北省随州市羊子山 4 号墓出土

纹饰奇崛的噩侯方罍

噩侯方罍，器腹横截面呈扁方形。它的纹饰从上到下分布于盖纽、盖面、颈部、肩部、器腹、圈足上，其设计采取浅浮雕、高浮雕、圆雕相结合的方式，纹饰与同时期中原地区青铜器有明显区别，装饰效果堪称奇崛。

噩侯方罍的器盖为四阿式屋顶形，盖纽上端栖一对昂首相向的尖喙凤鸟。鸟体上部为圆雕状，身体下部连铸在一起，鸟足浮雕在盖纽方柱之上。盖上四面坡之间有钩形对称扉棱界分，坡面部饰有浮雕兽首面纹，兽面器官清晰明朗，脸膛宽展，凸眉，眉下有臣字形眼，鼻部凸圆，兽嘴似张开状。兽面两侧有凸出器表的圆雕兽耳，兽面之上是对称的兽角。兽首面上有一对兽耳，形成了高浮雕的效果。兽嘴中吐出扁长翻卷伸展向上的长舌，前端分叉，长舌上伸至兽首的额头，又似象鼻。

方罍的颈部较高，斜肩深腹，底部有高圈足。颈部、肩部四隅及器腹中间起扉棱，颈部饰浅浮雕凤鸟纹，肩部饰变形凤鸟纹。肩部宽面上有圆雕兽首装饰，兽首造型略同于器盖坡面上的兽首。肩部窄面上有一对带兽首装饰的环纽，纽内套接铜环。

罍腹宽面饰兽面纹两幅，一上一下，上幅兽面纹与器盖坡面所饰兽面纹略同，带有象鼻状长舌，下幅兽面纹无突出的长舌，罍腹窄面饰兽面纹两幅，一上一下，为了给肩部下垂的铜环让开空间，所以这两幅兽面纹均无象鼻状长舌装饰。

圈足各面正中饰有圆雕状兽首，双体兽身以兽首为对称轴左右分布，成为圈足的浮雕纹饰，兽尾呈分叉鱼尾形凸出器表，成为圈足四隅的扉棱。圈足内悬有铜铃，出土时已遗失。盖、器内皆有铭文，器铭 2 行 7 字“噩侯乍（作）䍙（厥）宝尊彝”。

揭开“神面纹”青铜器的产地之谜

噩侯方罍是首次通过科学考古发掘发现的神面纹青铜器，此前所知的神面纹青铜器均为盗掘品或传世品，如保利博物馆藏青铜卣、美国纳尔逊－阿特金斯艺术博物馆藏青铜簋、纽约私人藏青铜簋等。这些神面纹青铜器的装饰风格较为一致，反映了它们具有相同的制作背景。然而，在羊子山 4 号墓中的神面纹青铜器出土前，谁也不知道这批神面纹青铜器的出土地与文化属性。考古学能够最大限度保存文物信息的优势，在神面纹青铜器出土地确定的问题上表现得最为突出。

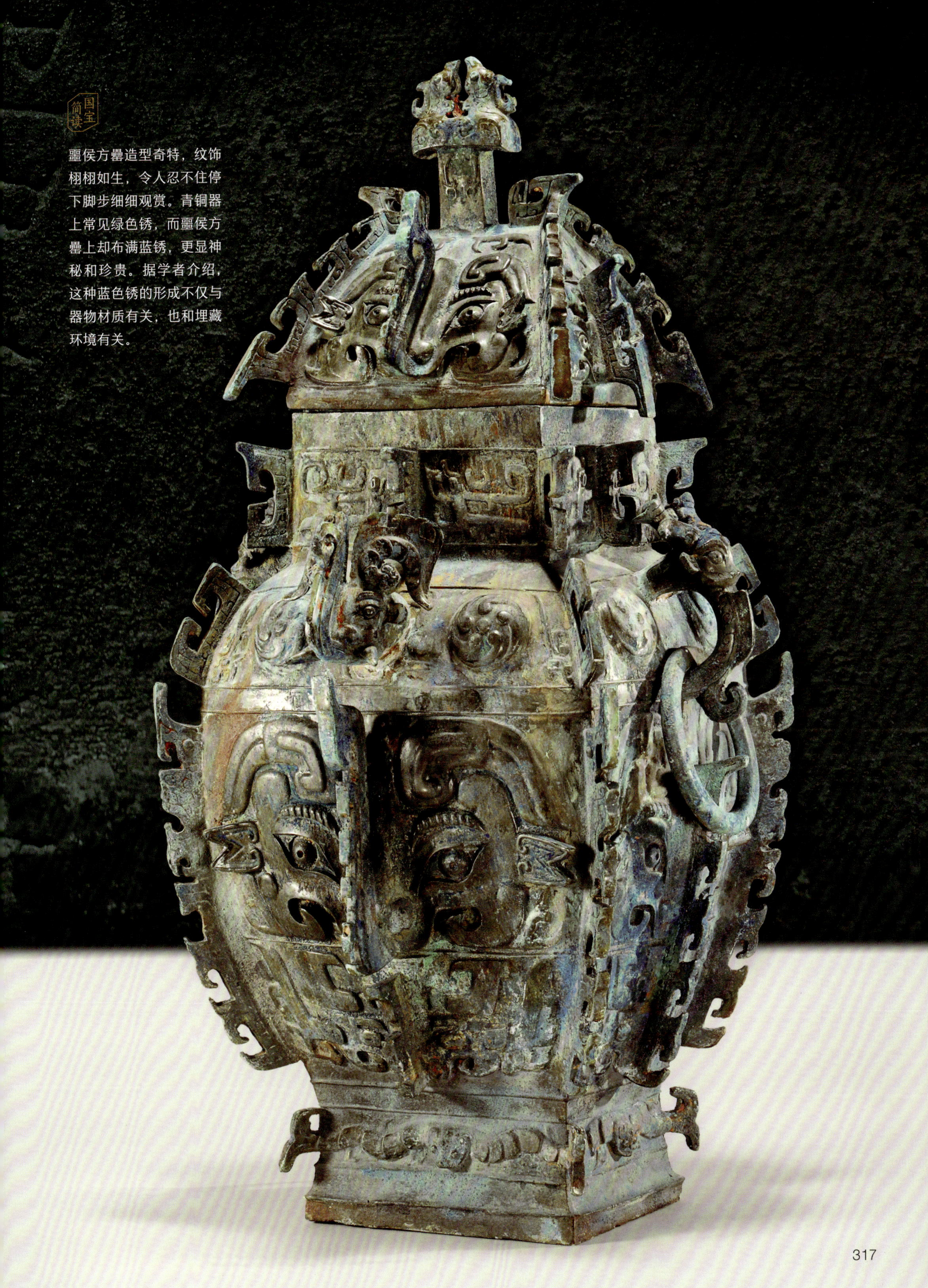

国宝简读

罍侯方罍造型奇特，纹饰栩栩如生，令人忍不住停下脚步细细观赏。青铜器上常见绿色锈，而罍侯方罍上却布满蓝锈，更显神秘和珍贵。据学者介绍，这种蓝色锈的形成不仅与器物材质有关，也和埋藏环境有关。

/ 盘龙城遗址博物院 /

荆楚商邑的青铜文明

铜带鋬觚形器

年　　代：商
规格尺寸：长口径 14 厘米，短口径 6.8 厘米，高 18.5 厘米
藏品来源：2014 年湖北省武汉市盘龙城遗址杨家湾 17 号墓出土

在盘龙城的考古发现中，出土了数百件青铜器，其中一种青铜带鋬觚形器的造型格外引人注目。这种器物不仅融合了爵口、斝鋬、觚身的特点，还呈现出左右对称的三合一设计，给人以美感。鋬上装饰着兽面纹，器身也饰有精美的纹饰，这些纹饰彰显出商代先民独特的艺术构思和审美倾向。

纵向范缝痕迹

独一无二的器形

青铜带鋬觚形器的器腹横截面呈椭圆形，形制非常特殊。器物的口部近似青铜角，腰部微束，器身长轴一侧有一弧形鋬，圈足底部呈台阶状加厚。腰部饰两周联珠纹，下有一周两组兽面纹，一组被鋬的下缘断开，兽面纹为细阳线，兽目简化消失。鋬上有兽首装饰。圈足饰两周凸弦纹，另有四个等距的十字形镂孔，镂孔正下方有凹槽。鋬的兽首下外侧和鋬内侧可见一条纵向范缝痕迹，相对应的器壁外侧也能看到范缝痕迹。

出土这件器物的盘龙城杨家湾 17 号墓属于盘龙城第七期，时代大致相当于二里岗上层二期晚段，也就是商代早期。按照中原地区商墓中常见的觚、爵、斝酒器组合，这件器物应该是扮演了觚的角色，所以命名为带鋬觚形器。

此种形制的铜觚非常罕见，上海博物馆收藏的带鋬铜觚，敞口，粗腰，圈足上有不规则的十字形镂孔，一侧置牛首形，颈部饰斜角雷纹，圈足饰两周联珠纹，时代为商代中期，应是继承了这一器形。

更高难度的铸造技术

器鋬是指容器腹部一侧的半环状突起，供使用者单手握持。青铜器鋬最早出现在二里头文化时期的青铜容器上，通过研究器鋬的制作技术，可以了解其与器形、装饰和器体铸造技术等方面的相互影响，以及这些要素在社会背景下的变化。

盘龙城杨家湾 17 号墓出土的带鋬觚形器的鋬顶上设有兽首，这是迄今为止时代明确的最早的鋬顶兽首。这件觚形器鋬外面中央的范缝并未延伸至兽首处，暗示兽首是独立制范的，可能采用了复合范技术，即在兽首处单独嵌入了一组活块范制作。由此可见，为了完成这处看起来毫不起眼的兽首装饰，制作者采用了更高难度、更为复杂的技术，这说明礼器的制作在当时的社会生产中受到高度重视。

/ 江西省博物馆 /

长江中游商代文化的代表

伏鸟双尾青铜虎

年　　代：商
规格尺寸：通长 53.5 厘米，通高 25.5 厘米，体宽 13 厘米
藏品来源：1989 年江西省新干县大洋洲程家遗址出土

失而复得的青铜虎牙

1989 年 9 月 20 日下午，江西新干县大洋洲乡农民在赣江之滨的程家村涝背沙丘取土时，意外发现一批锈迹斑驳的青铜器，引起当地轰动。次日清晨，正在附近牛城遗址进行考古的工作人员闻讯后赶到现场，开始试掘。夕阳西下时，伏鸟双尾青铜虎横空出世，出土时虽然碎成 20 多块，但历经多次修复，终于再现昔日的风采。

伏鸟双尾青铜虎造型奇特，立体圆铸，形似虎尊却又腹空无底，张口，左右各露一獠牙，抬头平视，背直脊凸，腹部略垂，双尾垂卷，四肢做半卧纵跃之势，生动再现了虎的威猛形象。宽阔的虎背上站立着一只悠然自得的小鸟，尖喙圆睛，竖颈短尾。与猛虎形成动静、强弱、大小的鲜明对比，极具艺术张力。虎身遍饰阴线刻卷云纹、云雷纹、变形鳞纹等，整体纹饰精细繁复，均系商代中原地区常见的装饰纹样。

江南先民的虎神崇拜

在先秦时期，江南地区的居民对虎抱有崇高的敬意，这种信仰源自他们生活中与华南虎的接触。由于渴望获得虎的勇猛与力量，人们开始崇拜和神化虎，虎神崇拜由此诞生，并逐渐演变成长江中游地区的一种普遍信仰。石家河文化出土了众多虎头形状的玉制礼器，这表明虎神崇拜在 4000 多年前的石家河时代就已经存在。到了殷商时期，赣江流域出现了大量虎形象的青铜礼器，这些礼器的出现是传统虎神崇拜的体现，尤其是伏鸟双尾青铜虎，更是这种崇拜的鲜明体现。此外，除了这件形体庞大的青铜虎，伴出器物上也有造型丰富的猛虎形象，共计 57 只，进一步凸显了虎在礼制活动和地域文化中的重要地位。

国宝简读

身形巨大的圆雕伏鸟双尾青铜虎，散发着烈烈虎气，是目前保留下来最大的先秦青铜虎。尽管虎背上的鸟儿身形微小，却毫不畏惧猛虎的威严，宛若其驾驭者，显示出以柔克刚的哲学理念。这件青铜虎应是商代虎方国的图腾之物，反映了江南地区古代先民对虎的敬畏与崇拜。

/ 江西省博物馆 /

三千年前的神秘微笑

双面神人青铜头像

年　　代：商
规格尺寸：通高 53 厘米，銎长 8.5 厘米，銎径 4.8 厘米；
　　　　　角高 20.6 厘米，管长 5.5 厘米，管径 6 厘米
藏品来源：1989 年江西省新干县大洋洲程家遗址出土

保持“标准微笑”三千多年

双面神人青铜头像整体为一中空的扁平双面人首造型，额部宽，下颌窄，形似倒置的等腰梯形。两面各有中空的圆突目，竖耳上尖，鼻子肥大，高颧骨，张口露齿，嘴角上翘，似乎在微笑，下犬齿外卷似獠牙，其余牙齿呈铲形。头顶双羊角，角端外卷，上饰阴线卷云纹。头顶正中有圆管，器下有方銎，上圆、下方的造型也许反映了古人天圆地方的宇宙观，寓意神人能沟通天、地。这大概是一种用于神灵崇拜的偶像，人们通过它与神灵沟通，具有神人合一的象征意义。

这件双面神人铜头像的突目形象给人一种恐怖、狰狞的印象。此外，外卷的獠牙也是一个值得关注的特征。在新干出土的另一个玉面造型——神人兽面形玉饰中也有类似的外卷獠牙形象。

“神人合一”的思想

商代巫风盛炽，巫觋担负沟通天地、媒介人神的职责。在祭祀祖先、祷告神灵的重要时刻，先民还要举行各种仪式，使用许多道具来营造诡秘的氛围。在已发现的商周时期人物面具中，眼睛这一器官往往最重要，它是形式表现的集中点，一切神态、情感的流露，都可通过眼睛表现出来。在祭祀过程中，神灵附着于面具上，火光摇曳中，凸出的眼球在光影效果下仿佛能够微微转动，监视着虔诚的祈祷者，幽深的圆孔便成为连通彼岸世界的通道。

这件双面神人青铜头像，是新干大洋洲出土的青铜器中独一无二的。作为一件青铜艺术品，其奇特诡谲的造型，体现了商代赣江、鄱阳湖流域先民的艺术水准，其中所蕴含的科学、艺术和宗教价值是无与伦比的。

/ 江西省博物馆 /

中华青铜甗之王

兽面纹鹿耳四足青铜甗

年　　代：商
规格尺寸：通高 105 厘米，口径 61.2 厘米，重 78.5 千克
藏品来源：1989 年江西省新干县大洋洲程家遗址出土

国宝简读

此甗的甑、鬲连铸为一体，束腰分界，甑口沿上有双耳，耳上各立一鹿，神态安详，回首顾望，灵动传神。甗体形制巨大，气势雄浑，是现存商代青铜甗中形体最大者，有“中华甗王”之美誉。

现存最大的青铜“蒸锅”

新干县大洋洲出土的兽面纹鹿耳四足青铜甗形体巨大，纹饰华美，堪称铜甗之王。商代中原地区出土的青铜甗大都为三足造型，但新干县出土的这件青铜甗为四足造型，其稳定性能得到进一步提高。甗为盘口，长方形立耳，深斜腹，腹内箅已不存，双立耳上各有一只小鹿，鹿耳尖耸，短尾上卷，鹿身满布鳞纹，四足饰云纹。口沿上饰一周斜角目纹，口沿下饰一周四组兽面纹，每两组兽面纹间以钩戟状扉棱分界。鬲部四袋腹各饰一兽面纹。

一层厚厚的烟炱布满于青铜甗的外底处，说明它是一件实用器。从铸造工艺来看，整个器物一次浑铸成型，耳上双鹿则是接铸上去的，体现了青铜范铸工艺的高超水平。

中国人心中的瑞兽——鹿

从史前岩画开始，鹿就是中国先民热衷表现的对象，其造型生动、形式多样。古人将鹿视为瑞兽，《艺文类聚》引《瑞应图》云：“夫鹿者，纯善之兽。王者孝则白鹿见。王者明，惠及下，则见。”

对于尚处在狩猎采集阶段的先民而言，鹿是他们猎捕的重要对象。在商代卜辞中，仍有不少商王“逐鹿”“获鹿”的记载。此外，鹿擅长奔跑，且拥有强有力的鹿角，因此人们相信它有神圣的力量，故而成为部分族群崇拜的图腾。大洋洲出土的动物造型装饰的青铜器，也说明了商代南方的图腾崇拜。

/ 江西省博物馆 /

一叶落盏吉州窑

吉州窑黑釉木叶纹碗

年　　代：宋
规格尺寸：口径 14.5 厘米，底径 3.4 厘米，高 5.2 厘米
藏品来源：1962 年江西省南昌市征集

国宝简读

黑釉木叶纹碗是吉州窑技艺最典型的代表。器表施黑釉，釉色浑厚滋润，晶莹光亮。底足无釉，露米黄色胎。碗心饰一木叶纹，茎脉清晰，形态逼真，纹理惟妙惟肖的木叶纹是宋代吉州窑独有的装饰。

“举世叶无双，盏盏皆唯一”

黑釉木叶纹碗为饮茶器，敞口，斜腹，圈足，呈斗笠形，是宋代典型的斗笠盏式样。盏内心呈脐状突起，内壁饰木叶纹，从内心向口沿展开，叶尖飘出盏沿外，叶面占器壁的二分之一，在漆黑釉色的衬托下，叶之筋脉，由粗变细，四处伸展，宛如大树耸立于苍穹之中。叶上偶有虫咬之小孔，釉色晕散处，漫漫渍渍，又似秋雨中飘零之落叶，妙趣天成，自然之美与人工之巧在此得到完美结合。宋代饮茶之风盛行，盏内注入茶水后，一片树叶浸于黑色茶汤中，若隐若现，意境深远。

木叶纹制作的具体方法是先将天然树叶浸水腐烂，将留存的叶脉粘在已施过黑釉的坯胎上，再敷黄釉，经高温一次烧成。烧成后的树叶呈黄色，与黑色地釉之间形成鲜明对比，妙趣天成。此类图案没有固定样式，或一片嫩叶挂于盏壁，或双叶叠落，或三叶散点，构思奇巧，多由工匠根据叶片形状随机安排，在看似简单的装饰中又显得禅意十足。

“一叶一菩提”的禅意特征

茶对中国禅宗文化的影响至为深远，由茶悟禅，以茶论道，茶已成为寺院僧侣不可或缺的生活用品。

黑釉木叶纹碗具有的禅意特征与宋代吉州地区盛行禅宗有很大关系。据考证，宋代的江西赣中南地区寺院较多，规模盛大，仅在吉州（今江西省吉安市）永和镇方圆两三千米的地方，就有宝寿寺、智度寺、慧灯寺、古佛寺、本觉寺、守约斋等十余座寺庙。那个时代禅宗大师辈出，许多寺庙僧侣的生活用具，经由禅师按禅宗哲学要求定制，因此吉州窑烧制出的器物不可避免地受到禅宗思维的影响，在已发掘的吉州窑窑址中就发现带有“本觉”“慧”“太平”等文字的瓷片。

木叶纹碗里贴一片树叶，恰好是对佛经“一花一世界，一叶一菩提”的绝妙诠释，一盏在手，可以观心。

/ 江西省博物馆 /

有明确纪年的釉里红瓷器

青花釉里红堆塑楼阁式人物谷仓

年　　代：元
规格尺寸：通高 29 厘米，底横 20 厘米，底纵 10.3 厘米
藏品来源：1974 年江西省景德镇市市郊 1338 年凌氏纪年墓出土

两侧壁用釉里红书写文字，竖直排列，左侧为“凌氏墓用”，右侧为“五谷仓所”。

集四种高温釉（彩）于一器

此仓为楼阁式造型，上下两层，楼面错落，中高侧低，重檐庑殿式顶，红柱琉璃瓦。庑殿顶正脊中间饰红色莲苞一株，复瓣座，圆苞蕊，两端各有一座狮形鸱吻。侧旁屋顶斜出三面，上置莲花座顶。仓顶四角均塑成卷云形。底层四周围以栏杆，每面中间均留通道开门，两侧对称布置。前后每侧为二栏相连，侧面每侧则一栏独立。立柱和栏杆饰联珠纹，栏杆间长方框内夹菱形框，局部镂空通透。柱头莲花，并有如意云头探出承托屋檐。建筑物的上层为戏台，正面中心内置宝座。全器共有 18 个俑人，他们以主人宝座为中心，演戏者立于前方，乐人则在背后与两侧，侍仆立于楼下，分区清楚，安排有序，寓意墓主在阴间的富贵享乐。

谷仓前后侧面多处书写文字。正中大门两侧用青花彩料书写对联一副，上联“禾黍丰而仓廪实”，下联“子孙盛而福禄崇”，横批“南山宝象庄五谷之仓”。两侧壁用釉里红书写文字。背面宽阔的平板上用青花书写 159 字墓志一篇，据此可知，这件器物制作于 1338 年，其主人原是景德镇长芗书院山长的孙女凌氏。凌氏小时乖巧聪慧，长大品正德佳，后来嫁给同为官宦之家的刘炳文，秉持处事周妥、温柔善良的德行，令人赞赏。

此谷仓延续了宋代景德镇青白釉之传统，青白釉清澈透明，色调高雅。到了元代，红釉开始在瓷器上大面积施用，此器是最早的一件纪年红釉瓷，也是目前所见极少几件元代纪年青花釉里红瓷器之一，而元代集数种高温釉工艺于一身者仅此一例。

一场未谢幕的元代大戏

谷仓又称“魂瓶”“堆塑瓶”“塔式罐”，作楼阁式者罕见，似此作成戏台形者更是仅见，它模仿的正是景德镇地区古代流行的祠堂戏台和祠堂附属的谷仓。楼阁式谷仓将戏台与谷仓功用结合，源自元代江西农村的现实生活，绝非雕塑艺人的凭空臆想。

宏伟的建筑、华贵的样式、复杂的构架、细腻的部件、多重的釉彩、精雕的人物、丰富的文字、独特的地域文化、浓重的佛教气韵，元代精湛瓷艺与地方深厚文化的交汇融合，都在这件器物上表现得淋漓尽致。在这座戏台之上，一场元代大戏还未谢幕，唱腔乐声仍在空中回荡，文化魅力经久不衰。

/ 江西省博物馆 /

龙虎山的道教文物

张天师“阳平治都功印”螭龙纽白玉印

年　　代：元
规格尺寸：通高 6.4 厘米，边长 12.3 厘米，重 972 克
藏品来源：1952 年江西省贵溪县（今贵溪市）政府移交

张天师的法宝

这枚印以白玉琢成，通体洁白莹润。印纽为一蹲踞螭龙，翻唇露齿，眉须后拂，腿毛翻卷长飘，尾作分叉鱼尾状。整体雕琢精细，生动传神。玉印印面篆阳文“阳平治都功印”六字，线条流畅，结构严谨。据专家考证，此印为元代龙虎山张天师所用，是龙虎山历代天师嗣教的法印，天师府道士上章、表奏及日常道符均可用之。

东汉末年，张道陵在汉中创立道教，自称太上老君降命为“天师”，从此以后，他的后代世袭教主，通称“天师”，其教亦称“天师道”。天师之位世代相传，绵延一千八百余年。张道陵的后裔子孙张盛从汉中迁至今江西省贵溪县龙虎山，从此，龙虎山成为天师世居之地。

该印印面篆文为九叠篆书，九叠篆是一种流行于宋代的官印字体，其笔画折叠堆曲，均匀对称，每一个字的折叠多寡，视笔画繁简确定，有五叠、六叠、七叠、八叠、九叠、十叠之分。之所以通称其为“九叠篆”，是因为“九是数之终也”，中国历史上常以三、九表达众多之意，并非实指曲折九次。

“阳平治”和“都功印”

玉印印面篆阳文“阳平治都功印”六字具有特别的含义。它的准确含义要分两个词组来理解：“阳平治”和“都功印”。

张道陵创立天师道时，其组织方式是以“治”为教区，各治设治头、祭酒之职，并由“都功”总领之。天师道共有二十四治，应天二十四气，合二十八宿，它们绝大多数分布在今四川境内。二十四治又分为上八治、中八治和下八治：上八治为阳平治、鹿堂山治、鹤鸣神山上治、漓沅山治、葛璝山治、庚除治、秦中治

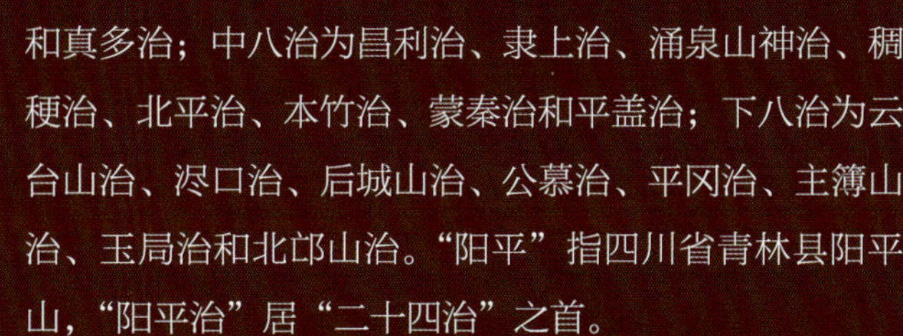

和真多治；中八治为昌利治、隶上治、涌泉山神治、稠稉治、北平治、本竹治、蒙秦治和平盖治；下八治为云台山治、浕口治、后城山治、公慕治、平冈治、主簿山治、玉局治和北邙山治。“阳平”指四川省青林县阳平山，“阳平治”居“二十四治”之首。

道教法印是道教十分重要的法物，又称“神印”“印篆”，象征天界与神仙的权威。法印一般为木制、铜制或玉制。此枚白玉法印以玉为印材，是等级尊贵和神秘道法的象征。

国宝简读

此印青白玉质，印面为方形，印面阳文“阳平治都功印”九叠篆体，印文线条流畅，结构严谨。印纽为一蹲踞螭龙，整体雕琢精细，生动传神。此印为龙虎山天师嗣教的法印，在上章、表奏及日常道符等场合均可用之，是历代道教天师的权力象征。

孔子徒人图漆衣镜

年　　代：西汉
规格尺寸：长 70.3 厘米，宽 46.5 厘米，厚 1.3 厘米
藏品来源：2015 年江西省南昌市新建区海昏侯墓主椁室西室出土

万世师表——最早的孔子像

衣镜由青铜镜和漆木镜匣组成，铜镜整体呈长方形。镜匣分为镜框、背板和盖板三部分，镜框和背板连成一体，由一块整木挖制而成，整体长 96 厘米，宽 68 厘米，厚 6 厘米。铜镜嵌于背板上，镜框围在铜镜四周，盖板在镜框内，有铜合页将盖板与镜框相连。

绘有画像的部分为漆木镜匣。镜匣正面以黄漆为底色，四周边框用白色粗线分割出相对独立的空间，内绘仙人图案。上方边框中间有红色凤凰，两侧分别是东王公和西王母，二人旁侧均有一侍从。东王公旁人物面向东王公跪坐，双手托盘做献物状；西王母旁侍从面向西王母跪坐，左手把臼，右手持杵，作捣药状。左侧边框为白虎，虎旁配有羽人、白鹤和怪兽；右侧边框为白漆绘行龙，龙旁配有羽人、白鹤和怪兽。下方边框用白漆绘左右各踏一蛇的龟形动物，《衣镜赋》中称之为玄鹤。镜匣背面为孔子及其五位弟子的图像与简短介绍，背面底部绘以红漆，四周绘黄色方框，方框内用黄色粗线将其分为三个部分，每个部分中间绘两幅人像，每幅人像旁用墨漆书写人物评传。第一栏为孔子和颜回，第二栏为子路和子赣（贡），第三栏为子羽和子夏。

孔子徒人图漆衣镜

青铜镜

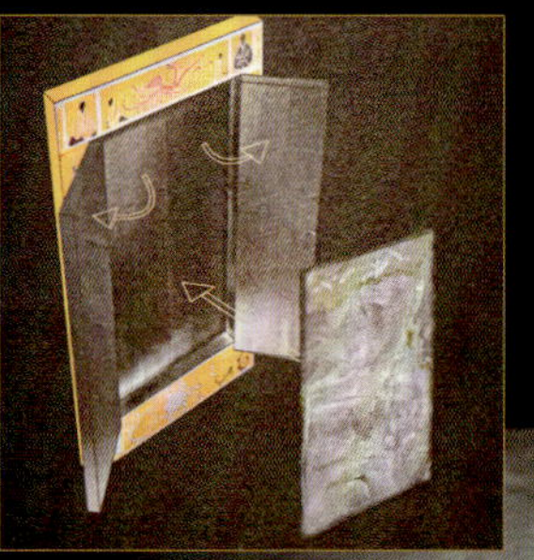

漆衣镜架

孔子徒人图漆衣镜示意图

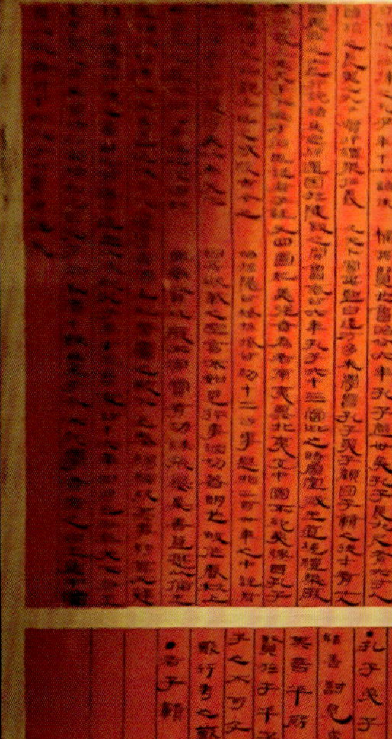

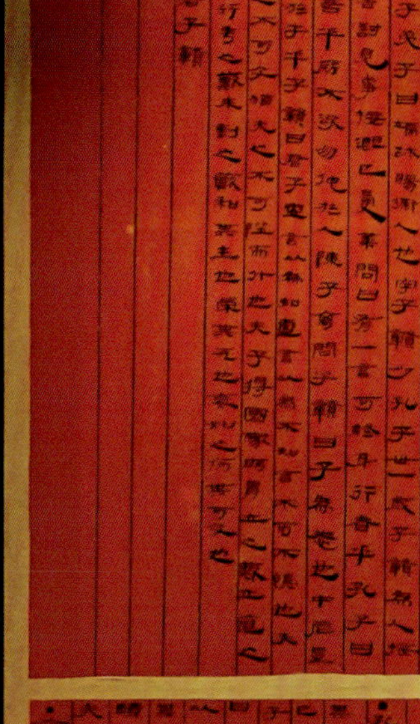

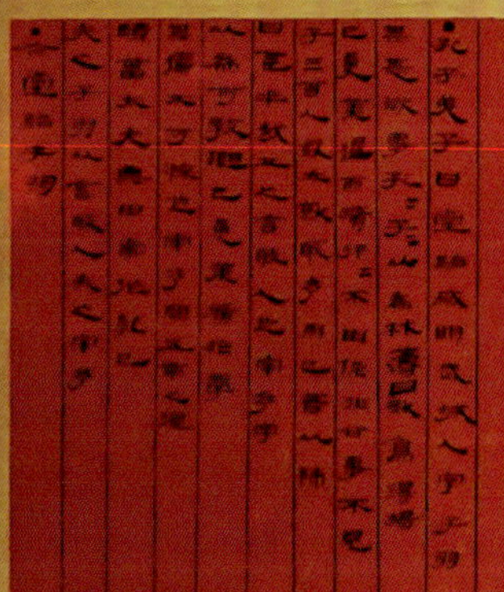

镜匣背面

“孔子徒人图漆衣镜”的图像表达

镜框正面的《衣镜赋》，从内容上看，前面是说衣镜的功能，中间描述镜框上所绘的图案：有猛兽、鸷虫、蜚虡等瑰玮奇物，以袚除不详；有白虎、苍龙、玄鹤、凤凰以及西王母、东王公带来福禄；还有圣人孔子及其门徒颜回、子夏等，可以临观其意。赋文最后为祝词，希望使用者能够气和平、顺阴阳、乐未央、皆蒙庆等。

“孔子徒人图漆衣镜”的实用功能在于正衣冠，而其文化寓意须结合当时刘贺所处的政治社会环境来思考。因为刘贺抱着病体来到南方卑湿之地，健康面临威胁，所以刘贺有求长寿及求仙的需求，而在求仙之道蔚然成风的西汉社会，西王母、东王公、凤凰、白虎、青龙、玄鹤等图案都含有长生不老的寓意。衣镜背面的儒家内容让我们联想到史籍上曾记载刘贺“乱汉制度”“不守居丧之礼”，刘贺墓出土简牍上也有其不遵礼制的记载，也许刘贺打算通过这种尊重儒术的态度来改正自己的错误，或者向朝廷表现自己的悔罪态度。

国宝简读

这是一件绘有孔子及其弟子画像的漆木衣镜。整套镜体由青铜镜面和漆木匣组成。有铜合页将盖板与镜框相连，在镜框的下部两侧有两个铜环，在内框内还保留有一个铜质插销。木质屏板上用墨漆书写《衣镜赋》一首，共计 19 行文字，镜匣背板上彩绘孔子及其弟子的画像，并附简短的人物评传。

/ 南昌汉代海昏侯国遗址博物馆 /

西汉时期“籍田”礼仪的实物资料

“昌邑籍田”鼎

年　　代：西汉

规格尺寸：高 36.8 厘米，口径 33.5 厘米，腹径 45.5 厘米

藏品来源：2015 年江西省南昌市新建区海昏侯墓主椁室西室出土

诸侯亲耕，新春祈年

“昌邑籍田”鼎出土于刘贺墓东藏椁厨具库。铜质，子母口，附有双耳，耳呈圆环状，圜底稍平，三蹄足。鼎腹有十五字篆书铭文“昌邑籍田铜鼎，容十斗，重卌八斤，第二”，铭文满布鼎腹，笔画深峻，字体刚劲。“容十斗”“重卌八斤”和“第二”分别为汉代铜器上常见的表示容量、重量和序号的内容。

根据铭文内容，该鼎应该是西汉举行籍田礼时的用器。汉代籍田礼兴起于文帝时期，武帝设立籍田令丞专理此事，隶属于大司农。

不被接受的宗庙礼器

就“昌邑籍田”鼎的铭文内容而言，汉代铜器的铭文格式中为首地名多为制造地或制造机构，这里的“昌邑”当为国名，说明“籍田”鼎是昌邑国所造。

首先，根据文献记载，籍田礼为天子之礼，昌邑王当无资格行此礼。目前西汉文献中涉及的籍田礼均与皇帝有关。地方举行籍田礼的记载已晚至东汉。

其次，刘贺墓中同出金饼上附有“南藩海昏侯臣贺，元康三年酎金一斤”的墨书题记，这是汉代文献记载的酎金。出土的酎金留在了海昏国，显然这些酎金最终未被接受，当与汉宣帝针对海昏侯颁布的“不宜得奉宗庙”的禁令有关。“籍田”鼎估计也是刘贺为汉朝皇帝铸造的礼器，但禁令使刘贺失去宗祀资格，所以这件“籍田”鼎也没有被皇家宗庙接受。

国宝简读

此鼎有铭文“昌邑籍田铜鼎，容十斗，重卌八斤”，可知此鼎是刘贺父子任昌邑王时铸造的礼器。铜鼎造型规整，字迹清晰，是我国首次发现记载西汉“籍田”礼仪的实物资料，也是我国自古重视农业生产，以农为本的生动例证。

/ 景德镇御窑博物院 /

陶烟物色永乐瓷

白釉锥花三壶连通器

年　　代：明永乐
规格尺寸：高 31.3 厘米，口径 9.2 厘米，底径 5 厘米
藏品来源：1983 年江西省景德镇市明御窑厂遗址永乐地层出土

神秘罕见的孤品瓷器

关于三壶连通器，未见于任何史料记载，因此所谓“三壶连通器”或“三壶器”也只是当代学者暂拟的名称。除了这一器物，珠山永乐地层出土的其他甜白釉外销瓷都可以在中、西亚的金属器、玻璃器、陶器中找到原型或者考证出功用。因此，“三壶连通器”可以称得上是明代官窑中最神秘的一件瓷器。

修复之后的“三壶连通器”分为上、中、下三部分，通体装饰有七道弦纹。上部是一个“碗”型头部，直口微敛，深弧腹，碗内有一镂空篦状的多孔筛网，孔洞图案呈现放射状团花形。中部为器物颈部和三根管子，器物颈部设计成中通直筒形，外面包裹带有花瓣形镂空的透雕层。颈部下面的三个圆弧形中通管采用泥片卷合法制成，背部隐约可见一条凸起的接缝，三根管子共同支撑起了器身上部。器身的下部为三个闭合的壶形足，形状略扁，上半部分呈半球形，下半部分为斗笠状。三条管状物与底部三个球形器相连，形成口、管、壶三体连通。器身除颈部外，通体使用锥花工艺浅刻几何形花纹，“满工”装饰。几何花纹的主要构成元素包括点、椭圆形、三角形、波浪线等。

在釉的使用上，器身外部为浸釉或吹釉法，内部采用荡釉法，内外皆满釉，三足端无釉露胎，以便装烧，整体温润庄重，自然雅致。在成型方法上，器物上部的碗口以及底部的三个壶形结构采用的是拉坯旋削法，其他部分皆为分段模制粘接。整个器物构件之多，工艺之复杂，绝无仅有，足见当时的定制者对它的重视程度。

“三壶连通器”尚未解开的疑团

由于缺少文献记载及相近器形可供参考，学界对三壶连通器的用途尚不了解。从造型上看，“三壶连通器”是孤品，但是如此复杂的成型工艺说明它不是制作者心血来潮的发明创造，而是一种比较成熟的产品。结合纹饰来看，器身锥刻的三角形几何花纹与 12—13 世纪阿拉伯地区金属器上的錾金花纹相同，它的原型是否可以到西亚地区去寻找？

关于三壶连通器的功用，目前流行两种说法：一种认为它是医疗卫生器械；另一种认为它是清真寺的宗教器具，可能是插花器或灯具的一种。但两种说法都缺乏足够的证据。

国宝简读

此器口作碗状，碗底有花形筛孔，通过颈部的内管及其下的三扁管与三个带圈足的球状皿相连通。颈部外层以镂空花纹为饰，器身上有七道凸弦纹，其间锥刻阿拉伯錾金纹饰。该器造型奇特，极其罕见。

/ 景德镇御窑博物院 /

从“碎碎鸭”到“镇馆鸭”

素三彩鸭形香熏

年　　代：明
规格尺寸：通高 25.2 厘米；口径横 14.3 厘米，纵 9.1 厘米；底径横 8.6 厘米，纵 8.4 厘米
藏品来源：1988 年江西省景德镇明御窑厂遗址成化地层出土

昔日窑业废料的华丽变身

该瓷器形制为鸭形，造型生动，胎薄体轻，以黑、黄、绿、孔雀绿及紫色等多种彩釉装饰，因未用红彩故称“素三彩”。鸭熏整体分上、下两部分，上部为盖，下部盛装香料，以子母口相合。鸭颈中空，与口相通，鸭足与中空的方形座相连。方形座四面饰有海棠形镂空，底部有青花书“大明成化年制”六字方形款。

明代官窑设置在江西景德镇，专门为皇家生产御用瓷器。官窑烧制瓷器的生产过程极其严苛，只选精品贡入皇室，同时为了防止“落选御瓷”流入民间，只要稍有微瑕的次品就必须全部打碎，并就地掩埋。考古学家发现这件明代鸭形香熏时，它已经碎成了 61 块。

文物修复师在对其进行拼接时，发现鸭腹中间的子母口上布有六个隐孔，这样的设计应该是为了更好地让空气流入，按照设计者的意图，当鸭腹内的熏香点燃后，香气便会从鸭嘴散发而出，从而形成很好的对流效果。可是，研究者通过实验发现，上述的对流效果其实并不理想，这很可能就是当初这只“小鸭子”没能“入宫”的主要原因。

这只五百年前被视为残次品的“小鸭子”，却是目前故宫博物院馆所藏 36 万件瓷器文物中难得一见的造型。这只命运多舛的“小鸭子”被景德镇御窑博物院选定为本院的“形象代言人”并命名为——“碎碎鸭”。

“小鸭子”造型的由来

以鸭为造型的器物最早见于新石器时代，例如马家窑文化就曾发现一件稍显抽象的彩陶鸭形壶。湖北随州擂鼓墩曾侯乙墓出土的一件鸭形彩绘漆器木盒与这件鸭形香熏的造型也比较接近。在唐代，有记载鸭形香熏的诗句，如“金鸭香消欲断魂，梨花春雨掩重门”，又如“金杯有喜轻轻点，银鸭无香旋旋添”。不过，目前尚未发现唐代鸭形香熏的实物。宋代有一件影青鸭形香熏，其形制稍显复杂，不够简洁。现藏于台北故宫博物院的明代景泰蓝鸭形香熏与这件成化三彩鸭形香熏最为相似，二者结构均分为上下两部分，鸭子下面均有底座承托。因此有学者认为，这件成化三彩鸭形香熏很有可能是从明代景泰蓝鸭形香熏仿制而来的。

国宝简读

五百年前的窑厂废料却因考古发现重现人世，并且摇身一变，成为一件不可多得的艺术珍品。之后，这件珍贵的鸭形香熏不仅拥有了自己的名字，还将拥有自己的 IP 形象，成为御窑博物院的“形象代言人”。

/ 广东省博物馆 /

广州首次发现的西周青铜器

兽面纹青铜盉

年　　代：西周
规格尺寸：高 26.6 厘米，口径 14.2 厘米
藏品来源：1974 年广东省信宜县（今信宜市）松香厂基建工地施工时发现

国宝简读

偶然发现的这件青铜盉，竟是发掘区内仅有的一件文物，这一奇怪现象增加了它的神秘性。这件青铜盉也是目前为止广东地区发现的唯一一件西周青铜器，为研究我国先秦时期岭南地区的历史和文化提供了新的资料。

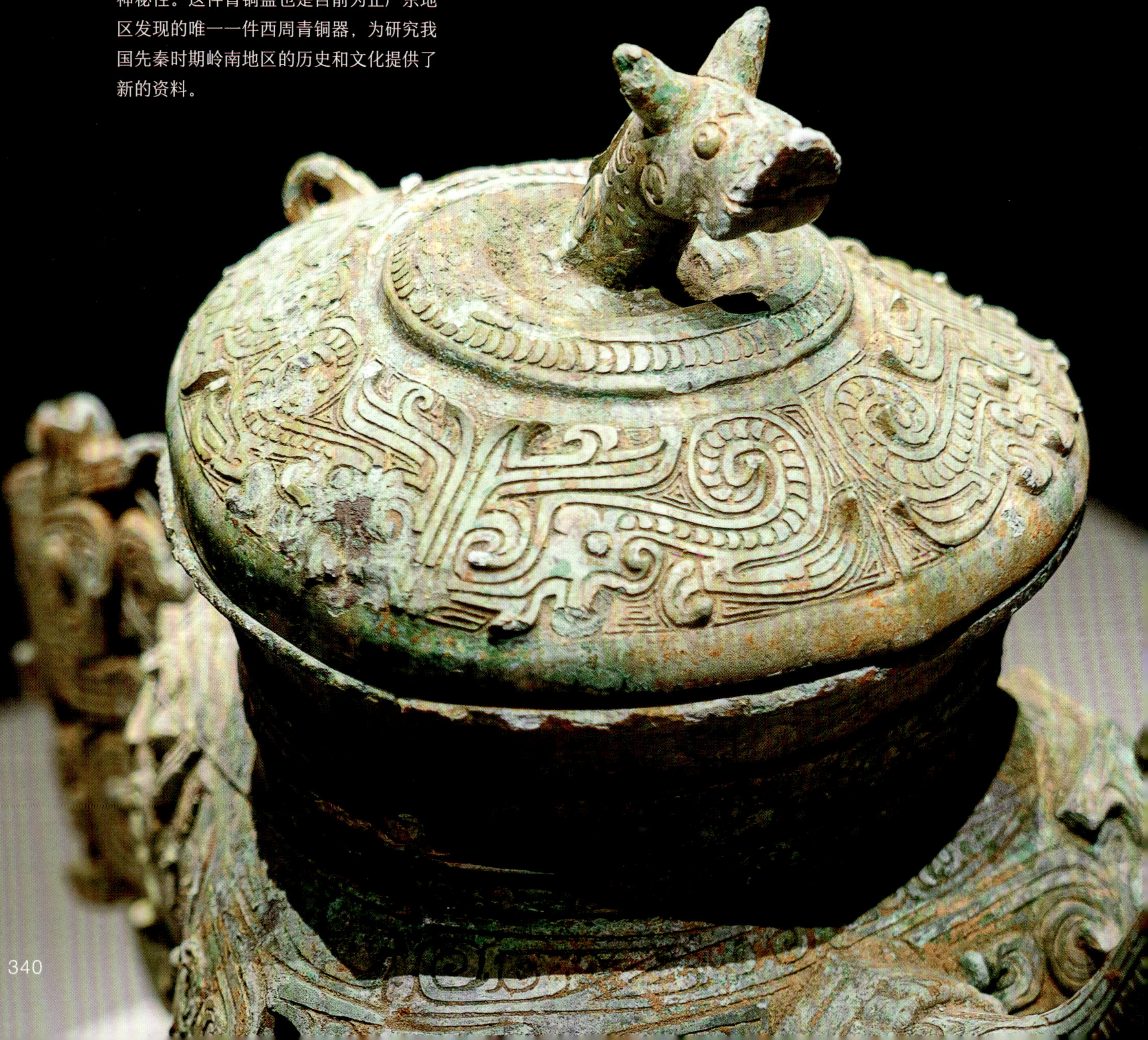

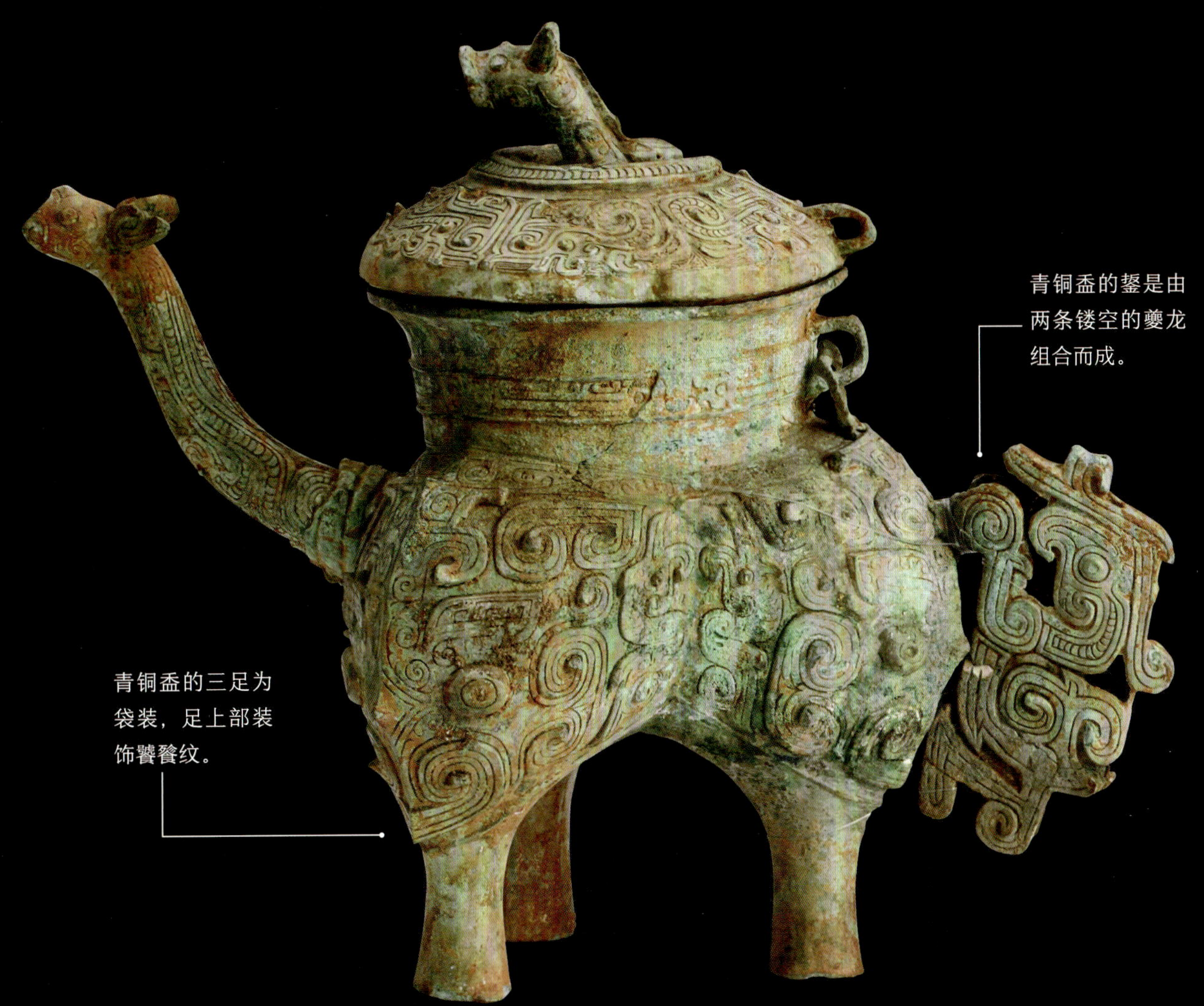

被偷偷藏在坑中的“珍宝”

1974 年 10 月，广东省信宜县松香厂基建工地发现了一件青铜器，县里非常重视这件事，随即上报给广东省博物馆。很快，博物馆的专家就到当地进行了调查和探掘。该青铜盉是在接近山顶的一个窖坑中发现，窖坑深约 50 厘米、直径约 40 厘米，坑内土质松软，呈红褐色。窖坑外面土质坚硬，呈红色，坑的下部为生土，也就是未经人类扰动过的原生土壤，考古发掘一般挖到生土为止。然而，令人意想不到的是，考古人员把整个山头和附近田野都仔仔细细地勘查了好几遍，却没有发现任何墓葬和文物。出有青铜盉的这个窖坑，原来埋藏应较深，后来由于长期水土流失，逐渐露出地表。但是，因其周边没有任何文化遗迹，考古学家推测，这件文物很可能是被人有意隐藏在此处的。

广东地区唯一发现的铜盉

青铜盉造型新颖，形体厚重，口沿向外微敞，流较长，三足分裆，盉身似鬲。该盉花纹繁缛精细，颈中部饰一周夔纹，肩上有一条斜角雷纹，腹部以裆为界，每个袋足都由雷纹构成一组饕餮纹，两组饕餮纹之间又各有夔龙一条。盉盖与流上饰龙纹，龙头是立体的。鋬手由两个镂空的夔龙相合而成，两夔龙之间有小圆柱相连，上部的小圆柱又与盉身通过特铸的一条小龙的口相连。这样的青铜器造型在已发现的同时期青铜盉中十分罕见。青铜盉的形制和纹饰沿袭了商代晚期的风格，器形、纹饰与部分已著录的商周之际青铜盉几乎完全一样，所以该器亦应为商周之间器物，且最迟不会晚于西周初期。

/ 广东省博物馆 /

唯一的宋代木雕五百罗汉群像

木雕罗汉像

年　　代：北宋
规格尺寸：像通高 49.5 ~ 58.5 厘米，座高 17 ~ 31.5 厘米
藏品来源：1963 年广东省韶关市曲江区南华寺发现

现存国内木雕造像的精品

这 360 尊木雕罗汉像的造型和手法基本一致，有 282 尊在座上刻有发愿文，部分已剥落或被盗割而去，字迹大体清晰可辨的尚存 168 尊，其中有 34 尊标明“庆历”年号或“大宋国”字样，其余不少有干支纪年，因此可以确定为北宋仁宗庆历年间的作品。

造像木质分檀香木和柏木两种，通体用整块木料，采取立体圆雕手法雕成。造像中除一尊为白衣观音像之外，其余全部为罗汉像。南华寺这批木雕造像，不仅神态生动活泼，而且富于变化。其面相有汉人也有西域人，其神态或端庄或滑稽，其年龄或老或少，其表情或喜或怒，其坐姿则包括结跏趺坐、半跏趺坐、倚坐、交脚坐，乃至蹲踞式坐等。造像各部分比例协调，增强了艺术效果。

历经磨难的国宝

1963 年 2 月，著名书画鉴定家张珩，著名画家谢稚柳、李可染，著名金石学家容庚教授等人在广东省博物馆同志陪同下参观南华寺，于功德堂内发现宋庆历八年（1048）木雕罗汉像 1 尊。同年 6 月，在寺南三华里的海会塔又发现罗汉像 18 尊。1963 年 10 月，文物工作者在寺内大雄宝殿三宝佛腹中发现罗汉像 341 尊。至此，360 尊木雕罗汉像全部被重新发现。

其实，该造像群的原始数量应为 500 尊，其余 140 尊早已亡佚。此外，民国时期，由于缺少专人管理，这批罗汉像还曾遭遇窃贼的觊觎和破坏。当时南华寺的住持虚云和尚闻知此事，心痛万分。1936 年，寺内大雄宝殿重建，中塑三丈高金身大佛 3 尊，左、右、后壁立泥塑五百罗汉像。至于那批宋代木雕罗汉像，虚云和尚除将 18 尊供在海会塔，1 尊供在功德堂外，其余全部藏置于 3 尊金身大佛腹内。日子一长，人们几乎将此事遗忘！

幸得 1963 年那次偶然的发现与随后的调查工作，隐藏了将近 30 年的精美造像群才得以重见天日！

“庆历七年正月”木雕罗汉像

"林景阳舍"木雕罗汉像

"庆历七年正月"木雕罗汉像

国宝简读

广东省博物馆所藏宋代木雕罗汉群，是迄今为止国内发现唯一的宋代木雕罗汉群像。木雕因其本身材质易朽，对于外界保存环境的要求较高，而这批罗汉像又曾经历火灾、盗窃诸厄，能够较为完整地保存至今，实在是个奇迹！

/ 广东省博物馆 /

目前已知的最大的玉纽

白玉镂雕龙穿牡丹盖纽

年　　代：元
规格尺寸：高 8.4 厘米，宽 6.8 厘米
藏品来源：不详

迄今为止发现最大的玉纽

该玉纽以新疆和田青玉为玉料，上有黄褐色玉皮，长方椭圆柱形，平底，通身雕刻复杂纹饰，主题为一条五爪双角苍龙穿行在花草丛中，苍龙凤眼细颈，鬃发向后散披，身躯粗壮有力，花草枝叶极其茂盛，花朵是利用玉皮的颜色巧做而成。纹饰层次既多且厚，重叠感强，玲珑剔透。纽的中部穿有四孔，直径约为 0.4 厘米，可为穿绳加固之用。

多元文化碰撞形成的元代玉器

从玉质来说，和田玉为元代玉器的主流用料，这件“纽王”便是以新疆和田青玉为玉料。元朝是一个横跨欧亚大陆的王朝，疆域辽阔，交通顺畅。西域优质的和田玉材可以大批东运。玉材的广泛流通，为多种工艺和风格的融合奠定了基础。

从纹饰来说，元代玉器纹饰多以繁密、饱满的花草为主题，该玉纽即为其典型代表。花鸟纹作为中国传统图案，风格一贯简洁清秀，但元代却表现出一种粗犷风格与洒脱意境，和宋代的细腻之风截然不同。这正是多元文化碰撞汇聚的结果。

从雕琢工艺角度来说，元代玉雕承袭了宋代世俗化的写实、细腻风格，并结合自身民族特有的豪放洒脱，实现了融合创新。此外，元代玉雕的雕琢痕迹明显，注重保留玉石原本的颜色和形态，常使用“随其形刻”和“俏色”的工艺技法，以最大限度地保留玉石原有特色。这些特色对明清乃至现当代的玉器都产生了深刻影响。

国宝简读

该玉纽是目前已知最大的玉质盖纽，被誉为“纽王”，其精湛的雕工是元代玉作最高水平的代表。玉纽使用一整块玉料，“随其形刻”，并使用“俏色”技法突出主题，多层镂雕和立体镂雕技术的运用使雕刻出来的动物、花草、树木层次丰富，立体感极强。

广东砚台制作的高水准
千金猴王砚

年　　代：清
规格尺寸：长 25.5 厘米，宽 17.6 厘米，厚 2.7 厘米
藏品来源：1961 年中山大学商承祚教授捐赠

清代制砚的最高水准

千金猴王砚，又称“猴王砚”或“猴砚”，为清光绪十八年（1892）出品，端石来自老坑大西洞。老坑又称水岩，是端溪三大名坑之一，出产的端石石质细腻，极易发墨，贮水不耗，赏用兼优，是最为珍稀的名贵砚石。“千金猴王砚”石色紫蓝，石质细腻，仿佛“小儿肌肤”。石品花纹丰富，砚堂中有大片鱼脑冻，形似猕猴，侧蹲回首，栩栩如生。制砚者因材施艺，将砚面及砚背巧妙设计为花果山、水帘洞图景，砚右侧镌刻隶书铭文“千金猴王砚。光绪壬辰禺山何氏闲叟珍藏”。左侧镌隶书铭文“郭兰祥作砚，项信南刊字”。郭兰祥为肇庆制砚世家郭家传人，该家族曾为宫廷制作贡砚，项信南为广州治印名家。

辗转多家，终归公藏

光绪年间，张之洞出任两广总督，他命幕僚何蓬洲前往肇庆开采端砚砚石，千金猴王砚的砚石就是在此期间被发现的。据说，当时同时开采出三块砚石，其上均有可遇而不可求的天然纹饰。何蓬洲将三块砚石据为己有，并邀请郭兰祥依据石纹特点，专门打造了三方砚台：一方石纹似猴，为猴王砚；一方似鹤，为松鹤砚；还有一方是碎石砚。抗日战争时期，何姓后代把千金猴王砚卖给古董商，后又转到汪精卫之妻陈璧君手中。日本投降后，该砚为接收大员所掠，后又落到私人手中。中华人民共和国成立后，千金猴王砚的收藏者将它卖给文物商店，中山大学教授、古文字学家商承祚得知此事后，从文物商店买下此砚，后又将其转让给广东省文管会收藏。千金猴王砚最终落户广东省博物馆。

端砚是广东省极具地方特色的工艺品种，千金猴王砚所用端石石质细腻，石品花纹丰富，天然形成猕猴形象。制砚者因材施艺，展现了巧妙的设计理念与精湛的制作工艺。

/ 广东省博物馆 /

欧洲贵族的高端定制

广州手绘农耕商贸图外销壁纸

年　　代：清乾隆

规格尺寸：纵 292.1 厘米，横 72.4 ~ 146 厘米

藏品来源：2011 年广东省博物馆于英国约克郡哈伍德官购藏

欧洲贵族的高端私人定制

据文献记载，亨利·拉斯切利斯是东印度公司商船“约克号”的船长，曾在 1741—1748 年三次乘“约克号”到访广州，这套壁纸是亨利到访广州时订购的。该套壁纸虽每幅题材各有不同，但连起来可以组成一套完整的反映水乡稻作、茶叶贸易的广州风土人情画，是当时外销壁纸中的佳作。

这幅“广州手绘农耕商贸图外销壁纸”源出名门，流传有序，它被顺利从海外征集回来后，立刻就入选为国家一级珍贵文物。

清代远销海外的时髦饰品——壁纸

中国壁纸是18、19世纪外销商品中的时髦货，多以花鸟、风景、生活等题材为主，一般成套制成，可以贴满整个房间。为什么外销壁纸能够在当时风靡欧美呢？原来，欧洲本就有用天鹅绒、挂毯、织锦等纺织品装饰墙壁的习俗，但是碍于纺织品高昂的价格，不能广泛应用。作为廉价的替代品，中国壁纸开始销往欧洲。出乎意料的是，中国壁纸凭借其图像中浓郁的异国情调、全景式的构图与精美的绘制工艺，一经传入便迅速引起欧洲上流社会关注。它的出现为欧洲室内装饰注入了新的活力。

该壁纸来自英国英格兰东北部约克郡的一座一级历史保护建筑——哈伍德宫（Harewood House），那里是英国女王表兄哈伍德（Harewood）伯爵的官邸。该套壁纸绘制了茶叶贸易的过程：制茶箱、挑茶、装茶、售茶等，是当时外销壁纸中的佳作。它是早期中英商贸文化交流的重要历史见证。

/ 南越王博物院 /

西汉长生与养生往事

铜承露盘高足玉杯

年　　代：西汉
规格尺寸：通高 17 厘米，承盘高 5.7 厘米，外径 23.6 厘米；杯高 11.75 厘米，
口径 4.15 厘米，底足高 3.95 厘米
藏品来源：1983 年广东省广州市象岗山西汉南越王墓主椁室出土

国宝简读

铜承露盘高足玉杯，出土时放在南越王棺椁的头端，由高足青玉玉杯、游龙衔花瓣玉托架、铜承盘三部分组成，造型呈三龙拱杯之势，它共由金、银、玉、铜、木五种材料制成，工艺精巧，造型奇特。因在南越王墓中出有五色药石的实物，所以这件铜承露盘高足玉杯可能是南越王生前用来承聚甘露、服用“长生不老药”的器具。

一醒惊世人

1983年，广东省基建处在象岗山顶进行平土工程，发现了一座墓葬。随后，广东省的考古工作人员对这座墓葬进行了发掘。在主棺室墓主的身上发现了镌刻有“文帝行玺”的龙纽金印，结合墓葬年代，墓主人应当为西汉时期割据在南方的南越政权的第二位皇帝“文帝”赵眜。

这件铜承露盘高足玉杯，出土于主棺室的棺椁内，位于棺椁的头端。高足玉杯由杯身和座足两节组成，接合面两边各钻出小孔，塞入竹钉，贯连杯身与座足；杯为青玉质，莹润有光泽，呈长圆筒形；杯身下部有一玉质杯托，为花瓣花萼形，中有突棱的圆孔，高足玉杯即套入孔中；杯托由一个三条金头银身的龙形托架举起，平置在铜承盘上；玉托架由三龙共衔一块镂圆孔的花瓣形玉片所组成，三龙皆金首银身；托架底部是扁圆形的铜圈，平置在铜承盘的平沿上，承盘折沿、浅腹、平底，下有三兽足；盘腹外壁还饰有三个银制的小铺首；玉座足与铜承盘底之间，以垫木承托。这件器物构思巧妙，精致华丽，由多种材料复合制成，体现了汉代岭南地区手工业的高度发达。

玉杯承露饮长生

这件器物出土的位置在南越王棺椁的头端正中位置，而不是存放炊器和饮食器的后藏室，表明这件器物对南越王赵眜有着重要意义。与其一起出土的还有象牙算筹、龟卜甲骨等器物，代表着墓主人生前对占卜的迷信和对长生不老的追求。墓葬中还出土了大量的五色药石、铅丸、朱砂和药具，铜承露盘高足玉杯很可能是南越王赵眜用来承接露水服用五色药石或玉屑的。这件文物不仅是南越王追求长生不老的实物证据，也是当时社会文化、宗教信仰和权力象征的集中体现。

/ 南越王博物院 /

南越王墓的玉雕孤品

角形玉杯

年　　代：西汉
规格尺寸：通长 18.4 厘米，口径 5.8 ~ 6.7 厘米，壁厚 0.2 ~ 0.3 厘米
藏品来源：1983 年广东省广州市象岗山西汉南越王墓出土

国宝简读

角形玉杯，国家首批禁止出国（境）展览文物之一，出土于南越王墓棺椁的“头箱之中”。这件玉杯是目前发现的汉代角状玉杯的唯一实物，其集合阴刻、浅浮雕、高浮雕、圆雕、透雕和掏膛工艺于一身，工艺极其烦琐复杂但却没有生硬感，各种纹饰融为一体，代表着汉代玉器加工制造的高超技艺。

汉代的孤品

南越王墓中共出土了2200多件随葬品，其中有两件器物被列为国家首批禁止出国（境）展览文物，角形玉杯就是其中之一。

因其外观酷似犀牛角，也被称为“犀角形玉杯”，出土于南越王墓主棺室棺椁的头箱之中。青玉制成，呈半透明状，局部有红褐色浸斑。口呈椭圆形，向下逐渐收束，近底处呈卷索形回缠于器身下部；器内底部留有较大的重叠管钻痕，器身下部、卷索形镂空处亦有管钻痕迹；纹饰自口沿处起，为一立姿夔龙向后展开，纹样绕器身回环缠绕，逐渐高起，由浅浮雕至高浮雕，及底成圆雕，在浮雕的纹样中，还用单线勾连雷纹填补空白处。

兕觥还是来通杯

在南越王墓中，犀牛的形象出现在两处，一处是这件角杯，另一处是墓主人随佩戴的犀形璜。《史记·货殖列传》载：“番禺亦其一都会也，珠玑、犀、瑇瑁，果、布之凑。”犀角是汉代岭南地区重要的经济物资之一，赵眛的父亲，上一代南越王赵佗在向汉朝进贡的礼品清单中就出现了“犀角十”的字样，可见在汉代岭南地区仍然有犀牛的存在。这件角形玉杯极可能是当地工匠在制作过程中借鉴犀牛角造型设计的。

在中国古代很早就有使用角形杯饮酒的习俗，最早在河南禹县谷水河新石器时代遗址中就出土有陶质的角形杯，在洛阳的烧沟汉墓61号西汉墓的壁画中也有持角杯饮酒的人物形象。关于角杯的来源，主要有两种说法：一种认为角杯来自西方的来通杯，但来通杯的酒从杯底的兽首流出，而南越王墓出土的角形玉杯则是从杯口流出，两者应属两种器物；另一种说法认为角杯与“觥”有关，《说文解字》载：“觥，兕牛角，可以饮者也。”兕即犀牛，在商代逐渐演变为一种礼器“兕觥”，在安阳殷墟遗址就出土有铜质的角形器，山西石楼县桃花庄出土的商晚期龙形兕觥，也是一件角形器。

总而言之，作为现今发现的汉代唯一的角形玉杯，其具有独特的历史文化价值，其在造型、纹饰和制作工艺等方面代表了汉代玉器制造业的最高水平，堪称汉代玉器中的绝代精品。

一代雄主独霸岭南的梦想

“文帝行玺”龙纽金印

年　　代：西汉
规格尺寸：印台长 3.1 厘米，宽 3 厘米，高 0.6 厘米；通纽高 1.8 厘米，重 148.5 克
藏品来源：1983 年广东省广州市象岗山西汉南越王墓出土

最早的帝印

南越王墓共出土印章 23 枚，属于墓主的有 12 枚，其中有 9 枚位于墓主人身上。通过这些印玺，结合历史文献，墓主人的身份得以确认，这座墓葬的主人，正是文献中记载的西汉早期割据在岭南地区的南越政权的第二位统治者赵眜。这枚龙纽金质的玺印是目前所见的西汉最大的一枚金印，也是第一枚以龙为纽的帝王印玺，在确定墓主人身份的过程中起到了至关重要的作用。

这枚金印，呈方形、龙纽。印面有田字界格，阴刻小篆“文帝行玺”四字，字体工整，刚劲有力；字划的纹道很深，如一条直沟，沟壁垂直光滑，表明印文是铸后加工刻凿的，沟底残留有一条条等距的小横划，这是用利凿刻凿后留下的痕迹；印纽为一游龙，背部拱起成纽部，盘曲呈“S”形，龙首微微抬起伸向一角，生动而有灵气，龙鳞及爪也是铸造后刻凿的。这枚金印，经过电子探针测定其印台部位，含金量高达 98%。

自封的皇帝

这枚金印在出土时，印面沟槽内以及印台的四壁都有碰撞的疤痕与刮伤，这些痕迹的出现表明这枚玺印应当是墓主人生前的实用之物。《汉旧仪》载：“秦以前，民皆以金玉为印，唯其所好。秦以来，天子独以印称玺，又独以玉，群臣莫敢用。”汉承秦制，皇帝、皇后的印也称玺。《汉旧仪》又载：“皇帝六玺，皆白玉，螭虎纽，文曰：皇帝行玺、皇帝之玺、皇帝信玺、天子行玺、天子之玺、天子信玺。”在传世和发掘所得秦汉印中，皇帝玺至今未有发现，但是皇后之玺却有实物资料，为玉质、螭虎纽，因此文献中记载的皇帝玺印的形制应当是可靠的。

文献记载，南越国第一代王赵佗自尊号为“武帝”，第二代王赵眜自尊号为“文帝”，西汉朝廷对此并不承认，因此这枚玺印绝不会是汉朝颁发的。这枚金印，印文为“文帝行玺”，与文献中的记载相比，材质和形制都不同，应当是赵眜本人自作之玺，这枚玺印的出现证实了文献中记载的南越王僭越称帝的史实。

总而言之，这枚印玺作为目前发现的最早的以龙为纽的帝王印玺，其对于研究西汉前期的历史和中国古代的玺印制度具有重要的价值。金质龙纽的印玺自成一派，与汉朝的帝王玺印完全不同，也反映了南越王赵眜不愿屈居人下的雄心壮志。

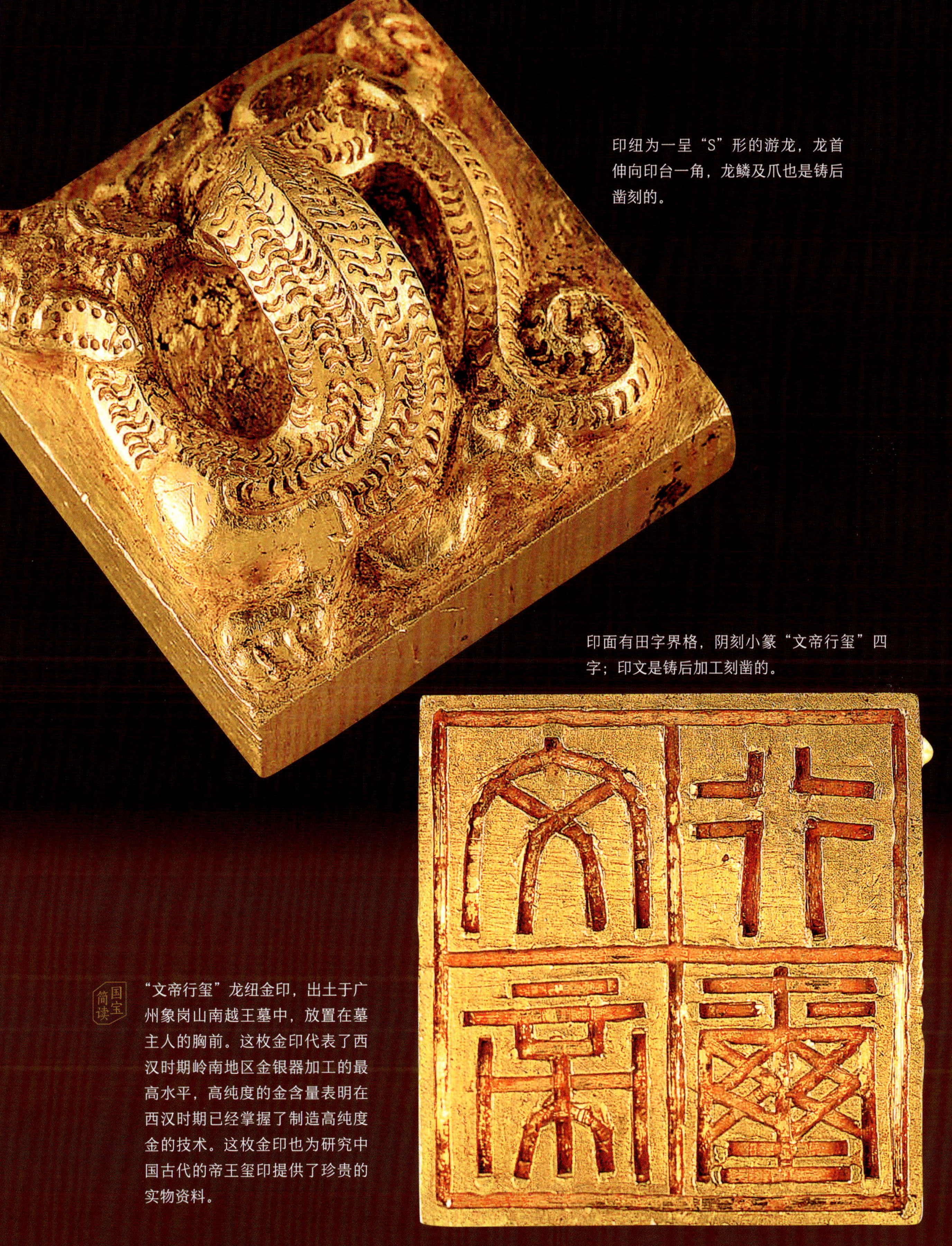

印纽为一呈“S”形的游龙，龙首伸向印台一角，龙鳞及爪也是铸后凿刻的。

印面有田字界格，阴刻小篆“文帝行玺”四字；印文是铸后加工刻凿的。

国宝简读

“文帝行玺”龙纽金印，出土于广州象岗山南越王墓中，放置在墓主人的胸前。这枚金印代表了西汉时期岭南地区金银器加工的最高水平，高纯度的金含量表明在西汉时期已经掌握了制造高纯度金的技术。这枚金印也为研究中国古代的帝王玺印提供了珍贵的实物资料。

/ 南越王博物院 /

两千年前的通行证
错金铭文铜虎节

年　　代：西汉
规格尺寸：长 19 厘米，高 11.6 厘米，最厚 1.2 厘米
藏品来源：1983 年广东省广州市象岗山西汉南越王墓西耳室出土

错金铭文铜虎节出土于南越王墓西耳室中部南墙根下，出土时通体包裹有丝绢，虎节上有错金铭文“王命命车徒”五字，为执行王命的凭证，传世品中见于著录者有“王命传”铜虎节，出土者有湖南出土的龙节，但错金铜虎节迄今为止仅见南越王墓出土的这一件，具有重要的历史价值，是研究我国古代的符节制度的重要实物资料。

两千多年前的“护照”

南越王墓出土的文物众多，其中出土于西耳室的一件被丝绢包裹的“铜板”引起了发掘人员的关注，这块“铜板”出土后经过文物修复人员的抢救修复后，其真正的面貌才得以展现在我们面前。

这件被称为虎节的“铜板”，全器铸成一只蹲踞状老虎，虎口大张，露齿，弓腰，尾上卷呈“8”字形，姿态生动威猛，前后足下均有浅槽。虽然为一扁平铜板，但头足各转折位置以及脸部皱纹等均用粗线条勾勒，层次清楚；虎的毛斑铸出弯叶形浅凹槽，贴以金箔片，斑斓有序，立体感极强；虎节正面有错金铭文“王命命车徒”五字；另镶有 27 片弯叶形金箔做虎斑纹；背面无文字，贴有 33 片金箔；虎眼、虎耳以细金片勾勒，头部共有金箔 10 片。整器制作精美，贴金而成的虎皮在阳光下熠熠生辉，华美生动，此器也是我国目前发现的唯一一件错金虎节。

节，是我国最早的信用物，最初用竹子做成，后来陆续出现了铜、金、玉等材质的节。根据功用分为守节、使节、符节、市节等，具有不同的分

上。春秋战国时期，除周王室之外，还存在大大小小的诸侯国，各国之间出入需要凭借节来作为通行信物，在各国的关口通行或者在驿站获得食宿，其功能正是相当于现在的“护照”。

来自楚国的传世品

目前所发现的虎节，大多都出土于楚国地区。如现藏于中国国家博物馆的“王命传遽”铜虎节和故宫博物院的“王命传任”虎节。这件错金铭文铜虎节，《西汉南越王墓》一书中作者就提到从纹饰、文字等方面来看，与楚文化似有渊源。通过与上述两者比较，这些虎节确有相似之处。

关于这件错金虎节的来源目前主要有三种说法：一是据《史记·南越列传》记载，南越武王赵佗曾“攻长沙边邑”，这件虎节疑为赵佗攻占楚国旧地时所获；二是也有可能战国时期楚国势力已经到达岭南地区，故对该地区产生影响；三可能是赵佗在中原获得后带至岭南。

总而言之，这件虎节，作为迄今为止所发现的唯一一件错金铜虎节，其见证了两千多年前各地区之间频繁且制度化的互通往来，对于研究南越国文化和中国古代的符节制度提供了重要的实物资料，器物身上的楚文化色彩也是南越国多元丰富文化的见证。

蒜头纹银盒

年　　代：西汉
规格尺寸：通高 12.1 厘米，盖径 14.3 厘米，腹径 14.8 厘米，口径 13 厘米，圈足径 6.9 厘米，重 572.6 克
藏品来源：1983 年广东省广州市象岗山西汉南越王墓主棺室出土

波斯帝国的舶来品

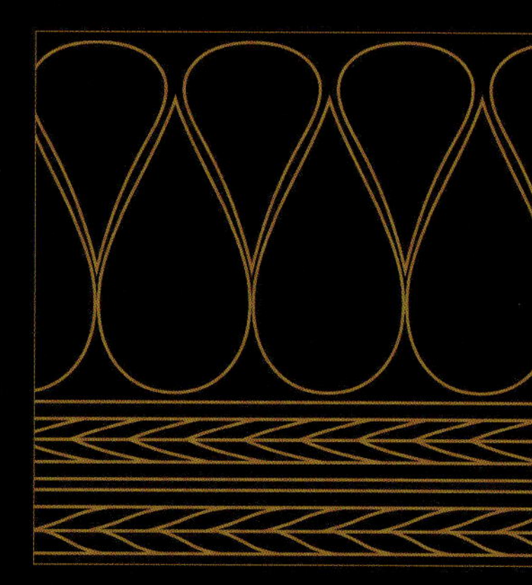

这件银盒盖身相合呈扁球形，盖面隆圆，顶部有两圈凹线弦纹，构成一圈宽带。盖的外周为对向交错的蒜头形凸纹，腹部自口沿以下亦有同样的凸纹，纹样采用锤揲技法制成，每个蒜头形外凸内凹。器身有子口，微内敛，底部亦微向里凹入。盖与身相合处的上下边缘各饰一匝穗状纹带，呈谷粒样凸起，表面带有鎏金，为我国首次发现。盖顶部宽带纹外侧分立 3 个如银锭形的小凸榫；器底附加铜圈足座，凸榫与底座都是后加的，同时盖面和器底都留有铭文。

这件银盒在造型和制造工艺上与同时代的中国金银器有着明显差异。首先，银盒从造型到纹饰都与汉代及以前的器皿风格迥异，但在西亚波斯帝国时期的银器中却不难找到与之极为相似的品种。其次，汉代的银器一般是铸模制成的，而这件银盒却是锤揲制成，这种工艺正是当时西亚普遍流行的技术。最后，经化学分析，银盒的银含量与墓中其他银器的银含量并不相同。由此可知，这件银盒确实是一件舶来品，从西亚经海路传入了南越国后，工匠又根据汉时器物的特点进行了加工改造，在它的盖上加了三个小纽，又在其底部加了一个铜圈足，并在盖面和底部刻上了汉字铭文，使其又具有中国本土的传统风格。

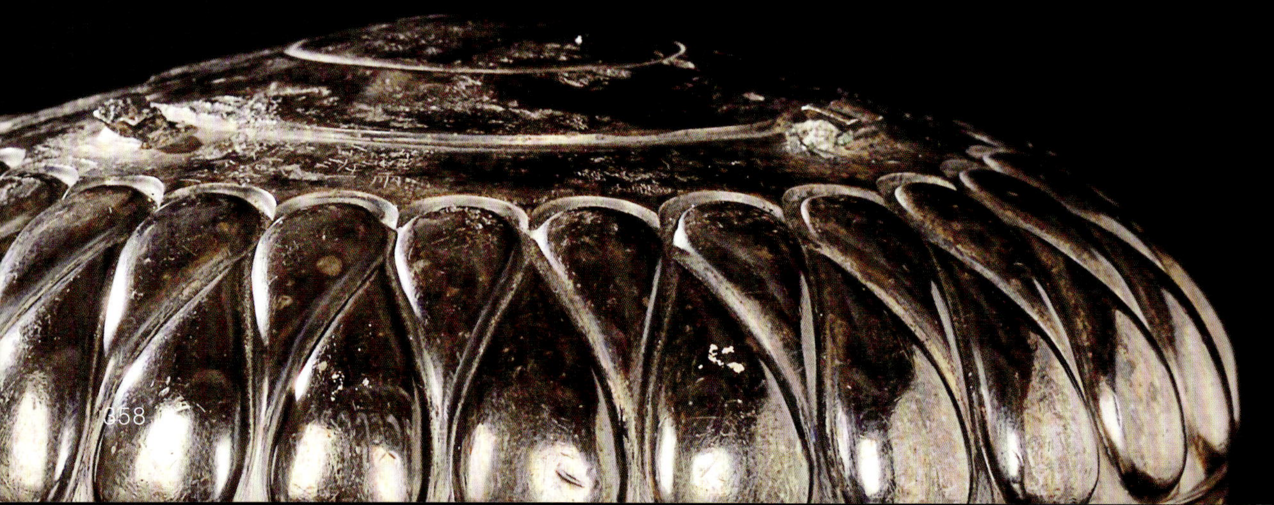

蒜头纹银盒，出土于广州象岗山南越王墓墓主棺椁的“足箱”内。独特的蒜头纹以及采用锤揲工艺的制造方式等，展现出这件器物与同时期金银器完全不同的风格，发掘者推测这件器物应当是一件海外的舶来品，是广州地区作为中国最早的海外贸易港口、海上丝绸之路发源地的重要物证。

海上丝绸之路的见证

早在2000多年的汉代，广州就已经是海外交通贸易的重要港口，《汉书·地理志》等史料中就有汉武帝时期，汉使率领船队从广州出发到达东南亚、印度洋南岸等地区进行贸易的记录。海上丝绸之路的开发使得海外的奇珍异宝在广州汇集。

在南越王墓中出土的似蒜头纹银盒这类见证中西文化交流的器物，种类涉及铜器、金银器、玉器、香料、象牙等，如船纹铜提桶上所刻画的目前考古发现的规模最大、最完整的海船图形，采用独特焊接工艺制成的金花泡，为了燃烧香料而专门制作的四连体熏炉，国内目前发现的最早由南海地区传入的乳香、来自非洲的象牙等，都是南越国通过海上贸易与其他地区进行沟通贸易的重要物证。

总而言之，这件蒜头纹银盒作为南越王墓中舶来品的代表，反映出了西汉时期南越国海外贸易的繁荣，是海上丝绸之路的重要物证，也是中华文化源远流长的实证。

陌上田间等常见

1978年，隆安县酒厂在大龙潭进行基建时，发现了一大批磨光石器，考古队闻讯后，立刻前往该地点进行了调查试掘，证实了这是一处范围大、遗物丰富的新石器时代晚期遗址。在该遗址的众多遗迹中，以发现的大量石铲排列遗迹最为奇特和引人注意。

在大龙潭遗址，共发掘出土了231件完整石铲，有单肩、双肩、束腰等不同款式，其中以楔形双肩大石铲最为精美，这件石铲通体磨光，双肩有棱，左右对称，刃部柔和圆润，整体造型优美庄重。这些石铲的形制、大小、厚薄等存在着较大差异，有不少石铲扁薄易断，质地脆，显然在生产中无实用价值，且不同的排列组合应是有意摆设形成的。发掘者认为，这种现象应当与原始社会进行某种与农业生产的祭祀活动相关。

岭南大石铲文化

自隆安大龙潭遗址被发现后，陆陆续续发现了一批以大石铲为代表的新石器时代遗址，在隆安县，几乎每一个村庄都发现了这种遗迹。数年间，共发现石铲万余件，相关遗址140多处，主要分布在左、右江交汇处及其下游郁江流域一带，以隆安县一带为核心区。以广西隆安县大龙潭遗址为代表，遗址年代距今6500至4700年，相当于新石器时代晚期，因为大量石铲排列遗迹的出现，故被称为“大石铲文化”。

历史上的岭南地区，是越人生活的地区，因为分支众多，也被称为“百越”。遗址中大量石铲的出现，表明当时农业生产已经占有很大的比重，古代先民在进行稻作农业生产的过程当中，认识到了石铲作为生产工具的重要性，因此石铲逐渐演变为人们崇拜的对象，这些石铲的体形也不断扩大，逐渐脱离了实用功能，从生产工具演变为祭器或礼器。

总而言之，以楔形双肩大石铲为代表的“大石铲文化”展现了史前岭南地区百越先民发达的手工业技术，也是高度发达的史前稻作文明的体现，对于研究岭南地区文明的起源和发展、中华文明起源多元一体的发展格局提供了重要的实物资料。

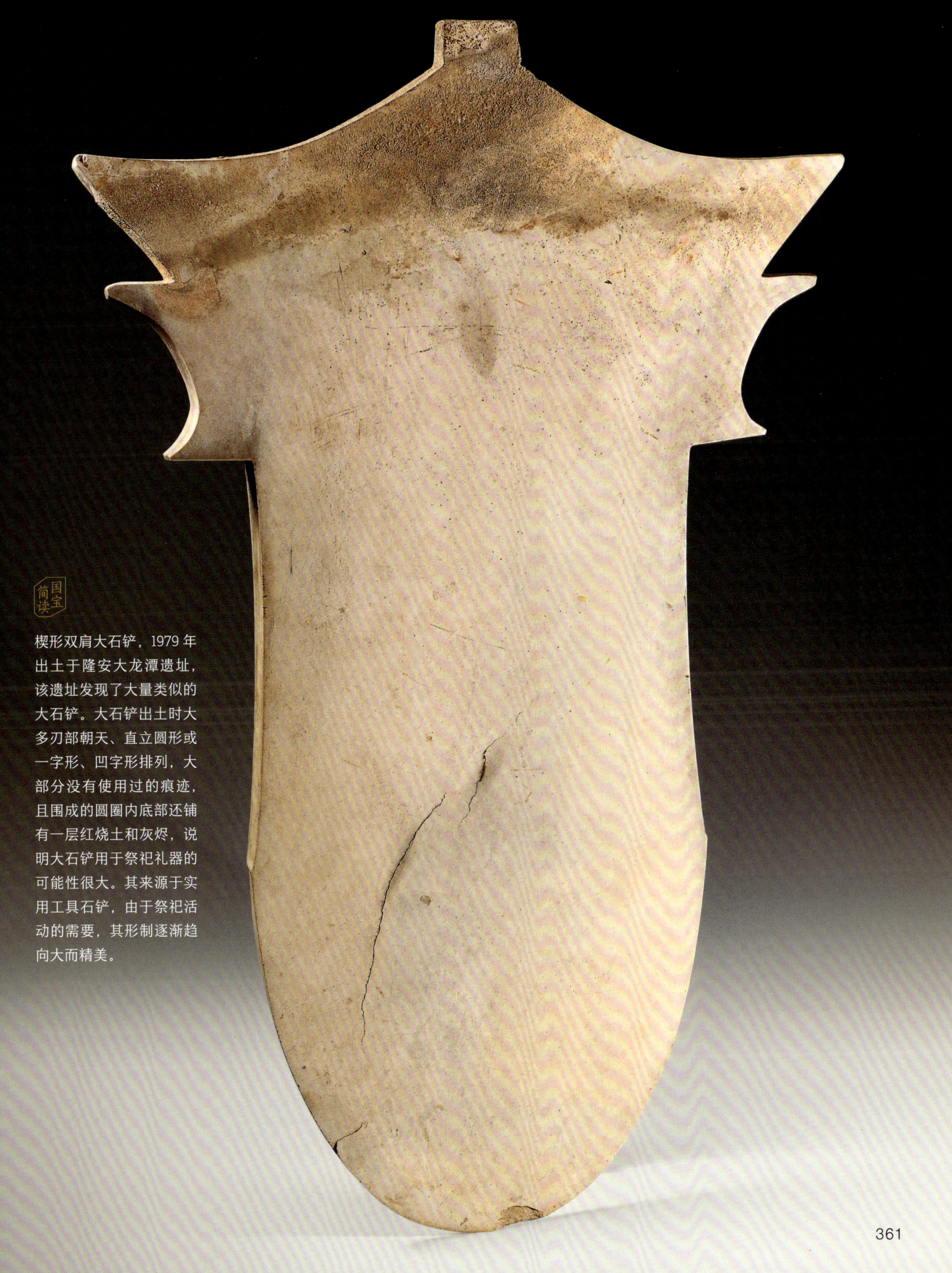

国宝简读

楔形双肩大石铲，1979 年出土于隆安大龙潭遗址，该遗址发现了大量类似的大石铲。大石铲出土时大多刃部朝天、直立圆形或一字形、凹字形排列，大部分没有使用过的痕迹，且围成的圆圈内底部还铺有一层红烧土和灰烬，说明大石铲用于祭祀礼器的可能性很大。其来源于实用工具石铲，由于祭祀活动的需要，其形制逐渐趋向大而精美。

/ 广西壮族自治区博物馆 /

岭南第一马

大铜马

年　　代：西汉
规格尺寸：高 115.5 厘米，长 109 厘米，背宽 30 厘米
藏品来源：1980 年广西壮族自治区贵县（今贵港市）风流岭 31 号西汉墓出土

岭南最大的铜马

1980 年，广西壮族自治区文物工作队配合贵县西江大桥工程，在贵县汽车修配厂内发掘清理了一座西汉大型土坑木椁墓。这座墓葬规模较大，且拥有一座车马坑。但墓葬早年被盗，棺椁破坏严重，棺内空无一物。万幸的是车马坑内的器物得以保存，出土于车马坑内的大铜马也为确定墓主人的身份提供了重要帮助。

这是岭南地区目前发现的体形最大的青铜马，此马为雄性，由头、耳、身躯、四肢、尾等九段铸造装配而成，装配接头为子母口，有铆孔，以竹钉固定。体形高大，肌肉丰满，四肢健硕；昂头、竖耳、张嘴，右前腿提起，做奔跑嘶鸣状，出土时其眼、鼻、舌唇均残留有涂朱痕迹。这匹铜马制作精良，工匠巧妙地将马匹奔跑时的身姿定格下来，将马在奔跑时刚劲有力、引颈长嘶的状态灵动再现在我们眼前。与这匹铜马相配套的还有一名驭手，为一老者，高鼻深目，颌下有须，为一“胡人”形象。其头戴高冠，身着长袍，袍外套披肩，罩鱼鳞甲，袍甲涂朱；双腿跪坐，两眼正视前方，双手提在胸前，做驭马驾车的姿态。

和铜马、驭手一同出土的还有鎏金铜车辖、马衔、车马饰和铜弩机、铁戟等遗物，说明墓主人可能是一员武将。在冷兵器时代，青铜和马是非常重要的战略物资，用大铜马来陪葬，在当时社会是一种等级极高的权力、财富和地位的象征。

胡人进贡的宝马

在广西壮族自治区共藏有 3 件汉代铜马，除了这里提到的大铜马，还有两件分别在广西西林县和广西合浦出土，这三件铜马，体形硕大，肌肉丰满，四肢刚健，和广西本土矮种马有很大的不同。根据史书记载，汉代初期为保卫边境地区安全，朝廷十分重视驯养战马，大量外来马种被引入中原地区，因此，大铜马的原型很可能是胡人进贡的外来马种。

广西地区山脉崎岖、河网密集，不是马的原产地，也不适合大规模使用骑兵，加上与中原地区的贸易规模很小，因此，马匹在当地是稀缺之物。西汉初年，执政的吕后只允许向南越贩卖公马，禁止卖母马，以阻止其繁衍马匹，进而达到削弱南越国的目的。汉武帝灭南越国，一统天下，此后岭南地区与中原的商贸往来日渐频繁，马的数量得以大增。

总而言之，大铜马的出现是岭南地区和中原地区交流融合的见证，自汉代以来，广西人爱马成风，来自中原的马在广西传统文化中生根发芽，并与少数民族的习俗融为一体，体现了中华文化兼容并蓄、源远流长的特性。

国宝简读

大铜马是岭南地区出土文物中体型最大、年代最早的青铜马，展现了制作者高超的写实艺术，是岭南青铜铸造工艺的代表之作。铜马的发现，证实了广西在汉代已处于文化交汇区，是本土文化与中原文化交流融合的见证物。大铜马体现了汉代帝国的时代精神，是古人文化自信的象征，承载着丰富的历史文化信息。

从大铜马的头部细节可以看出明显的朱砂痕迹。

/ 广西壮族自治区博物馆 /

瓯骆文化的遗存

人面纹羊角纽铜钟

年　　代：西汉
规格尺寸：通高 19 厘米，纵径 8.1 厘米，横径 4 厘米，底宽 14 厘米
藏品来源：1976 年广西壮族自治区贵县（今贵港市）罗泊湾 1 号墓出土

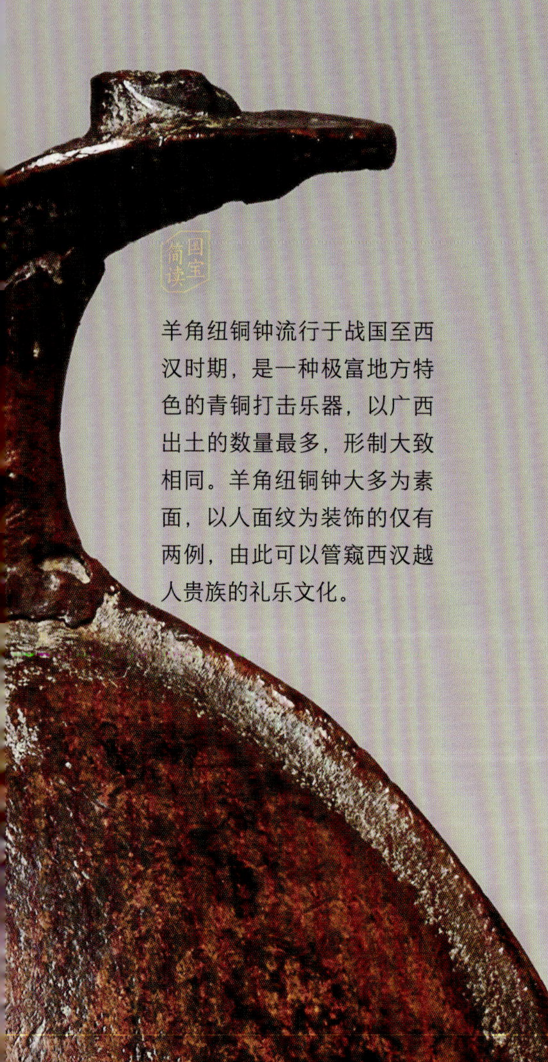

国宝简读

羊角纽铜钟流行于战国至西汉时期，是一种极富地方特色的青铜打击乐器，以广西出土的数量最多，形制大致相同。羊角纽铜钟大多为素面，以人面纹为装饰的仅有两例，由此可以管窥西汉越人贵族的礼乐文化。

险遭盗掘的乐器

1976 年 6 月，广西壮族自治区贵县化肥厂扩建，在机械的轰鸣声中，闪着金光的铜车马器露出地面，事后证明，他们无意中发现的正是罗泊湾汉墓的车马坑。考古人员得到消息后，立即前往现场进行抢救性发掘。尽管该墓曾被严重盗掘，幸运的是，殉葬坑和器物坑在椁室夹层的掩盖下躲过一劫，大批珍贵的随葬品保存完好，其中以青铜礼乐器为大宗。人面纹羊角纽铜钟出于东坑，呈半截橄榄形，上小下大，顶有羊角形鋬纽，上端开长方形孔。鼓部正面铸有浮雕式的人面纹，眼、鼻、口隐约可见。

羊角纽铜钟常与铜鼓相伴出现，二者都属于南方民族特有的打击乐器。铜鼓发音浑厚、低沉，羊角纽铜钟发音圆润、清朗，两种青铜打击乐器组合在一起，能够奏出和谐的二声部乐曲。乐队演奏时可能是以竹笛为主奏乐器，演奏出主旋律，再用编钟和铜鼓奏出音阶骨干音或者不同音程的和声进行伴奏。

古越人的羊图腾神

贵县地居郁江中游，是古代岭南比较富庶的地区之一。战国秦汉时期，贵县及其周边地区是西瓯族与骆越族聚居的地区。西瓯，大致分布在今桂江流域、西江中游等地。骆越，又作雒越，主要居住在今南宁周边及左右江流域一带。自商周以来，瓯、骆先民作为百越族群的重要组成部分，与中原文化交流逐渐频繁，为秦统一岭南地区奠定了基础。

羊角纽铜钟的羊角人面纹是古越人的羊图腾标志。他们认为人与羊神合为一体后，就能得到羊图腾神的保护。岭南地区与羊有关的神话传说很多，其中最著名的当数五羊衔谷的故事，所以曾是越人聚居地的广州又被称作“羊城”。学者推测，只有在举行大规模祭祀仪式时，越人才会使用羊角纽铜钟；平时则悬挂在村寨的图腾柱上，以求保佑村寨平安；或存放氏族头人家中，以显示主人尊贵的地位。

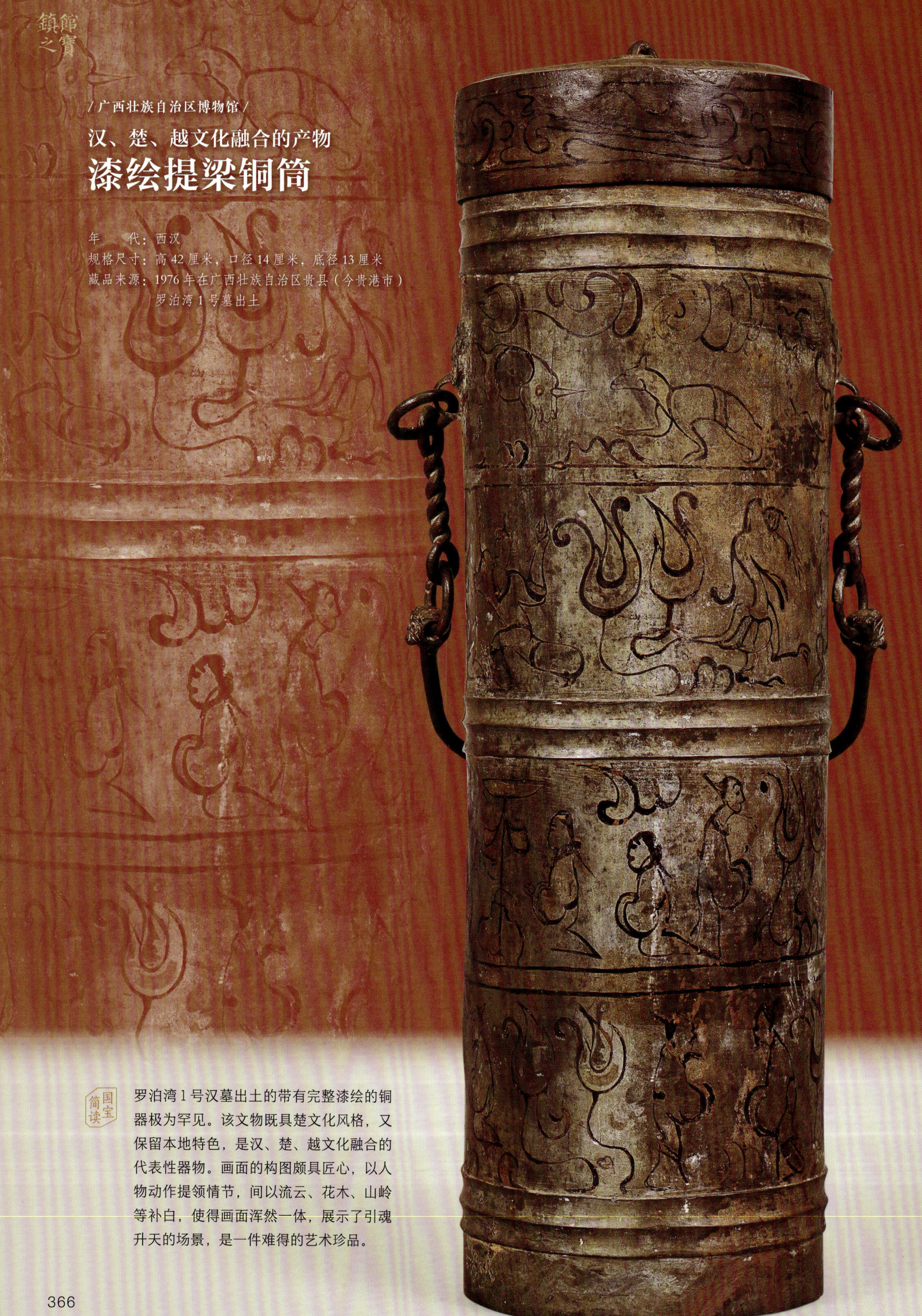

/ 广西壮族自治区博物馆 /

汉、楚、越文化融合的产物

漆绘提梁铜筒

年　　代：西汉
规格尺寸：高 42 厘米，口径 14 厘米，底径 13 厘米
藏品来源：1976 年在广西壮族自治区贵县（今贵港市）罗泊湾 1 号墓出土

国宝简读

罗泊湾 1 号汉墓出土的带有完整漆绘的铜器极为罕见。该文物既具楚文化风格，又保留本地特色，是汉、楚、越文化融合的代表性器物。画面的构图颇具匠心，以人物动作提领情节，间以流云、花木、山岭等补白，使得画面浑然一体，展示了引魂升天的场景，是一件难得的艺术珍品。

独具特色的青铜器物

1976年6月，广西壮族自治区贵县化肥厂扩建时，意外发现了罗泊湾汉墓。发掘过程中，考古工作者在椁室夹层下的器物坑里发现了一件罕有的漆绘提梁铜筒。此器为盛酒器，盖顶有环纽，深直腹，上部有一对铺首衔环耳，环耳上套接活动提梁，器底接圈足。

此器盖面绘勾连云纹，足部绘菱形纹。器身为漆绘，以朱、黑二色彩漆作画。画面可分上下四段，每段均为一幅情节完整的画面，它们共同描绘出方士引导墓主人亡魂升天的场景，每个层次都代表着更美好的“天庭生活”，造型生动，线条流畅，给人以惟妙惟肖之感。

多元融合的升天图

漆绘提梁铜筒是汉、楚、越文化融合的产物。漆绘内容分上、下两节展开，这与马王堆一号汉墓中“T”形帛画的表现方式相同。人物的造型、服饰均可从出土的战国楚人绘画遗物中找到源头。画面中两次出现的朱雀也是楚文化艺术创作中最为常见的母题之一。

第一段似二人观斗兽。画面左右分别为虎和独角兽，二者腾空而起，向前猛冲，画面中间绘有一只朱雀。研究者推测，此画面为方士在做引魂准备。

第二段分为两组场景：一组绘两人围朱雀与兽对舞；另一组绘一人荷矛牵犬前行，一人跪送。有可能表达方士与神犬正护送墓主奔向天庭，墓主妻妾前来辞行。

第三段可分为三组画面：第一组一人骑虎；第二组有三人，一人负长矛而立，一人腋下挟剑而跪，还有一位老者策杖而行；第三组亦三人，以一高柄灯为中心，灯左面一人侧身而立，灯右侧二妇人前后跪坐。描绘了方士将墓主送至天门，却被白虎阻拦的情境。

第四段可分两组场景：一组是独角兽与神犬呈搏斗状，朱雀在旁挥舞翅膀；另一组是二人戴冠、着深衣，相向而揖。描绘了兽犬相斗，墓主成功升入天庭的情景。

《琼黎风俗图》之对歌

/ 海南省博物馆 /

清代黎族生活的再现

《琼黎风俗图》册页

年　　代：清
规格尺寸：单幅画芯纵 33.3 厘米，横 30.4 厘米
藏品来源：2007 年河南省新乡市博物馆拨交

《琼黎风俗图》是以图文对应形式记录清代海南黎族社会风貌的画册，描绘了清中期海南黎族宴会、渔猎、耕种、纺织、采香、采藤、嫁娶、贸易、传信等生产生活场景。再现了古黎族的历史风情，是研究清代黎族社会风俗和经济文化的珍贵文物资料。

返琼丹青

《琼黎风俗图》册页原为私人收藏，后于 1945 年被河南省新乡市博物馆征集。1986 年《北方文物》发表的相关介绍内容引起海南相关部门重视，随即多次派人前往新乡市博物馆洽谈，最终于 2007 年达成协议，新乡市博物馆将这份册页转交海南省博物馆收藏。

该册页为纸本设色，共 15 开页，每开页均为右图左题，题词后附有七言诗一首。册页内容依次为建屋、编织、耕种、对歌、嫁娶、聚会、跳鬼、取香、采藤、放排、传信、贸易、涉水、谈判、渔猎。册页的末页有黄宗炎楷书题跋一通。图中人物线条简练，采用勾勒填色法绘制而成。专家通过对册页的装裱、纸质、

《琼黎风俗图》之渔猎

《琼黎风俗图》之放排

绘画风格、色彩颜料、印章等方面的鉴定，推测此画为清中晚期无名氏所作。如山色布景简洁，偶用水墨晕染，人物画法细腻，装裱采用中晚期流行的织锦材料，且在装册后未经揭裱，上述特征均符合清中晚期特色。

窥探琼黎风俗

由于黎族没有本民族文字，历史多靠口口相传，难以准确地记载民族发展史，一些传统民俗也因此消失在历史长河中，所幸这本图册为我们提供了管窥清代黎族生活的珍贵图像。

在生产习俗中，画册不仅展示了黎族的农耕场景，还有渔猎、采集等，体现了黎族多样的生业方式。第十五幅画《渔猎》中，描绘黎人用弓箭射鱼的场景和狩猎野兽的场景，反映了黎人的生活境况。

在婚姻习俗方面，黎族青年的婚姻一般经过对歌择偶、婚聘、迎娶三个阶段，相比汉族婚姻较为自由。《对歌》《嫁娶》两幅图描绘了黎族从择偶到迎娶时的各种风俗。青年男女在旷野里对歌嬉戏，通过唱歌、吹鼻箫等方式倾诉爱慕之情。遇到情投意合者，再由父母请媒人议婚。黎族聘礼内容多带着牛、酒、槟榔、布等，牛是财富、吉祥的象征，其中以槟榔订婚的习俗沿用至今。

- 重庆中国三峡博物馆
- 四川博物院
- 三星堆博物馆
- 成都金沙遗址博物馆
- 贵州省博物馆
- 云南省博物馆
- 西藏博物馆

西南地区包括重庆、四川、贵州、云南、西藏，共计三省一市一区。西南地区是中国民族特色最浓郁的地区，因而西南地区的博物馆也是民族融合特色最鲜明的地区。西南地区共有1063家博物馆，其中一级博物馆馆33家。这些博物馆中最具代表性的有四川博物院、重庆中国三峡博物馆、云南省博物馆、贵州省博物馆、云南省博物馆。而四川省的三星堆博物馆、成都金沙遗址博物馆更是古蜀文明的代表。这些博物馆的镇馆之宝不仅展现了文物身后的历史底蕴，更展现了中华民族共同体意识形成进程中的独特风貌。

西南地区博物馆镇馆之宝

/ 重庆中国三峡博物馆 /

巴人故地的青铜器
三羊尊

年　　代：商
规格尺寸：通高 42.8 厘米
藏品来源：1980 年重庆市巫山县大昌镇大宁河畔的李家滩出土

调皮的三羊尊

1979 年秋天，重庆大昌镇大宁河畔李家滩的一对父子正肩挑背扛，前往集市售卖柑橘。走到大宁河畔时，跑在前面的孩子被某样东西绊了一下，险些摔倒。父子俩低头一看，发现在淤泥里插着一个奇怪的绿色物件，这就是三羊尊被发现的情景。

该尊造型呈喇叭口、束颈、折肩、弧腹、高圈足。器身以云雷纹为地，上饰夔纹和饕餮纹；在其折肩上铸有三只立鸟和三个羊头。三羊尊的造型与纹饰总体呈中原晚商文化特征，但模糊的地纹与粗犷的铸造风格又表现出浓郁的地方特色。因此，专家推测，三羊尊应该是巴人在商文化影响下自制的一件器物。

商代巴人的青铜器制作

尊，是一种大型的盛酒器。在甲骨文中，“尊”字是一个会意字，像是两只手捧着一个大酒坛。捧着酒坛可不是为了自己享用，而是将它作为祭品献给神明。《左传》记载：“国之大事，在祀与戎。”先秦时期，国家最重要的两类事务就是祭祀与打仗，因此，无论是祭祀所用的礼器还是打仗所用的兵器，都是用当时最为珍贵的青铜材料冶铸而成。

对商王室而言，青铜器不仅是宫廷中的奢侈品，更是是政治权力的象征物。为了控制铜矿资源，商王朝曾发动过一系列战争。根据三峡地区的商代遗址来看，该时期的巴人多用石范来冶铸青铜器。石范相比陶范更坚固耐用，不会出现因炸裂而造成青铜器铸造失败的情况。不过由于石范的局限性，只能制造简单的器物，复杂精致的青铜容器仍须采取中原地区的陶制复合范工艺。虽然巴人在商代已经掌握了青铜冶铸技术，但是受到铜矿资源、技术条件等限制，青铜器制造相比中原地区的商文化仍处在一个较低的发展阶段。面对这件大型青铜容器，我们不禁要思考：巴人的铜矿资源是从哪里获取的？如此复杂的铸造技术从哪里习得？尊上的羊鸟立像背后又有怎样的神话传说？

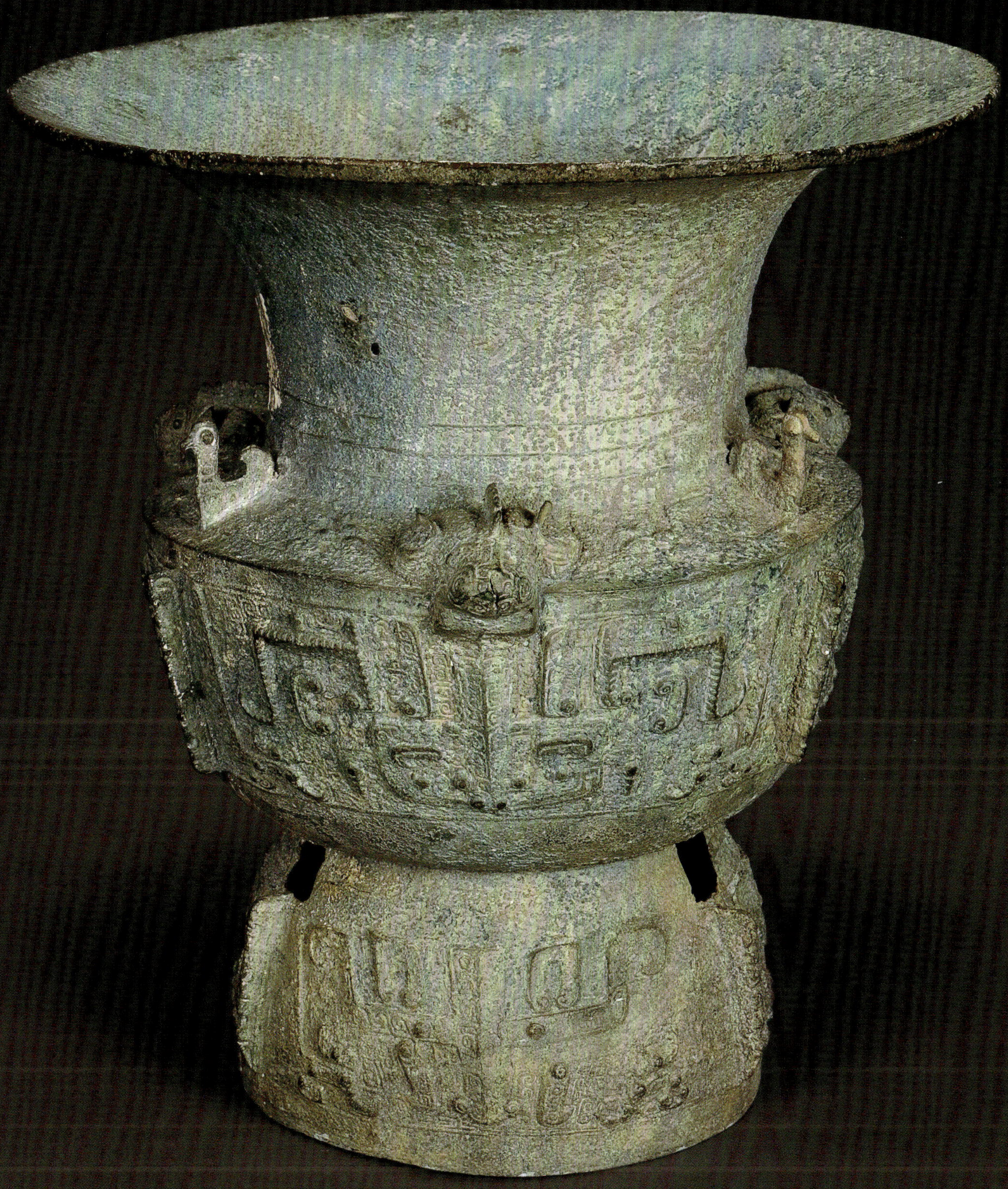

国宝简读

这件三羊尊，造型古朴又不失精致，折肩上的立鸟、羊头生动有趣，是迄今所见巴人故地最早的一件大型青铜容器，对于研究古代巴人的矿冶技术、文化进程及其与商文化的关系具有重要的价值。

饰细密的羽纹，在羽纹上有规律地镶嵌绿松石。青铜尊通常被用为酒器，但这件尊通体仅鱼形嘴处有一小孔，不便向内倾倒酒液，所以不具备实用性。不过鸟形尊体轻、壁薄、中空，铸造难度极高，是研究巴人青铜制器工艺水平和铸造技术的重要标本。

“凫渝”与巴人的结晶

鸟形尊除具备一定中原礼器文化因素外，其造型和功能还有较强的地域风格。例如鸟形尊的整体形象取自于凫（野鸭），有学者推测，这可能与当地一支名为“凫渝”的部族有关。传说商、周更替之际，商人的一支残部逃到渝水流域，因其图腾为野鸭，故被称作“凫渝”部族。此后，在凫渝人、巴人以及散居巴蜀各地的彝人融合的过程中，巴人崇拜的虎、鱼，中原文化崇拜的凤鸟，彝人崇拜的鹰，以及凫渝人崇拜的野鸭等动物元素也彼此融合，最终催生了这件青铜尊。

国宝简读

巴人鸟形尊与传统盛酒器不同，是一件非实用性礼器。它独特的艺术造型和精湛的铸造工艺，为我们提供了研究古代巴国政治、经济、文化等方面的实物资料，它也是巴人文化与中原文化交融的多元文化融合产物。

/ 重庆中国三峡博物馆 /

巴文化的青铜乐器

虎纽錞于

年　　代：战国
规格尺寸：高 68 厘米，上径 36 厘米，底径 28 厘米，重 30 千克
藏品来源：1989 年重庆市万县（今万州区）甘宁乡红旗水库的泄洪道

国宝简读

錞于是古代的打击乐器，“虎纽錞于”是古代巴人在祭祀、宴乐、节日庆典和战争中经常使用的一门古老乐器，享有“錞于王”的美誉。虎纽錞于的整体造型由虎纽、承盘及腔体三部分组成，通体呈铜绿色，富有光泽。此类乐器主要出土于我国西南地区，尤其是湘、鄂、川、黔古代巴人聚集之处。

虎灵崇拜

錞于顶部的虎纽主要用于悬挂，其周围分布着五组纹饰：椎髻人面、羽人击鼓与独木舟、鱼与钩连云纹、手心纹、神鸟与柿蒂纹。而最令人好奇的是，器顶上方为什么是老虎形象。在《后汉书·南蛮西南夷列传》中记载道："廪君死，魂魄世为白虎。巴氏以虎饮人血，遂以人祠焉。"可见古代巴人崇拜老虎，以老虎为先祖并进行奉祀。古代巴人对虎的喜爱不仅体现在乐器上，兵器上也常见虎纹图案，如商周时期的青铜钺的中部雕刻一老虎，战国时期的剑或戈上也可见用虎的局部形象作为地纹进行装饰。

虎啸风生

有关錞于的记载最早见于《周礼·地官·鼓人》："以金錞和鼓。"说明錞于通常与铜鼓结合使用。在战场上，击打錞于、铜鼓、铜钲等可以起到鼓舞军队士气的作用，这些乐器配合发出来的声音雄浑威严，一方面可以从身心干扰对方，另一方面也可以增强巴人战士的斗志。

此外，古代西南民族通常会举办"诅盟"（歃血结盟）"要盟"（强迫签订盟约）之类的祭祀活动，借助虎纽錞于及大鼓的敲击来凸显活动的庄严性。祭祀结束后，这些祭器通常不能带回去，只能选择就地掩埋，因此，目前考古发现的虎纽錞于通常和铜鼓一起出土于河边、山坡或树下。从出土的錞于身上，可以看到其肩部与隧部的敲击痕迹，这一痕迹也可以与云南晋宁石寨山出土的铜鼓与錞于合奏图相互印证。

/ 重庆中国三峡博物馆 /

三峡地区的汉碑

景云碑

年　　代：东汉
规格尺寸：通体宽 95 厘米，高 240 厘米，厚 22 厘米
藏品来源：2004 年重庆市三峡库区云阳县旧县坪遗址出土

探寻巴蜀出土中原形制碑

汉代的碑刻隶书以东汉为典型，尤其是桓帝、灵帝时期，统治者注重名节孝道、儒学仁义，因而民间刻石记事、表功颂德之风大兴，景云碑的发现便是最好的例子。此碑出土时虽已断裂成两截，但整块碑保存完好，形制为圆首方座，具有“天圆地方”的寓意，碑身上的画像和碑文都非常清晰完整，对于汉代书法和画像石研究都具有重要意义。通过对碑文的释读，可将其内容分为前后两部分：前一部分主要讲述景云的家族源流和生平事迹；后一部分主要是歌颂景云的品行，并对其英年早逝表示惋惜，从中可以看到一个施政有道而深受百姓爱戴的地方长官形象。景云碑虽在巴蜀地区出土，但其字体风格与中原地区的碑刻如《熹平石经》《张迁碑》等极为相似。

蕴含升仙思想的碑刻图案

该碑除了背面，其余无文字的部分均刻有图像，这些图像反映了彼时流行的民间传说及人们的思想信仰。此外，碑首雕琢成具有中原特征的左、中、右三重叠晕纹，每重晕纹上均有一幅单一图案，左边为人身兔耳图案，可能是代表月亮的玉兔；右边是一只神鸟，也许是代表太阳的金乌；中间为一妇人启门形象，可能含有援引逝者登上天门的寓意。碑刻边缘部分刻画云气飞鸟图案，侧面浮雕为具有方位意义的东方青龙与西方白虎，青龙戴日而白虎戴月。有学者认为，整幅碑刻图案表现了从凤鸟导引升天、神灵启门接纳到西王母侍女赠“不死之药”完成升天的一个相对完整的程序。石碑的装饰艺术充分反映了彼时人们对于仙界的向往。

国宝简读

景云碑，又名汉巴郡朐忍令景云叔于碑，是一方颂德碑，立于灵帝熹平二年（173）。碑主为东汉和帝时的朐忍县令景云，此碑由朐忍令雍陟所作，以纪念这位 70 年前曾经任职于此的同乡。碑文字体为隶书，13 行，共计 367 字，书法风格秀劲稳健，节奏分明。

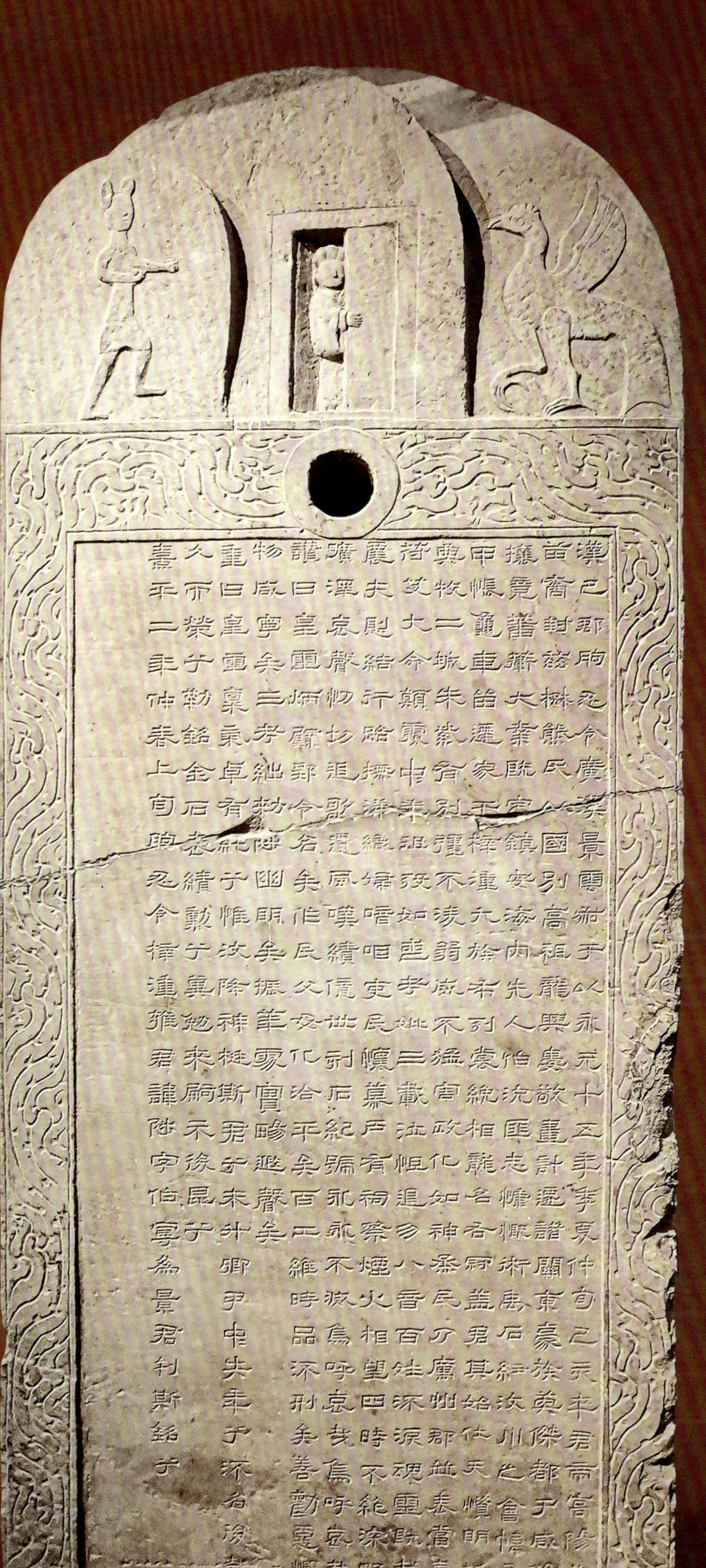

/ 四川博物院 /

巴蜀与中原文化交流的产物

象首耳卷体夔纹铜罍

年　　代：西周
规格尺寸：通高 70.2 厘米，口径 22.8 厘米
藏品来源：1980 年四川省彭县（今彭州市）竹瓦街出土

器主身份的猜测

1980 年，彭县竹瓦街村民在取砖瓦土时，发现了一个大陶缸，象首耳卷体夔纹铜罍与其他 3 件铜罍及 15 件兵器一并储藏在大陶缸内。出土时一件大罍斜放在缸底，中间有两件罍，最上面有一件小罍，兵器均放于两件铜罍中。学者根据这批铜器的器形和纹饰推测其埋藏时间为西周末期或春秋初期。根据传世文献记载，开明族早先居住在乐山、夹江一带，后治理成都平原水患有功，经济实力得到增强，杜宇帝只好禅位于开明帝，后经十一代，于前 329 年被秦灭亡。由此可以推知，在前 679 年左右，蜀地尚处在杜宇族统治的后期。发掘者据此认为，这批窖藏青铜器与杜宇族之间存在联系，推测可能就是杜宇帝禅位后退隐西山（即今日的岷山山脉）时埋下的。

巴蜀与中原交流的印记

铜罍的器盖装饰两幅以扉棱为对称轴的兽面纹，每幅兽面纹两侧夹以带翼蛇纹，高高的菌状盖纽之下有凸出器表的牛角装饰。器身的纹饰被从颈部到圈足通过的扉棱分为四组，每组纹饰又分上、中、下三段，上段为肩部，饰双夔龙纹夹一大型团龙纹，中段为腹部，饰浓眉大眼夔龙纹，下端为圈足，饰前腿跪倒的伏牛纹，主体纹饰周边衬以细密的云雷纹，整体装饰风格层次丰富，端庄大气。

象首耳卷体夔纹铜罍肩部的团龙纹是西周早期中原青铜器的经典纹饰之一，但其圈足的伏牛纹却具有鲜明的地方特色。此外在礼器组合上，中原地区商周时期铜器墓通常以鼎的数量多寡作为衡量墓主人身份的标志，但是同时期巴蜀铜器群中似乎更加重视罍的数量。

总之，这件铜罍是巴蜀与中原文化交流的产物，其形制和纹饰深受中原商周文明的影响，同时也带有自身特色。作为一种礼器，它与中原地区的鼎一样，是等级的标志和权力的象征。

国宝简读

罍最初的功能是用作储存酒或盛水的容器，后逐渐演变为礼器。巴蜀地区发现的晚商时期铜罍具有地方特色，纹饰繁复，在当地青铜礼器组合中占据重要地位。

/ 四川博物院 /

巴蜀青铜器的代表

牛首耳大铜罍

年　　代：西周
规格尺寸：通高 79 厘米，口径 26.8 厘米
藏品来源：1980 年四川省彭县（今彭州市）竹瓦街出土

国宝简读

牛首耳大铜罍肩部与腹部之间装饰有立体的牛首形耳，这种立体雕塑手法有强烈的视觉冲击力和艺术表现力。罍上纹饰工艺精美，器物整体设计对称布局，给人以稳重和庄严的感觉。牛首耳大铜罍色彩通体碧绿晶莹，似有古玉光辉，其独特的光泽尽显高雅珍贵。

铜罍上的祭祀场面

该铜罍造型生动别致，纹饰简单。盖为覆豆形，盖纽顶部饰卷曲的蟠龙纹，纽顶周边饰以四幅戴角、人目、兽口的神人兽面纹，盖身饰两组相向而跪的伏牛纹，伏牛中间有一抽象人形做供奉状。器身肩部也饰有两组相向而跪的伏牛纹，仿佛驯顺待宰的牺牲。肩部饰带羊首装饰的双半环耳，以每个半环耳为对称轴，各分布一组相对而卧的伏牛纹，肩部正中为高高凸起于器表的兽首装饰。下腹壁光素无纹，近器底处有一个带牛首装饰的鼻纽。

这件器物向我们呈现了一组完整的祭祀场面：全器的最高处为盖纽，上方装饰的四具神人兽面纹可能是被敬奉祭祀的神像，纽顶蟠龙是主神的守护者；器盖中央的两个抽象人像是主要的祭祀者，盖上和肩部的伏牛是用来祭祀的牺牲。与这件铜罍一并出土的还有一对中型铜罍和一件小铜罍，这一组合凸显了铜罍在古蜀国礼器组合制度中的重要性。

窖藏点的文化属性

竹瓦街这一地点，距离三星堆遗址仅有 10 千米。早在 1959 年，这里就发现过一个青铜器窖藏。通过对这两批窖藏青铜器所在遗址整体情况进行分析，学者发现，这些青铜器的形制与花纹接近于中原地区商代晚期和西周早期的器物，但并非全部为中原制造。此外，两批窖藏出土的文物都包含礼器和兵器，说明先秦时期中原地区“国之大事，在祀与戎”的观念深刻影响到周边地区。

那么，这些铜罍是什么时候铸造出来的呢？有学者注意到这批窖藏铜器与陕西南地汉中盆地城固县铜器群之间存在密切联系，其中罍的纹饰具有商末周初的影子，例如团龙纹，它就是西周早期的一款典型纹饰。不过，储纳青铜器的陶缸上的重菱纹却是十二桥文化第二期的风格，其时代相当于西周后期，下限或可至春秋初期。因此，这批青铜器的出现、使用与埋藏几乎贯穿了整个西周时代。

/ 四川博物院 /

战国战争场景的再现
水陆攻战纹铜壶

年　　代：战国
规格尺寸：通高 40 厘米，口径 13.4 厘米，腹径 26.5 厘米
藏品来源：1965 年四川省成都市百花潭中学基建工地出土

战国时代的“清明上河图”

此件铜壶有盖，盖面微拱，长颈，溜肩，圆鼓鼓，矮圈足，盖上有三个鸭形纽，肩上有左右对称的兽首衔环。器身布满用金银嵌错工艺绘制的图案，三条凸起的箍状带纹饰将这些图案分为四层，从上至下分别为采桑演射图、宴乐战舞弋射图、水陆攻战图、狩猎和双兽桃形图。

水陆攻战纹是战国时期流行的一种写实性较强的青铜人物画像纹饰，生动描绘了当时的战争场景。铜壶第三层的水陆攻战纹饰将战国时期主要的战争类型如攻城战、步兵交战、水战悉数表现出来。

铜壶上的“刀光剑影”

攻城战对进攻方来说牺牲较大，步兵交战分为排列整齐的军阵相搏与散兵各自为战两类。军阵相搏是自西周、春秋以来主要作战方式，画面中士兵虽然只有一列，但仍然可以感受到战争阵容的浩大威武以及双方之间决一死战的信心和勇气。在散兵各自为战的画面中，敌对双方已进入胶着状态，遍布画中的残肢断躯凸显了战争的血腥。水战主要通过一种结构复杂的双层战船进行，甲板之下是奋力划船的桨手，甲板之上是手持长兵正在搏斗的武士。相对于陆战，其战争场面似乎较为轻松。

战国时期，周代的宗法礼乐制度已被打破，社会各阶层之间的流动性增强，压抑在人们心中的原始冲动和激情在没有外在的约束和内在的条例限制之后，迸发而出，主要表现为对感官欲望和贪图享乐的追求与渴望以及内心拼搏进取精神的高涨，而这种激情状态又借错金银镶嵌的纹饰反映在水陆攻战纹铜壶上。

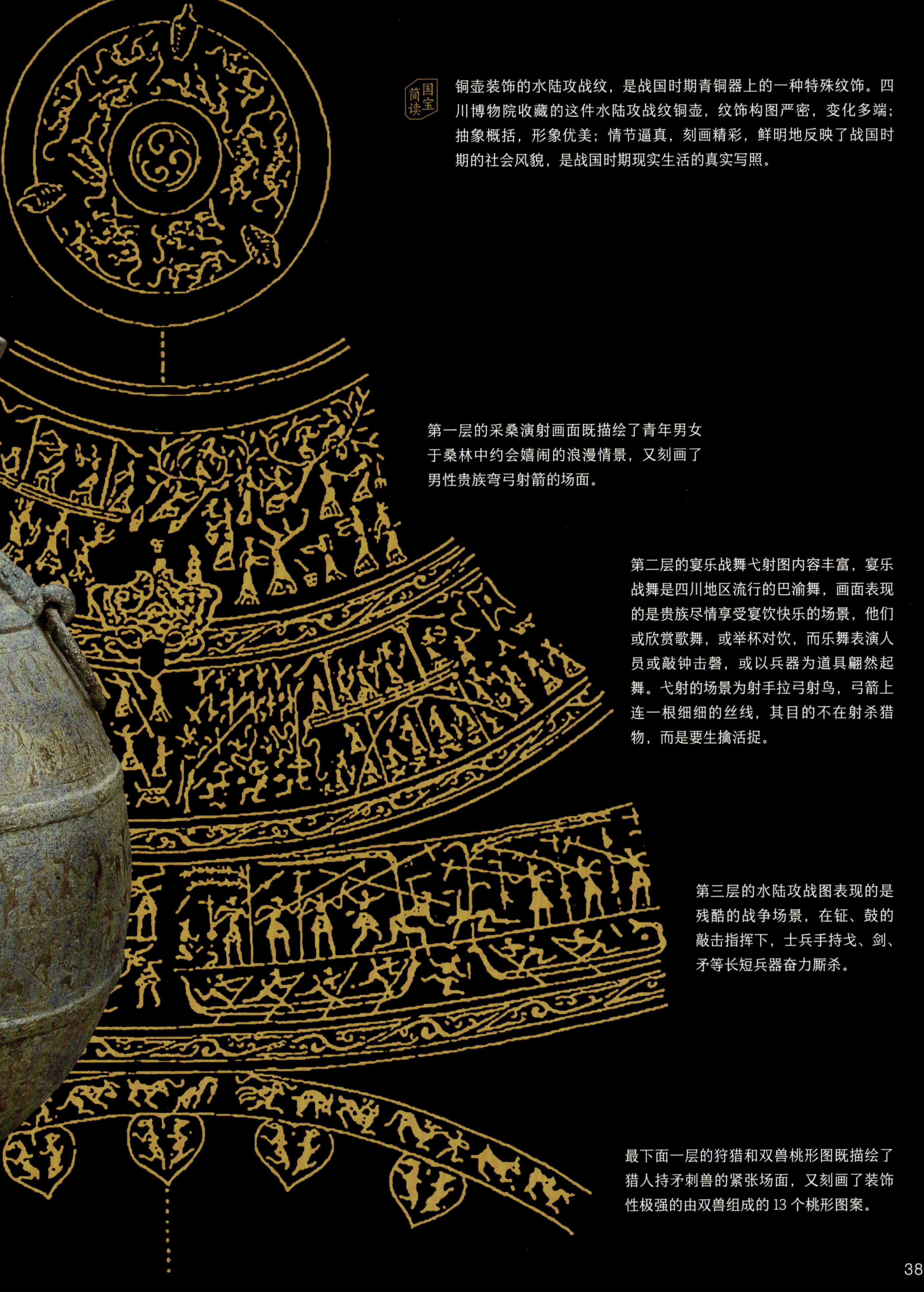

国宝简读

铜壶装饰的水陆攻战纹，是战国时期青铜器上的一种特殊纹饰。四川博物院收藏的这件水陆攻战纹铜壶，纹饰构图严密，变化多端；抽象概括，形象优美；情节逼真，刻画精彩，鲜明地反映了战国时期的社会风貌，是战国时期现实生活的真实写照。

第一层的采桑演射画面既描绘了青年男女于桑林中约会嬉闹的浪漫情景，又刻画了男性贵族弯弓射箭的场面。

第二层的宴乐战舞弋射图内容丰富，宴乐战舞是四川地区流行的巴渝舞，画面表现的是贵族尽情享受宴饮快乐的场景，他们或欣赏歌舞，或举杯对饮，而乐舞表演人员或敲钟击磬，或以兵器为道具翩然起舞。弋射的场景为射手拉弓射鸟，弓箭上连一根细细的丝线，其目的不在射杀猎物，而是要生擒活捉。

第三层的水陆攻战图表现的是残酷的战争场景，在钲、鼓的敲击指挥下，士兵手持戈、剑、矛等长短兵器奋力厮杀。

最下面一层的狩猎和双兽桃形图既描绘了猎人持矛刺兽的紧张场面，又刻画了装饰性极强的由双兽组成的 13 个桃形图案。

/ 四川博物院 /

千年前的说唱艺人

说唱陶俑

年　　代：东汉
规格尺寸：高 66.5 厘米
藏品来源：1963 年四川省郫县（今成都市郫都区）宋家林砖室墓出土

汉代说唱俑的原型是表演滑稽戏的艺人。它的形象通常是表情夸张，手持小鼓，自演自唱。这件说唱俑就是其中的典型代表，他两膝微曲，双脚一前一后，一手执鼓槌，一手捧小鼓，上身长，下身短，肚子圆鼓鼓，皱纹满额，挤眉弄眼、歪嘴吐舌、耸肩扭臀，再现了一个诙谑滑稽的说唱者形象。

两汉时期俑的形象

陶俑是古代墓葬中常见的随葬明器。早在商代墓葬中，就已经发现双手被捆绑的奴隶俑。秦始皇陵兵马俑的形象高大威严，给人一种压迫感。到了汉代，“事死如事生”的观念盛行，人们希望死后也能像生前一样过上奢靡享乐的生活，故从皇室权贵到民间豪强普遍选择厚葬，而显示墓主人“厚资多藏，器用如生人”的俑就成为随葬品中不可或缺的一部分。汉代俑题材广泛、内容丰富，从车马出行到侍卫家奴，从庖厨宴饮到歌舞百戏，几乎无所不包。西汉时期就已发现说唱俑，但这时的说唱俑造型粗糙，神情木讷呆滞。到了东汉，说唱俑的造型更加细腻，面部表情及肢体语言呈现妙趣横生之态，这说明此时的雕塑匠人善于捕捉说唱艺人的精彩瞬间。总之，东汉时期的说唱俑无论从外观、造型还是从神韵上来说都是两汉墓葬俑的翘楚，集音乐、舞蹈、戏曲、雕塑、服饰等艺术于一身。

“俳优”文化

汉代是说唱表演艺术非常流行的时期，彼时的说唱艺人被称作“俳优”，这是一群心甘情愿扮演丑角、取悦观众的艺人。“俳优”分为“俳”和“优”。“优”于先秦时期就已出现，是中国最古老的表演艺人，以表演滑稽谐戏为主，时而也表演乐舞，其主要侍奉对象是君主，为君主排忧释闷。“俳”出现于战国时期，其表演的节目为“杂戏”，重视表演内容的故事性，但即兴表演的能力较差。说唱俑就是以俳人和优人为原型设计出来的，他们或说唱，或谈笑，或戏拟各种人物，堪称中国滑稽戏的“鼻祖”。

目前的俳优俑多出土于墓葬中，无论墓葬等级高低，均可见到俳优俑的随葬品，其普及性可见一斑。据文献记载，除陪葬用途外，俳优俑有时也在祭祀活动中充当祭品，以娱乐神明，或者出现在小孩子的玩具堆里，供小孩把玩。

汉代各地区出土的“说唱俑”，不仅体现了彼时的丧葬风气，同时也向我们传达了汉代独特的娱乐方式以及古代中国滑稽戏的历史。

/ 四川博物院 /

四川盐井制盐场景
制盐画像砖

年　　代：东汉
规格尺寸：长 46.6 厘米，宽 36.6 厘米，厚 5 厘米
藏品来源：20 世纪 50 年代四川省成都市邛崃花牌坊出土

蜀地制盐场景的再现

画面左部为汲卤图，底部有一口盐井，井口上搭建两层井架，上下分别站立两人，他们借助井架上的滑轮装置，用木桶从井里提取卤水倒入在井架右侧的方形大容器内，容器底部有竹管将卤水输送至盐灶旁的方形卤水坑中。画面右下角为灶房，位于小山坡上，盐灶依地势而建，前低后高，灶眼上排列了至少五件盆形容器。火门前有一人做弯腰姿势，疑是向内投放柴薪。根据灶台的布局可以发现，灶的前部温度通常会很高，后部则相反，故古人往往利用前面的容器煎卤，再利用后面的容器浓缩卤水，使之结晶成盐。画面中下部有几人背着煮盐所需的木柴朝灶房走去。整幅画以山林为背景，林中有飞禽走兽，画面右上角为狩猎场景。

通过这块画像砖，可以提取出一些重要的历史信息：古人在大约两千年前就已经掌握了井盐生产技术，并能够采取流水线的方式来提高生产效率。

蜀地高超的制盐技术

自古以来，盐作为百姓日用必需之物，一向被视为关系国计民生的重要物资，沿海地区的海盐、山西的石盐与池盐、四川的井盐都是很早就得到开采利用。早在新石器时代晚期，四川地区的劳动人民就开始利用自然盐泉，之后又开始主动采汲盐卤，到秦汉时期发展为大规模地凿井煮盐。

中国古代的制盐技术主要有两种：煮盐和晒盐。前者是将海水或盐池、盐井中的咸水经过高温煎煮成盐，后者是借助日光将咸水蒸晒成盐。四川地区通常采用煮盐的方式，其大致流程可归纳为取卤、输卤、人工制卤、沉卤和煎盐等环节。根据煎盐方法的不同，井盐盐品又可分为花盐和巴盐，前者是盐浆结晶后，将其捞出洗涤再晾干形成的散粒盐，后者是在煮盐的容器内反复添加卤水直到熬干形成的块状饼盐。此外，借助盐器模具，如深腹缸、尖底杯、小口圜底罐以及尖底盏等，还可以制成特定形状的盐块。

国宝简读

“西蜀天下富，井盐天下丰”，说的就是蜀地盐业资源丰富。这幅制盐画像砖再现了东汉时蜀地井盐生产的繁忙景象。整幅画面勾勒出蜀地劳动人民先用高大的井架配合定滑轮装置提取卤水，再运用多孔盐灶煎卤、结晶的流水线生产场景，体现了古人已充分认识到提高劳动效率对于生产的重要性。

/ 四川博物院 /

大火中发现的玉料

云龙纹玉大带

年　　代：五代

规格尺寸：玉銙每方长 7.8 厘米，宽 8.2 厘米，厚 0.8 厘米，铊尾长 19.8 厘米，宽 7.9 厘米，厚 0.8 厘米

藏品来源：1940 年四川省成都市西郊王建墓出土

古代玉带的细节阐释

古代的玉带通常由带鞓、带銙、带扣、带尾四部分组成。带鞓即皮带，用以承载带饰，根据颜色命名为红鞓、黄鞓、皂鞓，唐末、五代多用红鞓。带銙，俗称“带板”，是钉缀在带鞓上的片状牌饰，有矩形、团行、心形等样式。带扣，是一种连接工具，其数量由带鞓的形制决定。带尾，亦称“铊尾”，扁体长方形，一端方正，一端圆弧，是钉缀在革带尾端用以保护皮革的一种装置，其宽度与带鞓相同。在各种材质的带銙中，玉銙的等级最高，多为帝王使用。

玉带的主人：蜀王王建

这件云龙纹玉大带出土于蜀王王建墓的中室，应为王建的常服带具，在王建石像上也发现了此件带具的模样。这件玉带铊尾背面铭文的大意为：

国宝简读

云龙纹玉大带，是迄今为止发现的唐、五代时期唯一一件完整的、能确定为帝王本人使用过且具有明确纪年的成套玉带，这也是目前所发现的隋唐五代时期等级最高的一条玉带。它由两段红鞓、两枚镀银铜扣、七件方銙、一件带尾组成，方銙正面均饰浅浮雕云龙纹，铊尾背面有阴刻楷书铭文，记述了玉带的制作缘由。

915年十月二十七日晚，灾星运行到尾宿，后宫突发大火，无数珍宝被焚毁。第二天，人们在灰烬中发现了一块温润洁白的宝玉，这块宝玉似乎是上苍对王建圣德的馈赠。于是王建命令玉工将它制作成一条玉带，随身佩戴并最终随自己葬入地宫。

王建出身平民，唐末加入忠武军，后因救护唐僖宗有功，成为神策军将领。大顺二年（891），王建夺下西川，唐昭宗封之为西川节度使，此后王建又夺取东川，天复三年（903）受封为蜀王。天复七年（907）唐朝灭亡，王建自立为帝，国号大蜀，史称“前蜀”。王建为蜀王时，勤于政事，整肃吏治，“亲决庶狱，人无枉滥”。王建的处事风格还得到当时以风高骨傲、不阿附权贵而著称的高僧贯休的称赞。前蜀国在王建的治理下成为天下富庶之地，社会安宁，经济文化高度繁荣，而王建却因积劳成疾病逝于宫中。

/ 四川博物院 /

巴蜀古代教育的丰碑

残“诗经·周颂鲁颂”石经

年　　代：五代
规格尺寸：残长 40 厘米，残宽 21.5 厘米，高 7 厘米
藏品来源：1938 年四川省成都市南校场出土

五代时期的“最强教材”

中国古代王朝在碑石上刊刻的官定儒家典籍被称为“石经”，它既有利于统一文化和思想，又有助于推广教育，具有极其深远的意义。后蜀残石经就属于此类官编本“最强教材”之一。这批石经后来亡佚，估计毁于宋末元初的战火，此后，蜀石经残石成为稀世之珍，目前仅存十余块。这块“诗经·周颂鲁颂”残石出土于 1938 年，当时为了及时疏散人群以躲避日军空袭，成都市当局对成都老南门城垣进行拓宽，施工过程中发现了这块珍贵文物。此石一面刻《诗经·周颂》10 行，计有经文大字 51 字，注文小字 144 字，另一面刻《鲁颂》10 行，计有经文大字 59 字，注文小字 110 字，是现存蜀石经残石中最大的一块。

蜀学之盛冠天下

一千多年前的五代十国时期，华夏大地群雄割据，四川凭借偏居西南、四面环山的地理优势得以在战火中保持着相对的平静。后蜀广政元年（938），为弘扬儒家经典，蜀相毋昭裔开始主持刊刻石经，他先请蜀中著名的书法家张德昭、孙逢吉等在石碑上写下文字，再遍邀能工巧匠细细凿刻。后蜀时期，基本刻完“九经”，石逾千数。值得称道的是，在历朝历代所刻石经中，唯有后蜀石经不但刻有经文，而且刻有注文。

这项“工程”并没有随着后蜀政权的覆亡而停止，而是一直延续到宋代，儒家十三部经典被悉数刻在一千余块石碑之上。这是中国历代石经刻录中规模最大的一次，被学者誉为“冠天下而垂无穷”的壮举。从那时开始，儒家经典文献的总数正式被确立为十三部，可以说，后蜀石经决定了宋代以后中国儒学经典体系的基本格局。石经刻成后被立于蜀地最高学府文翁石室，吸引了无数读书人前往瞻仰学习。除了展示，其上的内容还被广泛拓印，在很长一段时间里影响着无数学子。

时至今日，除了唐代的开成石经和清代的乾隆石经还基本保存完好，我国其他颇负盛名的儒家石经均只有极少数残石和拓片存世。四川博物院收藏的数块后蜀残石经充分证明了古人所说“蜀学之盛冠天下”绝非徒有虚名。

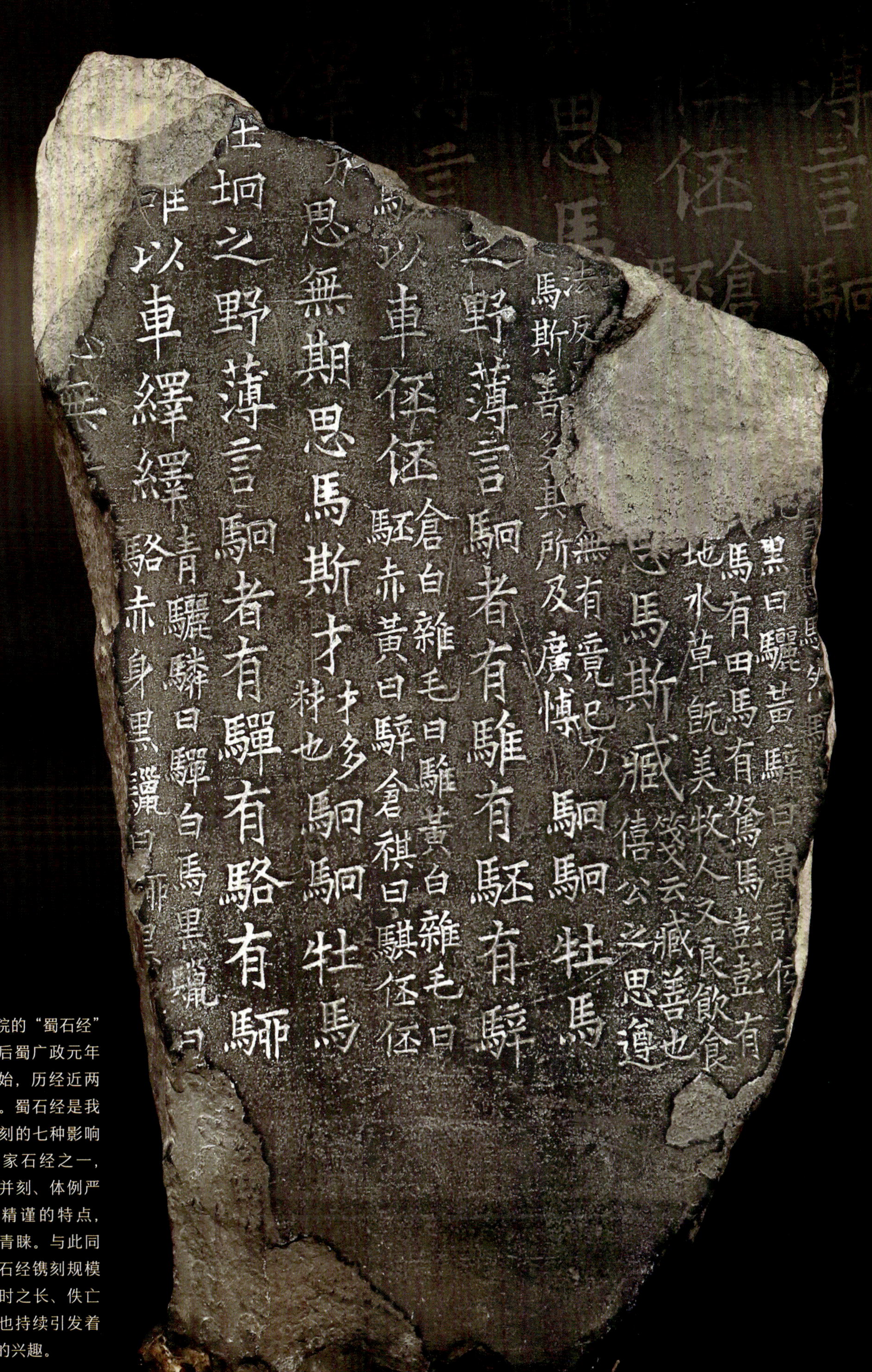

国宝简读

四川博物院的“蜀石经”残石，从后蜀广政元年（938）开始，历经近两百年刻成。蜀石经是我国古代镌刻的七种影响较大的儒家石经之一，因其经注并刻、体例严整、字体精谨的特点，备受学者青睐。与此同时，后蜀石经镌刻规模之大、耗时之长、佚亡之突然，也持续引发着学者探究的兴趣。

/ 三星堆博物馆 /

四川大地的通天神树

青铜神树

年　　代：商
规格尺寸：通高 396 厘米
藏品来源：1986 年四川省广汉市三星堆遗址二号祭祀坑出土

青铜神兽树枝上的青铜鸟

青铜神树底座上的龙

青铜史上的巅峰之作

1986 年，青铜神树出土于三星堆的二号祭祀坑，共 8 棵，最大的一棵是现今为止全世界已发现的最大的单件青铜文物，被命名为“一号神树”。据考古专家推测，这棵青铜树如果加上顶部缺失部分的话，高度应该不下 5 米。

一号大型神树下承圆形底座圈，圈上三足呈拱形，状似树根。座上为树身，其上套铸三层树枝，每层出三枝弯曲向下，全树共九枝。第一层树枝靠近根部，第二层树枝在树干中段，第三层树枝靠近树顶，顶部残缺。每层树枝共分三杈，其中一枝中部又分两杈。每个下垂的枝端均有一花，中部向上短枝花朵上均有一立鸟，共九只鸟。在与分两杈的树枝方向相反一侧的底座上嵌铸一龙，龙身蜿蜒，顺树干而上，尾巴残缺。神树卓然挺拔，有直接天宇之势，精美异常。

灵魂的天梯

从青铜神树的结构来看，它与传说中的汤谷大木和建木十分接近。据《山海经》记载，汤谷大木“九日居下枝，一日居上枝”，三星堆青铜神树一花居于上端，干出九枝向下，九花居于枝头，正可谓“九日居下枝，一日居上枝”。《山海经》中又说建木“引之有皮，若缨、黄蛇”，有学者认为这里的“若缨、黄蛇”正指青铜神树下部缠绕的蛇。青铜神树上栖有九只小鸟，从金沙遗址出土的“太阳神鸟金箔饰”来看，古蜀人是有将太阳寄托于鸟形的信仰的，所以青铜神树上的九只小鸟应该也是寓意停在树上的九颗太阳。

古史传说中，建木有九条树枝和九条根，通过这些根条，建木上接九天，下连黄泉，永恒的太阳每晚落下，将灵魂引向阴间；每早升起，将灵魂带回到光明。因此，建木的结构象征着生与死的无尽循环，反映了古人希望修建一条沟通神人的阶梯的虔诚愿望。

四川广汉三星堆遗址出土的商代青铜树，以其珍奇罕见，造型精妙，挺拔不凡，寓意深长而闻名于世。有学者认为它反映的是一种世界上通行的树崇拜文化现象。从商周到秦汉，我国西南地区曾出土不少青铜树，成为一种历史悠久且极富特征的地域文化。

/ 三星堆博物馆 /

沟通天地的使者
青铜立人像

年　　代：商
规格尺寸：通高 260.8 厘米，人像高 180 厘米，铜像重约 180 千克
藏品来源：1986 年四川省广汉市三星堆遗址二号祭祀坑出土

国宝简读

1986 年，三星堆二号祭祀坑出土的青铜立人像，是三星堆出土青铜器中最独特，因而也最具代表性的雕像。它的独特性既表现在形制层面，也体现在塑像风格上。在整个中国青铜时代，青铜立人像都是绝无仅有的。

世界铜像之王

这件器物采用分段浇铸法嵌铸而成，身体中空，分人像和底座两部分。人像头戴高冠，身穿窄袖与半臂式共三层衣服，衣上纹饰繁复俏丽，以龙纹为主，辅配鸟纹、蛇纹和目纹等，身佩方格纹带饰。其双手环握中空，两臂略呈环抱状构势于胸前。脚戴足镯，赤足站立于方形基座上，整体形象典重庄严。

如果将这件文物放在同时期中国青铜文明的背景下观察，其最突出的特点就是高大，青铜立人像的高度超过殷墟大型青铜器数倍。从技术角度来看，能够分段铸造出如此高大的青铜人像，不仅凸显了古蜀先民高超的青铜铸造技艺，也展现出当时中国青铜文明之发达。这件青铜人像是全世界同时期体量最大的青铜人物塑像，是当之无愧的“世界铜像之王”。

特色鲜明的青铜立人巨手

青铜立人像双手呈空拳执物状，拳的外侧直径约 20 厘米，相较正常比例高出一倍左右。拳心内为圆孔状，直径 12 厘米，比实际手握空拳时的内径大约两倍。多年来，学者对青铜立人像巨手所持何物一直争论不断。一般学者认为立人像手中握有指挥祭祀活动的仪杖之类的神器，因为不是铜质的，所以朽烂不存。不过也有学者认为，单就青铜立人像夸张的双手造型来说，其中也许反映了三星堆文化特有的“手崇拜”现象，巨手体现出三星堆古蜀人对人手创造力的认识与追求，进而形成对手的信仰与崇拜，并且以突出手的造型的方式把这种思想观念表现出来。“巨手崇拜”与“眼睛崇拜”一样，是三星堆古代文明宗教形态中的特有组成部分。

/ 三星堆博物馆 /

巴蜀人祭祀山川的场景

刻纹大玉璋

年　　代：商
规格尺寸：通长 54.2 厘米，宽 8.8 厘米
藏品来源：1986 年四川省广汉市三星堆遗址二号祭祀坑出土

玉璋纹饰的秘密

刻纹大玉璋青灰色，微残，璋体上有明显的火烧裂纹。玉璋顶端一侧成锐角，另一侧为钝角，璋体正反两面各阴刻一组图案，每组图案包括 5 个单元，每两个单元之间用两条平行线间隔。第一单元由 2 或 3 个身材、姿势、衣着相同的人物组成。头戴平顶冠，冠上刺两行小点，细眉，“日”字形大眼，大嘴，嘴角下勾。双耳戴有铃形挂饰，长颈，双手做半握拳状，两拇指相顶，身着长衣，下摆至膝，两小腿上似戴有脚镯，两脚向外撇成一字形，大脚趾上跷。第二单元刻划两座大山，山上有一圆圈，似代表太阳，圆圈两侧分别刻有八字形云气纹，云气纹下是一座小山，山的中部也有一圆圈，圆圈下还有一座小山，两座大山的两边各有一只大手，做半握拳状，拇指按着大山的山腰。第三单元由两组“S”形勾连云雷纹组成。第四单元刻划三个相同的人物，均头戴山形帽，帽上有 13 至 16 个雨点纹，细眉，“日”字形大眼，大嘴，嘴角下勾，两耳挂两两相连的圆形耳环，长颈，双手在胸前做握拳状，两大拇指相顶，衣长及大腿部，

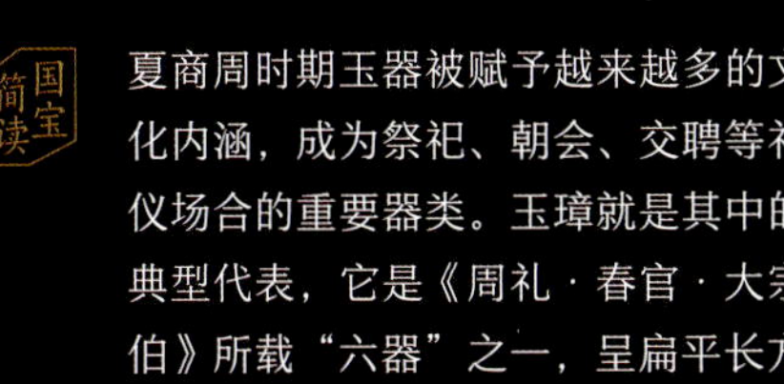

国宝简读

夏商周时期玉器被赋予越来越多的文化内涵，成为祭祀、朝会、交聘等礼仪场合的重要器类。玉璋就是其中的典型代表，它是《周礼·春官·大宗伯》所载“六器”之一，呈扁平长方形，一端斜刃，另一端有穿孔。

第一单元图案

第二单元图案

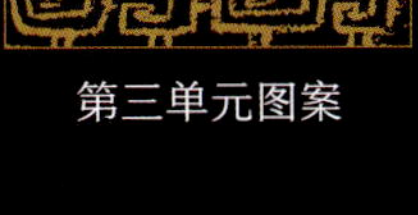

第三单元图案

第四单元图案

第五单元图案

双膝跪地。第五单元有两座大山，山形与第二单元图案相同，两山外侧各立一枚牙璋，两山中间的位置被从一座山顶上横出的钩状物填充。

如此繁丽的图案，均以单阴线刻绘，我们若想了解古蜀时代的精神风貌，这件刻纹大玉璋上细腻的图像无疑是一份重要材料。古蜀巫祭兴盛，王为百巫之长，他登涉巍峨高山，瞻望天下，山川蕴秀悠邈，如日月恒定久远，他在山中筑土为坛，率巫人祝祷降神，将通灵法器玉璋奉献给神山，期望获得上天的护佑。

古蜀盛大祭典的再现

玉璋是中国古代重要的礼器之一，始见于新石器时代晚期，盛行于夏商周。东汉许慎《说文解字》曰：“半圭为璋。”然而，三星堆出土的玉璋与中原文化中的玉璋迥然不同，显示了古代蜀人的发挥创造，其性质也并非用于军旅兵守的牙璋，而是用于祭祀神山、沟通天地，具有浓郁的古蜀特色。

在三星堆出土的青铜造像中，也有双手持握这种玉璋的跪坐小铜人，生动展示了向神灵奉献的含义。而三星堆出土的小青铜神树的底座上也有类似的小铜人像，他们身后那穹隆状的树座，显然就是玉璋中所刻画的神山造型，由此可知，玉璋图案与神树底座所表达的神山祭祀的场景，反映了古蜀一项非常重要的祭典。

/ 成都金沙遗址博物馆 /

三千年前的飞天梦

太阳神鸟金饰

年　　代：商周
规格尺寸：外径 12.53 厘米，内径 5.29 厘米，厚度 0.02 厘米，重 20 克
藏品来源：2001 年四川省成都市金沙遗址东南梅园出土

商周太阳神鸟金图腾，是古蜀人丰富的哲学思想、宗教思想，非凡的艺术创造力和精湛工艺水平的完美结合，在极简洁的图形中蕴含着丰富而深邃的象征意蕴。它的出土证实早在商末周初之际，古蜀人的黄金加工工艺已经达到炉火纯青的地步。

黄金工艺的辉煌之作

在金沙遗址出土的上万件珍贵文物中，太阳神鸟金图腾最具代表性。这张金箔整体呈圆形，太阳神鸟图案分内外两圈，内圈为等距分布的十二道太阳纹，外圈为 4 只绕着太阳飞翔的神鸟。这一图案与中国古代“金乌负日”的传说不谋而合，表现出生活在潮湿多雨环境中的古蜀先民对太阳的崇拜和对光明的追求。

太阳神鸟金图腾在制作过程中采用了热锻、锤揲、剪切、打磨、镂空等多种工艺，是中国黄金加工工艺辉煌成就的代表。从艺术审美的角度来看，顺时针旋转状态的太阳光芒与逆时针飞翔的神鸟配合，极具动态之美、平衡之美、写意之美，它具有哲学与宗教的内涵，是文物，也是图腾，无论形状的构思还是线条的流动都蕴含了中华传统文化艺术对“意”与“韵”的追求。

金沙神鸟绕日环

在中国古代神话传说中，与太阳相关的神鸟又名“金乌”，有学者推测，三星堆文化青铜神树上耸立的神鸟就是神话中金乌的写照，铜树铸饰九鸟，原顶部也许还有一只鸟，恰好与神话传说中“天有十日”的记载吻合。不过，青铜神树中的“金乌”象征太阳，而“太阳神鸟”中的“金乌”与“太阳”则是分开表现的，太阳在中心，金乌围绕太阳旋转，后者艺术表现手法更为抽象。

/ 贵州省博物馆 /

代表权力的民生社稷物品

立虎辫索纹耳铜釜

年　　代：西汉
规格尺寸：通高 32.8 厘米，口径 44.3 厘米，腹径 49 厘米
藏品来源：2000 年贵州省赫章县可乐乡 274 号墓出土

釜腹上部对称纵向置两只环形大耳，耳上饰辫索纹 6 组 12 道。

肩腹部对称饰一对立虎，虎昂首向上，尾巴上卷，龇牙长啸，威风凛凛。二虎虎身饰斑纹，头后部饰一组卷云纹，颈部各饰有一条项圈，项圈前半部刻一系带类纹饰，后半部刻 6 个小方格，每个方格内刻一贝纹。虎颈项圈表明虎被人控制，进而表明器主对自然界的超凡控制力。

权势之釜

立虎辫索纹耳铜釜器型规整、纹饰精美、铸造工艺精良，器壁光滑匀称，体形硕大，器外壁布满烟炱痕迹，显然是一件用来烹饪的实用器。该器圆口，折沿，斜肩，鼓腹，圜底。

这件立虎铜釜有什么特殊的用途呢？它并不是作为生活用品而随葬的，考古工作者发现，这件铜釜像帽子一样侧立套在墓主头部。因为在神秘的夜郎文化中，身份高贵的墓主头部和足部都要扣上礼器。这种形式的墓葬被称为“套头葬”，是夜郎文化一种特有的葬俗。

神秘的夜郎文化

战国至秦汉时期，在以今成都平原为中心的巴蜀西南地区，包括川西横断山区和云贵高原的大部分地区，分布着多个古国，汉朝人统称之为“西南夷”，其中夜郎国位于云贵高原东侧，疆域范围最广。夜郎国的相关记载见于《史记·西南夷列传》《汉书·西南夷两粤朝鲜传》《后汉书·南蛮西南夷列传》和《华阳国志·蜀志》等史籍中，《史记》云：“西南夷君长以什数，夜郎最大。”

近年来，考古工作者在滇东黔西地区发现大量战国至汉代的青铜文化遗存，其中夜郎文化的代表遗址包括赫章可乐墓、威宁中水墓、普安铜鼓山遗址等，随着对这些遗址的发掘，夜郎这个有着“魋结，耕田，有邑聚”等特征的古代西南族群呈现出更为清晰的形象。夜郎文物的纹饰和造型普遍较为简单，但有多件以虎为形的文物，虎的造型生动形象、威风凛凛，它在夜郎文化中可能象征着至高无上的军权。

国宝简读

立虎辫索纹耳铜釜是西汉时期的炊器，2000 年出土于贵州省赫章县可乐乡274 号墓，这座墓葬属于两千多年前的夜郎古国，神秘的古国给这件器物增添了一抹独特的色彩。这是一件精美的铜釜，是去贵州省博物馆参观时必看的展品之一。

铜车马

年　　代：东汉
规格尺寸：长 112 厘米，通高 88 厘米
藏品来源：1975 年贵州省兴义市万屯 8 号墓出土

飞驰而来的铜车马

这套铜车马属于汉代的辎车，辎车是一种有帷盖的车子，既可载物，又可做卧车使用。铜车马由一车一马两大部件构成，其体量之大，可以说是贵州的“青铜之冠”，也是目前国内比较罕见的汉代大型铜车马。这套铜车马的标志性特点就是其拱券形的车厢。车厢底部围以铜轸，又用纵横交错的铜条组成框架，其上再用厚度仅为 1 毫米左右的铜箔铺垫，最大程度模拟了实用马车的结构。据考古发掘报告记载，出土时，车厢上还覆盖有一些丝织品的残存物，可知原来还附有车帘、帷幔等部件。

繁多的乘车礼仪

古代社会，车马不但是日常生产生活的重要工具，更是身份、地位和财富的象征。汉代对车马制度有着严格规定，各级官僚贵族能够拥有的车的规格和数量依其秩禄高低而定。据《后汉书·舆服志》记载，皇帝乘坐“辂车”，高级官吏乘“轩车”，一般官吏乘“轺车”，官员女眷乘“辎车”，而社会地位较低的商人无论多有钱，也没有乘坐马车的资格。

汉代乘车礼仪繁多，据文献记载，坐乘时应该正襟危坐，双手扶着车厢前面用作扶手的横木，目光向前，不要四处张望。即便偶尔回头，眼光也不能越过车轮外侧的车毂。立乘时要身姿挺直，同样不能东张西望，右手要握着车绥，左手则要屈臂抚剑。除了对乘车者有规定，对驾车者也有一定要求，一个熟练的车夫要掌握“鸣和鸾、逐水曲、过君表、舞交衢、逐禽左”五种高超的驾驶技巧，只有这样，才能在复杂的路况下自如驱驰，宛如舞蹈。

国宝简读 出土于兴义万屯8号墓的东汉铜车马，是迄今为止国内汉墓出土车马文物里最完整的一件。贵州东汉铜车马的出土，为探究两汉时期中原文化与夜郎文化的交流与融合，提供了不可多得的实物资料，具有较高的历史文化价值和考古研究价值。

/ 贵州省博物馆 /

千年前的衣着时尚

鹭鸟纹彩色蜡染褶裙

年　　代：北宋
规格尺寸：裙腰长 31 厘米；裙身长 62.5 厘米，宽 51.2 厘米
藏品来源：1987 年贵州省平坝县（今安顺市平坝区）棺材洞出土

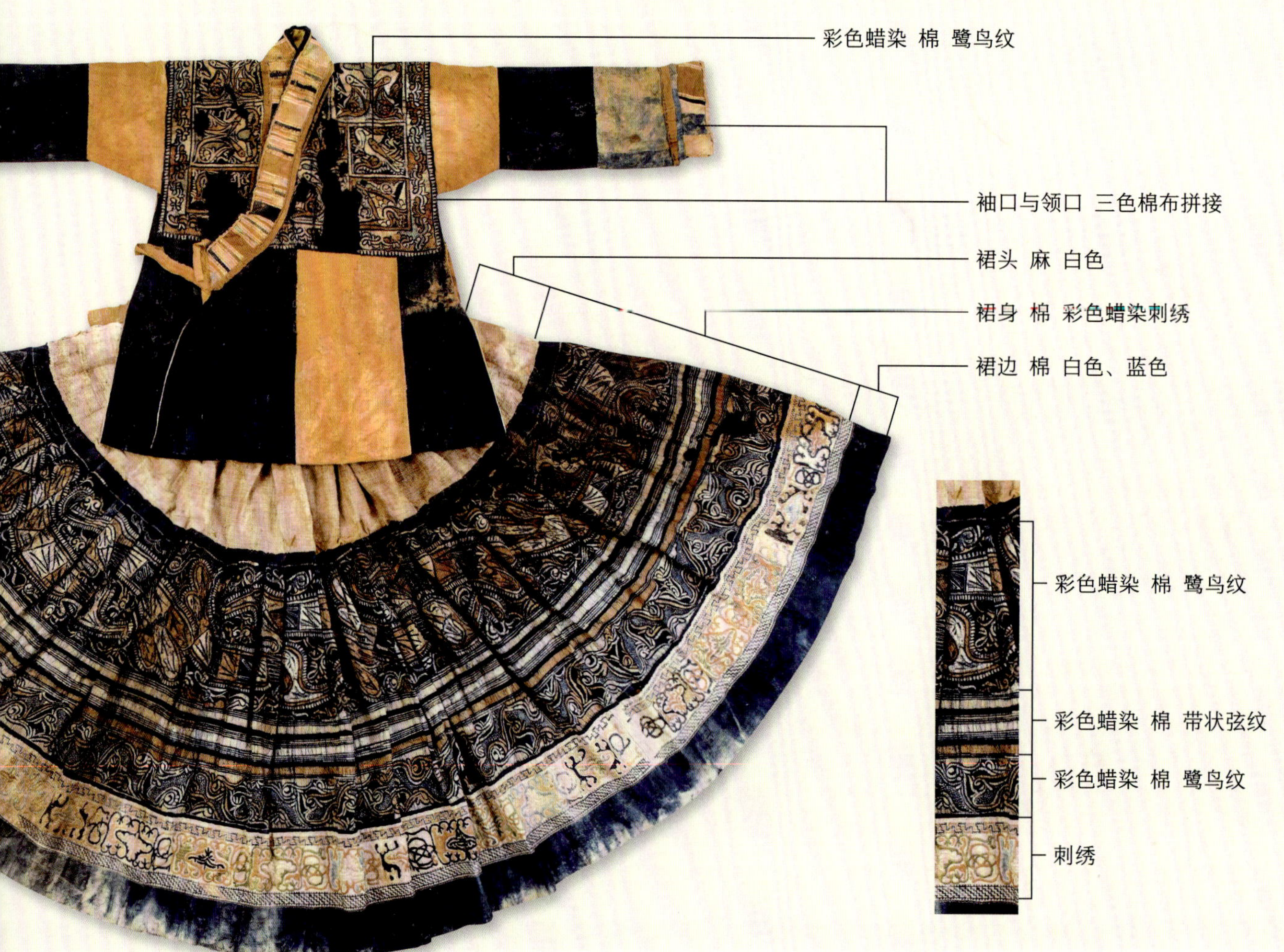

桃花村里的“棺材洞”

平坝桃花村棺材洞于 1985 年被列为贵州省级文物保护单位，2013 年被国务院核定公布为第七批全国重点文物保护单位。1987 年 6 月，经国家文物局批准，贵州省博物馆考古队对桃花村棺材洞墓葬群进行系统发掘和清理，对洞内的棺材进行了全面编号。专家测定了两具取自船形棺的碳 14 衰变数据，其中一具年代为距今 1110±80 年，另一具年代为距今 985±72 年，大约为唐昭宗景福年间至北宋仁宗景祐年间。这次发掘，出土了部分经鉴定为宋代的文物，其中就包括这件鹭鸟纹彩色蜡染褶裙。

最早的彩色蜡染刺绣实物

鹭鸟纹彩色蜡染褶裙融蜡染、刺绣、挑花、填彩等工艺于一体，分外、中、内三层套穿，各层均有不同程度的朽坏，内层一件尤为严重。

外裙裙腰为麻布、白色，裙身为棉土布。裙身装饰内容分为三段，上、中二段为彩色蜡染，上段宽，纹样以翔鹭为主，翔鹭间的空白用几何形等纹样填补，显得既饱满又协调。中段纹样粗看似流云，细看又似乎夹有些花蕾，空白处则补以米点，用色与上段同。两段间用两组弦纹分隔，弦纹间的色调，从上至下有丰富的变化。下段纹样以刺绣和挑花组成，中间为刺绣，内容多变，不规则。纹样上下两边采取挑花工艺，上为“卐”字纹样、下为席纹，所用颜色有黄、绿、蓝诸色，裙边为深蓝色，无纹饰。

中裙的形制、面料与外裙相同。裙身图案装饰亦分三段，上、中段为彩色蜡染，内容与外裙相近，着色没有外裙考究，主要变化在下段。下段用浅蓝、褐、黄、白等三角形色布缝合成带状图案，用深蓝色挑成曲折纹花边，并间以黄、蓝布条，色彩鲜明，曲折纹花边尚未挑织完竣，由此推测，此裙应是一件尚未完成的新裙。裙边为深蓝色布。

内裙的主要变化也是在下段，该裙的下段是用深蓝、浅蓝、黄褐三色布条纵向拼合成的，再以曲折纹挑花镶边，裙边为深蓝色，无纹饰。

这套蜡染褶裙是目前所见最早的将彩色蜡染与刺绣相结合的实物，是中华民族文化交融的重要证据。

宋代鹭鸟纹彩色蜡染褶裙是我国目前所见最早的彩色蜡染刺绣实物，被认定为国家一级文物，现存于贵州省博物馆。据《贵州通志》记载，“用蜡绘画于布而染之，既去蜡，则花纹如绘”。蜡染是中国传统印花工艺之一，在我国南方少数民族地区有着悠久的历史。

/ 云南省博物馆 /

两千多年前的抽象艺术

牛虎铜案

年　　代：战国
规格尺寸：高 43 厘米，长 76 厘米，重 12 千克
藏品来源：1972 年云南省江川县李家山古墓群遗址第 24 号墓坑出土

云南青铜文明之巅

在滇文化中，青铜器是一种身份和权力的象征。云南出土的滇文化青铜器以贮贝器、铜鼓、铜扣饰和兵器最具代表性，而江川县出土的这件牛虎铜案则别具特色，它模仿的是先秦、秦汉时期中原地区流行的铜俎，古滇国人将其作为宗教活动中用来摆放祭品的供案。

牛虎铜案的整体造型由两牛一虎构成，其中以大牛为主体，大牛的四肢作为铜案的支足。大牛颈肌厚实有力，牛头和牛角前伸，牛背呈类似于托盘的椭圆形平面。大牛的腹底中空，一只小牛庇护其下，小牛与大牛刚好是垂直方向。一只猛虎死死咬住大牛的尾部并向后用力，它前爪搭在大牛臀部，后足蹬住大牛后腿，虎尾略内夹，一副不得猎物誓不罢休的气势。与之相比，大牛却是表情安详，小牛神态平静，与猛虎形成极其强烈的反差。

国宝简读

牛虎铜案是云南青铜器的代表之作，在古滇国文化中，牛是财富和生命的象征，虎则是权威的象征，大牛的前倾与老虎的后仰相互平衡，它是古滇国人智慧的结晶，也是造型美与内容美的结合。

牛虎造型的奇特融合

牛虎铜案选取牛和虎作为表现元素，源于古滇人对牛和老虎的崇拜。古滇人对牛的崇拜不仅在牛虎铜案中有体现，在贮贝器、青铜枕、青铜扣饰等多种器物中都能发现牛的装饰元素。农耕文明时期，牛一直是劳动人民重要的耕作伙伴，自古以来被赋予勤恳、憨厚、老实的道德品质，同时作为增产丰收的象征，也寄托着人们对美好生活的向往。虎作为百兽之王，象征着权力、威严和力量。大牛和猛虎形成了一种反向的运动张力，具有暗示统治者与被统治者势均力敌、彼此制衡的象征意义。从当时整个社会的工艺水平来看，可以推测，这样一件制作精美的青铜工艺品显然是受统治者委托，用以表现其权力的礼器，此外，这件器物也时时提醒统治者要重视被统治阶级的力量，这样才能确保江山永固。

/ 云南省博物馆 /

神秘古国的艺术珍品

四牛鎏金骑士贮贝器

年　　代：西汉
规格尺寸：高 50 厘米，盖径 25 厘米
藏品来源：1955 年云南省晋宁县（今昆明市晋宁区）石寨山 10 号墓出土

贮贝器制作工艺

贮贝器是古滇国权贵用来储存货币海贝的容器，简单来说它就是古滇贵族的存钱罐，同时也是彰显权力地位、歌功颂德的重要器物。古滇国人管贮贝器叫什么，我们并不知道，现有名称是考古学家据其功能而起的，因为贮贝器被发现时，里面往往盛着大量的海贝，这是古滇人用来买卖交易的货币。古滇国通过远方贸易获得海贝，像黄金一样宝贵，为了妥善保管海贝，就铸造了贮贝器。

据研究，这些海贝是产自印度洋和太平洋热带地区深海海洋的“环纹货贝”，我国海南岛南部和西沙群岛深海地区也有出产。可是云南地处内陆，并不产海贝，那这些海贝是怎么来的呢？据专家推测，一条路线是经印度、缅甸等南亚、东南亚国家，再经滇西到达滇池地区。另一条可能是经过北部湾和红河—元江的运输路线，抵达滇国境内的。货币是贵族财富和权力的象征，他们用贮贝器来储藏货贝，死后随身埋葬，这实在是一种简单、高调的炫富方式。

值得一提的是，这件四牛鎏金骑士贮贝器设计十分巧妙，它的器盖上有一个暗槽，器身内有一个凸起，当暗槽和凸起正好吻合的时候，才可以盖得紧。

古滇国人民无声的史书

贮贝器最独特的就是它的器盖，盖上表现的内容包括祭祀、农事、纺织和战争等方面，可以说贮贝器是古滇国重要的“生活纪录片”，它把古滇王国的一幕幕历史场景定格在铜板上。两千多年过去了，虽然古滇国早已消失不存，但有些东西仍然保留在云南人的生活中。

从四牛鎏金骑士贮贝器这件文物可以看出牛在古滇人心中的崇高地位，他们十分崇拜牛，把牛奉为“五谷之神”。时至今日，牛在云南人民的生活中也占据很重要的地位。贮贝器的外形是由铜鼓演变而来的，铜鼓在古滇人心中是“通天的神器”，直到现在，云南人民仍把敲响铜鼓当作一种祈福的方式。

两千多年前，古滇国人民将自己的生活记录在贮贝器上，其作为“无声史书”，流传至今。跨越两千多年的时光，云南人民与脚下这片大地和谐相处，从未改变的是云南儿女对生活的热爱和对美的追求。

器盖上铸有四牛，首尾相衔，环绕而立，居中是一名鎏金骑士，他头梳椎髻，腰佩长剑，穿紧身衣裤，骑一匹张口翘尾的矮种马。

国宝简读

四牛鎏金骑士贮贝器整个器物装饰题材由动物与人构成，或高或低，错落有致。贮贝器是古滇国贵族用来储存货币海贝的容器，同时也是他们彰显权力、歌功颂德的重要象征。

/ 云南省博物馆 /

大理国的守护神

银鎏金镶珠金翅鸟

年　　代：大理
规格尺寸：通高 18.5 厘米，重 125 克
藏品来源：1978 年云南省大理市崇圣寺主塔发现

国宝简读

银鎏金镶珠金翅鸟头戴羽冠，身后尾羽形成火焰形背光，背光上镶嵌五颗水晶珠，金翅鸟两只锋利的爪子抓在莲座上，双翼张开，做展翅欲飞之势。它体态雄健，形象凶猛。制作时，工匠先将头、翼、身、尾分别锤刻，再焊接为整体，纹饰雕琢精细，整体造型巧夺天工。

来自千寻塔中的佛教文物

崇圣寺位于云南省大理市点苍山应乐峰下，始建于唐文宗开成元年（836），1872年，崇圣寺毁于兵燹。崇圣寺虽然毁掉了，但寺内的三座塔却保留了下来，这就是著名的崇圣寺三塔，三塔的主塔叫千寻塔。1978年，文物工作者对三塔进行了维修，在维修过程中，在千寻塔的顶端发现了南诏、大理国时期的珍贵文物685件，其中就有银鎏金镶珠金翅鸟。

银鎏金镶珠金翅鸟为大理国时期的文物。金翅鸟面部为“金刚面”，面相凶狠。头部装饰羽冠，颈部及尾羽怒张，呈火焰状，在尾羽上镶嵌着五粒水晶珠；鸟首高昂，怒目圆睁；两翅做展开状，双足踏在莲花座上。整件器物构思精巧，造型生动，采取了铸造、焊接、鎏金、镶嵌等工艺，代表了大理国时期的工艺水准。

大理守护神

金翅鸟梵名“迦楼罗”，源自古代印度神话传说，是佛教“天龙八部”之一。传说它原是一种凶猛的大鸟，展开巨大的翅膀能分开海水，可慑服诸龙，消除水患。据大理当地传说，远古时期，几条毒龙在洱海兴风作浪，导致当地水患频发，民不聊生。于是大理人请来金翅鸟，它以龙为食，最终消除水患。后来，迦楼罗皈依佛法，成为佛的护卫神鸟，但是由于它曾靠吞食毒龙、毒蛇来治理水患，导致体内毒气凝聚，最终在空中上下翻飞七次后，死于金刚山顶。大理人将金翅鸟的塑像放置在佛塔之内，使其能俯瞰洱海，并尊其为“镇水之神”。

直到今天，不管是建筑装饰还是日常生活中，大理仍随处可见金翅鸟的形象。甚至大理人的称呼中也有它的印记，小伙被叫作“阿鹏”，姑娘被叫作“金花”。这些都是大理人民对金翅鸟喜爱尊崇的证明。勇敢与美丽正是金翅鸟留给大理人民的宝贵精神财富。金翅鸟随佛教东传进入中国，逐渐融合中国本土的大鹏意象，被塑造成许多独特而富有魅力的艺术形象，并在《西游记》等文学作品中时常出现。

/ 云南省博物馆 /

崇圣寺千寻塔中的佛国瑰宝

银背光金阿嵯耶观音立像

年　　代：大理
规格尺寸：高 24 厘米，重 1135 克
藏品来源：1978 年云南省大理市崇圣寺主塔发现

“云南福星”

在中国唐代，云南地区的少数民族建立了南诏政权。据史料记载，佛教大约就是在南诏政权早期传入云南的。佛教密宗传播到南诏地区以后，在当地创立了“阿吒力教”，而阿吒力的梵文音译即为阿嵯耶观音。

阿嵯耶观音的原型据说是最早进入云南传播佛教的僧人。他经历千难万险，终于使佛教在云南得到广泛传播。相关记载来自唐代南诏政权时期编绘的《南诏图传》。这部图卷由南诏政权官员张顺、王奉宗于中兴二年（899）组织人绘制而成，画作场面宏大，人物众多，以南诏典籍为依据，是把佛教故事和历史资料融合在一起的巨幅画卷。《南诏图传》中记录了阿嵯耶观音幻化成僧人来到南诏国传播佛教的故事，当地村民不惜将珍贵的铜鼓熔化，用来铸造阿嵯耶观音像。

北宋时期，今天的云南大理地区由大理国统辖，这是南诏政权衰弱后建立的新政权。大理国时期，佛教被统治者定为国教，大理国的百姓几乎人人信佛，有“家无贫富，皆有佛堂，人不以老壮，手不释数珠”的说法。

因为云南当地人经常会向阿嵯耶观音像祈福，以求保佑平安，所以美国学者海伦·查平（Helen. B.Chapin）曾将阿嵯耶观音称为“云南福星”，云南当地人都非常喜欢这个称呼，如今“云南福星”已经成为阿嵯耶观音的别称。

“云南福星”的发现过程

由于大理国举国崇佛，因此各地佛寺林立，香火旺盛，大理崇圣寺就是该时期佛教建筑的典型代表，而这尊银背光金阿嵯耶观音立像正是在崇圣寺三塔中的千寻塔里发现的。1978 年，文物工作者在对崇圣寺三塔的一次大规模维修过程中，于千寻塔塔顶一个倒扣的铜钵中发现了塔藏文物 685 件，它们是迄今为止发现的最丰富也是最有价值的南诏、大理国时期的文物，在这些文物中最引人注目的就是这尊面容安详、身材苗条的银背光金阿嵯耶观音立像。据学者推测，这尊观音立像由大理国皇家铸造，代表了大理国最高的工艺水平。

身后饰银质长葫芦形镂空雕花背光。

高髻双辫，面容安详，双目微睁，直视前方，面有“白毫之相”。

佛像身形纤细，上身袒露，下身着裙，裙饰阴刻“U”形纹。

左手做与愿印，右手做施无畏印。

赤足，足下有方柱形榫头。

银背光金阿嵯耶观音立像是目前已知大理国最大的一件以纯金铸造的佛像，也是大理国最珍贵的佛教艺术瑰宝。它见证了大理国与东南亚各国及印度人民之间的友好往来和文化艺术的交流，是南方丝绸之路的文化结晶。

/ 云南省博物馆 /

永镇云南的沐氏家族遗物
金镶红蓝宝石冠

年　　代：明
规格尺寸：高 11.5 厘米，底径 11 厘米，重 320 克
藏品来源：1963 年云南省昆明市呈贡区王家营沐氏家族墓出土

金冠主人的高贵身份

金冠主人的身份非同一般，她是云南沐氏家族的一名徐姓女眷。想要真正了解她，要从 1368 年朱元璋建立明朝开始讲起。洪武十四年，朱元璋调集三十万军队，以傅友德为统帅，蓝玉、沐英为副统帅，进讨云南。傅友德出奇制胜，很快就平定了云南。此后沐英留镇云南，他在云南推行开荒地、治水患、设县府等一系列政策，使云南局势得到稳定，百姓安居乐业。沐英去世后被朱元璋追封为黔宁王，从此以后，承袭“黔国公”封号的沐英后人就成为云南的最高执政者，世代镇守云南，直到明朝灭亡，其间一共 12 代 14 人。这件金冠的主人就是第六代“黔国公”沐崧之妻徐夫人。说起明朝的徐姓名人，对明代历史有所了解的朋友一定会想到明朝开国元勋中山王徐达，他出身农家，追随朱元璋参加农民起义，身经百战，戎马一生，为明朝的建立与巩固立下不朽的功勋，徐夫人就是中山王徐达的后人。

金镶红蓝宝石冠是国家一级文物，冠呈半球形，由形似莲花瓣的薄金片内外四层累叠而成。从冠面看，镶嵌有红、蓝、绿等各色宝石 50 多粒，光芒四射。冠两侧各有 2 个小孔，可用 4 支金簪穿入冠内发髻之中以固定冠身。名贵的宝石与黄金交相辉映，充分彰显其使用者的高贵身份。

金冠制作的非凡工艺

金镶红蓝宝石冠的形制与道教莲花冠的外形十分相似，冠顶的如意簪和冠身上的金叶全都镶满宝石，熠熠生辉，雍容华贵。镶玉嵌宝是明代金银首饰最奢华的一种装饰工艺，值得一提的是，在金冠装饰的过程中，工匠并没有对宝石进行精细的切割加工，所以冠体的宝石也保留了原始的状态，别有一番趣味。

虽然体量不小，但金冠的整体重量只有 320 克，这里就不得不提制作这顶金冠的主要制作工艺——锤揲。锤揲是传统金属加工的主要工艺之一，是指对金属坯料施加压力，使其发生变形以获得所需造型的金属加工方法。这种工艺充分利用了金、银等原材料质地比较柔软、延展性强的特点，用锤子敲打金、银块，使之延伸展开成片状，再按要求剪切、拼接成各种器形。除锤揲工艺外，该金冠的制作还融汇了錾刻、镂空、镶嵌、焊接等多种工艺，充分反映了明代金器制作水平的高超。

西藏史前农业文明之光

双体陶罐

年　　代：新石器时代·卡若文化
规格尺寸：口径 11.3 厘米，底径 8.4 厘米，高 19 厘米
藏品来源：1978 年西藏自治区昌都地区（今昌都市）卡若遗址出土

双体陶罐的“辉煌家世”

双体陶罐无论从器形还是纹饰，都体现出与西藏新石器时代卡若文化陶器不同的特点：整体造型洗练优美、饱满丰盈，构思巧妙，制作工艺纯熟、纹饰精美。

双体陶罐出土于西藏自治区昌都卡若遗址，该遗址位于西藏昌都市的卡若村。“卡若”在藏语中的意思是“城堡”，用来形容此地山势险要。卡若遗址是西藏首次发掘的规模较大的新石器时代晚期遗址，大约距今 5000—4000 年，遗址占地 10000 多平方米，出土文物种类繁多，有石器、骨器、陶器（片）、装饰品等，被公认为西藏的三大原始文化遗址之一。卡若遗址的发现为探讨藏族起源，研究中国西南古代民族的迁徙及其与黄河流域等地的文化联系等重大学术问题提供了十分珍贵的实物资料。

双钩三角折线

双钩菱形纹

双体陶罐为祭祀或庆典礼器

由于青藏高原新石器时代晚期生产力水平低下，氏族、部落付出最大的智慧与精力也只能维持其成员最低的生存状态和生活水平，因此，当时的人们不大可能花费大量的时间、人力和物力制作众多纹饰精美、造型复杂但实用性有限的陶器。然而，这件朱墨彩绘双体陶罐却与众不同，除了像一对相对而立的小兽外，仔细观察还会发现，双体陶罐的造型又如同一对丰满的女性乳房，也像是生育期女性丰腴的臀部，具有一定生殖崇拜的寓意。在整个卡若遗址出土的陶器中，此种造型的陶罐只有这一件，所以它绝不是一件普通的生活用具，而是在氏族部落举行重大祭祀和庆典活动时使用的礼器。

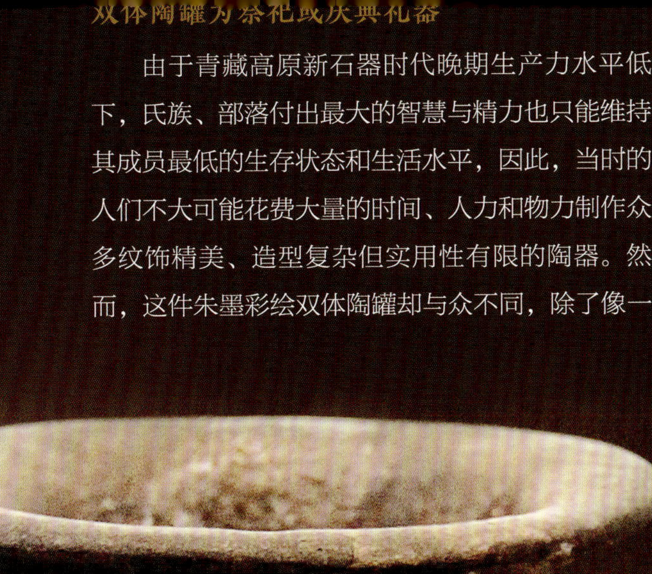

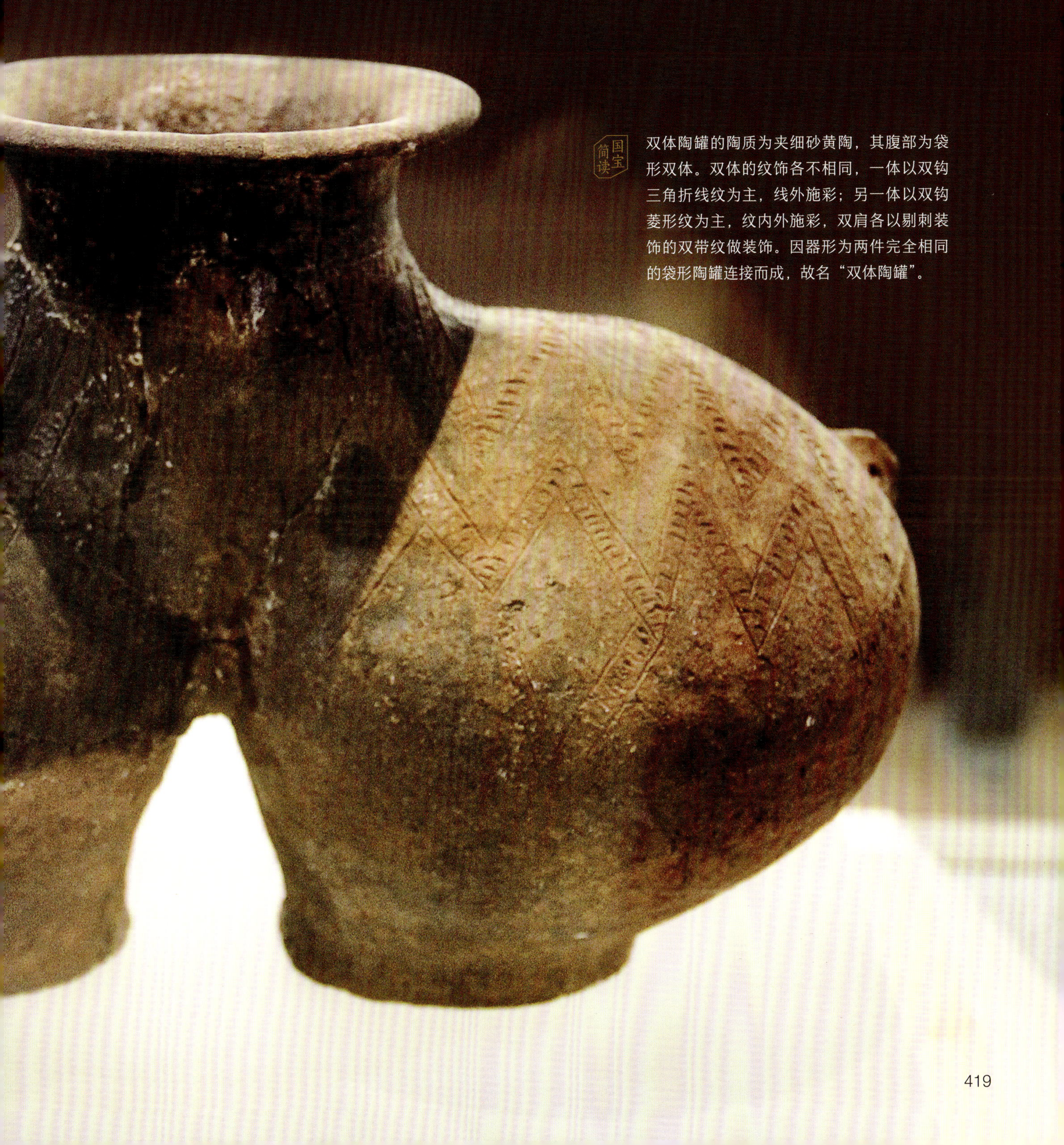

国宝简读

双体陶罐的陶质为夹细砂黄陶，其腹部为袋形双体。双体的纹饰各不相同，一体以双钩三角折线纹为主，线外施彩；另一体以双钩菱形纹为主，纹内外施彩，双肩各以剔刺装饰的双带纹做装饰。因器形为两件完全相同的袋形陶罐连接而成，故名“双体陶罐”。

/ 西藏博物馆 /

明朝经营西藏的物证

如来大宝法王之印

年　　代：明
规格尺寸：边长 12.8 厘米，高 8.3 厘米
藏品来源：20 世纪末西藏自治区文物管理委员会移交

国宝简读

如来大宝法王之印现藏于西藏博物馆。此印为白玉琢造，双龙纽，印文字体为九叠篆体，刻有“如来大宝法王之印”八字。其玉质洁白，晶莹细腻，雕刻的双龙栩栩如生，为玉印之精品。此玉印的材质、形制与工艺都充分体现了受封人所享有的崇高地位和极度荣宠。

永乐皇帝与“大宝法王”得银协巴

“大宝法王”这一封号最早起于元代，元朝帝师八思巴被晋封为“大宝法王”，成为历史上第一位受此封号的藏传佛教高僧。永乐年间，明成祖将此封号赐予得银协巴，足见其对这位藏传佛教噶玛噶举派活佛的重视。此后，“大宝法王”封号便一直被历辈噶玛巴承袭。

得银协巴本名却贝桑布，于明洪武十七年（1384）出生于今西藏工布江达。在却贝桑布4岁时，父母带他拜见了噶玛噶举派红帽系二世活佛喀觉旺波。喀觉旺波认定得银协巴是噶玛噶举派黑帽系四世活佛若必多吉的转世灵童，并开始教他学习藏文和各种典籍。由于天资聪慧，再加上学习十分刻苦，他很快便在大小五明以及显密教法上达到很高的造诣，成为西藏噶玛噶举派黑帽系五世活佛。永乐元年（1403），明成祖朱棣为进一步密切与西藏地方政教势力的关系，加强对西藏地方的管辖，遂召请在西藏地区声望高、影响力大的却贝桑布前往南京。明永乐五年（1407），明成祖将白玉龙纽如来大宝法王之印赐予却贝桑布，并封其为“万行具足十方最胜圆觉妙智慧善普应佑国演教如来大宝法王西天大善自在佛”（简称“大宝法王”），命他“领天下释教”，并赐印、诰及金、银、袈裟、器皿等大量物品。由于封号中的“如来”二字，对应藏语译音为“得银协巴”，因此，“得银协巴”便成为对五世活佛却贝桑布的常用称呼。永乐六年（1408），得银协巴向明成祖提出辞归，并于两年多后回到楚布寺。他广收门徒，游方教化，凭借高深的学问和皇帝赐予的“大宝法王”封号进一步扩大了噶玛噶举派的影响力。永乐十三年（1415），得银协巴圆寂，年仅32岁。

“三大法王”与汉藏交流

得银协巴是明朝历史上与皇帝接触时间较长的一位藏传佛教首领。他的入京觐见，对于明朝中央政府施行“多封众建”政策，促进西藏地方的发展稳定都起到了积极作用。明朝政府与受封的藏传佛教首领之间的频繁往来，则进一步促进了汉藏民族的交流、交融。在他之后，明成祖还先后迎请萨迦派的昆泽思巴和格鲁派的释迦也失进京，分别封他们为“大乘法王”和“大慈法王”，这就是明朝历史上著名的“三大法王”。

明政府对“三大法王”的封赠，对于汉藏交流意义重大。频繁的往来交流，不仅是文化上的交流，更促进了中华民族共同体意识的形成。

/ 西藏博物馆 /

中央政府对班禅系统的首次册封

康熙敕封班禅额尔德尼之印

年　　代：清康熙
规格尺寸：高 8.7 厘米，边长 10.8 厘米
藏品来源：扎什伦布寺旧藏

康熙五十二年（1713），清朝中央政府册封第五世班禅罗桑益西贝桑布为“班禅额尔德尼”，“额尔德尼”是满语，意为“珍宝”。这是清朝中央政府对班禅系统的首次正式册封，“班禅”的名号从此得到中央政府认可。这枚金印正是当时所授之印。

五世班禅罗桑益西贝桑布生于康熙二年（1663），康熙七年，正月初三日，坐床成为第五世班禅，乾隆二年（1737）圆寂，享寿 75 岁。五世班禅生活的时代，西藏正值多事之秋，先后经历了与西藏相邻的西南藩王吴三桂叛乱、第巴桑结嘉措专权、准噶尔部的噶尔丹两次侵入漠北蒙古、第巴桑结嘉措与拉藏汗冲突、五世达赖圆寂、六世达赖的废立争议、准噶尔大汗策妄阿拉布坦派兵攻入西藏杀死拉藏汗、清军入藏平息准噶尔之乱、新设立的噶伦官员之间争权夺利等，虽经历多次政治斗争，罗桑益西贝桑布仍坚定地站在清朝中央政权一边，站在维护祖国统一与促进满、汉、蒙、藏各民族团结的一边，在他力所能及的范围内，做出了有益的贡献。

清圣祖在册封益西嘉措后，仍然感到西藏局势不稳，为了安定西藏，于康熙五十二年（1713）颁谕旨：“班禅呼图克图，为人安静，熟谙经典，勤修贡职，初终不倦，甚属可嘉。著照达赖喇嘛之例，给以印册，封为‘班禅额尔德尼’。”“班禅额尔德尼”一词正式出现，历代班禅都沿袭了这一封号，西藏历史上自此形成了“班禅额尔德尼”活佛系统。历世班禅活佛都能拥护中央政府权威，真正用行动维护祖国统一，加强民族团结。

国宝简读

康熙敕封班禅额尔德尼之印为康熙五十二年（1713）清朝中央政府册封第五世班禅罗桑益西贝桑布为“班禅额尔德尼”时所赐，此金印为汉、满、藏三种文字，汉文为篆书。这枚金印的特殊之处在于将“班臣”作为“班禅”的异体字，在乾隆时期及以后，清朝官方文书中不再使用“班臣”一词。

清代治藏的一项重要制度

金贲巴瓶

年　　代：清乾隆
规格尺寸：通高 34 厘米，重 2.85 千克
藏品来源：拉萨大昭寺旧藏

金贲巴瓶与掣签制度

金贲巴瓶为纯金质地，由盖、身及签筒构成。签筒内配 5 支云头纹象牙签，用于书写候选灵童的名字及出生地。瓶盖酷似旧西藏地方政府官员夏日所戴凉帽，并镶嵌有绿松石、蜜蜡、珊瑚、青金石等各色宝石，整体器形颇似一尊小型佛塔，瓶底为塔座，腹部为半圆形覆钵，颈部为塔刹，口部为华盖。金瓶通体饰云纹和梵文“十相自在”，意为平安吉祥、消灾祛难，同时也体现了汉、藏文化的交融。这件金贲巴瓶是清政府为规范活佛转世的程序，于乾隆五十七年（1792）特意颁发的，共有两件，分别藏于北京雍和宫和拉萨大昭寺内。存放于北京雍和宫的那件，用于确定蒙古大活佛的转世灵童。这一件即用于抽取甘、青、川、藏等地藏传佛教大活佛的转世灵童。

活佛转世是藏传佛教独有的一种传承方式，在藏传佛教的教义中，达赖、班禅等圆寂后“不迷本性”，都要投胎转世，出现“转世灵童”，选定转世灵童作为继承者，这就是活佛转世制度。西藏地方僧俗人士把寻找到的达赖、班禅和拉萨三大寺等重要活佛的转世灵童的姓名、出生年月，用满、汉、藏三种文字书写在象牙签上，并套上黄绸套放入金贲巴瓶内，由高僧大德诵经，驻藏大臣亲自抽取，还要当场传阅予以确定，最后掣签的情形和结果由驻藏大臣上奏皇帝，得到皇帝批准后，才算完成金瓶掣签的全部程序。现存五根象牙签中书写有“嘉黎县坚赞诺布”字样的名签，即是 1995 年掣定十一世班禅时所中之签。

维护西藏稳定的法宝

乾隆时期，清政府在平定准噶尔叛乱后，发现当时活佛圆寂以后，转世灵童主要由最有名望的跳神巫师“吹忠”来认定。“吹忠”指定的活佛转世灵童大多出自蒙古王公或西藏贵族之家，有的甚至还是“吹忠”家族中人，活佛转世制度舞弊之风盛行。于是清朝大臣福康安会同西藏有关人员颁行《钦定二十九条章程》，制定活佛转世“金瓶掣签”制度，旨在确保活佛转世灵童选拔的公正性。

这件金瓶由乾隆皇帝亲自设计，乾隆五十八年（1793）命令御前侍卫将此瓶从北京护送到拉萨。自金瓶掣签制度施行以来，已先后有 70 多位活佛的转世灵童经金瓶掣签选定，包括十世、十一世、十二世等达赖喇嘛和八世、九世、十一世班禅额尔德尼。因此，金贲巴瓶体现着中央政府对西藏地方政教事务的有效管辖，具有特殊而重大的政治与宗教意义。

国宝简读

自清乾隆时期开始，为规范藏传佛教活佛转世的程序，设立金瓶掣签制度，金贲巴瓶是这项制度中的重要道具。清朝政府凭借此制度提高和强化驻藏大臣的职权，加强对西藏的管理。直到现在，这项制度还在使用。金贲巴瓶作为历史的“见证者”与“参与者”，打击了各个时期西藏分裂主义分子的分裂活动，加强了民族团结，维护了国家的统一。

西北地区包括陕西、甘肃、青海、宁夏和新疆，共计三省二区。汉唐雄风盛世在这里留下痕迹，古老的丝绸之路在这里穿越，最炫民族风在这里异彩纷呈。西北地区共计有825家博物馆，其中一级博物馆33家。其中最具代表性的有陕西历史博物馆、甘肃省博物馆、青海省博物馆、宁夏博物馆和新疆维吾尔自治区博物馆。陕西省的秦始皇帝陵博物院、法门寺博物馆、茂陵博物馆、宝鸡青铜器博物院充分展示了秦汉盛唐的历史华章，甘肃、新疆的大小博物馆则完美呈现了丝绸之路的繁华景象。

西北地区博物馆镇馆之宝

◆陕西历史博物馆

◆秦始皇帝陵博物院

◆西安博物院

◆法门寺博物馆

◆茂陵博物馆

◆宝鸡青铜器博物院

◆甘肃省博物馆

◆敦煌研究院

◆宁夏博物馆

◆宁夏固原博物馆

◆青海省博物馆

◆新疆维吾尔自治区博物馆

/ 陕西历史博物馆 /

吕后专政的历史实物

“皇后之玺”玉玺

年　　代：西汉
规格尺寸：边长 2.8 厘米，高 2 厘米，重 0.033 千克
藏品来源：1968 年陕西省咸阳市韩家湾狼家沟出土

国宝简读

皇后之玺是目前所有出土印玺文物中唯一一枚汉代皇后玉玺，对研究秦汉帝后玺印制度有着十分重要的意义。不仅如此，皇后之玺作为中国古代传统印玺设计的代表，造型、文字都非常精美，历史、艺术价值极高，是禁止出国（境）展览文物之一。

埋在水渠中的国宝

1968年，咸阳渭河北塬上的韩家湾公社狼家沟大队的孔忠良正沿着渭惠渠边的路往家走，忽然，在水渠南边的土坎上一个白色发光的物体引起他的注意，走近一看，有半截还埋在土里。孔忠良把它挖了出来，剔去泥土，原来是一块方形的玉石，上面雕了个小动物，下面刻着四个字，是个大图章。孔忠良将这枚印章带回家中，其父孔祥发在问清印玺来历之后，当即带到西安，请陕西省博物馆专家鉴定，当博物馆人员认定它是一件珍贵文物时，孔祥发表示愿意将这方玉印上交博物馆收藏。

唯一汉代皇后玉玺

这枚“皇后之玺”玉玺是一枚用上等和田羊脂白玉雕刻的玺印，印面为正方形，上雕一只螭虎做纽，四面刻有云纹，通体晶莹，印面篆书“皇后之玺”四个字，字体结构严谨大方，书体流畅，刀法自然娴熟。玺印形制与历史文献中对西汉皇后印玺的记载基本相符，玉玺的发现地点距离汉高祖长陵很近，此外，这件玉玺的文字体势及琢制风格也与汉初的玉印非常接近，因此有学者推断，这枚玉玺为汉高祖之妻吕后之物。

吕后，名雉，高祖五年（前202年）封为皇后，高祖死后，吕后执掌天下，临朝称制长达16年，于前180年逝世，葬于长陵，与高祖同茔不合陵。据《后汉书·刘盆子传》记载，西汉末年，赤眉农民起义军攻入长安后，曾毁坏汉诸帝陵，吕后陵也被焚掘。玉玺发现的地点是长陵山坡上的一道深水沟边，很可能是在长陵被掘、便殿被焚时，玉玺遗落土中，后被水冲到这里。种种证据表明，此玺很可能曾为吕雉所佩。它是目前发现的唯一一枚汉代皇后之玺，也是中国年代最早的皇后印玺，文物价值无法估量。

/ 陕西历史博物馆 /

汉武帝茂陵陪葬墓的出土文物

鎏金银竹节铜熏炉

年　　代：西汉

规格尺寸：高 58 厘米，底径 13.3 厘米，口径 9 厘米，盖高 6 厘米

藏品来源：1981 年陕西省兴平市茂陵无名冢从葬坑出土

海上仙山的意象

这件鎏金银竹节铜熏炉是一件焚香用具，于 1981 年在陕西省茂陵东侧一号无名冢中出土，器形采用了汉代最为流行的博山炉造型，炉呈半球体，青铜质地，通体鎏金，局部鎏银，炉盖透雕着多层山峦，香料燃起时烟雾袅袅散出，犹如云雾缭绕的海上仙山。熏炉的底座上透雕两条蟠龙，它们昂首张口咬住高柄，柄为竹节形，分五节，上端铸有歧出的三条蟠龙，龙身鎏金，爪鎏银，龙首上承托炉盘，龙首回顾，龙身从波涛中腾出。整件熏炉被九条龙装饰，使得器物线条活泼流畅，形象更加生动，同时“龙”的装饰元素也体现出熏炉的皇家背景。

博山炉最鲜明的装饰元素就是“山”，“山”在我国古代的政治语境中是天命、神权的象征，所以历代帝王才会热衷于在高山之上进行封禅典礼。据《史记》记载，有人告诉汉武帝蓬莱海中有仙山，也就是博山，在那里能见到神仙。汉武帝对神仙之事异常推崇，听闻此讯，不仅派人去寻找仙山，还亲自率领百官到今天的山东青州一带，遥望仙山。在汉武帝回到长安后，还对此事念念不忘，于是便下令制造了象征蓬莱仙境的博山炉。

出入帝王家

炉盖口外侧刻铭文一周三十五字：“内者未央尚卧，金黄涂竹节熏卢（炉）一具，并重十斤十二两，四年内官造，五年十月输，第初三。”“内者”即保管者，“未央”指汉未央宫，是皇帝处理政务和居住的大型宫殿。“尚卧”是宫内官名，负责管理皇帝的寝卧事宜。“五年十月输”的“输”是皇帝赐予的意思。从这段铭文可知，此炉是西汉皇家未央宫的生活用器。从同时出土的“阳信家”刻铭铜器分析可知，这件熏炉原在未央宫，建元五年（前 136），汉武帝将其赏赐给姐姐阳信长公主。

令人震惊的是，鎏金银竹节铜熏炉在历经两千年后仍然色彩鲜明，富丽华贵，从这件器物上我们能领略到汉代精湛的工艺技术和独特的审美情趣，是当之无愧的“镇馆之宝”，这件器物也在 2002 年被列为国家首批禁止出国（境）展览文物。

炉盖口外侧铭文释文：“内者未央尚卧，金黄涂竹节熏卢（炉）一具，并重十斤十二两，四年内官造，五年十月输，第初三。”

国宝简读

博山炉自汉武帝时期开始流行，并在汉晋时期长盛不衰。现藏于陕西历史博物馆的鎏金银竹节铜熏炉造型别致，精雕细镂，见证了汉武盛世的灿烂辉煌，是极为罕见的艺术精品。

/ 陕西历史博物馆 /

大唐风华的再现
《阙楼图》壁画

年　　代：唐
规格尺寸：长 305 厘米，宽 298 厘米
藏品来源：1971 年陕西省乾县唐懿德太子墓出土

三出阙与“号墓为陵”

《阙楼图》壁画绘制于唐代懿德太子墓中，位于墓道入口的东西两壁。这件壁画反映了唐代建筑的原貌，是陕西唐墓壁画的一次重要发现。懿德太子，名李重润，唐中宗长子。大足元年（701）被人诬陷窃议武则天隐私，故被杖杀，年仅十九岁。唐中宗即位后，追封李重润为懿德太子，并在第二年将其灵柩由洛阳迁到乾陵陪葬。懿德太子生前命运多舛，死后享尽哀荣。

懿德太子墓全长 100.8 米，由墓道、6 个过洞、7 个天井、8 个小龛、前甬道、后甬道、前墓室、后墓室八部分组成。墓葬中壁画近 400 平方米，堪称初唐至盛唐具有代表性的杰作，在唐代绘画真品中极为罕见。

《阙楼图》顾名思义是以门阙构图为主体，阙楼从上到下可分为屋顶、屋身、平坐、墩台四部分，它是宫门前的标志性建筑。画中的两座阙楼由一座母阙、二座子阙共同组成“三出阙”模式，“三出阙”是等级最高的礼制性建筑，在古代为帝王专用。这超出了太子本应使用二重阙的标准，显然是由于中宗重新继帝位后，给予懿德太子“号墓为陵”的最高礼遇，因此使用了皇帝的阙楼规格。“号墓为陵”是唐朝一种特殊的葬制，始于唐中宗时期，最为典型的代表就是懿德太子墓及永泰公主墓。懿德太子墓表现出太子墓制与皇帝陵制的交叉，墓葬形制等反映的是太子墓制，而三出阙的壁画内容却是帝陵级别的因素。“号墓为陵”的几

《阙楼图》壁画描绘了唐代皇室的宫阙建筑。画面颜色以红色为主，绿色为辅，以阙楼做近景，山脉为远景，显示出建筑物的宏大气势，体现了唐代高超的绘画技术。这件《阙楼图》由画师用界尺起稿绘出楼阁，称为界画，是研究唐代界画的重要实物。

个典型代表均为武、李二氏家族政治权力斗争的牺牲品。中宗为其亲子、亲女昭雪，也为了打击武氏势力，故将二墓大加修整，提升其政治等级，但基于当时政治斗争的复杂局面，也只是局部使用了帝陵制度。

气势恢宏的“界画”

首先，阙楼上的直线是用直尺和炭化的柳枝画出来的。《阙楼图》绘于706年，可以说是现存年代明确的唐代早期界画。与其他画种相比，界画要求准确、细致地再现所画对象。其次，这件《阙楼图》壁画以山脉为背景，绘制山体的线条坚硬犀利，使得山势更显突兀、挺拔。山上植有松柏，在淡绿色远山的衬托下，更显阙楼的气势恢宏。最后，阙楼在设色上以红色为主，包括银珠、朱磦、朱砂、大红和深红，而其他颜色如石青、石黄等用色较淡，使得整幅画面红光逼人，给人一种强烈的视觉冲击力，也显出阙楼的皇家气派。

/ 陕西历史博物馆 /

驼背上的微型乐队

三彩载乐骆驼俑

年　　代：唐
规格尺寸：通高 58 厘米，驼高 48.5 厘米
藏品来源：1959 年陕西省西安市西郊中堡村唐墓出土

鲜艳夺目的唐三彩

三彩载乐骆驼俑出土于陕西西安西郊中堡村的一座盛唐时期的墓葬中，是一件明器。这件三彩载乐骆驼俑以其精美的造型、艳丽的色彩、逼真的形象为世人所瞩目。该组三彩载乐骆驼俑由一位牵驼俑和载有 8 个乐伎的骆驼组成。牵驼俑头戴幞头，身着翻领胡服。骆驼引颈嘶鸣，驼背搭一平台，台面铺毯。平台上坐有乐俑 7 个，前两乐俑一人捧笙，一人执箫做吹奏状，右侧两乐俑一人执琵琶，一人抱竖琴皆做拨弹状，左侧两乐俑一人执笛，一人执拍板，最后一人手托排箫，侧耳静听，仿佛在短暂的停顿后等待机会再次加入合奏。七人神情专注，姿态各异。平台正中站立一位女歌伎，右手掩于袖中抬至胸前，左手后摆，微微仰首，做歌咏状，这显然是一个流动演出团。

三彩载乐骆驼俑出土时仍光彩夺目，而且色彩层次分明，堪称唐三彩中的极品。唐三彩，属于釉陶，是在汉代低温铅釉的基础上发展而来的。唐三彩的釉色有黄、绿、褐、蓝、黑、白等，其中以黄、绿、褐三种颜色为基本色调，故称“三彩”。烧制过程中，不同颜色的釉在高温下交混，互相浸润、融合，从而呈现出斑驳淋漓、千变万化的绮丽效果。

丝路上的文化交融

这件器物虽是随葬明器，但也能反映当时的社会生活。这组乐舞俑均穿着汉族衣冠，使用的却大都是从西域传入的乐器，表现的是流行于开元、天宝时期的“胡部新声”，即胡汉文化融合后的新乐舞，从它的身上也可以看出胡乐在当时的长安颇受欢迎。

在当时，骆驼是旅人和商队穿越丝路沿线戈壁沙漠时最佳的乘骑和载货工具，是表现丝绸之路经济文化交流的典型符号。在这件器物中，骆驼驮载 8 位男女乐伎，已经超出了单匹骆驼的最大驮载能力，同时在骆驼行进中，乐伎也无法保持稳定的演奏或歌唱，也就是说，这件器物是唐代的能工巧匠运用了艺术夸张与写实相结合的雕塑手法，将现实生活中的舞台艺术搬于驼背之上，表现了唐代丝绸之路上中西文化的动态交流。

国宝简读 三彩载乐骆驼俑被公认为当今众多表现唐代丝绸之路文化交流的文物中最具特色的珍品。为研究唐代雕塑艺术、音乐舞蹈、人物服饰等提供了宝贵资料，也是唐代文化艺术发达昌盛的重要物证。精美的造型以及生动的人物再现了盛唐之音。

/ 陕西历史博物馆 /

东西方文明碰撞的火花

镶金兽首玛瑙杯

年　　代：唐

规格尺寸：通高 6.5 厘米，长 15.6 厘米，口径 5.6 厘米

藏品来源：1970 年陕西省西安市南郊何家村窖藏出土

国宝简读

镶金兽首玛瑙杯，也叫兽首牛角杯，是 1970 年在西安市南郊何家村出土的窖藏唐代文物中最珍贵的一件。该器物选用极罕见的缠丝玛瑙琢雕，代表了唐代玉雕艺术的最高水准，是迄今可见的唯一一件存世的唐代俏色玉雕。现为陕西历史博物馆的镇馆之宝，是国家首批禁止出国（境）展览文物。

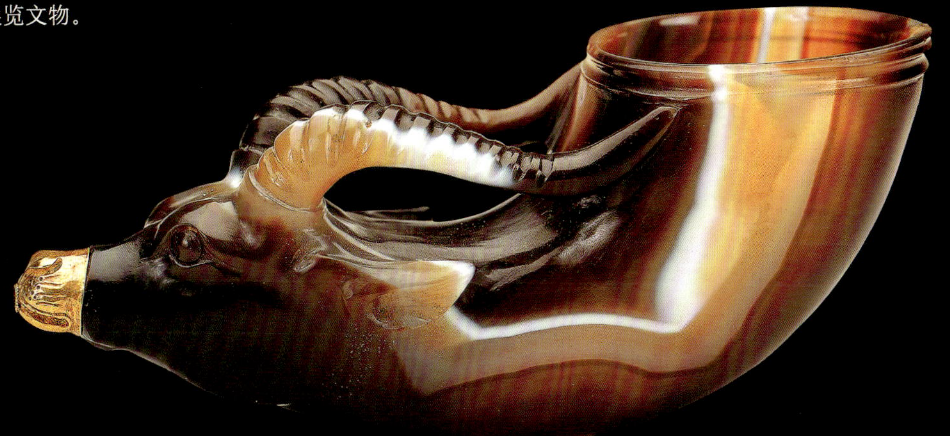

工艺精湛的艺术珍品

此杯采用五彩缠丝玛瑙雕琢而成。工匠巧妙利用材料的自然纹理与形态“取势造型，依形布局”，远远望去犹如一支牛角，宽大的杯身与栩栩如生的兽首浑然一体，纹理较宽、竖直的一端被雕琢成杯身，纹理较窄的一端则被雕琢成牛首，杯身与牛首的头、角部分利用玛瑙本身的色彩差异进行区别，更显活泼生动。

这件玛瑙杯不能像常见的饮酒器一样平放，而是“横卧”在特制的凹槽中。前端的牛首高高竖起双耳，圆睁二目，双唇闭合，两鼻鼓起，就连其唇上的毛孔、胡髭也刻画得细微精确，效果写实，牛头之上却是两只粗壮的羚羊角，呈螺旋状向后弯曲，恰到好处地与杯口下沿相连。牛首的口鼻部分被一个笼嘴形金帽罩住，使用时卸下，金帽罩内部有流与杯腔相通，以便杯中的酒顺流泻出。

角杯与来通杯的融合

此种酒杯酷似兽角，故亦称“角杯”。我国早在新石器时代已有陶制角杯，在战国、西汉时的铜器刻纹与壁画中，也能见到持角杯的人物形象。但这些角杯的底端都没有流口，也无兽首装饰。

从器物风格上看，何家村出土的这件上端杯身、下端兽首造型的角杯，更像是在古代中亚、西亚地区尤其是波斯地区比较常见的被称为“来通”的器具，这种角杯起源于古希腊，“来通”为英文 Rhyton 的音译，追溯回希腊语，有“角状环”之意。当时的人相信“来通”酒杯是圣物，用它盛酒可防止中毒，如果举起“来通”将酒一饮而尽，则是向酒神致敬的表示。

在唐代，中亚、西亚乃至欧洲地区的许多器具以贡品、商品等形式流入中原，“来通”就是当时经由粟特人传入中国的。然而“来通”角杯与中国传统饮酒器差异巨大，用“来通”饮酒，饮者须仰承自上方下注之酒，这显然与中国传统饮酒礼俗不合。因此，唐朝贵族在模仿西域新奇的宴饮方式时，可能会使用“来通”，但在平时大概率是将其作为观赏之物。

如今，这件带有异域文明因素的兽首玛瑙角杯已成为陕西历史博物馆的镇馆之宝，不仅是唐代中西方文明交流融汇的见证，同时也让我们感受到了唐代包容多元的社会文化。

/ 陕西历史博物馆 /

唐王朝盛极而衰的挽歌

鎏金舞马衔杯纹银壶

年　　代：唐
规格尺寸：通高 14.8 厘米，口径 2.3 厘米，重 549 克
藏品来源：1970 年陕西省西安市南郊何家村窖藏出土

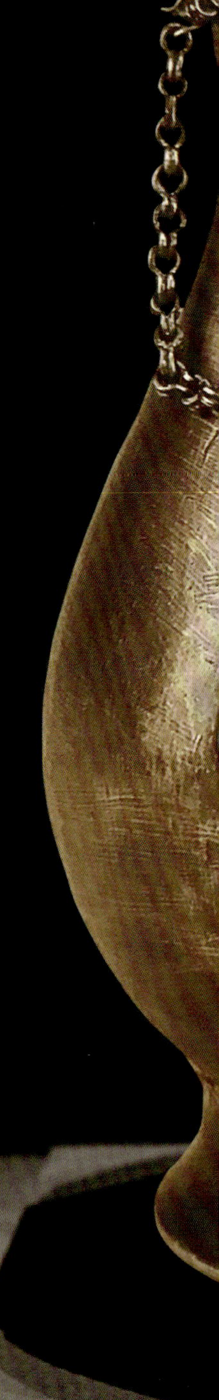

文化交流的证据

1970 年，陕西省西安市南郊何家村的一个基建工地上，发现了两座陶瓮，瓮中装满精美异常的金银器、玉器、钱币和药材等，多达千余件，考古工作者判断这批珍宝均为唐代上层贵族之物，鎏金舞马衔杯纹银壶就是在这个窖藏中出土的。这件银壶可分为盖帽、提梁、银链和壶身四部分，银壶通体抛光，腹部正中饰鎏金舞马衔杯纹，此外，提梁、壶盖及壶体圈足相接处亦用鎏金装饰。制作该壶时，先用一块银板捶打出壶身和圈足的大致形状，再以模压的方法在壶身两侧捶打出凸起于器表的舞马纹，然后再将银板相接处黏压焊接，打磨平整后抛光，将接缝隐藏，达到浑然一体的效果。壶身与圈足相接的地方用“同心结”式二方联连续构图的鎏金纹样进行装饰。这件器物反映出唐代金银器手工艺的成熟。

壶盖帽为锤揲成型的覆式莲瓣，顶中心有一个银环，环内套接一条银链与弓形提梁相连。这件银壶并非中原器物风格，而是具有游牧民族特色，是将我国北方游牧民族使用的马镫与皮囊壶形象相结合而制成的。

见证大唐的兴衰

唐玄宗李隆基是唐朝在位最久的皇帝。他在位的前期，开创了唐朝的极盛局面，史称开元盛世。唐玄宗在位期间，将自己的生日八月五日定为千秋节，每年此时都会在长安城举行庆典，并以舞马助兴。舞马又称蹀马，是专门为皇帝表演马戏的用马，精心选择的良马经过特殊训练后，能在音乐的节奏下翩翩起舞。

然而玄宗在位后期逐渐怠慢朝政，导致了后来长达八年的安史之乱，这场内战使得唐朝人口大量丧失，国力锐减，为唐朝中衰埋下了伏笔。据史书记载，安史之乱爆发后，唐玄宗仓皇西逃，宫中精心豢养的舞马流落民间，最终为安禄山部将田成嗣所得，全部编为战马。有一天军中宴乐，舞马听见乐曲竟然应节起舞，士兵见状误以为是妖孽，遂将舞马鞭挞至死。此后，盛行一时的舞马表演逐渐销声匿迹。杜甫曾在一首感叹玄宗一朝前盛后衰的诗中写道：“斗鸡初赐锦，舞马既登床。帘下宫人出，楼前御柳长。仙游终一閟，女乐久无香。寂寞骊山道，清秋草木黄。”何家村出土的这件鎏金舞马衔杯纹银壶可视为唐朝由盛转衰历史的缩影。

壶两侧均錾刻舞马图案，只是手法上略有差异。一侧舞马肌肉匀停，錾刻线条清晰流畅，另一侧舞马肌肉略显臃肿，马面部有重复的痕迹，眼睛与眉骨都不清楚。衔杯刻痕不清晰，周边凹陷。

国宝简读

西安何家村唐代窖藏出土的鎏金舞马衔杯纹银壶形制独特、保存完好，是一件国宝级文物。这件银壶的最珍贵之处在于舞马衔杯纹定格了一个关于舞马的场景，历史文献中的舞马活动随着唐朝的发展走向兴盛，又随着唐朝的衰弱慢慢湮灭在历史的长河中，所以鎏金舞马衔杯纹银壶可以称为大唐由盛转衰的历史见证。

“青瓷刻花之冠”的耀州窑

1968 年，陕西省彬县城关镇的一位农民无意中掘获一件瓷壶。1982 年，西北大学教授高立勋先生回家探亲时，见到了这件青瓷提梁倒灌壶，并将其送到陕西历史博物馆，经专家鉴定，这是一件五代耀州窑刻花瓷器。

耀州窑起源于唐代京兆华原一带，也就是现在陕西省铜川市范围。陕西铜川旧称同官，宋代归耀州管辖，故其境内瓷窑被称作耀州窑，是我国古代六大名窑之一。耀州窑历经唐、五代、宋、元各个时期，盛产独具风格与特色的刻花和印花青瓷，是北方青瓷的代表。耀州窑在五代创造了“刻花”技艺，所以耀州瓷也被誉为“青瓷刻花之冠”，这件倒灌壶上的折枝牡丹就使用了这一技法。

从外观来看，这件倒灌壶通体施青釉，以凤凰装饰提梁，以花蒂装饰壶顶。壶嘴为一张口侧卧的母狮，一只幼狮正在其腹下吮吸乳汁。球形壶腹刻饰凸雕的缠枝牡丹花，下饰一周仰莲瓣纹。装饰技法有刻花、堆贴，堆贴的子母狮生动形象，精细入微；雕刻的缠枝牡丹纹线条流畅，立体感极强。牡丹、凤凰和狮子都是中国传统吉祥纹样，表现出人们对美好生活的憧憬。

“倒而不漏”的神奇魔壶

除去精美的外表，更吸引人的是壶内巧夺天工的设计。这件壶没有壶盖，整个壶身浑然一体。向壶内注水，须先将壶体倒置，再从底部的梅花孔注入，倒灌壶之名由此而得。注满后再将壶体正立，水却不会从底部漏出。饮者可从侧面的壶嘴中倒出液体饮用。所以很多人将其称为“魔壶”。

为了弄清壶中的设计秘密，人们为这只壶拍了一次文物 X 光照片，对其内部结构进行透视。通过倒灌壶的剖面图，可以看到，壶里面有两个隔水管，其中一管与壶底部的孔洞相连，垂直伸入壶腹，另一管由壶的流口贴壶壁向下延伸。根据物理中的“连通器液面等高”原理，当连通器中只有一种液体，且液体不流动时，容器中两边的液面总保持相平，也就是说，只要壶中液体低于壶嘴，它同时也会低于自器底伸入壶腹的直管，壶中液体就不会从底部漏出。这件倒灌壶结构设计得如此巧妙，充分反映了耀州窑古代工匠高超的制瓷技艺和智慧。

国宝简读

在陕西历史博物馆，有一件藏品被世人称为“魔壶”，它就是耀州窑青瓷提梁倒灌壶。1996年，青瓷提梁倒灌壶被国家文物鉴定组定为一级甲等文物，2013年被确定为禁止出国（境）展览文物。

/ 秦始皇帝陵博物院 /

帝王座驾青铜之冠

铜马车

年　　代：秦
藏品来源：1978 年陕西省西安市临潼区秦陵封土西侧出土

名　　称：一号铜马车
规格尺寸：长 225 厘米，
　　　　　高 152 厘米

“青铜之冠”

1980 年冬，考古工作者在秦始皇陵封土西侧发掘出土了两乘大型彩绘铜马车。这两乘车均为单辕、双轮、四马系驾。车上各有一御官俑，大小约为真车、真马、真人的二分之一。这是继兵马俑坑之后，秦始皇陵考古的又一重要收获。

这两乘铜马车是在一座大型陪葬坑的过洞中发现的。一前一后西向排列，一号在前，二号居后，与一号车相比，二号车车盖低矮，车上只能坐卧，不可站立，是典型的坐乘车。所以根据这一特征可以判断，一号车为倚乘的立车，二号车则是坐乘的安车。

这两套铜马车之所以被誉为“青铜之冠”，不仅因其体量巨大，更重要的是，它们为研究古代车马的系驾结构提供了珍贵的实物资料。考古出土的先秦、秦汉时期马车遗迹虽多，但因当时的车辆主体多为木质结构，缰绳多为皮革等有机材质，很难保存，所以学者对当时马车的结构细节与系驾方式的认识还存在很多空白。但是铜马车的鞁具均用青铜或者金银制作，保存非常完整，这就给学者提供了不可多得的实物标本。

在铜马车驾车的四匹马中，中间两匹马称为服马，主要用来驾辕；旁边两匹马协助服马拉车，称为骖马。最外侧的两匹马颈部各套有一根系在车衡上的缰索，可以防止马匹向外奔跑；中间两匹马的外侧各挂置一件顶部带尖的零件，古人称之为“胁驱”，当外侧的马匹向内紧靠时会刺疼它们，这样可以防止四匹马挤撞到一起。秦人就是通过这两个小小的部件，巧妙地使四匹马各处其位、并驾齐驱的。

“事死如生”的丧葬礼仪

两辆铜马车共由7000多个零件组成。这些零部件有的结构繁琐，有的细小精致，制作难度极大，只有精湛的青铜冶铸技术与高超的制作工艺才能确保这些部件最后能严丝合缝地组装起来。时至今日，铜马车上的各种链条、合页、轴承等仍然转动灵活，门、窗开闭自如，真实再现了秦朝皇室车驾的风采。

这两套铜马车虽然是为随葬而特制的明器，不能为生者所见、所用。但古人们相信灵魂不灭之说，故而有“事死如生”的丧葬礼仪规定，所以这两套铜马车充分模拟现实世界的交通工具，在设计和制作方面丝毫不敢苟且，以免触怒“大行皇帝”的龙颜。

名　　称：二号铜马车
规格尺寸：长328.4厘米，高104.2厘米

国宝简读

铜马车是秦始皇的陪葬品之一，是中国考古史上出土的体形最大、结构最复杂、系驾关系最完整的古代马车。按出土时的前后顺序，两套铜马车分别编为一号铜马车和二号铜马车，现收藏于秦始皇帝陵博物院。2002 年，秦始皇铜马车被列为国家首批禁止出国（境）展览文物。

/ 秦始皇帝陵博物院 /

铁血铸就的地下军团

高级铠甲军吏俑

年　　代：秦
规格尺寸：高 197 厘米
藏品来源：1978 年陕西省西安市临潼区秦始皇兵马俑一号坑出土

大秦帝国的奇迹之师

秦兵马俑一号坑发现于 1974 年，坑内陶俑可以分为军吏俑和普通士兵俑两类。军吏俑根据所戴冠与所穿铠甲的不同可以分为三个级别：高级军吏俑（俗称将军俑）、中级军吏俑和低级军吏俑。根据出土位置可以分为车兵军吏俑与步兵军吏俑。高级军吏俑分为战袍将军俑和铠甲将军俑两类。战袍将军俑衣着朴素，胸前有花结装饰，铠甲将军俑的前胸、后背以及双肩，饰有八朵彩色花结，华丽精美，俊逸非凡，衬托其等级、身份，以及在军中的威严。

高级军吏俑是秦俑雕塑中的佼佼者，他们身材高大魁梧，昂首挺胸，巍然屹立。一号坑的兵马俑队列是以步兵为主体的大型方阵，四十五乘指挥车相间分布其中，每乘指挥车周围分布一定数量的步兵，指挥车上配有钟鼓，可以向周围的步兵发号施令。绝大多数将军俑的出土位置在这些指挥车后，说明他们原是立在车上的高级军官。

悠悠千载尽显大将风范

高级铠甲军吏俑出土于秦兵马俑一号坑，同样位于指挥车后，在车迹右侧伴出有鼓的遗迹一处，鼓是高级军吏发布指挥命令、振奋士气的重要器物。

此俑外披彩色鱼鳞甲，其铠甲形制特别，胸甲长至下腹部，背甲很短，只到腰部，甲片很小，编缀细密。甲衣的前胸、双肩及边缘处有精美纹饰，双肩及胸背缀有花结。双肩有短小的披膊（即护肩甲），胫部缚护腿，足穿方口齐头翘尖履，头戴鹖冠。双手交垂于腹前做拄剑状，其附近伴出青铜长剑 1 柄。高级军吏俑手持兵器往往有所区别，可能反映了其在军队内的不同职务。

这些与真人大小相似的陶俑，用来代表秦始皇的军队。他们身穿战袍，手持兵器，栩栩如生，仿佛随时准备投入战斗。这为我们了解秦朝时期的社会、经济、军事和文化等方面提供了重要的资料和证据。秦始皇统一六国后，希望通过展示自己强大的军事力量来巩固自己的地位和权力，而兵马俑作为大秦帝国军队的代表，正是这种力量的彰显。

国宝简读

陕西西安临潼秦兵马俑坑中出土的秦始皇高级铠甲军吏俑，又称将军俑，截至 2024 年 12 月，共发现了 10 尊将军俑。这些军吏俑在军阵中地位显赫，级别最高，其形象威武雄壮，身着彩色鱼鳞甲，铠甲边缘处绘有精细的彩绘图案，显示出指挥若定的大将风度。

认为这个玉杯应该是秦代的，其精湛的工艺甚至暗示它有可能出自皇室，或许与秦始皇有一些联系。

杯为青玉质，杯体呈焦黄色，但已有沁色。杯身呈直口筒状，下附喇叭形高圈足。腹外壁分四层纹饰，口沿下饰柿蒂纹与勾连云纹一周，腹部饰谷丁勾云纹，其下饰一周几何形勾连纹，近足处为变形云头纹，如同花萼托扶口体，在高足缩腰的衬托下，玉杯显得更加秀丽挺拔。

或为古代保健品

关于这件玉杯的用途，学界一直未有定论。有学者认为，它是一件皇家使用的饮酒器。然而，也有学者从秦国政治、经济政策角度提出不同观点。他们指出，自商鞅变法以来，秦国即对酒征收高额税赋，《商君书·垦令》便有记载：“贵酒、肉之价，重其租，令十倍其朴。”这种政策使酒的价格远高于其价值，从而限制了消费。秦统一六国后，依然沿用这一政策，对酿酒和售酒行为进行了严格限制。因此，玉杯作为酒杯的可能性不大。

也有专家研究认为，这件玉杯不是盛酒器，而是用来盛露水的。根据文献记载，古人不明白露水形成的原因，认为它是从天而降的神仙甘露。秦朝求仙访药之风盛行，甘露被视为具有延年益寿功效的“圣药”，又被尊称为“天酒”“神浆”。秦人相信，用玉石杯子盛服甘露，可收长生不老之效。

口沿处的柿蒂纹和勾连云纹

腹部装饰的谷丁勾云纹

腹下部装饰的几何形勾连纹

近足处装饰的变形云头纹

国宝简读

秦代玉高足杯出土于阿房宫遗址，色青泛黄，晶莹润泽，造型大气秀雅。玉杯由杯体和杯座两部分组成，其纹饰雕刻精细，共分四层，每层装饰各种造型的纹样。玉高足杯是研究秦代玉器制作工艺和审美习惯的重要资料。

/ 西安博物院 /

鲜衣怒马少年郎

三彩腾空马

年　　代：唐

规格尺寸：高 38 厘米，长 52 厘米

藏品来源：1966 年陕西省西安市莲湖区制药厂唐墓出土

山重路远何所惧

1966 年，西安市莲湖区西安制药厂内一座唐墓中，三彩腾空马惊艳现世。这件三彩器由骑手与骏马两部分完美融合。胡人少年骑手，端坐马背，宛如疾风中的一道风景。头发中分，两耳旁梳有发髻，面部丰腴，身着蓝色长袍，腰间革带配以袋囊，脚蹬尖头靴，尽显骑手的英挺身姿。骏马体形健美，腾空跃起，鬃毛直立，马背上的白、绿、黄三色鞍鞯色彩斑斓。这一定格的瞬间，生动再现了骏马疾驰与骑手从容不迫的英姿，彰显了制作者的高超技艺。唐朝卓越的国际地位、辉煌的经济文化成就，令亚欧各国无不钦羡。三彩腾空马俑上的胡人像，宛如一位丝路来客，疾驰而至，怀揣着对大唐长安的无限憧憬。

国宝简读 唐代三彩腾空马，造型由少年胡人骑马俑和腾空飞奔之马组成。胡人骑手面部丰满，身着蓝色长袍，腰束革带，马匹健硕彪悍，四蹄悬空。唐三彩的制作工艺十分复杂，这件器物凭借生动逼真的造型和鲜艳的釉色，成为唐三彩中的精品。

同样作为旅客远道而来的，还有胡人少年身上的一抹蓝。三彩器起初并没有蓝色，从钴矿中提炼而出的蓝色珍贵异常。唐朝钴矿稀缺，重金难买，后来波斯商人通过丝绸之路，将含有氧化钴的苏麻离青釉料带到中原，再经过工匠不断试烧，才得到如此特别的蓝色。因此也有“三彩带蓝，价格不凡”的说法。

骏马飒沓长安行

大唐，无疑是中国历史上比较钟爱马的朝代之一。从皇帝到平民，对马都是情有独钟。在唐朝，马的作用远不止于作战，它是日常出行和丝路贸易的重要运输力，有时还被用于表演、娱乐等活动。唐人与马朝夕相伴，他们观察马、塑造马，所以唐马的姿态比秦汉时期更丰富。三彩马的造型多种多样，但像三彩腾空马这种展现马匹奔跑过程中四蹄腾空形态的奔马俑十分罕见。

马背上的少年穿得如此华贵，脸上却没有任何釉色。这源于唐三彩独特的“开脸”工艺，因为色釉流动性强，可能造成花脸。所以三彩人物的面部通常不施釉，而是在整个作品烧成后再彩绘眉毛、嘴唇和头发等。即使如此，胡人少年的神情依然栩栩如生。“春风得意马蹄疾，一日看尽长安花”，蓝衣少年便是那个人人皆可自由驰骋的时代的缩影，他的身后，是大唐长安的繁华与辉煌。

/ 法门寺博物馆 /

浮动千年的大唐暗香

鎏金雀鸟纹银香囊

年　　代：唐
规格尺寸：直径 12.8 厘米，链长 24.5 厘米，重 547 克
藏品来源：1987 年陕西省扶风县法门寺地宫出土

佛骨的陪伴，地宫的秘宝

1981 年 8 月 24 日，一场暴风雨后，原本巍然屹立的法门寺佛塔终于不堪重负而倒塌，这一消息很快惊动了相关部门。经过仔细论证，文物部门最终决定拆除半边危塔，并在原址重建，孰料惊世发现由此问世。1987 年 4 月 3 日，工作人员在浮土下发现一装饰精美的汉白玉石板，揭开石板后，一条深入地下的台阶甬道便出现在眼前，甬道尽头是一把铁锁锁起来的石门。4 月 9 日，随着石门打开，法门寺塔地宫的秘宝再现人间。

法门寺地宫为长条形结构，分为斜坡漫道、隧道、前室、中室、后室，愈向里，放置的物品愈珍贵，尤其是后室。佛指骨舍利就发现于后室北壁下，鎏金雀鸟纹银香囊亦出于此。香囊这种器形国内早已出土多件，但人们并不了解这类器物的用途和名称，待到法门寺地宫被发现后，因其中有一块记录各类贡品名目的《法门寺物账》石碑，学者才根据碑文“香囊两枚，重十五两三分”，确定其名称为“香囊”，也就是唐元稹诗“微风暗度香囊转，胧月斜穿隔子明”中描写的能够转动的香囊。

微风暗度香囊转

鎏金雀鸟纹银香囊为中空的球形，上半球体为盖，下半球体为身，通体镂空，上下对称。打开囊盖，可以看到香囊分内外三层，设计极为精巧。其中层有两个同心圆环，以活轴连接外壁和内层的焚香盂。这种结构的巧妙之处在于无论球体怎样转动，香盂都能保持平衡，燃烧着的香料也自然不会撒出，所以鎏金雀鸟纹银香囊堪称当时的一种“高科技”产品。

唐代经济繁荣，对外贸易发达，所以沉香、檀香、龙脑、麝香、甲香、栈香、鸡舌香、苏合香等香料均有传入，被广泛供应于皇宫内院、古刹名观。使用时取其中几种，按配比锉捣成细末，之后用炼蜜搅和揉搓成黄豆大小的丸状，晾干后便可取用。香囊使用时，打开香囊盖，将香料成品放置在中心的香盂上并点燃，随之闭合香囊并悬挂在屋舍、马车之内，也可随身佩带。香料燃烧产生的幽香经鎏金透雕的香囊外壁散发而出，似梦似幻，令人仿佛在仙界遨游。

国宝简读

魏晋之后，很多朝代的皇室崇信佛教，强盛的唐朝亦是如此，他们将珍贵的金银宝货赏赐给寺庙，贡献于佛陀，于是便有了法门寺地宫鎏金雀鸟纹银香囊陪伴佛骨的故事。鎏金雀鸟纹银香囊装饰华丽，构造精巧，在内部一平一竖双环铆接的香盂上点燃珍贵的香料，香烟自镂有雀鸟的外壁氤氲弥漫而出，熏染它所见到的一切。

唐懿宗赐赠的舍利宝函

八重宝函

年　　代：唐
藏品来源：1987 年陕西省扶风县法门寺地宫出土

重重安置，庄严佛法

埋藏在法门寺塔地宫中的佛指舍利“影骨”，用唐懿宗赐赠的八重宝函盛装。可惜最外一重银棱盝顶檀香木宝函出土时已残坏，故只能看到七重完整的宝函：第七重宝函为鎏金四天王盝顶银宝函；第六重宝函为素面盝顶银宝函；第五重宝函为鎏金如来说法盝顶银宝函；第四重宝函是六臂如意轮观音盝顶纯金宝函；第三重宝函为金筐宝钿珍珠装盝顶纯金宝函；第二重宝函为金筐宝钿珍珠装珷玞石宝函。

名　　称：鎏金四天王盝顶银宝函
规格尺寸：通高 23.5 厘米，边长 20.2 厘米

鎏金四天王盝顶银宝函盖顶刻饰有两条“走龙”，四周衬流云纹。函体四面刻有四大天王。盝顶指斜角平顶，原本是我国古代传统建筑的一种屋顶样

名　　称：素面盝顶银宝函
规格尺寸：通高 19.3 厘米，长 18.4 厘米，宽 18.4 厘米

素面盝顶银宝函通体光滑无纹，象征着佛教的清净世界。

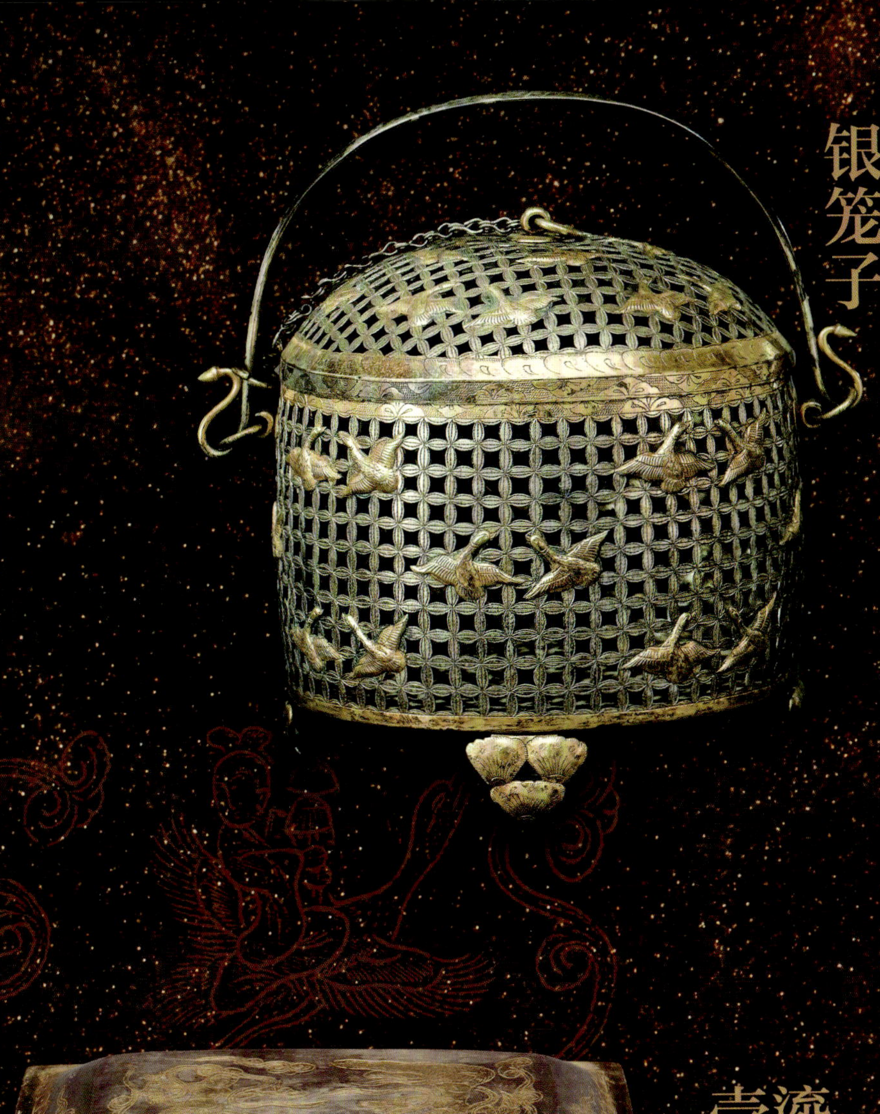

鎏金飞鸿毬路纹银笼子

金银丝结条笼子

鎏金蔓草纹长柄银匙

鎏金鸿雁流云纹银茶碾子

鎏金仙人驾鹤纹壶门座茶罗子

系链银火箸

壶门圈足座银炉

高 56 厘米。此炉在《法门寺物账》碑中登记为“银白成香炉一枚并承铁共一百两”。而其用途，除了被认作香炉以外，还有一说就是烹茶的风炉。

鎏金团花银碢轴

银碢轴长 21.6 厘米。茶碾子和碢轴组合使用，是将茶饼碾磨成茶粉的工具。这两件茶具均有“五哥”划文，应是唐僖宗御用之具。

鎏金飞鸿毬路纹银笼子

高 17.8 厘米。此笼模冲成型，通体镂空，纹饰平錾鎏金。由笼盖、笼体和提梁组成。盖面装饰 5 只飞鸿，笼体装饰 24 只飞鸿，镂孔均作毬路纹。笼底有“桂管臣李杆进”六字錾文。

鎏金仙人驾鹤纹壶门座茶罗子

高 9.5 厘米，罗长 13.4 厘米，宽 8.4 厘米。茶罗子即茶粉末筛子，茶饼碾成末之后，罗过才能烹茶。

金银丝结条笼子

高 15 厘米。根据相关资料记载，研究人员认为结条笼子是盛放茶饼的器物。笼子用金银丝编制而成，金丝团花装饰，工艺精巧，令人叹为观止。

鎏金蔓草纹长柄银匙

根据银匙上“五哥”錾文，可知为唐僖宗御用之物。银匙是在烹茶时拍击汤面的工具。

鎏金鸿雁流云纹银茶碾子

茶碾子高 7.1 厘米，长 27.4 厘米，宽 4.4 厘米。鎏金指在金属表面镀金的工艺；鸿雁在古代纹饰中象征高远的志向。

鎏金飞鸿纹银则

长 19.2 厘米。匙面、匙柄均錾花鎏金，上段为流云飞鸿，下段为联珠菱形图案，并间以錾十字花纹饰。银则为烹茶时投放茶末之工具。

打开第二重宝函，最后取出的是一座宝珠顶单檐四门纯金塔，重 184 克。宝塔分为塔身、塔座和垫片三部分。宝珠顶上刻有火焰纹，塔为单檐式，四角翘起，檐下装饰有菱形纹，塔身四面各开一道门，四周装饰鱼子纹，门前还有象征性的台阶。塔座是纯金方台，每个部位都有花纹雕镂，塔座正中间焊接了一段小银柱，银柱托底呈八瓣莲花状，柱底有一墨书小字——“南”。

一花一世界，一叶一如来

八重宝函是目前世界上发现的层数最多、工艺最精美、设计最精巧、等级最高的舍利宝函。其首要使命便是盛装并保护舍利。设计者巧妙地运用矩形体的空间布局，充分发挥了宝函的盛装功能，通过层层套叠的形式，既极大地增强了对舍利的保护，又营造出一种肃穆而神秘的氛围。

净土宗的《观无量寿佛经》讲求以观想的方式入定，例如，经文要求修行者首先观想七宝地之情景，再观想七宝地中无量寿佛的形象，无量寿佛的圆光中又有无数化佛，每尊化佛的光明又可遍照十方世界……如此层层深入的观想次序与八重宝函层层相套的结构是基本一致的。

名　　称：鎏金如来说法盝顶银宝函
规格尺寸：通高 16.2 厘米，底边长 14.8 厘米

鎏金如来说法盝顶银宝函，纯银制作，纹饰鎏金。函盖上围绕着十字金刚杵，有四只迦陵频伽鸟。函体正面是如来说法图，背面是菩提树前坐佛图，左面是乘象普贤菩萨图，右面是坐狮文殊菩萨图。

名　　称：六臂如意轮观音盝顶纯金宝函
规格尺寸：高、长、宽均为 13.5 厘米

六臂如意轮观音盝顶纯金宝函盖面中心錾刻了翱翔的凤凰，四周衬饰有西番莲和花蔓。函体正面是一尊六臂如意轮观音造像。函体左侧画面为药师如来持杖捧钵，右侧画面为阿弥陀佛坐在莲花之上。

名　　称：金筐宝钿珍珠装盝顶纯金宝函
规格尺寸：高 13.1 厘米，长宽各 11.3 厘米

金筐宝钿珍珠装盝顶纯金宝函，形制虽与前面的宝函相同，但装饰风格完全不同。宝函顶部与四面均以金筐、宝钿、珍珠装饰。

国宝简读

八重宝函是唐代佛教鼎盛时期的见证，也是供奉佛祖释加牟尼真身佛指舍利的一套宝函。它制作工艺精湛，代表了晚唐皇室金银器的最高工艺水准，也是研究唐代佛教的重要实物资料。

名　　称：金筐宝钿珍珠装珷玞石宝函
规格尺寸：高 10.2 厘米，长、宽各 8 厘米

名　　称：宝珠顶单檐四门纯金塔
规格尺寸：高 7.1 厘米，月台长宽各 4.8 厘米，
垫板长宽各 5.4 厘米

金筐宝钿珍珠装珷玞石宝函是用美丽的珷玞石制成，表面光洁，装饰风格与第三重宝函相似，但在盖子的立沿处有用绿松石刻成的鸳鸯。

法门寺地宫【茶具】

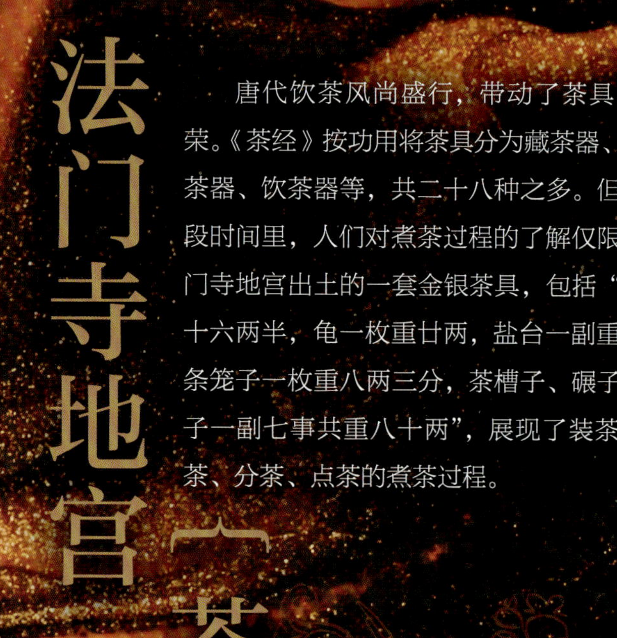

唐代饮茶风尚盛行，带动了茶具的发展和繁荣。《茶经》按功用将茶具分为藏茶器、碾茶器、煮茶器、饮茶器等，共二十八种之多。但是，很长一段时间里，人们对煮茶过程的了解仅限于文献。法门寺地宫出土的一套金银茶具，包括“笼子一枚重十六两半，龟一枚重廿两，盐台一副重十一两，结条笼子一枚重八两三分，茶槽子、碾子、茶罗、匙子一副七事共重八十两”，展现了装茶、碾茶、筛茶、分茶、点茶的煮茶过程。

壶门圈足座银炉

鎏金团花银碢轴

系链银火箸

长 27.6 厘米。火箸即为烹茶炉夹炭的工具，与人们常用的筷子类似。

鎏金银龟盒

高 13 厘米，长 28.3 厘米，宽 15 厘米。盒为龟状，昂首，曲尾，以甲背作盖，内焊接椭圆形口架，尾与龟腹焊接，各部分纹饰与龟体相近。龟盒是贮放茶粉的器具。

摩羯纹蕾纽三足架银盐台

高 27.9 厘米。唐代烹茶需要加食盐和椒粉进行调味，地宫出土的这架盐台就是摆放盐或者椒粉的器具。

/ 法门寺博物馆 /

1000 多年前唐代法门寺木塔的原型

鎏金铜浮屠

年　　代：唐

规格尺寸：通高 53.5 厘米，座宽 28.5 厘米，刹高 23.5 厘米

藏品来源：1987 年陕西省扶风县法门寺地宫出土

大千世界，尽入塔中

鎏金铜浮屠的主体设计遵循了台榭式楼阁的古老样式，即位于高台之上的楼阁。台榭式楼阁建筑是典型的中国古代宫室、宗庙建筑形式。台分数层，逐步升高，抬高楼阁主体，与楼阁主人的尊贵身份或是其宗教文化功能相得益彰。这件铜浮屠的细节部分，如斗拱、直棂窗、飞檐、攒尖顶等，均充满中国传统建筑文化的独特韵味。

鎏金铜浮屠作为一件极为写实的文物，可谓是大千世界尽入塔中。塔身模铸成形，平面方形，分作塔基、塔身、塔刹三部分。塔基为须弥座，其外有三层渐收的护栏，每面护栏的正中设弧形踏步。塔身单层，四面各开一板门，正面门外左右各列一金刚力士，门两侧为直棂窗，门额以上铺作为人字斗拱。顶为单檐，四角攒尖形，每面铸出瓦垅，角垅起翘。塔刹高耸，刹底为须弥座，其上六个相轮由下至上依次渐小，相轮以上有宝盖、圆光、仰月及宝珠。

连接彼岸的桥梁

深入观察这座鎏金铜浮屠会发现，通往其上层楼阁的踏步设计独具匠心，呈现出罕见的拱形，这种设计巧妙地借鉴了拱桥的形态。桥梁用于跨越河流、沟壑，将其建筑元素融入浮屠中，折射出设计者深厚的佛学理念。佛教讲究从“此岸”到“彼岸”的跨越，例如《般若波罗蜜多心经》中的“般若”可翻译为“智慧”，“波罗”的意思就是“彼岸”，“蜜”可译为“到”。桥梁作为连接此岸与彼岸的媒介，正是实现这一理念的有效途径和精神象征。因此，在佛教文化中，造桥被视为一大善举，具有深厚的功德意义。

今人所见法门寺砖塔初建于明代万历年间，唐代法门寺塔应该是一座楼阁式木塔，有学者认为，法门寺地宫所出这件鎏金铜浮屠就是以唐代法门寺塔为原型制作的。

国宝简读

“浮屠”是“佛塔”的音译。鎏金铜浮屠出土于法门寺唐塔地宫的前室，被放置在阿育王石塔中。鎏金铜浮屠内部放置鎏金迦陵频伽纹小银棺，三枚影骨之一的四号佛骨舍利就安置在银棺内。

/ 茂陵博物馆 /

逸气棱棱凌九区

鎏金铜马

年　　代：西汉
规格尺寸：高 62 厘米，长 76 厘米，重约 26 千克
藏品来源：1981 年陕西省兴平市茂陵无名冢从葬坑出土

国宝简读

天马作为中外传说中皆有的一种动物，以能飞天而备受推崇，西汉时自大宛传入中原的汗血马因疾跑如飞、日行千里而被冠以天马之名。因此，西汉时期的贵族们使用最珍贵的金属，利用最精湛的工艺，将其形象保存下来。

太一贡兮天马下

1981年5月，陕西兴平西吴公社一村民在平整土地时偶然发现了一匹闪耀着金色光芒的宝马，经茂陵博物馆工作人员鉴定，这是一件汉代鎏金铜马。后经发掘此处出土地，确认此处为汉武帝茂陵陪葬墓的从葬坑，发掘过程中还出土了鎏金银竹节铜熏炉。

鎏金铜马整体以铜铸，外表鎏金。具体制作过程是将马分两半用模具铸造，分别成型后再从中间焊接起来，尾巴亦是焊接而上，最后再通体鎏金。马呈立姿，粉鼻亮眼，口微张，露出牙齿六颗，两耳竖立，耳间、颈上鬃毛挺立，静中含动，气度非凡，有一发千里之势。铜马体态健硕，与大宛马较为相似。大宛是汉代西域国名，位于今天乌兹别克斯坦费尔干纳盆地，该地水草丰茂，盛产良马。据说，大宛马流出的汗液在毛色映衬下略呈红色，所以又被称为汗血马。汉武帝曾对之写诗赞颂，将“天马”的头衔冠给大宛马：“太一贡兮天马下。沾赤汗兮沫流赭。骋容与兮跇万里。今安匹兮龙为友。”

尚武的秦汉时代，马匹颇受珍视，所以出现了大量关于马的艺术品，如秦始皇陵兵马俑陶马、霍去病墓马踏匈奴石马、武威雷台汉墓铜奔马、汉元帝渭陵白玉马等，精品可谓层出不穷。即便如此，鎏金铜马仍能凭其特点脱颖而出，那就是其精湛的铜胎鎏金工艺。

天马徕兮从西极

北方草原向来盛产马匹，尤其是位于新疆及中亚地区的草原，这里汇聚东西各方马匹的优良基因，从而成为全世界著名的产马地，汉代称呼这里为西极，并将这一带所产的马匹贯以西极马和天马的美誉。汉武帝时期，随着边疆战争加剧，对骑兵的需求越来越大，于是驯养马匹，大规模组建骑兵成为国家重要的战略工程。

汉朝以农耕立国，马匹较少，品种也比较单一。张骞出使西域归来后，盛称“西域多善马，马汗血”。汉武帝听说后十分心动，曾遣使者以两千两黄金及一匹黄金铸成的马去大宛国换取汗血宝马。不承想大宛国王吝惜宝马，又见财起意，认为汉朝路远能奈我何，故而杀害使者，夺取黄金。汉武帝龙颜大怒，派遣贰师将军李广利率领大军征讨大宛。经过艰苦的战斗，汉军击败大宛，威震中亚，终于选得数千匹汗血宝马还归长安。

随着汗血马在中原逐渐增多，其品种优势很快被人们认可，主要被用于改良军马马种，或充作高级贵族出行时的仪卫，甚至贵族去世后还要制作汗血马模型用于随葬，根据鎏金银竹节铜熏炉上的铭文可以推想，这匹鎏金铜马是阳信长公主的陪葬品。阳信长公主为汉景帝之长女、汉武帝的姐姐，她与汉武帝关系一直很好，汉武帝得到汗血马后，一定会赠予阳信长公主，阳信长公主生前想必十分喜爱此马，以至于死后都要制其模型以供陪葬。由此，我们才能在两千多年后目睹风靡一朝的宝物。

/ 宝鸡青铜器博物院 /

何以为尊，首铭中国

何尊

年　　代：西周早期
规格尺寸：高 38.8 厘米，口径 28.8 厘米，重 14.6 千克
藏品来源：1963 年陕西省宝鸡县（今宝鸡市陈仓区）贾村镇出土

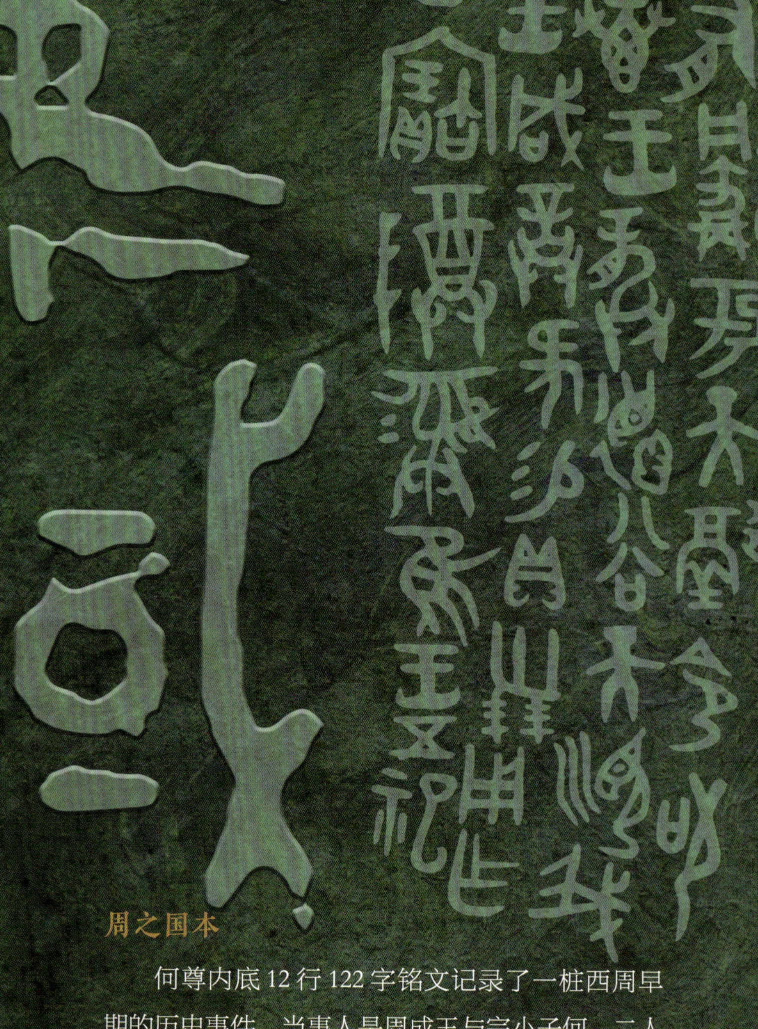

从饕餮纹尊到何尊

1963 年冬，位于宝鸡市以北 10 余千米的贾村镇一村民陈堆在自家后院土崖上偶然发现了一件青铜器，因不知其为何物而置于陈家阁楼上，后托付给其兄长陈湖。1965 年 8 月，因生活贫困，陈湖将何尊卖给废品收购站。同年 9 月，宝鸡市博物馆工作人员佟太放在收购站发现该尊并上报博物馆，最终以 30 元购置，入藏宝鸡市博物馆。何尊最初被命名为“饕餮纹尊”，因为那时还没有发现尊底的铭文。1966 年，王光永在《文物》期刊上发表论文《宝鸡市博物馆新征集的饕餮纹铜尊》，对何尊进行了首次介绍。

1975 年，该尊被列入国家文物局筹备的纪念中日建交赴日文物精品展文物清单之中，在此期间，隐藏于尊内的惊世秘密终于被发现。当年著名考古学家、青铜器专家马承源先生在为筹备展览而清理该尊铜锈的过程中，发现内底有铸铭共 12 行 122 字（3 字坏损），此发现引起了唐兰、马承源、张政烺、李学勤、陈公柔、张长寿等一众著名学者的注意，他们纷纷撰写文章抒发己见。此后，“饕餮纹尊”被改名为“何尊”。何尊呈圆口方体状，四面中线隆起透雕扉棱。口下饰蕉叶纹与蛇纹，腹部和圈足各饰兽面纹，全器以云雷纹填地。器型挺拔厚重，纹饰威严精美，仅凭此便足以作为国之重器。

周之国本

何尊内底 12 行 122 字铭文记录了一桩西周早期的历史事件，当事人是周成王与宗小子何，二人年纪大概都在 20 岁左右。铭文的大体内容是周武王灭商之后告祭于天，周成王迁都洛邑作为天下的中心，即“宅兹中国”，统治万民。周王赏给何贝 30 朋，何因此铸造此尊，以示纪念。整篇铭文与《尚书》中的《洛诰》《召诰》等文献记载相互为证，起到了证史补史的作用，为西周历史的研究和青铜器的断代提供了重要的实物资料。在这篇铭文中，还出现了最早的“中国”二字。

何尊铭文叙述的背景是“成王营建成周”，这是周王朝广有天下之后，在岐周、宗周二都的基础之上，为强化国家统治而实行的政治举措。基本形成了西周“大一统”的政治局面，也奠定了此后三千多年中华文明发展的主基调——突出的统一性。

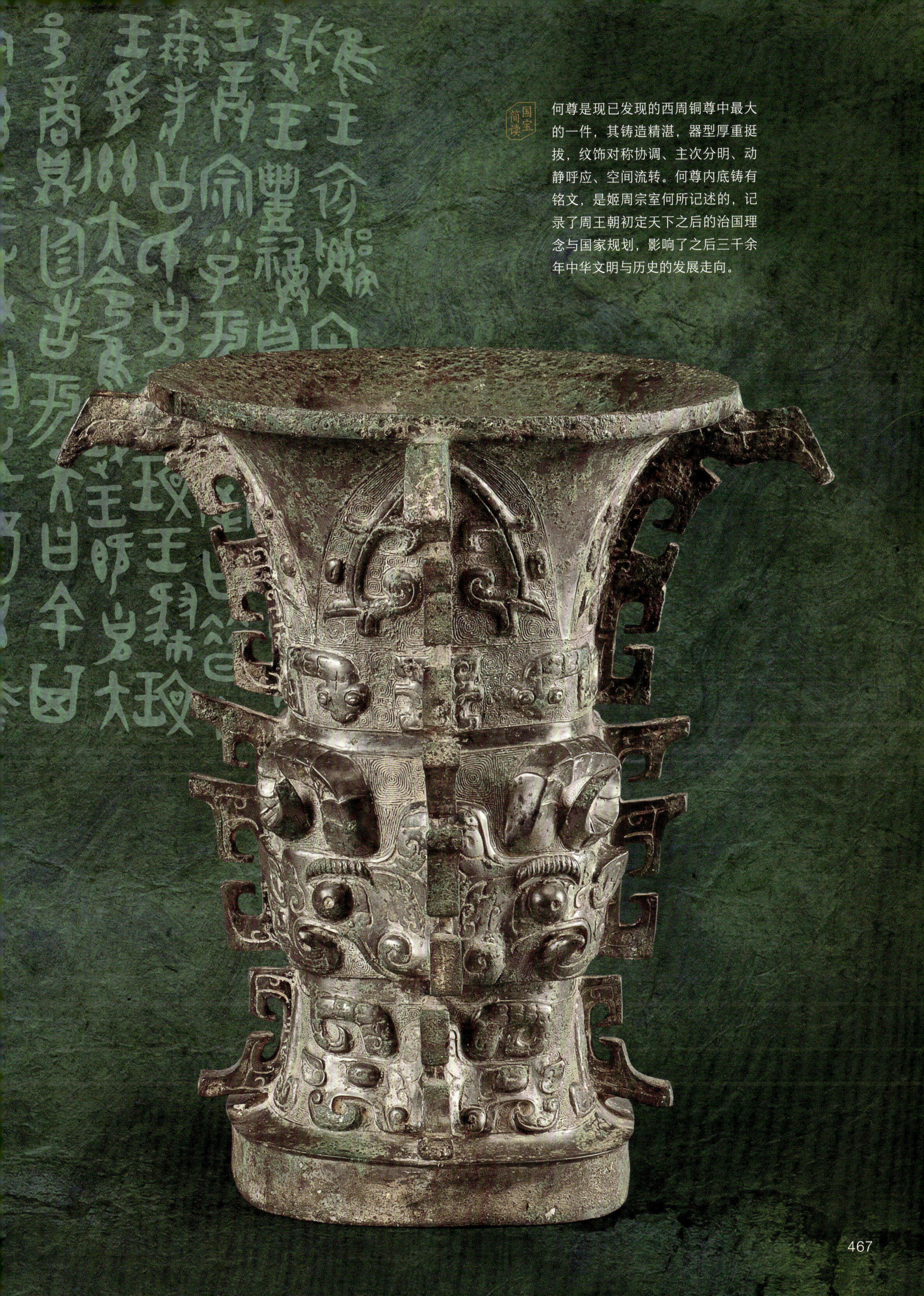

国宝简读

何尊是现已发现的西周铜尊中最大的一件，其铸造精湛，器型厚重挺拔，纹饰对称协调、主次分明、动静呼应、空间流转。何尊内底铸有铭文，是姬周宗室何所记述的，记录了周王朝初定天下之后的治国理念与国家规划，影响了之后三千余年中华文明与历史的发展走向。

/ 宝鸡青铜器博物院 /

史上最华丽的青铜神兽

折觥

年　　代：西周
规格尺寸：通高 28.7 厘米，腹深 12.5 厘米，口纵 11.8 厘米，口横 18.6 厘米，重 9.1 千克
藏品来源：1976 年陕西省扶风县庄白村西周铜器窖藏出土

铜华似锦

折觥作兽首长方体，由盖、身两部分组成，子母口相扣合。盖化作兽首与背部，兽首弯角曲眉，圆眼宽鼻。兽背中心是一条自头部延伸至尾部的扉棱。以扉棱为轴，纵向排列两兽面纹，均张目露齿，双角高耸，靠近头部的兽首还有蜿蜒的兽身。器身约作长方体，前后左右及四角部位各有一条纵向扉棱。前侧上部饰两个仰身龙纹，龙身向后延伸至两侧，中部饰两条下潜的龙纹，下部饰两条向中间游动的凤首龙身纹。器身左右两侧上部饰仰身龙纹，龙角尤其华丽，中部饰大兽面纹。下部饰两条垂冠回首龙纹，尾后还有一条小龙。后侧接有一环形鋬，自上而下分别形成兽首凤鸟和兽首吞鱼尾两个主题，后侧上部为顾首龙纹，中部为下潜的龙纹，下部为凤首龙身纹。

微氏家族与成康时代

折觥 1976 年出土于宝鸡扶风县庄白村 1 号西周铜器窖藏，窖藏出土青铜器众多，为西周时周原大世族微氏家族之微折所作之器。微氏家族原系殷商贵族，武王克商后，微氏家族之列祖朝见武王，后整族被周公安置于西岐，世代充任周王朝史官。

在《史墙盘》铭文中，墙称折作为族长，敬天法祖，重视子孙教育，同时家族人丁兴旺，他本人也健康长寿。从简短的几句话中我们窥探到，既然作为殷遗民的微氏家族都能如此殷实，那么这个时代一定是国力强盛，经济繁荣，文化昌盛，社会安定。根据史料记载，折所生活的时代是“天下安宁，刑措四十余年不用”的成康时代，这一时期后来被史家称为“成康之治”，是中国历史上所载最早的太平盛世。

国宝简读

商周青铜器之华丽者不可胜数，但若要论其中的佼佼者，折觥定然榜上有名。折觥诞生于周原微氏家族，其装饰极尽奢华，兽形的器身又饰以各式兽面、龙、凤，这些造型昂扬自信、彼此争艳的风貌正如该器所属的那个时代——成康之治，无论君王、百姓都各有所得，都能自豪地抒发人生的得意与满足。

/ 甘肃省博物馆 /

史前先民的智慧结晶

人头形器口彩陶瓶

年　　代：新石器时代·马家窑文化
规格尺寸：高 31.8 厘米，口径 4.5 厘米，底径 6.8 厘米
藏品来源：1973 年甘肃省秦安县邵店村大地湾遗址出土

弧边三角纹填充，形成富有变化的图案。

甘肃省博物馆所藏的人头形器口彩陶瓶，因为发现年代较早，当时的认识还不十分明确。1978 年，甘肃省博物馆又对发现这件彩陶瓶的大地湾遗址进行了调查和发掘。据了解，这件人头形器口彩陶瓶出土于遗址菜子台区居住址的东部，菜子台居住址经发掘，包含半坡、庙底沟、石岭下文化遗存。因此，这件彩陶瓶的相对年代得以确定。再结合其瓶身所绘纹饰的风格，考古工作者推测，这件彩陶瓶属于大地湾遗址第三期的遗存，距今 5900—5500 年。

陶瓶为细泥红陶，含有少量的白色细砂，器表打磨光滑，自腹部往下饰浅淡的红色陶衣，器型为两头尖、中间鼓的圆柱体，下腹部内收成小平底。双腹耳已残。陶瓶上腹破裂，经当时人粘接起来，可见在当时制作这么一件精美的物品是不容易的，所以即使破了当时人也十分珍视，进行修复。陶瓶器口做成圆雕的人头像，人头形象塑造得细致生动，连人的发式也刻画得很具体，左右和头后都是披发，前边留着齐刘海。鼻为蒜头形，眼鼻都镂空成孔洞，显得目光深邃，给人以神秘感。嘴微张，似成说话状。两耳均有孔洞，应为垂坠某种装饰品，一耳残。头顶有一圆孔，有一定的实用性。说明这件陶瓶兼具实用性和艺术性。器身上的纹饰，自上向下分为三层，由弧边三角纹填充，形成富有变化的图案。整件器物的装饰融为一体，器腹部的装饰像是这个人物所穿衣服上的图案，与人头像协调一致，给人一种轻快明亮的感觉。

国宝简读

这件陶瓶展现的是一位落落大方的美女形象，体现了先民高超的艺术水平，它是先民对现实生活细致观察后进行的艺术再现。它把人的形象融于器物上，惟妙惟肖，成为一件集彩陶艺术和雕塑艺术为一体的杰作。

/ 甘肃省博物馆 /

秦人崛起西垂的秘密

垂鳞纹秦公铜鼎

年　　代：春秋
规格尺寸：高 41 厘米，口径 40 厘米
藏品来源：1999 年甘肃省陇南市礼县大堡子山出土

国宝简读

20 世纪 90 年代，甘肃省大堡子山遗址的抢救性发掘取得巨大收获，一座拥有大批墓葬和高等级建筑的山顶城址展现在世人面前，墓葬中出土大量精美的青铜器。垂鳞纹秦公铜鼎是其中最重要的器物之一，这件装饰华丽的青铜鼎内铸有铭文“秦公作铸用鼎”六字。

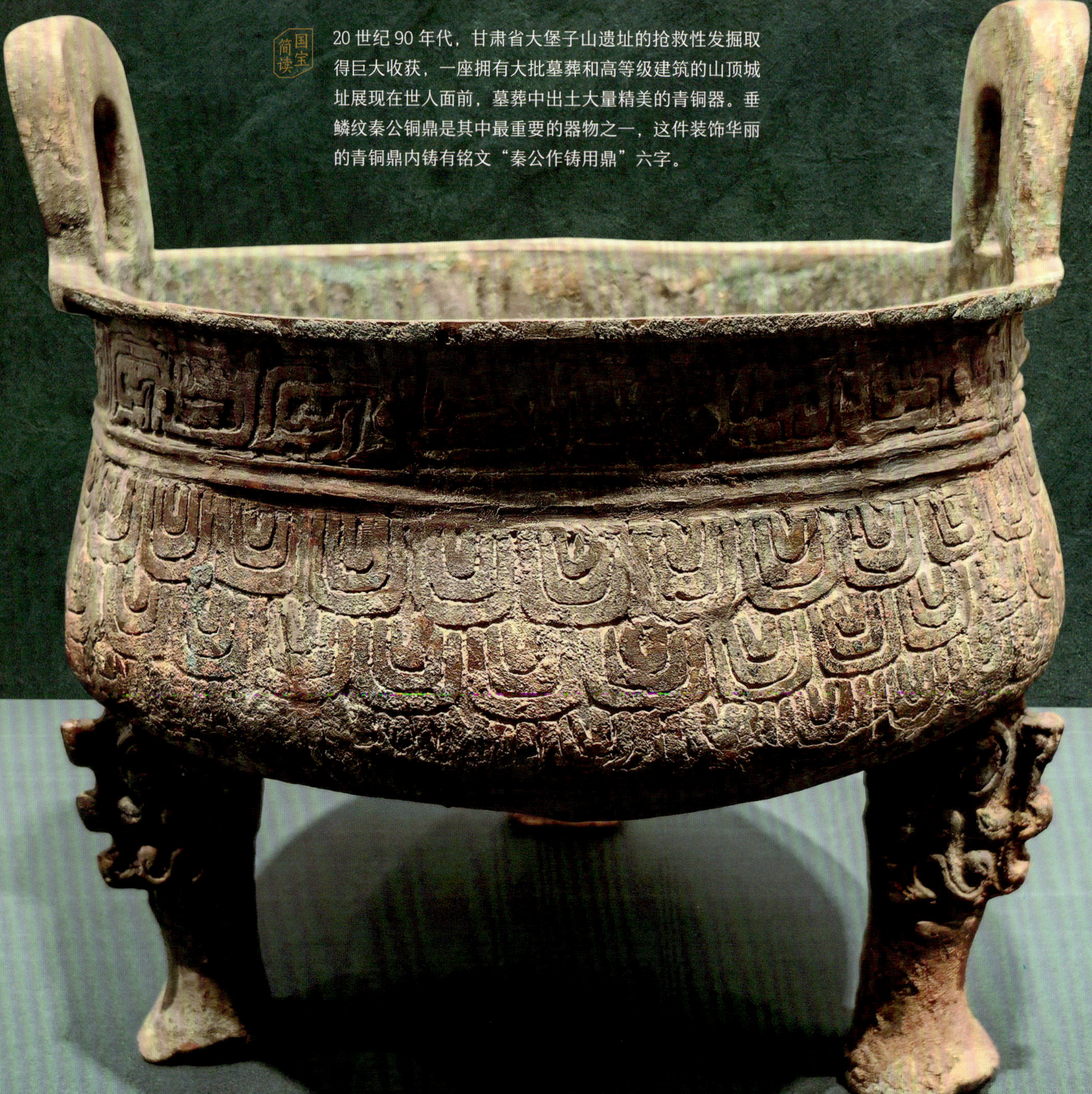

西垂有声

在秦岭的西段，甘肃东南部地区，有一座小山，名为大堡子山，这里群山连绵，水草丰茂，是重要的农业区。自20世纪80年代开始，大堡子山一带盗墓活动渐趋猖獗，深埋于此的故秦秘宝逐渐被发现。

1993年，大堡子山盗墓活动被发觉，甘肃省有关部门及时采取措施，很快遏止了盗墓活动。1994年初，甘肃省文物考古研究所与礼县博物馆入驻大堡子山遗址，开始进行抢救性发掘。经勘探，在大堡子山遗址共发现城址一座，夯土建筑基址26处，墓葬400多座，以及零散分布的文化堆积层。

大堡子山墓地位于礼县以东13千米，属黄土梁峁，东、西、南三面均为沟壑。它北依大薄地峁塬，南临西汉水，西滨固城河，地形险峻，扼守着西汉水进入渭河流域的交通要道，军事地位较为重要。相关部门很快认识到该遗址的重要性，在加强发掘工作的同时，也加大对文物盗掘案件的侦破力度，并成功追缴多批珍贵文物，其中最有名的就是7件秦公鼎。7件秦公鼎虽大小有别，但形制相同。敛口，立耳，浅腹下垂，微圜底，三兽蹄足内敛，足跟有扉棱。耳饰重环纹，颈饰窃曲纹，与腹部垂鳞纹以宽条带相隔。器腹内壁铸铭文二行6字，为“秦公作铸用鼎”。公安部门还缴获铜簋4件，底部铸铭为“秦公作铸用簋”。后经犯罪分子指认，这些铜器应当出自大堡子山墓地3号墓。

另外，上海博物馆马承源先生曾从香港抢救回4件秦公鼎、2件秦公簋，与大堡子山所出相近，极有可能也是出自大堡子山。结合史料，多数学者推断大堡子山一带应当就是春秋时期秦国早期的都邑西垂，此地又名西犬丘。

烈烈襄公，赏宅受国

垂鳞纹秦公铜鼎等青铜器的出现毫无疑问地证明大堡子山遗址是先秦时期秦国一处重要聚落，这里拥有大型城址，2座中字形大墓，众多中小型墓，较多铜器等，显示出这里曾是春秋时期秦人重点经略地区。

大堡子山遗址内有两座诸侯级大墓，垂鳞纹秦公铜鼎就是出自其中之一。学者研究认为，这座墓葬可能是秦襄公夫妇的并穴合葬墓。秦襄公是秦国历史上第一位被封侯的君主，他之前的数代秦君都曾参与和西戎的战斗。周宣王时期，秦庄公在对西戎的战争中取得胜利，夺取了甘肃礼县一带的土地，并定都于此。庄公之子襄公即位后，秦人取得对西戎的全面优势。西周末期犬戎攻入镐京，杀死幽王，秦襄公率秦军护驾，获封岐西之地，并封爵为侯，由此秦人开始逐渐入居关中。

1978年出土于宝鸡陈仓的秦公镈铭文中，秦武公在回顾其先祖故事时称：“我先祖受天命，赏宅受国。烈烈昭文公、静公、宪公不坠于上，昭合皇天，以虩事蛮方。”其中“赏宅受国”正是襄公时期的事情。秦襄公虽已进入关中，但仍将经略的重点放在西垂，即使死后也要将自己埋葬于此，从而昭示为周王朝镇守西方的初衷。

/ 甘肃省博物馆 /

雷台汉墓和西凉铁骑

铜奔马

年　　代：东汉
规格尺寸：高 34.5 厘米，长 45 厘米，宽 13.1 厘米
藏品来源：1969 年甘肃省武威市雷台汉墓出土

铜奔马在 1983 年被国家旅游局确定为中国旅游标志。这件国宝级文物以其独特的艺术造型和深厚的文化内涵，而备受人们赞誉。奔马形态雄壮威武，又以一飞鸟衬托，更显矫健飘逸，成为中华民族精神和文化自信的象征。

雷台汉墓

甘肃省武威市内有一土台，名唤雷台，据说是前凉所筑灵钧台的遗址。现雷台遗址长106米、宽60米、高8.5米。台上有明清时期的古建筑群雷祖殿、三星斗姆殿等10座，其建筑雄伟、规模宏大，是河西走廊著名的道教圣地。

1969年，当地农民在雷台侧面挖地道时发现了一座古墓，经专家鉴定，时代为东汉晚期，墓葬结构是斜坡墓道洞室墓。发现时虽已被盗，但墓葬结构保存基本完好，出土文物也十分丰富。在墓葬的前、中、后三室及左右耳室中共出土随葬品230余件，其中仅铜器就有171件。铜器中以铜车马仪仗俑最为重要，达99件之多，被放置于前室及右耳室，其中举世闻名的铜奔马即出于此。另外，据出土马俑胸前铭文可知，该墓系“守张掖长张君”之墓。

铜奔马常用的名字还有马超龙雀、马踏飞燕等，另外还有马袭乌鸦、鹰掠马、马踏飞隼、凌云奔马等名称。铜奔马呈飞奔嘶鸣状，它躯干壮实，四肢修长，腿蹄轻捷，三足腾空，一足踏飞燕，马尾随风飘扬。这一设计充分反映出当时凉州马种之强健，其艺术价值更是超凡绝俗。1983年10月，国家旅游局将铜奔马确定为中国旅游的标志，2002年1月，铜奔马被列为国家首批禁止出国（境）展览文物。

西凉育马

武威处于河西走廊东端，在汉武帝之前，这里是匈奴休屠、浑邪部所居之地。元狩二年（前121），汉武帝派霍去病出击匈奴，获得河西之地，同时分设武威、张掖、酒泉、敦煌四郡以镇守之。元封五年（前106），汉分天下为13州，各置一刺史，史称“十三部刺史”，河西之地因“地处西方，常寒凉也”而称凉州。

凉州地广人稀，水草丰美，宜畜牧，为历代政府的养马基地。汉武帝为求良马不惜发动战争，并在适宜放牧的河西地区设立了很多牧马苑。当时凡从西域得到良马，必先在河西马场与中原马同牧，这样既可调习军马，又可改良中原马的品种，河西的养马业自此初具规模。东汉时期，河西地区还培育出了兼具乌孙、大宛和中原良种马优点的改良马，这为当地浓郁的马文化提供了坚实的基础。在此背景下，喜爱、熟悉马匹的凉州工匠将一匹凌云飞驰、骁勇矫健的天马形象凝结于器物之上，为后人留下了那个时代奋发向上、豪迈进取的精神气息。

/ 甘肃省博物馆 /

“礼仪之邦”的天下第一简

《仪礼》简

年　　代：西汉
规格尺寸：每枚长 55.5 ~ 56 厘米，宽 0.5 ~ 0.9 厘米
藏品来源：1959 年甘肃省武威市磨嘴子 6 号汉墓出土

国宝简读

《仪礼》详细记述了周代贵族阶层冠、婚、丧、祭、饮、射、朝、聘等各项礼仪和准则，反映了当时上层社会生活诸领域的习俗、制度与道德规范，为贵族子弟入仕前的必修教材。汉《仪礼》简不仅是现存最早的《仪礼》版本，而且是时代最早的手写本经籍，弥足珍贵。

好把汗青传久远

《仪礼》简于 1957 年 7 月出土于甘肃省武威市磨嘴子汉墓群 6 号墓，该墓是一座夫妻合葬的小型单室土洞墓，简册被放置于男棺盖前端，可见墓主人虽非富贵之人，但也是书香之家。简册有竹、木两种，竹木简共出土 469 枚，编为三本，被分为甲、乙、丙三本，甲本每简容 60 字左右，乙本每简容百余字，丙本每简 20 至 60 余字不等。

这批简牍出土时大多光洁如新，细细观之，其制作颇为精细。就其内容而言，以九篇完整的儒家经典《仪礼》最为重要，这九篇分别是甲本的《士相见之礼第三》《服传第八》《特牲第十》《少牢第十一》《有司第十二》《燕礼第十三》《泰射第十四》，乙本的《服传》一篇，丙本的《服传》篇别名《丧服》的一篇。武威汉简《仪礼》的出土，具有重大意义，它不仅使今人看到了汉代写本《仪礼》的真实面貌和汉人诵习的经书样式，而且对研究《仪礼》的版本、流变和文字训诂等都有重要意义。

今古之辨下的独本

《仪礼》传创于周公主政时期，后经孔子修改删定而成，最初称《礼》，至西汉时称《士礼》或《礼经》，传至晋以后方才称《仪礼》。儒家以传承周礼思想为要旨，《仪礼》自是其经典之一。儒家经典历经战国动荡、始皇焚书以及秦末乱世，传至汉代已有两百多年。在此期间，儒家经典或以抄本形式流布，或在师生间口耳相传，不可避免地会发生失传、错漏、曲解、修改等情况。因此当西汉社会稳定后，官方为传承经典之目的，派人四处寻访耆儒硕老，并用当时通行的隶书将寻访得来的经典文本和解释记录下来，这些经典被当时的人称为“今文经”，所谓“今文”就是汉代通行的隶书。后来，随着汉武帝罢黜百家、独尊儒术，儒学成为官方学说，并设五经博士传授今文经。

在今文经大规模流传的过程中，若干战国时遗留下来的儒家经典被陆续发现，这些旧籍多是用战国文字写成的，篇章内容也与当时已立于学官的今文经不同，故称“古文经”。古文经在文本内容、解经方法、学术旨趣、对孔子的态度等方面与今文经存在较多差异。东汉时期，古文经盛极一时，此后今、古文经在冲突之中逐渐融合，汉末魏晋时期著名经学家郑玄、王肃之等注经时，都有兼容古今文之倾向。

磨嘴子汉墓所出简本《仪礼》，据陈梦家先生考证，系今、古文糅合以前的西汉晚期立于学官的今文经本，很可能就是后来盛行于东汉初年的庆氏《礼》的一部分。庆普之《礼》学，乃后仓《礼》学的嫡传，由此简本可窥知西汉后仓氏《礼》的规模及风貌。这是迄今我们所见到的时代最早的手写本经籍，又为我们提供了一窥西汉今文经学面貌的窗口，其珍贵不言而喻。

士相見之禮摯冬用雉夏用居左

不足以辱命請終賜見主人對曰

賓對曰某不以摯不敢見主人對

揖入門右賓奉摯入門左主人拜

得見矣敢辭對曰某非敢求見請

奉摯入主人拜受賓拜送摯出主

人通非賓之吏賓當還其摯往明

/ 甘肃省博物馆 /

黄河之畔的“洋文物”

东罗马神人纹鎏金银盘

年　　代：东汉
规格尺寸：口径 31 厘米，高 4.6 厘米，足径 10.9 厘米
藏品来源：1988 年甘肃省靖远县北滩乡北山东街出土

亚欧大陆是人类文明最早的诞生地，多元文明在此碰撞融合，推动了人类历史的进步。东罗马神人纹鎏金银盘以其精湛的工艺与华丽的纹饰在一众异域文物中脱颖而出，既展现出地中海地区独特的文化与艺术成就，也表现出汉唐时代的雄浑气度。

最中心为高浮雕裸身男士，身披长巾，手握权杖而依立狮，这一形象据研究是古希腊神话中的酒神狄俄尼索斯，另外狄俄尼索斯也是象征希腊丰收的神祇。

银盘向外一周环列十二头像，头像中以动物相间，或为希腊神话中奥林匹斯山的十二主神。

再向外为缠枝卷叶葡萄纹，之间藏匿有三十余只禽鸟等小动物。

来自东罗马的贵客

东罗马神人纹鎏金银盘于1988年出土于甘肃靖远北滩乡，是一农民在挖掘地基时偶然发现的。东罗马神人纹鎏金银盘为银质鎏金，呈铅灰色，侈口弧壁圈足，盘内纹饰密布。底部圈足另有一行錾刻铭文，有学者认为是婆罗米文或佉卢文，还有学者认为是大夏文，即大夏贵霜时代使用的希腊字母草写字。

东罗马神人纹鎏金银盘以其复杂的纹饰著称。如葡萄枝蔓纹，该纹饰虽然经常出现在西方陶器上，但出现在金银器上，并和酒神、奥林匹斯十二主神在一起，在目前全世界已知文物中独此一件。由此来看，这件银盘当非一般实用器，而是专门用于收藏陈设之用，其最初当为地中海高级贵族、甚至王室收藏，价值之大，绝无仅有。

侨居东方的地中海神祇

如果从汉唐长安算起，到东罗马君士坦丁堡直线距离达6800余千米，最短路线约9000千米，根据汉代简牍材料测算当时的交通能力，正常情况下，从君士坦丁堡到达长安要240天至310天。在这条漫长的路程中，无数使者与商人通过接力的方式，将东西方文化传播开来，使人们可以共享世界各地的物产文化与科技进步成果。令当时的中国人感到好奇与着迷的是，来自西方尤其是来自地中海世那些奇异的神明。

中国的两汉时期也是罗马帝国的强盛期，这一时期的罗马帝国以古希腊、罗马神话为基础，构建出自己的信仰世界，也因此诞生出诸多以神祇为母题的装饰元素。仔细观察这些神祇形象，可以发现其所表现的旺盛生命力与汉唐强健雄壮的时代风尚相吻合。虽然其神话背景不为当时的中国人所知，但也并不妨碍将这些神祇作为纯粹的审美对象，这从一个侧面也显示出汉唐时代“王者无外”的广阔胸怀。

/ 甘肃省博物馆 /

中国最早的邮递员

“驿使图”壁画砖

年　　代：魏晋
规格尺寸：长 35 厘米，宽 17 厘米
藏品来源：20 世纪 70 年代甘肃省嘉峪关新城魏晋墓葬群出土

鞍马嘶风驿路尘

“驿使图”壁画砖出土于嘉峪关新城魏晋墓地 5 号墓，1972 年墓葬被发掘后，因其价值极大，于次年被整体搬迁至甘肃省博物馆展览大楼西侧。5 号墓是一座带斜坡墓道的砖室墓，有两个墓室，墓室内遍布彩绘壁画，且主要是反映当时社会现实生活方面的内容，如出行图、驿使图、犁地图、耙地图、耱地图、扬场图等，可以直观地反映当时人们的社会生产、生活场景。

“驿使图”壁画砖，呈长方形，画面中心为一信使，头戴黑帻，着皂缘领袖中衣，左手持棨传文书（棨传为通过关卡、驿站时作为通信凭证的木质符信），右手作握缰状。胯下乘一匹驿马，驿马四蹄腾空，马尾扬起。马身施以朱红色圆点。驿使图生动再现了当时西北地区驿使驰送文书的情景，是我国古代邮驿历史的珍贵资料。1982 年 8 月 25 日，为纪念中华全国集邮联合会第一次代表大会的召开，邮电部（2019 年 12 月改为中国邮政集团有限公司）特别制作发行《驿使图》邮票以纪念之。

朝发咸阳暮及陇

邮驿系统作为古代政府传递文书、接待使客、转运物资的重要网络，在当时的政令传达、文化交流过程中发挥着不可替代的作用。该系统一般不对民众开放，平时用于传达政令，加强中央与地方以及地方与地方之间的沟通与联系，战时用于飞报军情、指挥作战。在遇到重大灾异或事变时，邮驿系统还能成为政府处理紧急事务的渠道。

中国的邮驿系统最早可追溯至商周时期，至秦朝又建立了全国性的邮驿网络。汉承秦制，将邮驿系统进一步扩展，如从河西到西域“立屯田于膏之野，列邮置于要害之路”。完善的邮驿制度加强了内地与边疆的联系，巩固了国家统一，保障了人民往来和中外政治经济文化的交流，促进了商业兴盛和都市繁荣。

在通信手段不发达的古代，面对广阔疆域，中央政令能够及时传递的极限几乎就决定着国家的边界，因此，掌握最快捷的信息传播渠道就意味着掌握了国家的生命线。从史料记载来看，从长安到达敦煌通常需要一个多月到两个月，但紧急军务经邮驿系统传递，仅八天就可从敦煌到达长安，平均每天可传递 216 千米，堪称古代的“顺丰”。

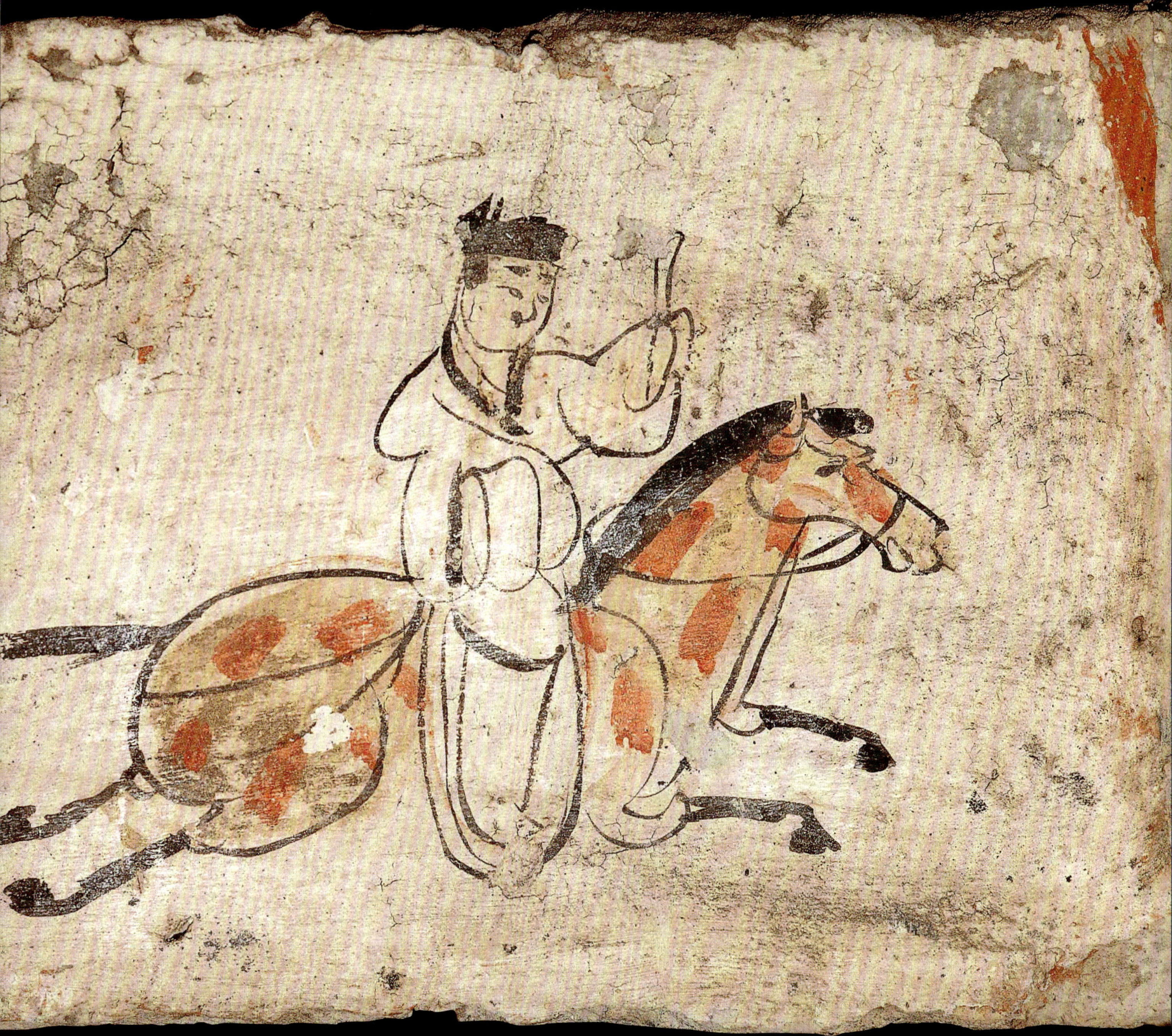

国宝简读

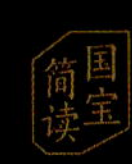

河西地区魏晋时代墓葬中多出砖雕壁画，众多壁画中以驿使图最为出名，堪称艺术性与历史性的完美融合，反映出魏晋时代河西地区邮驿系统的发展程度，同时，也可以作为中原与边疆地区紧密交流的象征。

莫高窟里的佛教艺术瑰宝

《九色鹿拯救溺人本生》壁画

年　　代：北魏
规格尺寸：高 58 厘米，宽 390 厘米
藏品来源：敦煌莫高窟第 257 窟西壁中层

九色鹿搭救溺水的人。

《九色鹿拯救溺人本生》壁画位于敦煌莫高窟，讲述了释迦牟尼前世九色鹿的传奇故事。石窟艺术源自古印度，5 世纪传入敦煌。北魏时期的画匠以九色鹿故事的母题《鲁鲁本生》作底，并结合中国绘画技法，绘就这一传奇作品，具有极高的艺术价值。

“慈悲为怀”的九色鹿王

《九色鹿拯救溺人本生》壁画位于敦煌莫高窟第 257 窟西壁中层。故事最早出现于前 2 世纪巴尔胡特大塔一块圆形浮雕上，4 世纪中叶经阿富汗传入我国西域，5 世纪中传入敦煌。北魏时期的画匠将这一篇讲述释迦牟尼佛前世的传奇故事，以细腻的笔触描绘在敦煌莫高窟内。

传说一只华丽绚烂的九色鹿王，作为释迦牟尼的前身，有着慈悲仁爱的内心。在一个宁静而祥和的午后，鹿王在森林中发现了一个即将溺水而亡的人，他毫不犹豫地投入急流，用自己的力量将溺水者拯救。然而，这位被拯救的人却出卖了鹿王，背弃了他的救命之恩。最终，忘恩负义者受到应有的惩罚。这段故事饱含宗教色彩，象征着慈悲与背叛的对立，以及舍己救人的伟大精神。这幅壁画通过宣扬正义、歌颂高尚品德，以及谴责背弃信任的邪恶灵魂，进一步诠释了善有善报、恶有恶报的宿命论。《九色鹿拯救溺人本生》不仅是一部古老的传奇，更是一幅展现人性光辉与黑暗的壮丽画卷，为后人展示了慈悲与正义的永恒价值。

最完美的“连环画”

石窟艺术是随着佛教从印度传入中国的。古印度气候炎热，佛教徒为了在修行中专注于观想佛像，便开凿山石，营造石室，由此催生了一种特

溺水的人跪地感谢九色鹿的恩情。

溺水的人向国王和王后告密。

国王派出军队抓捕九色鹿。

九色鹿向国王讲述事情的经过。

殊的宗教建筑：石窟寺。这些洞窟内设佛像、佛塔，还装饰有精美的壁画，形成建筑、雕刻和绘画的完美结合。壁画和雕刻的主题围绕着佛陀的生平事迹、佛教经典故事展开，成为信徒们修行时的精神指引。起初，这些造像和壁画仅供禅修之用，后来逐渐演变成一种教化的手段。随着时间的推移，石窟寺的规模不断扩大，艺术呈现愈发辉煌，为千年石窟艺术的诞生奠定了坚实的基础。通常认为，印度巴尔胡特围栏圆形浮雕的《鲁鲁本生》应是第257窟《九色鹿拯救溺人本生》最早的“母题”，它从遥远的印度经克孜尔到了华戎杂处的大都会敦煌，在其旧有的宗教功能之外，又担负起“成教化、助人伦”的社会作用。

《九色鹿拯救溺人本生》的画面采用长卷连环画式的构图，根据故事情节发展从画幅两端开始向画面中央汇聚，这种构图直至今日都是绘画语言中的一种重要表现方式。典型的情节性、叙事性构图形式在壁画中得到广泛运用，画匠多用散点透视来表现全部画面内容，打破时间与空间的约束，整体看有很强的序列式美感。画面中的色彩在统一色调中交相呼应，将主体形象和环境融合连接。画匠将三种以上不同的色彩在填充画面时相互间隔，根据画面的虚实需要，色彩的间隔时而无规律、时而有规律，错落却有序。从艺术史角度来看，《九色鹿拯救溺人本生》是北魏时期横卷式壁画的代表作品，是同类题材中保存最完整、最完美的“连环画”。

/ 宁夏博物馆 /

西夏王朝的岁月遗痕

鎏金铜牛

年　　代：西夏
规格尺寸：长 120 厘米，宽 38 厘米，高 45 厘米，重 188 千克
藏品来源：1977 年宁夏回族自治区银川市西夏陵区 101 号陪葬墓出土

一脚踢出来的国宝

西夏，是由党项人于 1038 年建立的王朝，传主十位，国祚近两百年，疆域范围大致在今天的宁夏、甘肃、青海东北部、内蒙古西部以及陕西北部地区。西夏定都兴庆府，即今天的宁夏银川市。1976 年 8 月，考古工作者对西夏王陵 101 号陪葬墓进行了正式发掘，然而令人遗憾的是，这里的珍贵文物竟已被盗墓贼掠夺一空。1977 年 3 月，在深达 21 米的墓道中，一位年轻的工作人员踢了一下脚底的土块，没想到竟露出一个硬物，正是铜牛的一角。原来，被盗墓者爆破毁掉的墓门在坍塌时竟意外地掩护了鎏金铜牛，使它奇迹般地幸存至今。

这件鎏金铜牛采用传统的外范内模方式浇铸而成，腹内空心。外范内模法，也称为范模铸造法，是青铜器铸造工艺中最常见的一种方法。过程包括制模、翻外范、制内范、合范、浇铸等步骤。铜牛外表通体鎏金，比例匀称，形象逼真，工艺精湛，牛身呈屈肢趴卧姿态，双眸遥望远方，四肢结实有力，身形健壮，线条流畅，体态硕大，是西夏文物中的珍品，被誉为“西夏第一牛”。

农耕文明的见证

西夏是由党项人建立的政权，“党项”之名始见于《隋书》，是古代羌族的一支，其王都所在的宁夏平原被称为“河南膏腴之地”。这里气候适宜，水源充足，适宜种植稻麦等农作物，是西夏国最重要的产粮区。有学者指出，西夏王朝统治西北的 200 多年中，是汉唐以来宁夏平原农业经济最繁荣的时期，可谓富甲天下。

由西夏王陵出土的鎏金铜牛和榆林窟西夏壁画中的“二牛抬杠”犁耕图来看，西夏的农业生产中普遍使用了和中原地区相同的耕种方法。西夏人使用的耕犁结构与宋朝境内汉族农民所使用的相差无几，有犁、铧、犁弯、犁项等，而耕牛作为拉犁的畜力，在西夏人的生活中一定占据着重要地位。根据现场发掘情况推断，铜牛很可能是西夏贵族或重臣墓中的主要随葬品之一，它们是西夏从游牧部落社会向农耕社会转变的重要历史见证。

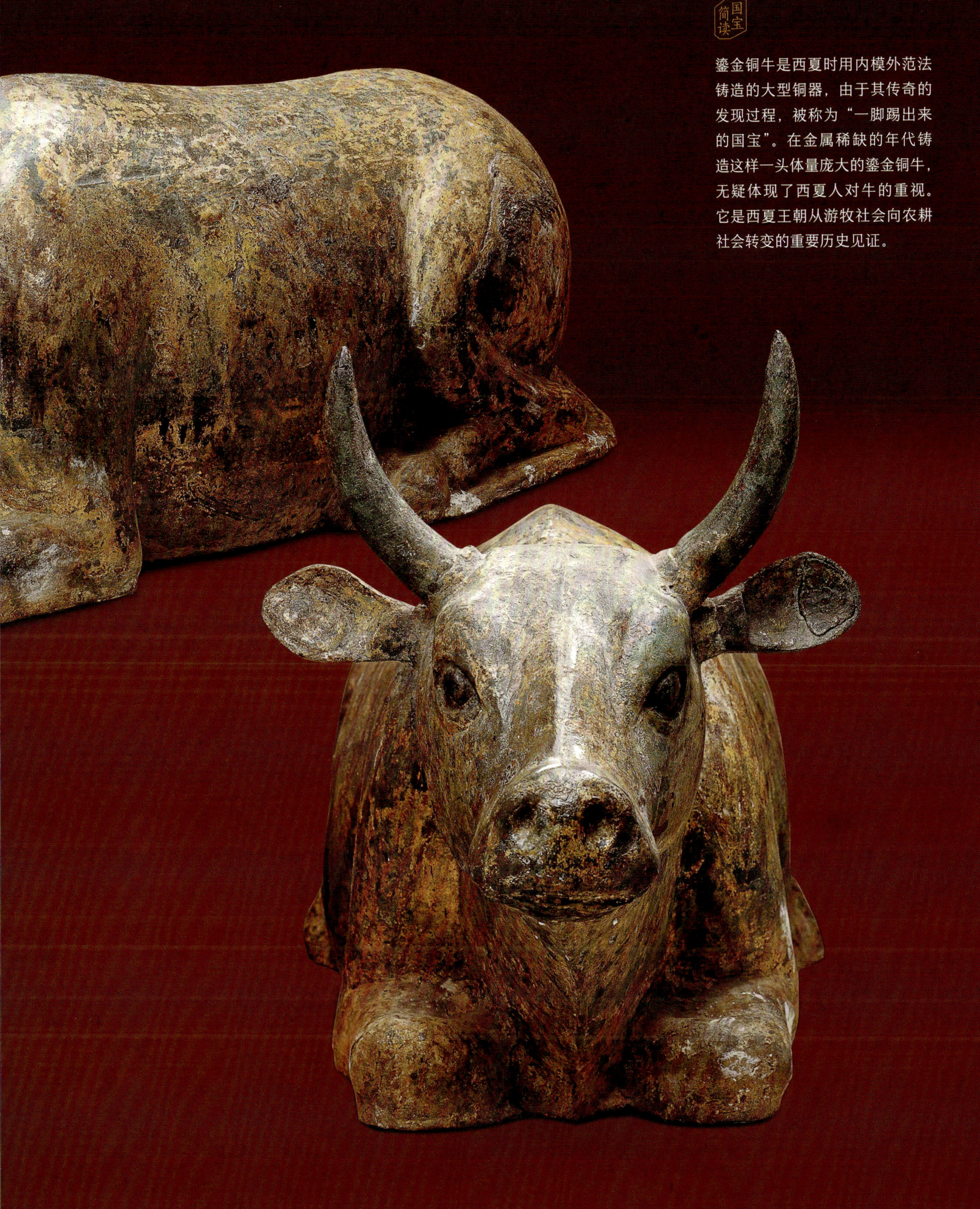

国宝简读

鎏金铜牛是西夏时用内模外范法铸造的大型铜器，由于其传奇的发现过程，被称为“一脚踢出来的国宝”。在金属稀缺的年代铸造这样一头体量庞大的鎏金铜牛，无疑体现了西夏人对牛的重视。它是西夏王朝从游牧社会向农耕社会转变的重要历史见证。

/ 宁夏固原博物馆 /

丝绸之路传来的萨珊王朝器物

鎏金银壶

年　　代：北周
规格尺寸：通高 37.5 厘米，最大腹径 12.8 厘米，重 1.5 千克
藏品来源：1983 年宁夏回族自治区固原市原州区南郊乡李贤夫妇合葬墓出土

来自异域的银壶

这件银壶细长颈，下腹圆鼓，壶腹与底座连接处有 11 个凸起的圆珠，组成一周联珠纹，环形单把，把顶铸有一个深目高鼻、头戴盔帽的人头像，具有典型的波斯萨珊王朝风格。银壶腹部半浮雕 6 个人物图像，人物可分为三组，两人一组。俄罗斯圣彼得堡艾尔米塔什国家博物馆马尔萨克教授认为壶腹上描绘的是古希腊神话中的一段著名故事，即引发特洛伊战争的帕里斯与金苹果的故事。这场战争的起因是特洛伊王子帕里斯诱拐了希腊国王之妻海伦，引来希腊各城邦出兵征讨，经过长达十年的战争，希腊联军利用木马计谋成功进入特洛伊城，最终摧毁了这座名都。希腊故事、波斯器物、中国出土，这样一件独一无二、精美绝伦的文物串起了三大文明，是固原博物馆的“镇馆之宝”。

鎏金银壶为何现身李贤墓

西汉张骞所开通的丝绸之路逐渐成为中西方贸易往来的重要路线。十六国以后，东西方奢侈品贸易逐渐扩大，中亚、西亚的金银器成为这种贸易活动的重要商品。据史书记载，墓主李贤曾被周武帝宇文邕重用，长期主政丝绸之路沿线州府，统领“三州七防诸军事”，是北周的西陲大吏，死后赠封柱国大将军。在李贤主政期间，“百国千城，莫不欢附，商胡贩客，日奔塞下”，足见当时丝路贸易的繁荣。所以，既有近水楼台之便，又加上波斯金银器深受当时贵族阶层喜爱，那么鎏金银壶出现在李贤墓中便不难理解了。

国宝简读
汇聚了希腊、波斯和中国三大文明元素的鎏金银壶，是丝绸之路贸易的重要见证，承载着跨越数千里的文化交流和商业往来的历史，见证着东西方文化的交融与互动。
环形单把把顶上的深目高鼻、头戴盔帽的人头像，具有典型的波斯萨珊王朝风格。
高圈足座，足座下部饰一周由20个凸起的圆珠组成的联珠纹。

/ 青海省博物馆 /

连臂踏歌的真实写照

舞蹈纹彩陶盆

年　　代：新石器时代·马家窑文化
规格尺寸：高 12.3 厘米，口径 26.4 厘米，腹径 26 厘米，底径 5.2 厘米
藏品来源：1994—1995 年青海省同德县宗日遗址出土

国宝简读

青海省同德县宗日遗址出土的这件舞蹈纹彩陶盆是马家窑彩陶艺术的杰作，与大通县上孙家寨出土的舞蹈纹彩陶盆堪称青海马家窑文化彩陶的“双璧”。它们都真实反映了先民们在重大活动中群舞的热烈场景。

时代就已经被制作出来。彩陶纹饰蕴含社会生产、巫术活动、图腾崇拜等元素，生动展现了先民的物质生活和精神世界。原始舞蹈作为先民最基本的艺术活动之一，大多采取集体歌舞的形式，从许多新石器时代的彩陶文物中都可以找到原始舞蹈的遗迹。

出土于青海省同德县宗日遗址的舞蹈纹彩陶盆，折沿，微敛口，平底。上腹彩绘三线钮结纹，口沿绘斜线与三角纹。盆内主题纹饰是舞蹈纹，在彩陶盆内壁上有两组舞蹈图像，一组 11 人，一组 13 人，共 24 人，是现存同类舞蹈纹彩陶文物中人数最多的一件。两组舞者身穿球形裙装，牵手共舞，有的双腿并立，有的微微分开，使得整个静态画面充满了动感。人物动作栩栩如生，神态逼真，用流畅一致的实线勾勒，写实性强，给人留下深刻印象，生动再现了古代先民们在劳动之余，欢快地手牵手共舞、歌唱的场景。以舞蹈纹彩陶盆为代表的一批文物为研究马家窑文化增加了新的材料，也为我国原始社会美术、舞蹈史的研究提供了珍贵的实物例证。

舞以娱神

马家窑文化所处的新石器时期，是农耕文明的发展初期，同样也是巫术活动和宗教祭祀并存的时期。原始宗教和巫术仪式在这一时期得到了高度发展，人们常常在特定节日举行各种规模的祭祀和祈祷活动。仔细观察可知，舞蹈纹彩陶盆上的舞者大多是五人一组，舞姿整齐划一。舞者头部的装饰被认为是“干戚羽旄”，由此推测，这群舞者也许正在进行一场规模盛大的宗教活动。

因为农业生产对新石器时代的先民而言至关重要，所以除在农耕季节展开繁忙的耕作活动外，当时的人们还通过丰富多彩的歌舞活动来娱乐神明，以祈风调雨顺。《诗经 · 陈风 · 宛丘》有云：“坎其击鼓，宛丘之下。无冬无夏，值其鹭羽。”多数学者认为，这位无论冬夏都在舞蹈的人物大概就是一位巫师。彩陶纹盆上的舞者与她一样，试图用优美的舞姿取悦神明，从而换取神明对人类的照拂。

/ 青海省博物馆 /

永宣时期的藏传佛教造像

永乐款铜鎏金观音像

年　　代：明永乐
规格尺寸：高 145 厘米，底座长 63 厘米
藏品来源：青海省乐都县（今海东市乐都区）瞿昙寺旧藏

传世观音

旧藏青海乐都瞿昙寺的永乐款铜鎏金观音像，铸造材料为铜，外部鎏金。观音发髻高耸，头戴华美的佛冠，袒露上身，腰身纤细，双手各执一枝莲花，衣带由双肩沿手臂自然下垂。下身则穿着华丽的长裙，庄严地立于莲花座上，莲座上下雕刻有连珠纹和仰覆莲瓣。观音像整体造型优雅自然，衣饰繁复精致，气质雍容华贵。作为明代金铜造像的杰作，这件文物是由明成祖朱棣布施给青海瞿昙寺的，因此在佛像双脚前的莲座上还刻有“大明永乐年施”的汉藏文字款。

大明与藏传佛教的二三事

人们不禁好奇，为何朱棣要将如此精美的观音像送入青海呢？明代藏传佛教又为何得到如此重视呢？据《明史》记载：“初，太祖招徕番僧，本藉以化愚俗、弭边患，授国师、大国师者不过四五人。至成祖兼崇其教，自阐化等五王及二法王外，授西天佛子者二、灌顶大国师者九、灌顶国师者十有八，其他禅师、僧官不可悉数。”最初，太祖朱元璋礼遇番僧，目的是教化民众及巩固明代边疆地区的统治，因此授予僧人荣誉官职。从洪武到永乐，此项政策得到延续，藏传佛教徒群体受到朝廷加封的人数也越来越多。永乐皇帝将如此精美的观音送至青海乐都瞿昙寺，正是其崇信藏传佛教最好的佐证。

及至宣德年间，藏传佛教僧人开始长期留驻北京。《明宣宗实录》记载，宣德五年（1430），“乌斯藏阐教王头目朵令遣来锁扎失思奏：‘愿居京自效。’命为所镇抚，赐冠带、金织袭衣、彩币、钞、布，仍命有司给房屋、器皿等物如例”。永宣时期，来朝番僧使团数目陡升，可谓络绎于途。这些活动不仅仅是单纯的宗教行为，更是一种全面的社会互动，加强了沿途各地区之间的联系和合作。在明朝文化与宗教政策的推动下，汉藏之间的交流更加频繁，为边疆地区的稳固和民族团结奠定了基础。

国宝简读

旧藏青海乐都瞿昙寺的永乐款铜鎏金观音像，堪称铸造精美的艺术珍品，其精湛的工艺和华丽的外观，反映了明朝时期汉藏交流融合的深度和广度。这一观音像不仅仅是一件宗教信仰之物，更是明朝为加强汉藏关系、巩固边疆统治留下的珍贵见证。

/ 新疆维吾尔自治区博物馆 /

精绝故地的蜀锦
"五星出东方利中国"织锦护臂

年　　代：汉
规格尺寸：长 18.5 厘米，宽 12.5 厘米，系带长 21 厘米
藏品来源：1995 新疆维吾尔自治区民丰县尼雅遗址 1 号墓地 8 号墓出土

五星出东方利中国

1995 年，由中、日学者共同组成的尼雅遗址学术考察队成员对新疆民丰县尼雅遗址附近的一处墓地展开例行考古挖掘。尽管挖掘已持续数月，他们却未能发现新的重要遗物或线索。可是，当考古人员打开了一座二人合葬墓后，其中一位墓主人臂上绑缚的一件色彩鲜艳的织锦立即吸引了大家的注意。

织锦呈长方形，圆角，四边用白绢包缘，长边各缀有三根黄绢带。锦为蓝、黄、绿、白、红五色经线和两组纬线交织而成的五重平纹织物。蓝色为地，花纹主体为平行排列的孔雀、仙鹤、辟邪、夔龙和虎等祥禽瑞兽以及代表日月的红白圆形纹。以卷曲的植物蔓藤及两蕾一花做间隔。在花纹中间织出隶书"五星出东方利中国"。

"中国"一词最早见于西周青铜器"何尊"，古代一般用来代称中原地区。五星指辰星、太白星、荧惑星、岁星和镇星，即现代天文学中的水星、金星、火星、木星和土星五颗行星。《史记·天官书》记载："五星分天之中，积于东方，中国利；积于西方，外国用者利。"织锦上织出此句，是祝福中原王朝吉祥顺利之意。这块织锦的制作图案精美，工艺极为复杂，代表了汉式织锦的最高水平。

皇帝的命令

自汉武帝开辟河西四郡以来，沿着河西走廊设置亭障并派驻重兵，以保护通往西域的道路。与"五星出东方利中国"织锦一同出土的，还有一块题材相同的织锦残片，文字为"讨南羌"。它们之间是否存在联系呢？据《汉书·赵充国传》记载，汉宣帝曾派遣赵充国攻打羌人，他在诏书中说："今五星出东方，中国大利，蛮夷大败。太白出高，用兵深入敢战者吉，弗敢战者凶。将军急装，因天时，诛不义，万下必全，勿复有疑。"织锦上的文字也许可以连读为"五星出东方利中国讨南羌……"，其中蕴含的似乎就是汉宣帝借天象占辞催促赵充国出兵的历史背景。

织锦出土地尼雅遗址是丝绸之路南道交通上一处必经之地，为汉精绝国故址。精绝国是汉代西域 36 国中地处塔里木盆地南缘中部的一个小国。东汉时期被鄯善国吞并，魏晋之后湮没于浩瀚的历史长河中。除尼雅遗址外，新疆其他地区出土的同时期织锦上也有不少带有文字的例子，其内容多为隶书吉祥语。自赵充国平定羌乱之后，西陲边境基本安定，并一直维持到西汉末年，织锦中出现"五星出东方利中国讨南羌……"的字样，说明这一事件在当时具有十分重大的意义。

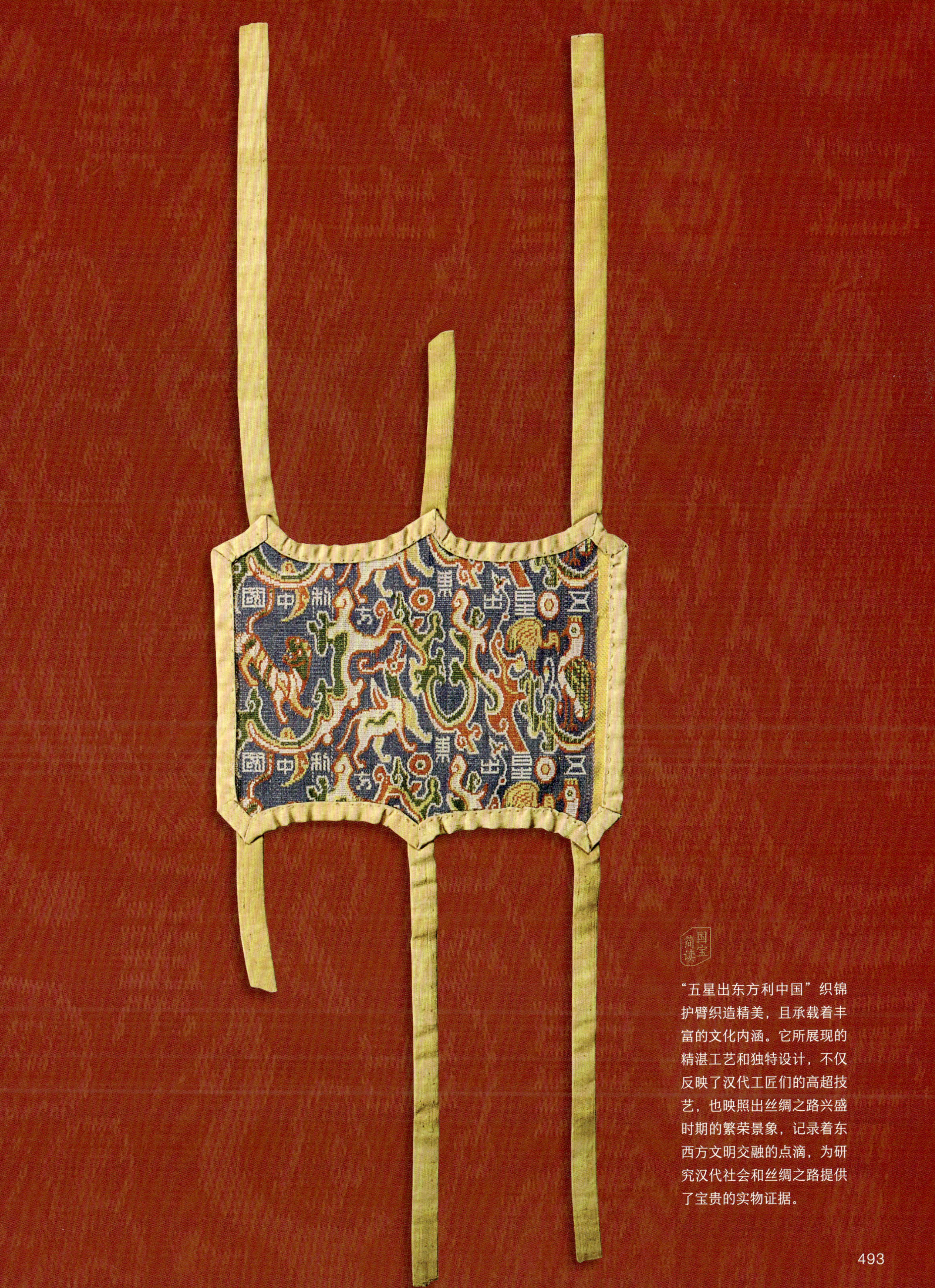

国宝简读

“五星出东方利中国”织锦护臂织造精美，且承载着丰富的文化内涵。它所展现的精湛工艺和独特设计，不仅反映了汉代工匠们的高超技艺，也映照出丝绸之路兴盛时期的繁荣景象，记录着东西方文明交融的点滴，为研究汉代社会和丝绸之路提供了宝贵的实物证据。

/ 新疆维吾尔自治区博物馆 /

千年木雕艺术的传神之作

彩绘踏鬼天王木俑

年　　代：唐
规格尺寸：高 86 厘米
藏品来源：1973 年新疆维吾尔自治区吐鲁番市阿斯塔那墓地 206 号墓出土

威风凛凛的天王

彩绘踏鬼天王木俑中的天王身披施彩铠甲，头顶发髻高绾，搭配一根红色头带，独具特色。铠甲以鲜艳的大红为底色，上绘流云纹牡丹花卉，边缘有鎏金边饰，色彩绚丽堂皇，充满艺术感染力。胸前一对绿色护心镜，双肩有护膊，呈虎头状。虎口中吐出粉白色菱格纹内衬，其纹饰和色彩与唐代织物相似，推测为仪仗用绢甲。天王脚穿彩绘长靴，左脚踏地，右臂高高举起，手呈半握状，原本似握有兵器。左臂前伸，右脚踏于小鬼肚腹，右脚底部有圆柱形榫头，巧妙地插入小鬼腹部的卯眼中。天王的面容栩栩如生，他眉峰上扬，双目圆瞪，血盆大口露出结实而有力的雪白牙齿，面部肌肉层次分明，透露出强烈的正义之气。小鬼则形象简洁，头戴橙色小帽，面部以墨线勾出五官，身体大部分区域呈木质本色，下身着一条橙色短裤，双手背撑，仰面半卧，宽嘴短鼻。小鬼的身体扭曲，表情痛苦，呈垂死挣扎之态，这也使天王之神勇更加突出。这件木俑由三十余块大小不一的木料雕琢并黏合而成，甚至连最细小的部分如天王的牙齿都可以拆卸。

墓主的守护神

古人相信人去世之后灵魂不会消失，逝者在阴间依然可以继续生活，因此形成了丰富多样的丧葬习俗。其后代会在墓中放置各种随葬品，以供逝者使用。同时，为了抵御邪祟和恐吓盗墓者，常在墓中摆放镇墓俑，起到警示和守护的作用。这一习俗在中原地区盛行，唐朝建立西州后，西州人民也开始仿效中原的丧葬方式。

考古学家在进行墓葬发掘时，经常会发现踩踏在卧牛、怪兽或昆仑奴身上的武士俑，这些俑被称为天王俑，是唐代墓葬中最常见的镇墓俑之一。它是在武士俑的基础上发展而来的，既能降魔伏妖，也能驱鬼辟邪，保护墓主人的安宁，常作为镇墓兽的搭档。它们多摆在墓道或墓室前面，镇墓兽在前，天王俑在后，通常成对出现，左右排列。天王俑的形象源于佛教中的护法神，随着佛教传入中国并逐渐汉化，这些护法神的形象也发生了变化，最终变成了具有中国武士特色的形象。

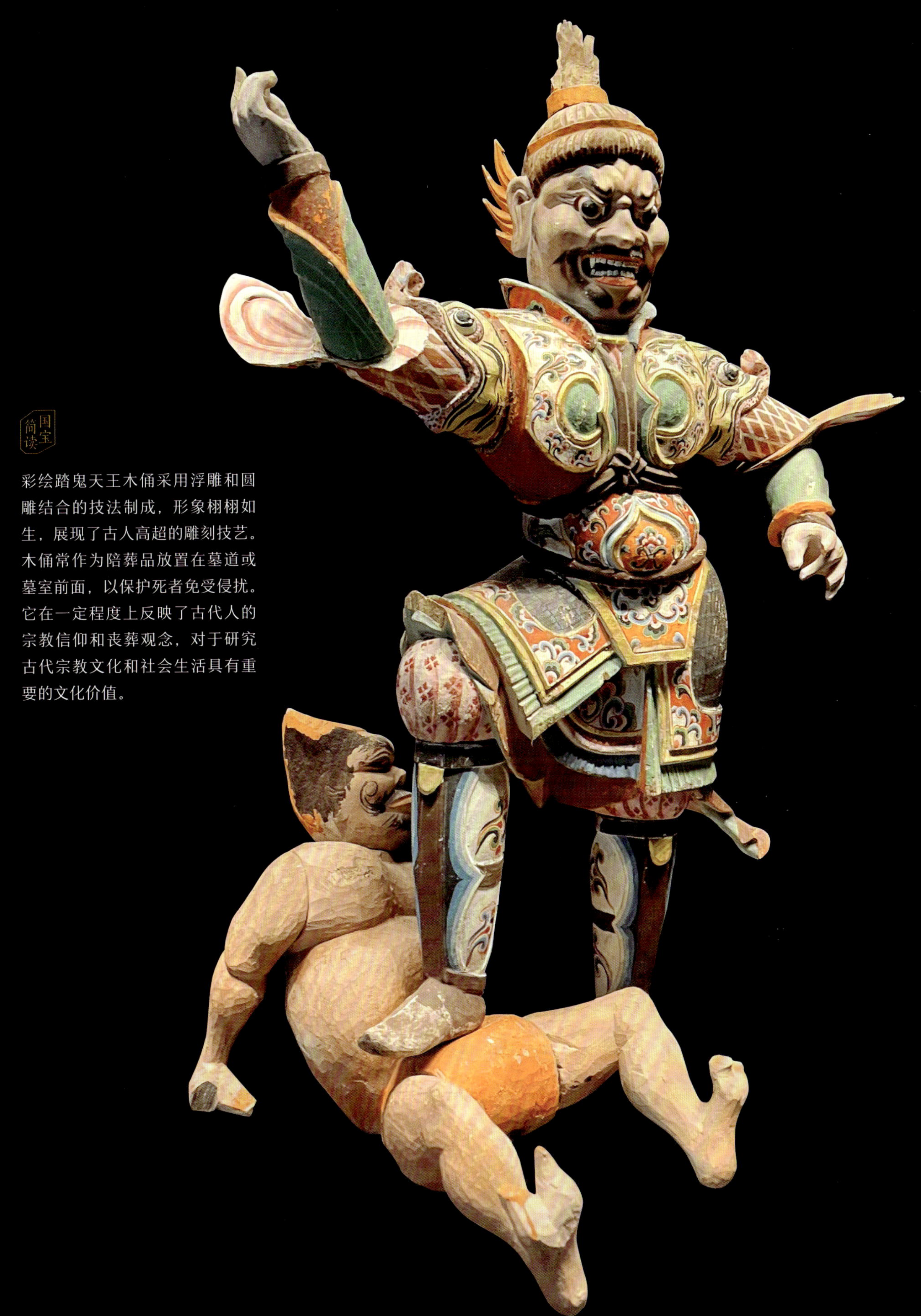

国宝简读

彩绘踏鬼天王木俑采用浮雕和圆雕结合的技法制成，形象栩栩如生，展现了古人高超的雕刻技艺。木俑常作为陪葬品放置在墓道或墓室前面，以保护死者免受侵扰。它在一定程度上反映了古代人的宗教信仰和丧葬观念，对于研究古代宗教文化和社会生活具有重要的文化价值。

/ 新疆维吾尔自治区博物馆 /

衣香袂影是盛唐

彩绘骑马戴帷帽仕女俑

年　　代：唐

规格尺寸：高 39 厘米

藏品来源：1973 年新疆维吾尔自治区吐鲁番市阿斯塔那墓地 187 号墓出土

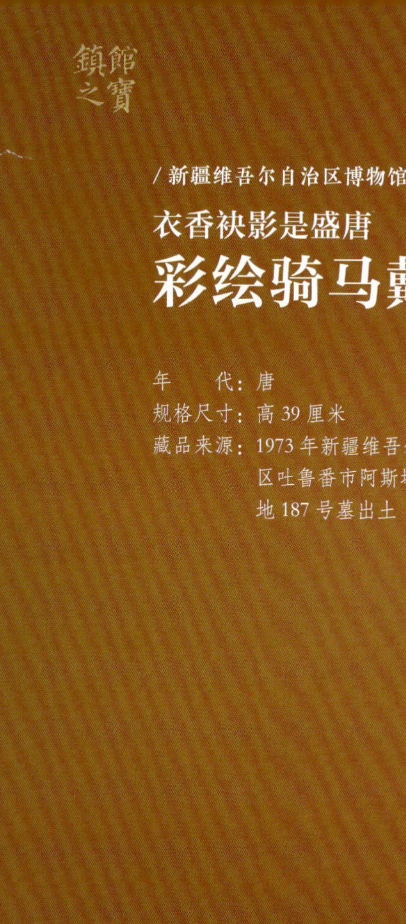

彩绘骑马戴帷帽仕女俑生动展现了唐代吐鲁番地区女子身穿精致华服骑马出行的场景，细腻地表现了当时女子的生活状态和社会风貌。襦配长裙的着装形式不仅体现了当时社会开放、包容的风气，更是丝绸之路上文化交流的见证。因此，仕女俑不仅是唐代艺术的珍贵遗产，更是多元文化交融的生动体现，是研究唐代社会、文化和历史的重要实物资料。

骑马出游的仕女

如果梦回千年之前，你会选择怎样的娱乐方式享受休闲时光？让我们将视角聚焦唐代的吐鲁番。那时，下围棋、剪纸、书法、画画等都备受吐鲁番女子的推崇，而每到春意盎然、万物复苏之时，久居深闺的女子更喜爱另一种休闲方式——骑马出行。出土于吐鲁番阿斯塔那墓地的彩绘骑马戴帷帽仕女俑为我们生动地展示了这一场景。

枣红色马儿之上，仕女扎着高高的发髻，顶着锥形黑色高帽，帽檐上垂着黄色薄纱。纱笼半遮半露，颇有风韵。透过薄纱，只见仕女白皙的脸上略施粉黛，朱唇轻点，眉横远山，仔细观察，便知她在镜前一定花费了不少时间，每一缕头发都被仔细地整理好，妆容无瑕。仕女身穿黄色碎花襦衫，下着鹦哥绿绣花长裙，脚蹬黑色软底靴，轻踏在马镫上。只见她腰身笔挺，左手紧握缰绳，右手自然下垂，一派气定神闲的态度，一看就知是位熟于鞍马的老练骑手。

唐代流行的修身款女装

唐代女装款式丰富多样，变化万千，但总体上可以分为三大类型：襦配长裙、胡装和女着男装。其中最为常见的装扮形式是襦配长裙，以这件骑马仕女俑的穿着为例：上身穿着短襦或衫，下身搭配长裙，并配以披帛，外加半臂（即短袖），衣领处开口较大，下摆部分则束于腰内。这种装扮整体效果非常出众，上衣短小贴身，下身长裙曳地，使体态显得尤为苗条和修长，女子曼妙的身姿得以完美展现。正因如此，襦配长裙成为唐代女性最为流行的一种着装形式，深受年轻女子的青睐。

/ 新疆维吾尔自治区博物馆 /

唐代贵族妇女的服饰与生活

弈棋仕女图

年　　代：唐
规格尺寸：纵 63 厘米，横 54.3 厘米
藏品来源：1973 年新疆维吾尔自治区吐鲁番市阿斯塔那墓地 187 号墓出土

巾帼棋手

唐代围棋对弈之风盛行，无论宫廷内外、文人群体，还是深闺之中，都热衷于此道。那时还出现了职业围棋手，称为“棋待诏”，专门负责陪皇帝下棋。这幅屏风画正是唐代上流社会妇女尚弈的生动写照。

画中共描绘了两位对弈者，只是左边的人物已经缺失。右边一位仕女着绯衣绿裙，尽管下身已经残缺，但整体形象仍然较为完整。仕女面部化有红妆，艳如晚霞。额头白嫩，鼻梁挺直，眉间点缀着蓝色心形花钿，内绘菊花图案。她的眼睛上挑，眼线细长，眉黛如画，朱唇如桃花，乌黑浓密的头发梳成高束蓬松的发髻，饰以簪花宝钿。体态雍容丰腴，展现出了唐代美女肌胜于骨的特点，侧身坐在地毯上，披着薄纱披肩，双目专注于棋局，右手食指和中指灵巧地夹着一颗棋子，正准备放在棋盘上。画的左右两侧各有数名侍女，身着长袍。由于绘画中运用了晕染技法，整幅画面人物线条柔美均匀，赋彩高雅明丽，将贵妇夹棋欲置的姿态和全神贯注的神情描绘得惟妙惟肖。

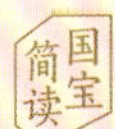

《弈棋仕女图》是唐代的设色绢本画。该画出土时已破碎，后经专家精心修复，重现了大体完整的 11 位妇女儿童形象。《弈棋仕女图》反映的是贵族内眷家居生活，虽出土于边疆，却透露出中原气息。是中原与西域交流融通的珍贵史料。

生活风尚标

640年，唐朝设立西州都护府后，中原与西域的经济文化交流更加密切。这幅绢画虽然出自边疆，却生动描绘了典型的唐代贵族妇女形象。在《弈棋仕女图》中，贵妇身着唐装，但发型却是西域流行的回鹘髻，不仅体现了中原地区的服饰文化在新疆地区的流行，也反映了边疆地区对中原文化的影响。这种现象正是我国各民族文化互鉴融通、相互影响的结果。

围棋的历史源远流长，据传起于尧舜时期，是我国古代四大艺术"琴棋书画"之一。初唐时期，围棋活动由宫廷发起并逐渐向民间传播。到了盛唐时期，在唐玄宗的大力倡导下，围棋活动盛极一时。《弈棋仕女图》中的贵妇以围棋为娱乐，说明当时中原的弈棋风尚已传至高昌（今新疆吐鲁番）地区。画中贵妇的装扮和姿态，不仅展示了她们优雅的生活方式，还反映了围棋作为一种高雅娱乐方式在上流社会中的普及和影响。

镇馆之宝索引

新石器时代

夏商

P026

四羊方尊

高 58.6 厘米，
上口最大径 44.4 厘米，
重 34.6 千克

中国国家博物馆

P036

亚醜方尊

通高 45.5 厘米，
宽 38 厘米，
口径 33.6 × 33.4 厘米，
重 21.5 千克

故宫博物院

P072

司母辛方鼎

高 80.1 厘米，
口长 64 厘米，
宽 48 厘米，
足高 31 厘米，
重 128 千克

中国考古博物馆

P074

夔鋬象牙杯

通高 30.5 厘米，
口径 10.5 ~ 11.3 厘米，
切地径 8.8 ~ 9 厘米

中国考古博物馆

P100

龙形觥

高 19 厘米，
通长 43 厘米，
宽 13.4 厘米

山西博物院

P146

亚醜钺

通长 32.5 厘米，
刃宽 34.5 厘米，
肩宽 23.3 厘米

山东博物馆

P254

鹿方鼎

通高 60.9 厘米，
口长 51.4 厘米，
宽 37.4 厘米，
重约 60.02 千克

台北“中央研究院”历史语言研究所

P254

牛方鼎

通高 73.3 厘米，
口长 64.2 厘米，
宽 45.4 厘米，
重 110 千克

台北“中央研究院”历史语言研究所

P256

丙编 026 带卜辞龟腹甲

长 19.5 厘米，
宽 10.4 厘米

台北“中央研究院”历史语言研究所

P262

杜岭方鼎

通高 87 厘米，
口长、宽各 61 厘米，
耳高 17 厘米，
足高 25.5 厘米，
重约 64.25 千克

河南博物院

P264

妇好鸮尊

通高 46.3 厘米，
口长 16.4 厘米，
足高 13.2 厘米，
盖高 13.4 厘米，
重 16 千克

河南博物院

P276

亚长牛尊

通长 40 厘米，
带盖高 22.5 厘米，
重 7.1 千克

殷墟博物馆

P286

大禾人面纹方鼎

通高 38.5 厘米，
口长 29.8 厘米，
宽 23.7 厘米

湖南博物院

P288

皿方罍

器身高 63.6 厘米，
器盖高 28.9 厘米

湖南博物院

P290

豕形铜尊

高 40 厘米，
长 72 厘米

湖南博物院

P296

象纹大铜铙

通高约 103.5 厘米，
钲间宽 69.5 厘米，
鼓间宽 48 厘米，
重 221.5 千克

长沙博物馆

P298

崇阳铜鼓

通高 75.5 厘米，
重 42.5 千克

湖北省博物馆

P318

铜带鋬觚形器

长口径 14 厘米，
短口径 6.8 厘米，
高 18.5 厘米

盘龙城遗址博物院

P320

伏鸟双尾青铜虎

通长 53.5 厘米，
通高 25.5 厘米，
体宽 13 厘米

江西省博物馆

P322

双面神人青铜头像

通高 53 厘米，銎长 8.5 厘米，
銎径 4.8 厘米；
角高 20.6 厘米，
管长 5.5 厘米，
管径 6 厘米

江西省博物馆

P324

兽面纹鹿耳四足青铜甗

通高 105 厘米，
口径 61.2 厘米，
重 78.5 千克

江西省博物馆

P372

三羊尊

通高 42.8 厘米

重庆中国三峡博物馆

P394

青铜神树

通高 396 厘米

三星堆博物馆

P396

青铜立人像

通高 260.8 厘米，
人像高 180 厘米，
铜像重约 180 千克

三星堆博物馆

P398

刻纹大玉璋

通长 54.2 厘米，
宽 8.8 厘米

三星堆博物馆

P400

太阳神鸟金饰

外径 12.53 厘米，
内径 5.29 厘米，
厚度 0.02 厘米，重 20 克

成都金沙遗址博物馆

西周

P028

利簋

高 28 厘米，
口径 22 厘米，
方座长宽 20.2 厘米

中国国家博物馆

P030

大盂鼎

通高 101.9 厘米，
口径 77.8 厘米，
重 153.5 千克

中国国家博物馆

P032

虢季子白盘

长 137.2 厘米，
宽 86.5 厘米，
高 39.5 厘米，
重 215.3 千克

中国国家博物馆

P064

伯矩鬲

通高 33 厘米，
口径 22.9 厘米

首都博物馆

P076

邓仲牺尊

通长 40.5 厘米，
通高 38.9 厘米

中国考古博物馆

P078

太保鼎

通高 57.6 厘米，
口长 35.8 厘米，
宽 22.8 厘米

天津博物馆

P102

晋侯鸟尊

高 39 厘米，
长 30.5 厘米，
宽 17.5 厘米

山西博物院

P130

卷体夔纹蟠龙盖罍

高 44.5 厘米，
口径 15.5 厘米，
底径 16.5 厘米

辽宁省博物馆

P148

颂簋

通高 30.1 厘米，
口径 24.2 厘米
重 13.2 千克

山东博物馆

P160

云纹五柱器

通高 31 厘米，
柱高 16.5 厘米

安徽博物院

P200

大克鼎

高 93.1 厘米，
口径 75.6 厘米，
重 201.5 千克

上海博物馆

P202

晋侯稣钟

大者高 52 厘米，
小者高 22 厘米

上海博物馆

P236

云雷纹青铜大铙

通高 76.8 厘米，甬长 29.8 厘米，甬端直径 10.5 厘米；
干径 14.4 厘米，干带宽 7.8 厘米；舞纵 24.5 厘米，
舞横 42 厘米；铣间 56.6 厘米，鼓间 33.8 厘米；
重 100.35 千克

福建博物院

P242

毛公鼎

通高 53.8 厘米，
口径 47 厘米，
腹深 27.2 厘米

台北故宫博物院

P244

散氏盘

通高 20.6 厘米，
口径 54.6 厘米，
腹深 9.8 厘米，
底径 41.4 厘米

台北故宫博物院

P266

玉柄铁剑

通长 34.2 厘米，
柄长 12.2 厘米，
剑身长 22 厘米，
叶宽 3.8 厘米，
玉剑茎最大直径 1.8 厘米

河南博物院

P278

贾伯壶

连盖通高 48 厘米，
腹径 30 厘米

中国文字博物馆

P316

噩侯方罍

高 60.1 厘米，
口纵 13.1 厘米，
口横 14.6 厘米，
重 12.55 千克

随州博物馆

P340

兽面纹青铜盉

高 26.6 厘米，
口径 14.2 厘米

广东省博物馆

P380

象首耳卷体夔纹铜罍

通高 70.2 厘米，
口径 22.8 厘米，

四川博物院

P382

牛首耳大铜罍

通高 79 厘米，
口径 26.8 厘米

四川博物院

P466

何尊

高 38.8 厘米，
口径 28.8 厘米，
重 14.6 千克

宝鸡青铜器博物院

P468

折觥

通高 28.7 厘米，
腹深 12.5 厘米，
口纵 11.8 厘米，
口横 18.6 厘米，
重 9.1 千克

宝鸡青铜器博物院

春秋

P162

龙虎纹四环铜鼓座

残高 29 厘米，
底径 80 厘米

安徽博物院

P164

吴王光鉴

高 37.7 厘米，
口径 60 厘米

安徽博物院

P204

子仲姜盘

高 18 厘米，口径 45 厘米

上海博物馆

P268

云纹铜禁

纵长 131 厘米，
横长 67.6 厘米，
高 28.8 厘米，
身宽 46 厘米，
重 94.2 千克

河南博物院

P270

莲鹤方壶

通高 117 厘米，
口长 30.5 厘米，
口宽 24.9 厘米

河南博物院

P300

越王勾践剑

长 55.6 厘米，
宽 4.5 厘米，
剑格宽 5 厘米

湖北省博物馆

P472

垂鳞纹秦公铜鼎

高 41 厘米，
口径 40 厘米

甘肃省博物馆

战国

P038

石鼓

共 10 块，
每块高约 90 厘米，
直径约 60 厘米

故宫博物院

P084

错金银四龙四凤铜方案座

通高 36.2 厘米，
上框边长 47.5 厘米，
环座径 31.8 厘米，
重 18.65 千克

河北博物院

P086

中山王䥶铁足大铜鼎

高 51.1 厘米，
口径 42 厘米，
最大径 65.8 厘米，
重 60 千克

河北博物院

P088

错金银虎噬鹿屏风座

长 51 厘米，
高 21.6 厘米，
重 26.6 千克

河北博物院

P108

鹰顶金冠饰

冠高 7.3 厘米，
重 192 克；
额圈周长 60 厘米，
重 1202 克

内蒙古博物院

P150

鲁国大玉璧

外径 32.8 厘米，
孔径 11.6 厘米，
厚 0.6 厘米

山东博物馆

P166

铸客大鼎

通高 113 厘米，
口径 87 厘米，
耳高 36.5 厘米，
腰围 290 厘米，深 52 厘米，
足高 67 厘米，
重 400 千克

安徽博物院

P168

鄂君启金节

舟节长 31 厘米，
宽 7.3 厘米；
车节长 29.5 厘米，
宽 7.3 厘米

安徽博物院

P206

商鞅方升

全长 18.7 厘米，
容积 202.15 毫升

上海博物馆

P212

伎乐铜房屋模型

通高 17 厘米，
面宽 13 厘米，
进深 11.5 厘米

浙江省博物馆

P214

越王者旨於睗剑

通长 52.4 厘米

浙江省博物馆

P232

水晶杯

口径 7.6 厘米，
底径 5.2 厘米，
圈足高 2 厘米，
通高 15.4 厘米

杭州博物馆

P302

曾侯乙编钟

钟架长 748 厘米，
高 265 厘米

湖北省博物馆

P304

曾侯乙尊盘

尊高 30.1 厘米，口径 25 厘米，底径 14.2 厘米，
重 19.2 千克；
盘高 23.5 厘米，口径 58 厘米，重 9 千克

湖北省博物馆

P306

虎座鸟架鼓

通高 135.9 厘米，
宽 134 厘米

湖北省博物馆

P308

彩绘人物车马出行图漆奁

直径 27.9 厘米，
通高 10.8 厘米，
胎厚 0.3 厘米

湖北省博物馆

P314

漆木彩绘蟾座凤鸟羽人

羽人通高 65.7 厘米，
器座通高 17.6 厘米，
长 50.3 厘米，
宽 32.8 厘米

荆州博物馆

P374

鸟形尊

通体长 28 厘米，
宽 16.8 厘米，
高 29 厘米

重庆中国三峡博物馆

P376

虎纽錞于

高 68 厘米，
上径 36 厘米，
底径 28 厘米，
重 30 千克

重庆中国三峡博物馆

P384

水陆攻战纹铜壶

通高 40 厘米，
口径 13.4 厘米
腹径 26.5 厘米

四川博物院

P408

牛虎铜案

高 43 厘米，
长 76 厘米，
重 12 千克

云南省博物馆

秦代

P310

云梦睡虎地秦简《秦律杂抄》

长 27.5 厘米，
宽 0.8 厘米

湖北省博物馆

P442

一号铜马车

长 225 厘米，
高 152 厘米

秦始皇帝陵博物院

P444

二号铜马车

长 328.4 厘米，
高 104.2 厘米

秦始皇帝陵博物院

P446

高级铠甲军吏俑

高 197 厘米

秦始皇帝陵博物院

P448

玉高足杯

高 14.5 厘米，
口径 6.4 厘米，
足径 4.5 厘米

西安博物院

两汉

P090

长信宫灯

高 48 厘米

河北博物院

P092

错金博山炉

通高 26 厘米，
腹径 15.5 厘米，
圈足径 9.7 厘米，
盖高 12.3 厘米

河北博物院

P120

错金银“丙午神钩”铜带钩

长 15.7 厘米，
宽 2.5 厘米

吉林省博物院

P152

银雀山汉简《孙膑兵法》

整简每枚长 27.6 厘米，
宽 0.5 ~ 0.9 厘米

山东博物馆

P154

东平汉墓壁画

画面宽 0.96 ~ 1 米，
高 1.28 ~ 1.33 米

山东博物馆

P172

金兽

长 17.8 厘米，
宽 16 厘米，高 10.2 厘米，
重 9000 克，
含金量为 99%

南京博物院

P174

错银铜牛灯

通高 46.2 厘米，
身长 36.4 厘米

南京博物院

P176

广陵王玺

纵横各 2.3 厘米，
厚 0.9 厘米，
通纽高 2.1 厘米，
印重 123 克

南京博物院

P178

鎏金镶嵌琉璃珠兽形铜砚盒

长 25 厘米，
宽 14.8 厘米，
通高 10.2 厘米

南京博物院

P198

金缕玉衣

长 175 厘米，
宽 68 厘米

徐州博物馆

P272

四神云气图壁画

长 514 厘米，
宽 327 厘米

河南博物院

P292

直裾素纱禅衣

衣长 128 厘米，
通袖长 190 厘米，
袖口宽 30 厘米，
腰宽 49 厘米，
重 49 克

湖南博物院

P292

曲裾素纱禅衣

衣长 160 厘米，
通袖长 195 厘米，
袖口宽 27 厘米，
腰宽 48 厘米，
衣重 48 克

湖南博物院

P294

T 形帛画

通长 205 厘米，
顶宽 92 厘米，
末端宽 47.7 厘米

湖南博物院

P332

孔子徒人图漆衣镜

长 70.3 厘米，
宽 46.5 厘米，
厚 1.3 厘米，

南昌汉代海昏侯国遗址博物馆

P334

“昌邑籍田”鼎

高 36.8 厘米，
口径 33.5 厘米，
腹径 45.5 厘米

南昌汉代海昏侯国遗址博物馆

P350

铜承露盘高足玉杯

通高 17 厘米，
承盘高 5.7 厘米，
外径 23.6 厘米；
杯高 11.75 厘米，
口径 4.15 厘米，
底足高 3.95 厘米

南越王博物院

P352

角形玉杯

通长 18.4 厘米，
口径 5.8 ~ 6.7 厘米，
壁厚 0.2 ~ 0.3 厘米

南越王博物院

P354

“文帝行玺”龙纽金印

印台长 3.1 厘米，
宽 3 厘米，高 0.6 厘米；
通纽高 1.8 厘米，
重 148.5 克

南越王博物院

P356

错金铭文铜虎节

长 19 厘米，
高 11.6 厘米，
最厚 1.2 厘米

南越王博物院

P358

蒜头纹银盒

通高 12.1 厘米，
盖径 14.3 厘米，
腹径 14.8 厘米，
口径 13 厘米，
圈足径 6.9 厘米，
重 572.6 克

南越王博物院

P362

大铜马

高 115.5 厘米，
长 109 厘米，
背宽 30 厘米

广西壮族自治区博物馆

P364

人面纹羊角钮铜钟

通高 19 厘米，
纵径 8.1 厘米，
横径 4 厘米，
底宽 14 厘米

广西壮族自治区博物馆

P366

漆绘提梁铜筒

高 42 厘米，
口径 14 厘米，
底径 13 厘米

广西壮族自治区博物馆

P378

景云碑

通体宽 95 厘米，
高 240 厘米，
厚 22 厘米

重庆中国三峡博物馆

P386

说唱陶俑

高 66.5 厘米

四川博物院

P388

制盐画像砖

长 46.6 厘米，
宽 36.6 厘米，
厚 5 厘米

四川博物院

P402

立虎辫索纹耳铜釜

通高 32.8 厘米，
口径 44.3 厘米，
腹径 49 厘米

贵州省博物馆

P404

铜车马

长 112 厘米，
通高 88 厘米

贵州省博物馆

P410

四牛鎏金骑士贮贝器

高 50 厘米，
盖径 25 厘米

云南省博物馆

P428

“皇后之玺”玉玺

边长 2.8 厘米，
高 2 厘米，重 0.033 千克

陕西历史博物馆

P430

鎏金银竹节铜熏炉

高 58 厘米，
底径 13.3 厘米，
口径 9 厘米，
盖高 6 厘米

陕西历史博物馆

P464

鎏金铜马

高 62 厘米，
长 76 厘米，
重约 26 千克

茂陵博物馆

P474

铜奔马

高 34.5 厘米，
长 45 厘米，
宽 13.1 厘米

甘肃省博物馆

P476

《仪礼》简

每枚长 55.5 ~ 56 厘米，
宽 0.5 ~ 0.9 厘米

甘肃省博物馆

P478

东罗马神人纹鎏金银盘

口径 31 厘米，
高 4.6 厘米，
足径 10.9 厘米

甘肃省博物馆

P492

“五星出东方利中国”织锦护臂

长 18.5 厘米，
宽 12.5 厘米，
系带长 21 厘米

新疆维吾尔自治区博物馆

三国两晋南北朝

P040

草隶书《平复帖》卷

本幅纵 23.7 厘米，
横 20.6 厘米

故宫博物院

P104

司马金龙墓木板漆画

通长 82 厘米，
宽 40 厘米，
厚约 2.5 厘米

山西博物院

P132

花树状金饰

左长 5.2 厘米、宽 4.5 厘米、
高 27.5 厘米；
右长 4 厘米、宽 3.5 厘米、
高 14.5 厘米

辽宁省博物馆

P134

鸭形玻璃注

长 20.5 厘米，
腹径 5.2 厘米

辽宁省博物馆

P158

贴金彩绘石雕菩萨立像

通高 200 厘米

青州博物馆

P180

青瓷神兽尊

高 27.9 厘米，
口径 13.2 厘米，
腹径 23.5 厘米，
底径 16 厘米

南京博物院

P182

竹林七贤与荣启期砖画

一组高 78 厘米，
长 242.5 厘米；
二组高 78 厘米，
长 241.5 厘米

南京博物院

P280

白玉杯

通高 11.5 厘米

洛阳博物馆

P480

“驿使图”壁画砖

长 35 厘米，
宽 17 厘米

甘肃省博物馆

P482

《九色鹿拯救溺人本生》壁画

高 58 厘米，
宽 390 厘米

敦煌研究院

P486

鎏金银壶

通高 37.5 厘米，
最大腹径 12.8 厘米，
重 1.5 千克

宁夏固原博物馆

隋唐五代

P106

虞弘墓石椁

通高 217 厘米，
长 295 厘米，
宽 220 厘米

山西博物院

P116

天门军之印

通高 4.3 厘米，
边长 5.25 厘米 × 5.3 厘米，
厚 1.4 厘米，
柄高 2.9 厘米

黑龙江省博物馆

P188

越窑青瓷皮囊式壶

通高 20.4 厘米，
腹侧宽 15.3 厘米，
底径 9 厘米

南通博物苑

P216

落霞式“彩凤鸣岐”七弦琴

琴长 124.8 厘米，隐间 116.3 厘米，
额宽 16.3 厘米，肩宽 18.8 厘米，
尾宽 12.5 厘米，厚 5.4 厘米

浙江省博物馆

P246

行书《祭侄文稿》卷

本幅纵 28.2 厘米，
横 77 厘米

台北故宫博物院

P274

武则天金简

长 36.2 厘米，
宽 8 厘米，
厚约 0.1 厘米，
重 223.5 克

河南博物院

P282

三彩黑釉马

通高 73 厘米，
长 85 厘米

洛阳博物馆

P432

《阙楼图》壁画

长 305 厘米，
宽 298 厘米

陕西历史博物馆

P434

三彩载乐骆驼俑

通高 58 厘米，
驼高 48.5 厘米

陕西历史博物馆

P436

镶金兽首玛瑙杯

通高 6.5 厘米，
长 15.6 厘米，
口径 5.6 厘米

陕西历史博物馆

P438

鎏金舞马衔杯纹银壶

通高 14.8 厘米，
口径 2.3 厘米，
重 549 克

陕西历史博物馆

P450

三彩腾空马

高 38 厘米，
长 52 厘米

西安博物院

P452

鎏金雀鸟纹银香囊

直径 12.8 厘米，
链长 24.5 厘米，
重 547 克

法门寺博物馆

P454

八重宝函

尺寸不一

法门寺博物馆

P462

鎏金铜浮屠

通高 53.5 厘米，
座宽 28.5 厘米，
刹高 23.5 厘米

法门寺博物馆

P494

彩绘踏鬼天王木俑

高 86 厘米

新疆维吾尔自治区博物馆

P496

彩绘骑马戴帷帽仕女俑

高 39 厘米

新疆维吾尔自治区博物馆

P498

弈棋仕女图

纵 63 厘米，
横 54.3 厘米

新疆维吾尔自治区博物馆

P094

彩绘散乐图浮雕

长 136 厘米，
高 82 厘米

河北博物院

P196

行楷《韭花帖》卷

本幅纵 26 厘米，
横 28 厘米

无锡博物院

P218

吴越国鎏金纯银阿育王塔

塔高 35.6 厘米；塔座宽 12.5 厘米，高 4.2 厘米；
方形塔身宽 9.5 ~ 12.6 厘米，高 9 厘米；
塔刹高 22.4 厘米，相轮直径 3.4 ~ 4.6 厘米，高 1.1 厘米

浙江省博物馆

P390

云龙纹玉大带

玉銙每方长 7.8 厘米，
宽 8.2 厘米，厚 0.8 厘米，
铊尾长 19.8 厘米，
宽 7.9 厘米，厚 0.8 厘米

四川博物院

P392

残“诗经·周颂鲁颂”石经

残长 40 厘米，
残宽 21.5 厘米，高 7 厘米

四川博物院

P440

青瓷提梁倒灌壶

高 18.3 厘米，
腹径 14.3 厘米

陕西历史博物馆

两宋

P042

《清明上河图》卷

本幅纵 24.8 厘米，
横 528 厘米

故宫博物院

P046

《千里江山图》卷

本幅纵 51.5 厘米，
横 1191.5 厘米

故宫博物院

P054

缂丝《梅鹊图》轴

纵 104 厘米，
横 36 厘米

故宫博物院

P080

《雪景寒林图》轴

纵 193.5 厘米，
横 160.3 厘米

天津博物馆

P122

行书《洞庭中山二赋》卷

纵 28.3 厘米，
横 306.3 厘米

吉林省博物院

P136

《摹张萱虢国夫人游春图》卷

纵 51.8 厘米，
横 148 厘米

辽宁省博物馆

P138

耀州窑青瓷飞鱼形水盂

高 9.5 厘米，
长 14 厘米，
宽 7.4 厘米，
底径 4.4 厘米

辽宁省博物馆

P170

景德镇窑青白釉注子注碗

通高 25.2 厘米，
注子高 22 厘米，
注子口径 3.2 厘米，
底径 8.5 厘米；
注碗高 13.9 厘米，
注碗口径 17.1 厘米，
底径 9 厘米

安徽博物院

P190

银杏木彩绘四大天王像内函和真珠舍利宝幢

银杏木彩绘四大天王像
内函宽 42.5 厘米，
高 123 厘米；
真珠舍利宝幢高 122.6 厘米

苏州博物馆

P220

泥塑彩绘观音立像

身高 60 厘米，
座高 4 厘米

浙江省博物馆

P238

“靖康元年李纲制”锏

全长 96.5 厘米，
内棱长 74.1 厘米，
重 3.6 千克

福建博物院

P248

行书《黄州寒食诗》卷

本幅纵 34.2 厘米，
横 199.5 厘米

台北故宫博物院

P250

汝窑青釉水仙盆

高 6.9 厘米，
口横 23 厘米，
纵 16.4 厘米；
足横 19.3 厘米，
纵 12.9 厘米

台北故宫博物院

P284

“大晟夷则”铜钟

通高 27.5 厘米，
宽 18 厘米

开封博物馆

P326

吉州窑黑釉木叶纹碗

口径 14.5 厘米，
底径 3.4 厘米，
高 5.2 厘米

江西省博物馆

P342

木雕罗汉像

像通高 49.5 ~ 58.5 厘米，
座高 17 ~ 31.5 厘米

广东省博物馆

P406

鹭鸟纹彩色蜡染褶裙

裙腰长 31 厘米；
裙身长 62.5 厘米，
宽 51.2 厘米

贵州省博物馆

辽、西夏、金、大理

P112

三彩鸳鸯壶

高 20 厘米，
口径 8.3 厘米，
底径 9 厘米

赤峰博物馆

P484

鎏金铜牛

长 120 厘米，宽 38 厘米，
高 45 厘米，重 188 千克

宁夏博物馆

P118

铜坐龙

通高 19.6 厘米，
重 2.1 千克

黑龙江省博物馆

P126

金扣玉带

金环全长 4.7 厘米，玉铊尾长 8.5 厘米，宽 2.5 厘米；桃形玉銙长 2.5 厘米，宽 2.5 厘米，厚 0.6 厘米

吉林省博物院

P412

银鎏金镶珠金翅鸟

通高 18.5 厘米，
重 125 克

云南省博物馆

P414

银背光金阿嵯耶观音立像

高 24 厘米，
重 1135 克

云南省博物馆

元

P056

“张成造”剔犀云纹盘

高 3.3 厘米，
口径 19.2 厘米

故宫博物院

P066

景德镇窑青花凤首扁壶

高 18.7 厘米，
口径 4 厘米

首都博物馆

P096

青花釉里红镂雕开光盖罐

通高 42.3 厘米，
口径 15.3 厘米，
足径 18.7 厘米

河北博物院

P110

钧窑“小宋自造”香炉

高 42.7 厘米，
口径 25.5 厘米

内蒙古博物院

P192

霁蓝釉白龙纹梅瓶

高 43.5 厘米，
口径 5.5 厘米，
底径 14 厘米

扬州博物馆

P194

青花萧何月下追韩信图梅瓶

高 44.1 厘米，
口径 5.5 厘米，
底径 13 厘米

南京市博物馆

P222

《剩山图》卷

本幅纵 31.8 厘米，
横 51.4 厘米

浙江省博物馆

P230

龙泉窑青瓷舟形砚滴

通高 9.1 厘米，
长 16.2 厘米，
底宽 6.5 厘米

浙江省博物馆

P312

青花四爱图梅瓶

高 38.7 厘米，
口径 6.4 厘米，
底径 13 厘米

湖北省博物馆

P328

青花釉里红堆塑楼阁式人物谷仓

通高 29 厘米，
底横 20 厘米，
底纵 10.3 厘米

江西省博物馆

P330

张天师“阳平治都功印”螭龙纽白玉印

通高 6.4 厘米，
边长 12.3 厘米，
重 972 克

江西省博物馆

P344

白玉镂雕龙穿牡丹盖纽

高 8.4 厘米，
宽 6.8 厘米

广东省博物馆

明

P034

孝端皇后凤冠

通高 48.5 厘米，冠高 27 厘米，径 23.7 厘米，
重 2320 克

中国国家博物馆

P156

九旒冕

通高 18 厘米，
长 49.4 厘米，
宽 30 厘米

山东博物馆

P184

釉里红三友带盖瓷梅瓶

通高 41.6 厘米，
口径 6.4 厘米，
足径 13.5 厘米

南京博物院

P186

金蝉玉叶饰件

蝉外翼长 1.7 厘米，
宽 0.8 厘米，厚 0.2 毫米；
玉叶长 5.2 厘米，
宽 3.2 厘米，厚 0.2 厘米

南京博物院

P240

德化窑妈祖坐像

高 19.1 厘米，
底径长 13.9 厘米，
宽 5.9 厘米

福建博物院

P336

白釉锥花三壶连通器

高 31.3 厘米，
口径 9.2 厘米，
底径 5 厘米

景德镇御窑博物院

P338

素三彩鸭形香熏

通高 25.2 厘米；
口径横 14.3 厘米，
纵 9.1 厘米；
底径横 8.6 厘米，
纵 8.4 厘米

景德镇御窑博物院

P416

金镶红蓝宝石冠

高 11.5 厘米，
底径 11 厘米，
重 320 克

云南省博物馆

P420

如来大宝法王之印

边长 12.8 厘米，
高 8.3 厘米

西藏博物馆

P490

永乐款铜鎏金观音像

高 145 厘米，
底座长 63 厘米

青海省博物馆

清

P058

黑漆彩绘楼阁群仙祝寿钟

高 185 厘米，面宽 102 厘米，
侧宽 70 厘米

故宫博物院

P060

各种釉彩大瓶

高 86.4 厘米，
口径 27.4 厘米，
足径 33 厘米

故宫博物院

P062

金瓯永固杯

高 12.5 厘米，
口径 8 厘米

故宫博物院

P082

珐琅彩芍药雉鸡图玉壶春瓶

高 16.3 厘米，
口径 4 厘米，
腹径 11 厘米
底径 5 厘米

天津博物馆

P252

翠玉白菜

长 18.7 厘米，
宽 9.1 厘米，
厚 5.07 厘米

台北故宫博物院

P346

千金猴王砚

长 25.5 厘米，
宽 17.6 厘米，
厚 2.7 厘米

广东省博物馆

P348

广州手绘农耕商贸图外销壁纸

纵 292.1 厘米，
横 72.4 ~ 146 厘米不等

广东省博物馆

P368

《琼黎风俗图》册页

单幅画芯纵 33.3 厘米，
横 30.4 厘米

海南省博物馆

P422

康熙敕封班禅额尔德尼之印

高 8.7 厘米，
边长 10.8 厘米

西藏博物馆

P424

金贲巴瓶

通高 34 厘米，
重 2.85 千克

西藏博物馆

图书在版编目（CIP）数据
镇馆之宝 / 鲁鑫主编 . -- 北京 : 北京联合出版公司, 2025. 3 (2025. 6 重印) . -- ISBN 978-7-5596-8166-9
Ⅰ . K87-49
中国国家版本馆 CIP 数据核字第 2024N1X951 号

镇馆之宝

选题策划：
出 品 人：赵红仕
项目策划：冷寒风
责任编辑：高霁月　夏应鹏　牛炜征　李艳芬
项目统筹：樊文龙
装帧设计：罗　雷
美术编辑：段　瑶

北京联合出版公司出版
（北京市西城区德外大街83号楼9层 100088）
鸿博睿特（天津）印刷科技有限公司　新华书店经销
350千字　889毫米×1194毫米　1/16　32印张
2025年3月第1版　2025年6月第3次印刷
ISBN 978-7-5596-8166-9
定价：688.00元